U0917859

理论创新
中国经济学的道路与未来

天则经济研究所　编

暨南大學出版社
JINAN UNIVERSITY PRESS

中国・广州

图书在版编目（CIP）数据

理论创新：中国经济学的道路与未来/天则经济研究所编．—广州：暨南大学出版社，2015.9

ISBN 978－7－5668－1600－9

Ⅰ.①理…　Ⅱ.①天…　Ⅲ.①经济学—研究—中国　Ⅳ.①F120.2

中国版本图书馆 CIP 数据核字（2015）第 203432 号

出版发行：暨南大学出版社

地　址：中国广州暨南大学
电　话：总编室（8620）85221601
　　　　营销部（8620）85225284　85228291　85228292（邮购）
传　真：（8620）85221583（办公室）　85223774（营销部）
邮　编：510630
网　址：http：//www.jnupress.com　http：//press.jnu.edu.cn

排　版：广州良弓广告有限公司
印　刷：佛山市浩文彩色印刷有限公司

开　本：787mm×960mm　1/16
印　张：20.25
字　数：380 千
版　次：2015 年 9 月第 1 版
印　次：2015 年 9 月第 1 次

定　价：48.00 元

（暨大版图书如有印装质量问题，请与出版社总编室联系调换）

前　言

2014 年 5 月 6 日至 7 日，浙江大学经济学院跨学科研究中心、复旦大学新政治经济学研究中心、董辅礽基金会、华南农业大学农村经济转型发展协同创新中心、中天经济研究中心、北京工业大学耿丹学院、北京天则经济研究所联合在耿丹学院召开了“中国经济学跨学科理论创新研讨会”。与会学者 80 多人，不仅有国内重要的经济学家，而且有国外著名的经济学家；不仅有老一代经济学家，而且有一批年轻的经济学新秀。除个别人有教学任务不得不在第二天离会外，其余人全程参加了会议。大家思想解放，畅所欲言，争论激烈，取得了重大进展，是一次真正的学术理论讨论的盛会。

在现有理论创新的主题下，会议讨论的主要问题有：①黄有光关于不现实的理论假说；②陈平的从均衡经济学到复杂演化经济学；③陶永谊关于互利经济的逻辑；④叶航关于神经元经济学；⑤林毅夫关于新结构经济学；⑥黄凯南关于演化经济学理论创新的综合研究；⑦吴思和高王凌关于历史对经济学的挑战；⑧史正富关于国家财政体系的初探：复合财政制度；⑨张维迎关于经济学的转型。

为了避免埋没重要创新，会议拿出一个单元的时间进行挂牌讨论，由自己提出挂牌讨论的主题，个人根据自己的理论兴趣自愿参加。挂牌的有：黄有光教授的“综观经济分析”，管毅平教授的“权威、国家发生学”以及孙涤教授的“超越经济理性的合作行为”。

会议讨论的第二个主题是，如何进行经济理论创新。陈钊讲了“经济学理论创新中的几对关系”，茅于轼讲了“数学怎样改变了经济学”，何梦笔讲了“演化经济学如何创新”，曹正汉讲了“结构、制度与转型，制度经济学如何创新”，罗必良讲了“如何从纯粹理性假说出发研究现实问题”，杨其静讲了“垂直产业控制视角下的国有企业研究”。

与会者立足于经济学与自然科学、生命科学、历史科学、经济哲学，相互借鉴和相互启发，讨论了经济学的一些基本理论、基本方法和重大理论问题，使得不同学科在共同解决经济理论问题、拓展经济理论研究方法方面进行了一次有益的对话和交流，推动了经济学理论研究的深入和创新的活跃。

鉴于会议的成功，不少人建议每年举办一次理论创新研讨会。但是，目前的学术环境、学术风气以及经济学者的研究工作情况还不具备这样做的条件，我们打算按照学科分工，举办不同学科的理论创新研讨会。今年决定举办“法学、政治学和国际关系理论创新研讨会”，明年有可能举办“历史人文科学创新研讨会”，以便形成一个系列，借以推动中国学术理论创新的发展。

张曙光

2015 年 3 月 31 日于北京天则经济研究所

目　录

前　言 ………………………………………………………… 张曙光（1）

上编　会议发言

一、开场篇 ………………………………………………………（2）

学科“合久必分，分久必合” ……………………………… 茅于轼（2）

“经济学家和经济学的走势”是中国改革与发展的重中之重 ……………………………………………………………… 毛振华（4）

创新型学术研究的重要前提是建立主体意识 ……………… 史正富（6）

构建理论创新的平台 ……………………………………… 罗必良（8）

经济学将发生一场重大的变革 ………………………… 陶永谊（10）

二、创新交流篇 ……………………………………………………（11）

不现实的假设是否可以接受——理论创新的方法论问题 …………………………………………………………… 黄有光（11）

对话：陈平、盛洪、高王凌、陈钊、孙涤、张维迎、沈华嵩、林毅夫 ………………………………………………………………（21）

从均衡经济学到复杂演化经济学 ……………………… 陈　平（28）

对话：何梦笔、张维迎、黄有光、林毅夫、黄凯南、盛洪 …………（42）

经济学分析范式的转变 ………………………………… 陶永谊（50）

对话：张曙光、史正富、毛振华、黄有光、林毅夫、盛洪、张维迎 ………………………………………………………………（59）

神经元经济学 ………………………………………… 叶　航（65）

对话：莫志宏、杨其静、黄有光、盛洪、林毅夫、孙涤、罗必良 ………………………………………………………………（72）

新结构经济学 ………………………………………… 林毅夫（78）

对话：何全胜、管毅平、茅于轼、冯兴元、毛振华、张曙光、聂庆平、孟捷、曹正汉、杨其静 ……………………………………………………（87）
演化经济学理论创新的综合研究 ………………………………… 黄凯南（95）
对话：刘业进、黄有光、沈华嵩、陈平、盛洪、吴思、史正富 …（102）
暴力要素及相关均衡 …………………………………………… 吴　思（110）
历史对经济学理论的挑战 ……………………………………… 高王凌（120）
对话：秋风、黄有光、孙涤、陈平、冯兴元 ……………………（124）
经济学的转型 …………………………………………………… 张维迎（130）
对话：沈华嵩、罗必良、胡必亮、孙涤、陶永谊、李人庆、陈平、盛洪、张维迎 ……………………………………………………………（137）

三、拾遗补阙篇 ……………………………………………………………（144）
经济学创新中的几对关系 ……………………………………… 陈　钊（144）
数学如何改变经济学 …………………………………………… 茅于轼（148）
结构对制度和转型的影响 ……………………………………… 曹正汉（151）
经济理论如何创新 ……………………………………………… 罗必良（155）
揭开“非理性之谜”：经济学的大综合 ………………………… 李　斌（158）
地方文化、地方经济发展与经济学研究创新 ………………… 胡必亮（161）
理解国有经济：产业控制的政治经济学视角 ………………… 杨其静（166）
会议总结 ………………………………………………………… 张曙光（170）

下编　相关文献

超越新古典——经济学的第四次革命与第四次综合 ……… 叶　航（176）
经济学的革命 …………………………………………………… 沈华嵩（203）
超越经济理性的人际合作 ……………………………………… 孙　涤（212）
“互利经济学”的创新、偏颇与完善——评陶永谊的《互利：经济的逻辑》 ……………………………………………………… 张曙光（222）
一般演化框架下“涌现”与合作秩序 …………………………… 刘业进（237）
论家庭主义 ……………………………………………………… 盛　洪（255）
仁、恕与交易秩序 ……………………………………………… 姚中秋（279）
代谢增长论：市场份额竞争，学习不确定性和技术小波 ……………………………………………………………… 陈　平（292）

会议发言

一、开场篇

学科“合久必分，分久必合”

茅于轼*

各位来宾，欢迎大家参加这次会议，它是一个经济学的跨学科会议。科学的对象就是我们周围的环境，我们的宇宙，我们的社会，它是一个大的整体。所以，早期的科学家，他们思考的对象就是宇宙和社会，那时候他们不分科，像欧几里得、阿基米德、柏拉图，这些人好奇的对象就是整个环境。但是，18世纪以后，学科开始分化，在此之前我们知道对人类知识有影响的人，他们是不分科的，数学家往往又是天文学家，还是工程师。最突出的就是达·芬奇，他是位艺术家，会画画，他又是工程师，设计了一个飞行机器，他还是一个生理学家，他解剖人体。这些科学家是以整体环境作为研究对象的，18世纪以后，学科开始分化，跟我们整个社会的分工一样，出现了物理学、化学、生物学、天文学、地理学等各式各样的学科。由于学科的分化，人的精力集中在某一个方面，所以学科的知识积累非常快，这是18世纪以后的事了。

现在各个行业的专业人士都不太了解其他领域的知识。就拿经济学来讲，也分化得很深，不是每个经济学家都能听得懂别的经济学家的言论。所以，我们学科的隔阂越来越大。但是，我们研究的对象还是一个整体，还是社会和宇宙，所以这种学科的分化，对于我们认识整体世界是很不利的。这两种趋势我们不能否定任何一种，我们不能说分化不对，但是我们要注意分化造成的不良后果，就是互相听不懂，知识越来越偏，没有照顾到其他知识发展的影响。所以，我们今天开这个会，就想纠正分化导致的不良趋势。其实据我所知，在学科的综合方面，就是反分化方面，过去国内有不少人做过这项工作，我手头有一本汪丁丁编的书，他倒不是讲研究，他说的是跨学科的教育要发展，其实跟

* 茅于轼：天则经济研究所荣誉理事长。

我们说的跨学科的知识是一回事。

所以今天我们邀请到国内外的知名学者来讨论这个问题，我想对于我们今后经济学的发展会产生相当重大的影响，在此特别感谢耿丹学院给我们提供的物资上、人力上的巨大支持，使得这次会议能够成功召开。下面，请其他几位专家发言，谢谢大家！

“经济学家和经济学的走势”是中国改革与发展的重中之重

毛振华*

我们董辅礽基金会非常荣幸能成为这次经济学盛会的主办单位之一。董辅礽基金会是一个 NGO 组织，董先生过世以后，众人经过艰辛的努力在北京市注册成立，它应该是经济学界第一个完全民间的基金会。基金会做的一件持续性的事情就是评选“中国经济领域创新奖”，旨在推动经济科学的创新与进步，鼓励原始创新性成果的涌现，促进中国经济改革和发展理论研究的学术性、公益性。到目前为止，一共评了六届经济学创新奖。在评奖过程中，我们坚持公平公开的原则，有 200 多位经济学家参与投票，每人一票，选到谁就是谁，经过两轮投票，既不做前置审查，也不做后期校正，完全听从经济学家的意见。我们在这方面有一些心得，当然也是对社会的贡献，同时突出了经济学家对中国经济改革和经济发展的贡献。对于我们自身来讲，也是在回顾、梳理中国经济学家对中国经济改革和经济发展所作的贡献。

在 20 世纪 80 年代，中国经济学家作为一个特殊群体，对中国的社会变革，对中国经济的发展有重大的影响，是一个非常特殊的有影响力的群体。现在得奖的理论基本产生于 80 年代，这些理论对中国的改革和发展都作了很大贡献。当然，从 90 年代开始，我们发现经济学的发展走向变化很大。80 年代是探讨中国改革的方案，这些方案既深深影响了决策层，也启迪了民众，使得中国经济学成为社会科学领域里面最有社会影响力的一个学科。进入 90 年代，伴随着中国资本市场发展，很多经济学家、经济学研究人员进入了新型的领域，在社会上也有很大的影响。但是 2000 年之后，中国经济学家这个群体的研究对象基本上着眼于宏观经济领域和经济政策。所以，我们觉得经济学家和经济学的走势在中国应该怎么分化，或者怎么看待分化，是一个非常重要的问题。

所以今天这个研讨会，跟我们这些年参加的很多研讨会不一样，我们过去参加很多研讨会都是讨论经济问题、经济政策问题和经济改革问题，几乎没有

---

* 毛振华：董辅礽基金会理事长。

一个专门的有影响的会议来讨论经济学本身的建设，本身的发展。我觉得天则经济研究所组织这样一个会议，展示了天则经济研究所在整个中国经济学领域的领先地位，他们的思考和他们的行动将对我们经济学家的群体走向有很大的影响。所以，从这个意义上讲，我们非常愿意也非常荣幸参加这次会议，并且我们也祝愿这个活动能成功开展，能对中国经济学发展起到历史性的作用。谢谢！

创新型学术研究的重要前提是建立主体意识

史正富*

首先感谢会议主办单位天则经济研究所发起这次活动，并邀请我们协助，给了我们这些经济学家聚在一起讨论学术问题的机会。

另外，我也很高兴我们中心有机会协办这次活动。我们复旦大学新政治经济学研究中心实际上成立得很早，但对外活动并不多。在 2002 年、2003 年的时候，我、陈平教授、崔之元教授和刘昶教授，几人在一块儿提议建立这样一个研究中心。

成立研究中心的目的就是希望对中国和当代世界变动的重大现实问题做些有点距离感的基础性研究。我们的定位既不是纯粹的学术研究，也不是政策层的研究，而是对重大经济和社会问题的基础性研究。不巧的是，后来因为多种原因，比如我自己将大部分精力都放在了自己创办的同华投资集团上；陈平教授也因为各方面的原因，没有一直待在上海，而是将工作重心放到了北京大学的工作上；崔之元教授因为家庭原因去了清华大学；只有刘昶教授从美国回来做了一些研究工作。

2008 年，我们中心研究出版了一套“中国改革 30 年研究丛书”，共 14 本，并逐渐开始恢复对经济学的研究工作。这两年，我们陆陆续续做了一些课题，其中最主要的两项，一个是研究美国金融体系的变革、现状以及它对宏观经济学的影响；另一个就是研究中国正在形成的复合型财政制度和公共财政的发展趋势，及其对中国国家治理机制的长期影响。

去年我们出了一本小册子——《超常增长》，书中模拟了未来三四十年中国经济的长期图景，给出了一个偏向乐观的推断。这些思想总的来说还是聚焦在因新经济现实而产生的对经济学某些理论的冲击和影响上。

在研究中我们有两点体会，一是进行创新型学术性研究工作最重要的前提，就是要建立主体意识。多年来，我们引进、消化和应用现代西方经济学，取得了很大成就。但是，我觉得这个时代应该尽快告一段落。我们现在面临的

---

* 史正富：复旦大学新政治经济学研究中心主任。

是一个全新的时代，各种各样的变革不断涌现，而在现代经济学的发源地，不论是美国还是欧洲，都正经历着制度和生存方式的重大调整。这都为我们研究新经济现实、创造新经济理论提供了很好的素材。我们如何从系统地观察到的现实中去提炼新的理论，而不是像过去几十年那样通过引进、消化外国原理，来解读中国现实。这方面起步早的人已经作出了很大的成绩，比如在座的我们都很熟悉的林老师，他的新结构经济学，张五常教授对中国经济制度的解释，还有一些历史学者的工作，方方面面都显示中国正在走出单纯引进和学习的道路，转向在学习和引进中实现自己的学术创造。

第二点体会就是要走出悲情意识。中国一百多年来的近现代史给我们留下很多创伤，一个落后、挨打的民族看现代世界，好的方面就是激人奋起，不好的就是有时站在这个极端，有时站在那个极端，不能心平气和地看待这个世界。加上十年“文革”，极左思想的冲击对中国社会造成了相当大的震动和负面影响，很多知识分子受到了不公平对待，乃至有过惨痛的个人经历。这无形中会影响研究人员的思想倾向，我觉得今天也是告别这种思想倾向的时候了。不管怎么说，中华民族已经从苦难中走出来了，也是中国共产党自己领导群众走出了“文化大革命”，走向明天。对我们学术人员而言，最大的挑战就是在进行研究工作时，先要采取一个客观、理性的视角来看待中国历史和当代中国与世界的互动关系。我知道，其实当代中国经济学家内部有相当强烈、深刻的分歧，但是分歧是好事还是坏事，取决于我们当事人的心态，如果我们把别人的挑战和不同的思想作为自己进步的养料，善于从别人的挑战中找到自己进一步研究的出发点和动力的话，那么这种分歧越深刻，学术进步越快。

我抱着这样一种态度到这里向各位学习，有机会也会积极表达自己的观点，跟各位交流。最后祝贺大会圆满成功！

构建理论创新的平台

罗必良*

各位上午好！非常高兴作为主办方之一来参加这个会议。

我们知道分工产生效率，但分工如果没有交易是一个很严重的问题。然而，分工受到市场范围及其交易费用的约束。因此，为了降低交易费用，我们需要一个好的交易平台、一个好的交易装置。

经济理论及其学术研究已经形成若干分支。各个门派、各类研究、各种主张层出不穷，这种分工已经促进了中国经济学理论的发展。但是，如果缺乏各分支间的交流与互动，极有可能影响学术研究的深化与拓展。如何整合不同思想，如何通过思想交易来促进更好的理论创新，那就是我们急需一个平台，一个沟通的平台、一个好的交易装置与组织。我认为天则经济研究所做了一个重要的选择，正是这种选择号召了我们，也感召了我们，使我们成为主办方之一，这也是我今天站在这里的重要原因之一。

我想天则经济研究所在某种程度上已经代表了研究机构的某种组织职能。从这个方面来讲，思想的竞争、组织之间的竞争也需要市场，我想正是天则经济研究所站在学术前沿，拥有洞察未来发展走势的战略眼光，才使它走到了今天，它能够给我们提供这样一个很好的交易的平台。所以，我们能够在这里作为主办方之一，应该感谢天则经济研究所给了我们这个机会。

华南农业大学经济管理学院已经逐步发展为以农业经济为主体，同时带动其他学科发展的学院。我们的农业经济是国家重点学科，但是我想仅仅立足于某一个角度，比如说仅仅是从农业经济学科的角度做研究，恐怕不能对中国"三农问题"作出根本性的贡献，所以我们需要进入一个更大的知识平台，进入一个更大的学术交流空间。我们需要与不同的主体合作。本次由天则经济研究所牵头、多个学术机构共同主办的研讨会，本身就是一个跨界会议，一个跨学科会议。

---

* 罗必良：华南农业大学经济管理学院院长、教授。

我相信，不同知识背景、不同学科背景、不同学缘背景的研究人员走到一起，通过思想碰撞与讨论，能够为中国理论创新作出应有的贡献。我更愿意相信，当中国的经济理论取得新的创新与发展时，大家会回想起今天的会议。最后祝会议圆满成功。

经济学将发生一场重大的变革

陶永谊*

中天经济研究中心是一些有志于经济理论创新的同仁共建的一个交流平台，这次很荣幸成为会议的主办方之一，非常惭愧的是，主要工作都是天则经济研究所和其他主办单位做的，我们只是提出了建议，但是我们非常荣幸能够以主办方之一的身份参加这次盛会。今天对于中国的经济学界具有重大意义，历史将记住这一天。中国经济经过 30 年改革开放，进入一个重大的历史选择时期，改革进入了深水区，在这个区域里布满了陷阱和漩涡，随时都会出现灭顶之灾。所以，以往那种摸着石头过河的做法已经逐步显示出了它的局限性。也许我们扎入水中摸了半天，石头在哪还不知道，就已经喘不过气来了。这个时候需要的是铺设桥梁和建造船只。这就离不开设计问题，而设计需要理论作支撑。我们在做制度设计、路径选择和蓝图规划时，都要有理论作为依据。

但是，目前的问题在于，我们曾经顶礼膜拜的老师，他们在发展过程中也陷入了困境，包括次贷危机和主权债务危机。也就是说，在“看得见的手”和“看不见的手”同时遇到麻烦的时候，我们有必要重新审视我们过去坚信不疑的理论。这种审视过程就有可能产生新的思想。我们知道，古典经济学见证了工业革命，见证了日不落帝国的兴起，新古典经济学见证了美国这样一个超级大国的兴起和最后在世界上成就霸主的地位。同样，中国这样一个拥有 13 亿人口的大国，在 21 世纪重新走向复兴之路，一定要有一个理论与之相辅相成。

现在，我们通过网络、书刊以及与朋友的交流，可以看到各种各样的新思想层出不穷，这预示着一个百家争鸣、大师辈出的时代即将来临。所有的迹象表明，经济学将发生一场重大的变革，我们希望这场变革由中国人，具体来说也就是在座的各位，共同完成。谢谢大家！

---

* 陶永谊：中天经济研究中心独立投资人。

二、创新交流篇

不现实的假设是否可以接受
——理论创新的方法论问题

黄有光*

针对这个问题，经济学诺贝尔奖得主弗里德曼，早在60多年前就在他的一篇文章与书 *The Methodology of Positive Economics*（Friedman，1953）里面，提出了他的观点，他说实证经济学不需要考虑它的假设是否现实，只要它的结论是被证实的就可以了。这篇文章10年后（1963）引起强烈的争论，直到2014年将要出版的文章都还在讨论（如Mäki，2009；Gilboa et al.，2014）。科斯在2013年9月去世，10月张五常教授在深圳开了一个会，我们在座的有几位也参加了，会议上发了纪念科斯的文集，包括旧的和新的。这里面提到科斯对经济方法的一些看法，所以就使得我对这个问题产生了兴趣。

我本人认为我是折中主义者，对很多不同学派和对经济学方法论有不同看法的文章，我都认为它们有正确的地方，包括最近的一篇强调实际的重要性的文章（Pfleiderer，2014）。对于“不现实的假设是否可以接受”这个问题的答案，要看情形。有些情形可以接受，有些情形不可以接受，要看这个实际的假设是否使你得出误导性的结论，如果是有误导性的就不可接受，如果没有，只是简化分析，结论是对的，就可以接受。而且同一个假设，在分析某些问题时，可能是可以接受的，但是在分析另外一个问题时，可能就是不可接受的。

同一个假设，有些情形可以接受，有些情形不可接受

举一个非常简单的例子，你驾车从北京到上海，计算北京到上海有多少公里，开车平均速度多少公里，除一下就可以知道到上海需要几个小时。假定你

* 黄有光：南洋理工大学经济系温思敏讲座教授，澳大利亚Monash大学终生荣誉教授。

的车只是一个点，不考虑车的长度，只是一个点，从北京这个点到上海这个点需要走多长时间？假定你的车子是没有长度的，这是简化的假设，对于这个问题完全可以接受，不影响你得出几小时可以到上海。

假设你车的长度只是一个点，没有长度，这个假设，在下面的问题就是不可接受的。假定你要过一个没有红绿灯的交叉路口，两边都有车过去，你说我闭着眼睛不看有没有车，就开车过去，会跟另外一辆车相撞的或然率是多少？如果你知道车流量等信息，就可以计算出这个或然率。但是，如果你假定你的车没有长度的话，不管车流量是多少的交叉路口，你算出的或然率都是零。那么，你得出的结论就是，我闭眼开车过去，相撞的或然率都是微不足道的。同样的假设，你回答相撞的或然率，这个假设（车没有长度）是不可以接受的，实际上或然率是相当高的，你开过去可能就会死掉。所以，完全相同的假设，在一个问题中完全可以接受，在另外一个问题中有可能完全不可以接受。因此，要看你分析的问题的性质。

一、经济学内可以接受的不现实假设

刚才是驾车的例子，现在我们看实际经济分析里面用的假设。先说简化的不现实的假设，但是是可以接受的一些例子。

极限定理

全局均衡，国内99%都翻译为一般均衡，这显然是错误的译法，“一般”是相对于“特殊”，或者“具体”来说的，而general是相对于partial来说的，应该是全局相对于局部均衡。相对于局部均衡，不是一般均衡，一般是相对于特殊的。所以，我们以后不要再用“一般均衡”，这是错误的译法，是不懂得经济学的人的译法，你继续用“一般均衡”，就表示你对什么是一般均衡不是很理解，应该用“全局均衡”。

在全局均衡里面有一个极限定理，就是当交易人数增加的时候，这个经济的核（core）会缩小［核就是对没有被排除的可行的（feasible）的分配］；当交易人数增加到无穷大的时候，这个核会缩小成一个点，而这就是完全竞争下的全局均衡点（Edgeworth，1886；Debreu & Scarf，1963）。证明这个极限定理，需要用一个非常简化的假设，非常不现实的假设，假定增加的人是完全一样的。两个人交易，这两个人可以是不一样的，但是增加人数的时候，是跟原来这两个人一样的。原来是A和B，从一个A和一个B，增加到两个完全一样的A1、A2，B1、B2也完全一样，至少在偏好和禀赋上是完全一样的。这显然是不现实的，每个人有不一样的偏好，不同的禀赋。但是，我们已经证明出来这个极限定理，人数增加，核缩小。当我们证明出这个定理的时候，我们就知道为什么人数增加这个核反而会缩小，因为人数增加，增加了交易的可能性。即使增加的人数偏好不同、物品也不同，只要不是不同到他们吃的东西我们吃了就会死，这样就不能交易，只要有一定共同的偏好和禀赋的话，交易的可能性还是增加了。因此这个假设大致不影响理论的结论，因此是可以接受的。

1. 杨小凯的分工理论

另外一个例子也是类似的。杨小凯分析分工，假设分工之前每个人是完全一样的，这是抽象掉不同人之间的复杂性，简化了分析。并且让我们集中在分析分工造成的结果，而不是人际差异造成的结果上，所以我们更加接近问题的核心，因此这个假设也是可以接受的。杨小凯的分析得出很重要的结论，得出亚当·斯密以前没有得出的更多的结论，并且是用数理分析严格推导出来的。因此，今年我们将在7月5—6日在上海复旦大学举行杨小凯去世10周年的纪念会，7月7—8日在Monash大学也会举办杨小凯的纪念会。杨小凯去世之后，我们请诺贝尔奖得主布坎南写了一篇纪念杨小凯的文章，布坎南在这篇文章里面透露，他在2002、2003年分别向诺贝尔奖委员会提名杨小凯。很可惜他已去世，不然我们不必再等华人经济学家什么时候拿到诺贝尔奖，可能已经拿到了。

从这个人人相同的假设中可以得出，即使没有外生给定的比较优势，分工也能够造成内生比较优势，即使两个相同的人或国家，也能够由于规模经济的分工而造成专业化的经济，通过贸易而使双方得利。当然，实际经济中也有外生的比较优势，所以在杨小凯的分析之下做这个假设是可以接受的，但是不能因此得出结论说，实际经济没有外生比较优势。因此，实际上林毅夫和杨小凯各有对的地方。林—杨争论在这个意义上，可以说有一点误导性。

2. 综观经济学用的典型厂商

我再举一个类似的例子，这是我自己用过的，在明天挂牌的时间里面可以进一步解释怎样进行，我这里只是讲它的结论，不分析怎样进行这个理论创新，明天我将具体介绍理论创新过程。

我在*Mesoeconomics*：*A Micro-Macro Analysis*这本书里面（Ng，1986，附录31），用完全传统的全局均衡的分析，证明出给定任何一个外生的变化，无论是在成本或者需求上的变化，理论上存在一个典型的，或者代表性的厂商，而这个厂商在产量和价格上的变动是能100%反映整个经济在总产量和平均价格上的变动的。所以，这个论证是支持这个简化了的典型厂商的简化的。而且还可以证明，用简单的加权平均的方法来定义典型厂商的特性是怎样的，然后根据这个简单定义出来的厂商，它对给定一个外生变化的反应，在价格上和产量上的反应，是能够近似地代表整个经济在总产量和平均价格上的反应的。这两个结论就给运用典型厂商的方法提供了理论上的支持，并且是用传统全局均衡的方法得出的。我们只看一个典型厂商代表整个经济，这个结论是否可接受？而这个论证说明它是可以接受的。但是，这个分析方法不能分析相对价格的变化，所以有它的局限性。（赵益民把综观拓展到两个部门的情形，可以分析一些相对价格的变化。）

二、经济学内不可以接受的假设

接下来，我们要讲那些不现实的假设是不能接受的例子，而且是在经济学上被实际使用过的。

1. 第一与第二价格拍卖

经济学上有一个重要的拍卖机制的设计问题，就是你用怎样的拍卖方式确保你要拍卖出去的东西是由对它评价最高的人得到，而不是由评价低的人得到，因为那样就有效率上的损失。还有是否能够让拍卖者获得相对高的价格。有各种拍卖方式，如果不是口头拍卖，就可以看到对方出多少钱，而如果是写在信封上的，你出多少价钱，对方并不知道。这种拍卖方式主要有两类：一个是“第一价格”；一个是“第二价格”，也就是威克利拍卖，由诺贝尔奖得主威克利（Vickery）提出。所谓的“第一价格”，就是每个人写出他的出价，最后全部公开，出最高价的人得到买这个东西的权利，而且就花他所给出的价格，根据那个最高的价格卖出这个物品，所以叫做“第一价格”。如果用“第一价格”，每个拍卖者都要隐藏自己的最高出价。例如，你认为这件东西最高值100块，比100块更高，就损失了，所以用100块买的话，完全没有消费者剩余，你何苦买呢？因此，如果你最高评价是100块，你拍的时候可能只出价95块，你要有一些消费者剩余，所以每个人压低自己的价格。而这个压低的程度，可能各有差异，所以这个物品不一定是由评价最高的人拍得。

如果用“第二价格”拍卖，同样是每个人出价，写出价格最高的人，物品卖给他，但是，不是根据最高价格，而是根据第二高的价格卖给他。假定最高价格是100，向国成出价100，其他人是100以下，这个物品卖给向国成，但是出价第二高的是林毅夫，他出98块，所以向国成只要花98块就可以买到，这就是以第二高的价格出售。这时候每个人不需要隐藏自己真实的最高评价，因为向国成认为100块刚好值得，如果他把出价压低到99块，没有影响，他依然是以98块买到，要是压低到97块，这个物品就给林毅夫拿去了，向国成就没有得到这两块钱的消费者剩余。所以，压低价格对你只有损害，不能得利。所以，在第二价格拍卖之下，每个人无须压低价格，这是很好的方法。

有一项论证，说第一和第二价格，这两种拍卖方式是等价的，而且是在世界最好的期刊上发表的，更令人惊奇的是，这个有误导性的结论，是在全世界微观经济学的最高级的书，微观经济学博士生水平的最有名的书（Mas-Colell et al.，1995）里，介绍这个结论时，作者认为这一结论是完全正确的。为什么得出第一和第二价格的拍卖是一样的？由刚才的推论可知，二者应该是不一样的，第一价格之下只能压低价格，压低价格之后，这个物品就不一定是被最高评价者拿去，这和第二价格拍卖的结果是不一样的，为什么会得出二者是一样的结论呢？

得出这一结论是基于两个简单的假设。第一，假设他们只有两个拍卖者，彼此不知道对方出价的情形，但是彼此假定对方最低可能出的价格是多少，假定最低价格是一样的。假定我认为这个物品最高值 200 元，如果对方报价超过 200 元，对我来讲是无所谓了，让对方买好了，因为超过 200 元对我不利。所以，我有兴趣的是 0～200 元之间的价格，对方也可能是在 0～200 元之间出价。但是对方的最高评价如果是 220 元，他就会在 0～220 元之间出价。更重要的是，假定我最高愿意付 200 元，我假定对方在 0～200 元之间出任何一个价格的可能性是一样的。我觉得这个假设不合理，如果东西值 200 万，190 万、180 万的可能性远远高过一万、两万，怎么会完全一样？这一假设不但很不现实，而且还会得出误导性结论。因为你假定完全一样的话，你要预期对方有可能的出价，再决定自己应该出什么价。对方从 0 到超过 200 元都可能出价，但是 200 元以上我不管了。从 0～200 元的对方可能出价里，如果可能性是完全一样的话，我要最大化的是我得到这个物品的可能性，乘以我的消费者剩余，将这个预期价值最大化。这样我就应该出中间价，0～200 元，我就出 100 元。对方是 0～220 元，出价的可能性一样，他就出中间价 110 元。我们彼此出中间价，物品依然由最高评价者得到。所以，他们的结论就说第一价格和第二价格拍卖的方法是等价的，是由于他假定从 0～200 元之间出价的可能性是完全一样的，因此彼此出中间价，彼此出中间价的话，物品依然由这个最高评价的人得到。但是，实际上，如果我想买这个物品的价格是 200 万元，我假设是 190 万元、180 万元的可能是远远高于一万两万的。而且各人的假定不同，在各自假设不同的情况下，双方就不会出中间价，比如愿意付 220 万买的人，可能出 180 万，我愿意付 200 万买可能出 190 万，那样就由我拿去了，那个愿意出 220 万的人就没有拿到。所以，这个简单的假设是不可接受的，是有误导性的。所以，这篇文章不应该公开发表，也不应该在教科书上面介绍。

2．完全可分性

假定物品是完全可分的，我们就可以简单画图。我们可以把经济学的结论用简单的方式来表达，例如边际替代率等于边际转换率这样的方式，这是可以接受的。如果你把完全可分的假设，用在所有的生产要素上，你就可以得出规模报酬是恒等的，所有生产要素增加一倍，产量一定增加一倍，不能超过，也不能低于。假定每个有关要素都考虑进去，每个有关要素都是完全可分的，弗里德曼就证明过规模报酬是恒等的。弗里德曼本身知道实际经济中是有不完全可分的情形存在的，所以不能说实际经济中没有报酬递增或者报酬递减的情形。但是，中国有经济者说弗里德曼证明报酬肯定是恒等的，甚至说教科书上说的规模报酬可以递增或递减是错误的，这样的结论是有误导性的，这样的简化假设的应用是不可接受的。

3. 科斯的“全有全无”的比较

接下来的例子是诺贝尔奖得主科斯，他得奖的主要是两篇文章，一篇是关于厂商的，一篇是1960年关于社会成本问题的。2013年张五常介绍1960年科斯和其他经济学家的辩论，说：“这是经济学历史上最有名的辩论聚会。……科斯问：‘假若一家工厂，因生产而污染了邻居，政府应不应该对工厂加以约束，以抽税或其他办法使工厂减少污染呢?’所有在座的人（包括 M. Friedman，G. Stigler，A. Harberger，M. Bailey，R. Kessel，J. McGee，G. Lewis，L. Mints，其中很多后来是诺贝尔奖得主）都同意政府要干预——正如今天香港的环保言论一样。但科斯说：‘错了!’跟着而来的争论长达三个小时，结果是科斯屹立不倒。”还有，张五常自己讲：“1970年我发表《合约结构与非私产理论》，篇幅很长，但内容其实只是说，没有外部性这回事！当然屡遭千夫指，但今天该文还在……而千夫则不知何处去矣！做学问是过瘾的玩意。”

批判外部性这个概念，不只是张五常的个人看法，也有其他经济学者否定外部性的存在。科斯在中国大陆影响非常大，张五常用百度搜索发现竟然有950万条科斯的引用，弗里德曼只有他的四分之一，萨缪尔森只有九分之一。

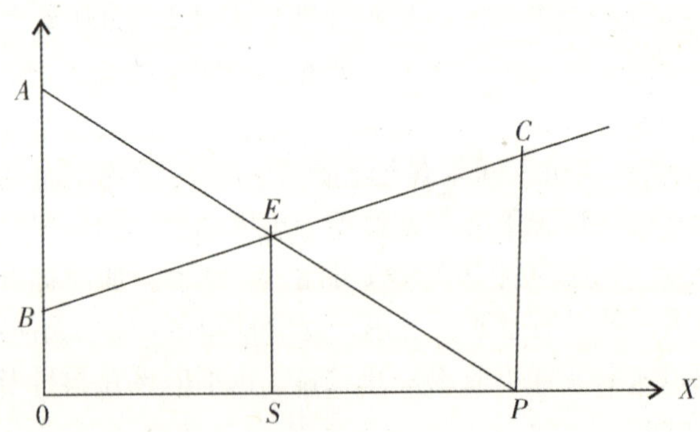

图1 All-or-nothing vs. continuous comparisons

科斯反对污染收税的结论是基于“全有全无”的比较。在图 1，X 是污染的量，向下的线是污染者进行污染得到的边际利益，向上的线是受害者因污染受到的边际成本（损害），社会最优点是这两条线的交点。如果污染者是过度污染（例如到 P 点），就应该向污染者征税，使污染者的税后边际利益线跌下来，通过 S 点，这才是社会最优点。但是科斯不仅不用数学，他连图形都不用，他只用例子，他的例子是针对自由污染、完全污染（即 P 点）和零点。这样哪一种比较好就不确定了，要看 ABE 与 EPC 这两个三角形哪一个比较大。有可能是完全自由污染比较有效，也可能是完全禁止污染比较有效。因此，用“全有全无”这样的比较，可以看到要根据个别情形，来决定是否禁止污染。但是，对污染收税不是完全禁止污染，而是使污染从 P 点减到社会最优点 S。所以科斯用这个比较，来反对庇古（Pigou）向污染收税的看法是错的。

类似的错误，有如拙作《从诺奖得主到凡夫俗子的经济学谬误》（黄有光，2011）上的论述，关于经济学上的错误多的是。所以，经济学并不像孙涤昨天吃饭时讲的，经济学是很难证误的，这本书上就可以看到很多证误。

三、实证的局限

弗里德曼以“你的理论得出的结论是否被证实”为最重要，我认为实证当然重要，但是不能单看实证。例如我们考虑，太阳是围绕地球旋转的这个理论，它的预测就是每天早上都可以看到太阳升起来，你根据这个结果去实证，真的是太阳每天 100% 从东方升起来，100% 证明了。但是，我们知道这个理论是错误的，不是太阳绕地球转，而是地球绕太阳转。所以，实证的很多情形，尤其经济学很多情形是很难得出确定性的结论的。所以，你不应该完全看实证，在可能的范围内，如果你的假设是比较符合实际的，依然是可操控的话，你用比较实际的模式就很好。

1. 综观分析的例子

例如弗里德曼说假定完全竞争得出的结论并没有问题，很可能是以前没有发现问题，但是金融危机的出现使我认为就有问题。根据完全竞争的结论，可以得出货币是中性的，货币供应量的增减不影响实际产量或者就业，只影响价格。如果厂商是完全竞争的，对厂商物品的需求是水平的，那需求上升了，如果没有时滞，边际成本也上升，产量是不变的（如图 2）。如果厂商不是完全竞争的话，需求线是向下的，需求的增加造成价格上升的可能性依然存在，但是也可能会有产量变化而价格不变化的情形。为什么有这样大的不同？因为在需求上，如果需求线是水平的话，水平的需求线不能左右移动，只能上下移动，上下移动就是价格的变动。

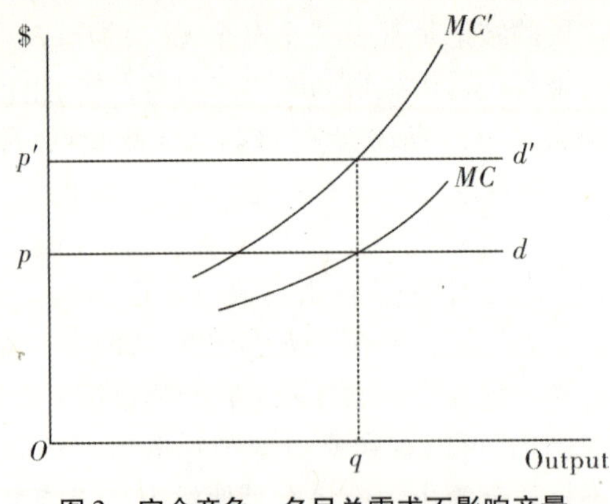

图 2　完全竞争，名目总需求不影响产量

在厂商是非完全竞争的情形下，厂商产品的需求线是向下的。向下的需求线不但可以上下移动，也可以左右移动，左右移动就可以造成产量变动，如图 3（短期分析）与图 4（长期分析）所示。而且从成本方面来看，如果需求线是水平的，边际成本线一定是向上的，生产增加的话，边际成本就会增加，边际成本增加了，就要提高价格。当需求线向下的时候，边际收益线通常愈向下，边际成本线可以是向上、水平，甚至向下。所以，多生产，边际成本不见得增加，多生产，价格不一定会提高。因此，我综观分析，得出货币学派（货币量或名目总需求只影响价格，不影响产量，图 2 的情形）与凯恩斯（货币量或名目总需求只影响产量，不影响价格，包括图 3、图 4 的情形）以及其

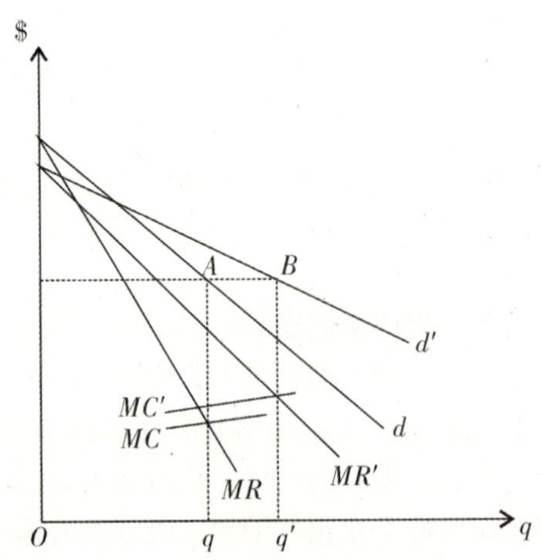

图 3　不完全竞争，名目总需求可能影响产量（短期分析）

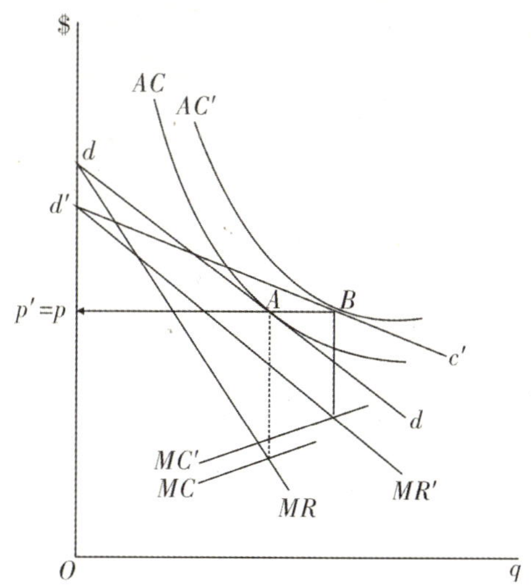

图 4　不完全竞争，名目总需求可能影响产量（长期分析）

他的一些情形，都是特例的一般结论；并给出什么情形，有什么特例，包括解释商业循环与大萧条的累积变动的特例。

我是用综观的方法，把微观、宏观和全局均衡综合起来了。怎么进行综观分析？我明天挂牌的时候会介绍。这是（简化的）全局均衡的分析，包括厂商之间的相互作用，成本线通过要素价格的可能改变而移动，宏观因素的影响等，全部的作用没有完全由上述简单图形体现出来（也没有冲突），但都是由一个完整的数理模式全面分析得出。（详见 Ng，1977，1982，1986，1992，1998，2009）

2. 结论

简言之，要用常理和直观来看一个经济学结论是否有误导性，不能受思想意识的影响。刚才讨论的科斯反对对污染征税，我认为是受到反对政府干预的影响，关于环保问题，市场有时会失灵，这时必须由政府做，政府做不见得更好，也可能更糟，如果更糟就设法改进，因为环境问题已经威胁到人类生存，这个问题是非解决不可的。谢谢大家！

参考文献

［1］黄有光. 从诺奖得主到凡夫俗子的经济学谬误. 上海：复旦大学出版社，2011.

［2］黄有光. 科斯与张五常反对政府干预污染的错误. 东方早报，2013－11－12.

［3］Debreu，Gerard & Herbert Scarf（1963）. A limit theorem on the core of an economy. *International Economic Review*，4（3）：235－246.

[4] Edgeworth, Francis. Y. (1881). *Mathematical Psychics*. London: Kegan Paul.

[5] Friedman, Milton (1953). The methodology of positive economics. In *The Methodology of Positive Economics*. Chicago: University of Chicago Press, pp. 3 –43.

[6] David Schmeidler (2014). Economic models as analogies. *Economic Journal*, 124 (578): F513 –33.

[7] Mäki, Uskali, ed. (2009). *The Methodology of Positive Economics: Reflections on the Milton Friedman Legacy*. Cambridge and New York: Cambridge University Press.

[8] Mas-Colell, Andreu, Whinston, Michael D. & Green, Jerry R. (1995). *Microeconomic Theory*. New York: Oxford University Press.

[9] Ng, Yew-Kwang (1977). Aggregate demand, business expectation, and economic recovery without aggravating inflation. *Australian Economic Papers*, 130 – 140.

[10] Ng, Yew-Kwang (1982). A micro – macroeconomics analysis based on a representative firm. *Economica*, 49: 121 – 139.

[11] Ng, Yew-Kwang (1986). *Mesoeconomics: A Micro-Macro Analysis*. London: Harvester.

[12] Ng, Yew-Kwang (1992). Business confidence and depression prevention: A mesoeconomic perspective. *American Economic Review*, 82 (2): 365 –371.

[13] Ng, Yew-Kwang (1998). Non – neutrality of money under non-perfect competition: Why do economists fail to see the possibility? In Arrow, Ng, and Yang, eds. . *Increasing Returns and Economic Analysis*, London: Macmillan, pp. 232 –252.

[14] Ng, Yew-Kwang (2009). Why is a financial crisis important? The significance of the relaxation of the assumption of perfect competition. *International Journal of Business and Economics*, 8 (2): 91 –114.

[15] Pfleiderer, Paul (2014). Chameleons: The misuse of theoretical models in finance and economics. *Working Paper*, Graduate School of Business, Stanford University.

对话：陈平、盛洪、高王凌、陈钊、孙涤、张维迎、沈华嵩、林毅夫

陈平：我是这次开会才第一次见到黄有光教授，原来听小凯说了很多次，真是相见恨晚，你说的东西我完全赞成。但是，作为讨论者，我还是要提点问题，实际上我提的问题是补充你前面的内容的。

1. 弗里德曼的计量模型检验标准不懂经济学和物理学的差别

我非常不欣赏弗里德曼那本《实证经济学》，他有一个非常大的误解，是什么呢？他没有区分经济学和自然科学的差别，他说："如果你的预言可以被验证的话，什么样不现实的假设都可以接受。"但是，你知道做计量经济学最大的困难是什么吗？就是怎么做 out of sample test。例如我有一个样本数据，属于过去一个时段，例如 1950—1980 年。假设经济结构不变，做了回归把参数定下来。你对 1980 年以后的事件进行推测的时候，你怎么知道后面时段（例如 1980—2000 年）的经济结构没有变化呢？所以弗里德曼的实证经济学检验看起来很好，但是操作起来是无能为力的。这就是我说的经济时间序列不是稳态，而是非稳态（non-stationary）。

2. 抽象是否现实要看研究对象

今天黄有光教授提出来的新的判断标准，我是接受的。当然还有一个很小的原因，因为我的老师之一 Robert Herman，也是大爆炸理论创始人之一，所以讨论宇宙起源问题时，我们也有共同语言。

就物理学来讲，比如行星运动，可以用一个质点描述，抽象掉地球的体积，这是高度抽象的东西，为什么可以接受？因为他可以解释行星运动。但是你想解释地震，你用质点描述就不行，地球必须画成有层次的球层。

3. 经济学中误导政策的案例之一：代表者模型和 IS 曲线

黄有光教授的标准就是，假设可以看起来不现实，但是结论不能有误导，这是很好的标准，经济学有很多理论的误导，特别是意识形态和利益的误导。

我举两个例子补充黄有光教授讲的，结论不能有误导的判断标准是可操作的。

第一，我认为经济学最误导人的模型就是代表者模型。黄有光教授刚才讲的厂商的例子就是代表者模型。最误导人的代表者模型就是宏观经济学的 IS

曲线（利率和投资的反向关联曲线）。它意味着降低利率就能增加投资，也就会增加产出。我们这次经济危机最大的教训就是发现 IS 曲线不灵。标准经济学就是一袋子土豆用一个点代表，政府降低利率，就可以增加投资，增加投资就可以增加产出，美联储的利率降那么多，有什么结果，结果很可能是负的，为什么没有刺激投资？你可以假设降低利率在正常的健康的经济形势下可以刺激投资，但是宏观经济学从来没有人定义什么是健康的经济。我的观察很简单，在美国经济独霸世界的时候，你可以把它当做封闭经济考虑，可以不考虑国际竞争。在 20 世纪 50 年代到 70 年代，美联储降低利率，美国的投资确实增加了。1970 年以后，石油危机爆发，欧洲美元市场诞生，美联储的货币政策就不行了。蒙代尔告诉我，肯尼迪当总统时，萨缪尔森和托宾的建议就不灵了。为什么？美国降低利率，资本就外逃到欧洲美元市场。换言之，降低利率的后果不是只有一种可能，而是有三种可能。首先，伯南克降利率证实了市场的负面预期，对美国经济前景非常不看好，投资不确定性非常大，资本家拿钱干什么？后来的 cash，钱拿在手上观望局势，等到大企业垮台了我再抄底，现在我不投资。其次，投资不但不增加还减少，减少的去哪了？资本外逃，跑到中国和亚洲，经济增长率更高的地方，20 世纪 70 年代是跑到欧洲美元市场。最后，才是 IS 曲线预言的增加投资，增加产出。到目前为止，只有油页岩的投资在增加，原因不是货币政策，而是技术突破。美国整体危机持续六年了，至今投资还起不来，改革也搞不下去，基础投资又没有钱。我们一大批人在学宏观经济学，拿一个 IS 曲线讨论货币政策，认为半部论语可以治天下。这次金融危机证明这完全是错的方向。为什么？因为我们是开放型经济，不是封闭型经济，利率和投资不是一条单向线性的简单直线。从这点来说，我大力支持黄有光教授的标准，误导性的简化假设是极其危险的。

4. 误导案例之二：拍卖的次优价格

第二，我也非常欣赏刚才黄有光教授举的拍卖的例子，我也认识威克利（Vickery），他没有得诺贝尔奖时，开美国经济学会年会没有人理他，我对这个老头很感兴趣，就去和他聊天。他提出一个“次优价格”。就是拍卖时，中签的不是出最高价的人，而是出第二高价的人，来制约过度投机。

新古典经济学中一个非常大的问题是什么呢？我管它叫“半边经济学”，什么是半边？就是只讲消费者的视角，不讲生产者的视角，或者只讲借贷成本，不讲放贷的利润，片面地说事，什么消费者剩余等。比如，你凭什么说降低利率就可以促进投资，这是从借钱方的角度说的，你降低利率，借钱的成本降低了，但是对放债的人不是好事，你降低利率，他的回报减少了，银行就惜贷。所以，我们教的宏观经济学、微观经济学都是半边经济学，是意识形态的问题，假装社会公平，只讲消费者主导、消费方，不讲供给方。你现在发现凯恩斯讲就业不足，是如何拉动消费的了吗？老百姓得先稳定就业，然后才有消费。美国现在连稳定就业都没有，发钱叫老百姓拉动消费，可能吗？根本不可能。老百姓拿钱先还债，或者留着应急。半边经济学的另一个例子就是现在中国的房地产市场。卖土地的是供给方，中国地方政府的行为是供给方经济学。地方政府要创造政绩，又没有钱，怎么办？卖地。地价越高，财政收入越高，短期政绩越好，那就是“第一价格”。如果我引进黄有光教授介绍的这个“次优价格”，是不是能解决问题呢？也解决不了问题，“次优价格”，地价还是太高，受损的是实体经济，制造业跑了，上海变空了，年轻人就业怎么解决？广东也面临这个问题。

我就问一个问题，为什么要最优价格、次优价格？为什么不是平均价格？黄教授给的答案非常精彩。他的理论模型就只有两个交易者。如果我求均值，就要求多个交易者。作为一个物理学家来看经济学，我就觉得经济学很奇怪：经济现象远比物理现象复杂，任何一个生物学家都明白人的本性是社会人，但是经济学的模型比物理学、生物学都简单。经济学里只讲鲁宾森经济，只有一个人，自己对自己优化。最多两人交易，或两人博弈，“多”人交易就没有。

5. 误导案例之三：Lucas 的微观基础论和干预无用论

当年我和黄有光教授关心同样的问题，就是中观经济怎么算？

卢卡斯讲货币中性论的时候，所谓的微观基础，也就是家庭的消费和工作。微观基础是无穷多家庭，无穷多家庭做理性预期的决策怎么会是一样的呢？卢卡斯混淆一和多的差别，说代表者的行为等价于一个家庭。这是一个极端简化的假设。做科学的人都明白单体问题和二体问题是等价的。做一个质心变换，二体问题就变成一体问题了，所以两人交易等价于单人交易的优化解是可以的。但三体问题就不行了，混沌怎么出来的？三体问题不可积分，所以任何问题从三到多，你从一体、二体得到的结论马上改变。我们研究的结论和卢卡斯相反，决定经济波动的是中观基础，中观在金融、在产业结构，不是微观基础几千万的家庭消费者。从这点来说，我非常欣赏黄有光教授的发言。

6. 历史实践可以检验经济学的主要流派

黄有光教授的书我还没有读，回去会拜读你的书：《从诺奖得主到凡夫俗子的经济学谬误》。我个人认为经济学不是应用数学，也不是人文科学。经济学不能像人文科学那样兼容并包。经济学应当是经验科学，可以由实验检验。但是经济实验和自然科学不一样，自然科学可以创造一个稳态的实验室，经济学检验主要靠历史的实践，尤其是大萧条、金融危机检验，互相竞争的理论，包括货币学派、凯恩斯学派、奥地利学派能够清楚发现一些理论和政策上的对或错，否定令人误导的理论。谢谢黄教授。

盛洪：非常感谢黄老师的演讲，我很受启发。同时我觉得可不可以做更一般的思考，我感觉凡是假设都是不现实的，一旦上升到了理论，到了人类的思考，就必然要简化，如果完全按照现实所有信息思考就没法思考了，太复杂。所以，假设实际上是为了简化思考。关键在于黄老师后面这些条件我觉得非常重要，我想能不能再进一步简化，就是说要检验这个不现实的假设是否与问题相关，刚才第一个例子就是假设车是一个点还是有长度的，我觉得和问题相关，你是讨论从北京到上海的时间问题，还是讨论过十字路口被撞的概率问题，这是和问题相关。再一个想法，就是假设是否和结论相关，假如和结论不相关，我觉得也可以，如果和结论相关，就要去考虑这个假设到底怎么样。我觉得这样的思考，等于是发展了黄老师的理论。

关于您提到的科斯的例子，我有不同的看法。您讲科斯反对征税，主张市场解决，是零和一，或者全有和全无的选择，恰恰不是这样。我们知道征税没有边际概念，征税才是零和一的方法，就是征税或者不征税，当然可以考虑税率的多少，但公共选择很难找到边际。而科斯讲的市场交易，就是非强制的分散的交易，他的例子是牛吃草的例子，有边际概念，就是因为有了非强制的分散的交易，交易双方才可以去发现边际，所以他这个方法能够找到均衡，而征税是没法找到均衡的。这是我不同意的方面。

黄有光：我不同意你说的第二点。我认为科斯全有或者全无存在误导性，我并不是反对科斯定理，科斯定理是假定没有交易费用，污染者和受害者之间，双方可以通过协议达到最优化，这点我没有争论，我不是针对科斯定理。如果能够通过协议，即使只有少量的交易成本，能够通过双方协商达到最优点，这个问题就不存在了，污染的问题已经被协议解决了。评估需要征税的情形是当受害者很多，尤其是污染的问题严重时，包括几百年以后的人受害，这个协议的交易成本太高了，因而无法得到解决。这时候才需要政府征税，因为税率是可以控制的，我完全不同意说税率是全有或者全无，而科斯的方法是边际的。科斯的文章也不是完全没有边际的概念，他有些例子是考虑到边际的。但是，他反对对污染征税这一点是根据全有或者全无的比较，这是错误的。

高王凌：我是外行，是历史学家，如果我在去年看到这个题目，我一定拍下来。但是，现在我的思想变了，我在清华讲课，讲农村，讲土地改革的例子，我就写了第一个讲稿，完全是假设的。假设一个北方地区的和平土改，地主、富农都没有被杀，移到了东北，然后到苏联，苏共十九大时说已经把粮食问题解决了，那我们中国还出口什么？统供统销还搞什么？没有必要了。所以，我过去决不会写这种文章，现在是作为我讲的第一课，我第一回感觉到一个瞎编的故事可能特别有用，它让我们从一个完全不同的角度又重新回到统供统销，作出一番新的解释。

陈钊：我对黄老师讲的其中一个例子，有一点我稍微不同意。就是你讲的拍卖，拍卖可以从两个角度区分，私人价值拍卖和共同价值拍卖，其实刚才的例子是针对私人价值拍卖。也就是说这个拍卖的标的物不是一个市场可交易的对大家来讲具有同样价值的东西，比如说房产或者人民币一百块钱，它是指私人价值。这个拍卖比如说一幅画，这个画家还没有出名，你很有眼光，觉得这个画特别值钱，但是我个人没有艺术细胞，我觉得这幅画不值钱。所以，每个人的艺术细胞含量不一样，是随机分布的，因此每个人对拍卖这幅画的价值也是随机分布的，从这个角度讲我可以接受。

孙涤：今天是五月六号，失联的马航飞机两个月了还没有找到。在追索飞机的去向时，我们是不是可以做一个大胆的假设，到现在为止没人做过的大胆假设，譬如说外星人把马航的飞机劫走了，或者说是上天把飞机上的伊斯兰教徒接到天堂去了。这样一个大胆的假设，功能性的效率就很高，我们就不用再找了。所有家属也不会受这么多的精神折磨，哪怕就是死了，亲人也上天堂了，我觉得这个假定是很有经济效率的。可有人会说你这个假设很有误导性，其实这样的假定不会太误导人，因为即使现在不救，已经不会减少生还的可能，而从经济上来讲，现在拼命去救成本非常高。所以，我们觉得这个假设是有用的。

对经济方法论的研究一直有这样一个困扰，我们现在这样精细化的研究、数学的分析，到底是我们人类的福祉？还是经济学的效率？或者是逻辑上的自圆其说呢？我们经常用一个比喻，说一个醉汉，表丢在哪里不知道，于是就只在路灯下面找。警察问他为什么在这个地方找，他说表丢在哪里，我不知道，但这里有路灯有光。经济学的很多研究就是把光变得越来越强，我的方法也精而又精，但问题的症结是在有光照射的地方找，还是在某些黑暗的地方找？我们不知道。所以这个边际上的投入，有时效用是负的。而且现在有很多的证据证明，人不是那么理性的，在有重大利益出入的选择时，比如经济利益，你会发现很多人的选择，其偏好是在演化中产生的，是由脑神经的固有结构决定的，因此，并不能用理性这样一个完美假设就可以把表丢在黑暗地区这个可能性排除掉。我的想法是世界的大部分都处在黑暗里面，有亮光照的地方很小也很少，我们经济学所做的大部分工作都是把这个光变强的努力，把有光亮的地方搜索得仔仔细细，但是否对百分之九十几的黑暗地方的搜索有所促进呢？

张维迎：首先，黄老师讲的原则上我都同意，孙涤先生讲的我觉得可以进一步扩展。有光的地方和黑暗的地方，还依赖于光的强度，很多地方黑暗了是由于另外一个地方的光太强了，这是我担心的。经济学上很多美的地方吸引力特别大，这样很多重要的问题我们就不考虑了，我的意思就是黑暗和光不是固定的，这是我特别担心的一个问题。

第二，还有一些假设是有助于我们搞清楚问题的，比如说最简单的，刚才听到科斯的理论，假定没有交易成本，如果逻辑上有证据的话，问题就归结到交易成本本身了。还有无论是经济学上的 MM 定理，资本结构和微观定理，资本成本和债务融资，还是股票融资，都没有关系。它们是由一系列假设推出来的，结论本身是没有错的。问题是它和现实不一样，我们肯定得从他的假设当中寻找。我的意思是说这个假设有时候是让我们找到问题的根源，所以从这个意义上来讲不能完全否定因为假设不现实就没有意义。

沈华嵩：关于假设的边缘问题，黄老师讲得非常好，对这个问题我比较同意爱因斯坦的观点。对于任何科学来说，必须从经验事实中抽象出一些最基础的概念，而这些基础概念和基本假定，最后一定要达到一个逻辑的简单性，就是不需要定义的概念达到最少。但是如果我们的假定已经和经验事实不相融的时候，我们就要考虑这个假定是否正确了。经济人的假定是可以的，但是理性经济人这个问题可能需要考虑一下。所以，我们遵循爱因斯坦这个建议是比较好的。

黄有光：刚才我已经大致回答了，没有具体问题要回答了，就再补充一下刚才没有解释清楚的地方。关于科斯对庇古的批评，科斯 1960 年关于社会成本的文章，一开始就把庇古大名写上，这就是批评庇古。庇古说外部性的问题，方法就是政府应该对污染的外部成本征税，减少过度污染。科斯定理是假定完全没有交易成本，我们看上面那个图，就是污染到 P 点，如果没有交易成本，受害者就跟污染者谈判以减少污染。如果你原来是不允许污染，但是污染一些是有利的，因为完全不污染，就没有生产了，所以也是可以通过谈判达到最优点的。后来有人说没有交易成本的世界是科斯世界，科斯说这个说法是最大的错误，因为科斯说："没有交易成本的世界是我要劝经济学家离开的世界。"科斯之所以讲没有交易成本的情形只是一个导论而已，他想分析的就是有交易成本的情况。关于污染问题，交易成本是非常高的。只要你付出交易成本，它远远大于得利。科斯的文章很长，在后面几节里都有讲到庇古。他批判庇古征税，自己用完全污染或者完全禁止污染的方法，哪一个更好不一定，但是对污染征税，对社会来看，如果税率不是过量的，这肯定是好的，是有改进的。因此，根据张五常先生的介绍，这一介绍是被另外一个诺贝尔奖得主斯蒂格勒（Stigler）所证实的。科斯和另外几个人争论，科斯问是不是应该对污染征税，20 比 1 支持征税，辩论几个小时后，是 21 比 0，所有人都被科斯说服了。他们就是坐在那里，科斯用完全污染和完全不污染的例子辩论，完全没有画图。如果你允许中间情形，对污染征税应该是可以考虑的。当然你让政府征税，可能又有其他问题，例如贪污、行政成本等，所以让政府征税不见得更好。所以，有些右派经济学者否定外部性存在，他怕政府搞得更糟。外部性当然是存在的，他们否定外部性存在，可能是基于让政府做可能更糟的考虑，但是如果污染的问题已经严重到威胁人类生存的话，就必须做，政府做如果更糟，就应该改进，不然全人类就得灭亡。

林毅夫：非常高兴我们把黄有光教授关于方法论问题的演讲放在第一讲，因为中国发展和改革开放取得的成绩应该是经济学研究的金矿，但是你能不能去挖这个金矿而不是挖煤矿，取决于对两个问题的把握。第一，你能不能认识什么是金子，什么不是金子。第二，即使你认识到它是金子，你有没有办法把它挖出来。这两个都牵涉方法论的问题，在黄教授的演讲中非常有启发，他讲的我完全接受。同时我在这宣传一下，我也出过一本关于方法论的书，原来叫做《经济学方法论的对话》，后来改成《本体和常理》，里面讨论的问题和黄教授讲的是一样的，得出的结论也一样，所以大家除了看黄教授的书之外，我也希望你们看看我的书。

从均衡经济学到复杂演化经济学

陈　平*

一、陈平字号的由来

我先说明一下为什么起两个号。我是已故的科学院副院长严济慈和物理学家普里戈金的学生，并不是科班出身的经济学学生。所以，我的学习方法不是只读主流经济学的教科书，而是从不同学派、不同学科的对话交锋中，找问题、找观点、找方法。我自号“眉山剑客”，意思是我在四川眉山电务段当了五年的铁路工人，从实践中观察社会。业余尤其爱读不同学派的交锋论证，不是韩愈讲的“传道、授业、解惑也”。第二个号“寂寞求错”，起源于周其仁在北大和我的挂牌讨论，辩论科斯交易成本理论的问题。辩论后北大研究生给我起了一个外号——“独孤求败”，我觉得不好。因为科学开放竞争，无所谓成败得失。从前中国文人讲“以文会友”，今天我“以错求友”。你如果能指出我的错误，你就是我的老师，无分长幼。取字号的道理，是因为叫陈平的实在太多了。人家老问我哪一个陈平，我烦透了，说北大的陈平，说学物理做经济学的陈平，人家都搞不清楚。我加个字号叫“眉山剑客”，屡试屡战，乐在其中。因为学习就是试错，“try and error”。

二、为什么把新古典经济学定义为均衡经济学

今天我讲的均衡，就是林毅夫求学的芝加哥学派为代表的新古典经济学。新古典的说法没有科学含义，“classical”无非就是正统、主流之意，新古典即新主流，杨小凯又发明新新古典，我和他开玩笑：以后我得叫新 n 古典（新的 n 次方）了。新古典经济学科学的说法不如叫“均衡经济学”，因为它的核心规范就是均衡，均衡也就是趋同，差别消失。

三、非均衡态物理学和复杂经济学的含义

我的专业是“非平衡态物理学”，生命存在必须有温差，就是非均衡。生

---

* 陈平：复旦大学新政治经济学研究中心教授。

命死了体温变为室温，就是均衡，也就是物理学上的“热寂”。

非均衡在经济学中是什么意思？就是存在结构差异、区域差距、技术差距、贸易差距等等。“色混沌”“经济复杂”这两个词是我造的。我要创一个新经济学的流派，标志是什么？开始叫“复杂经济学”，计量经济学家承认了，我们研究的非线性就是比他们的复杂。他们也与时俱进，创造了一个词，叫“非线性计量经济学”，想把我收编进去。但是非线性回归还是假设系统可积分，有解析解。混沌多数不可积，没有解析解。奥地利学派、演化经济学、创新经济学，包括熊彼特、哈耶克的门徒，原来反对数学模型，被新古典经济学边缘化了。他们要复兴，发现我可以把他们的“创造性毁灭”做出数学模型，于是欢迎我加入他们的演化经济学派，我当然乐意。但是，我也要和不相信经济学可以用数学研究的科斯或哈耶克的门徒区别开来，因此我在演化前加了“复杂”，告诉大家我的演化是用复杂数学的，而且复杂科学的数学要比新古典的线性模型复杂得多，也高级得多。西方人就容易理解我的意思。

四、演化有进有退，没有“主义”之分

很多人认为我是社会主义者。不一定，要看具体问题。我是早在1979年就公开宣传专利制度重要性的人。国际上主张演化的人，左、中、右派都有。熊彼特偏左，哈耶克偏右。我是物理学家，没有固定立场，具体问题具体分析。你在大西北荒山造林，搞私有产权，我不反对，因为造林周期很长。你在沿海城市推土地私有化，我反对。因为你把城郊农民变成食利者，自己不干活、赌博，雇内地农民住在大棚里种地，形成新的贫民窟，大学生进城找不到工作，住不起房，不敢结婚生子，将来就会形成新的埃及动乱。我坚决反对不可持续的城市化，新圈地运动，否则将来要出大乱子！

五、奥地利学派认为我发现的货币混沌支持了哈耶克的内生货币论

第一个把我认作盟友的是奥地利学派，他们认为我发现的“货币混沌”支持了哈耶克的内生货币论，否定了弗里德曼的外生货币论。我在货币问题上，可以算作奥地利学派，但是哈耶克认为凯恩斯的福利政策是走向奴役之路，我不同意。因为美欧债务危机，走上的不是奴役之路，而是骄奢破产之路，这是财政问题，不是人权问题。美国黑人、墨西哥人、印第安人的人权，比中国农民差多了。简言之，我学习经济学的过程，不是从教科书上学，而是从不同学派的对话交锋中学，不固定在某派的信仰上，而是用经验观察来判定理论的优劣。这是物理学家，尤其是实验物理学家的方法论和价值观。

六、复杂演化世界观的基本含义

我先把我的结论说清楚，大家如果觉得我讲的太复杂的话，你在脑海里要留下几个概念，我讲的复杂是什么意思？刚才孙涤讲，我们面临方法论变革的问题。我们讲的方法论范畴很大，古希腊的原子论到爱因斯坦的广义相对论和基本粒子，都是分析科学，也就是还原论。复杂整体拆成简单组件，再搭积木，整体等于部分之和。但是还有一套思维方法不一样，就是中国的整体论。科学里面的整体论做得最好的就是达尔文，达尔文的演化范式和弗里德曼的还原论范式不一样。下个礼拜我在北大生命科学学院有一场演讲，就是关于生物学的思维怎么挑战经济学和物理学，大家感兴趣的话可以去听。

新的整体论，我们叫“复杂系统”“复杂科学”。和简单的还原论比，它有几个特征：第一，从简单的线性，走向非线性。第二，均衡走向非均衡。均衡的含义就是趋同，生物演化如果趋同的话，最后就只有一个物种了。现在有多少物种？许许多多，所以生物演化是非均衡的，是变异的，是多元的。第三，从稳态走向非稳态（non-stationary），也叫时变（time-dependent，time-varying）。计量经济学假设概率分布是不变的，即均衡加稳态的。如果随时间变化，自然就是非均衡的。第四，单体的代表者模型变为群体的多体模型。第五，封闭系统发展为开放系统。封闭系统能量守恒，摩擦力为零，就是科斯讲的交易成本为零的世界，可以优化趋同，有普适的价值。优化到哪里去？优化到“热寂”的死亡世界。保守系统和生命世界、经济世界没有关系，但是可以描写行星运动，发射人造卫星。如果是开放系统，能量耗散，摩擦力不是零，才有演化，才会出现结构，有多元的生命或社会系统。多元竞争共存，是有淘汰的，不是北大得意的兼容并包，而是有竞争淘汰。有些东西在竞争中会被消灭，但是消失的不一定是劣种，优种也可能倒霉。存在的不一定是最优的，因为有路径依赖。这是我们的复杂—演化世界观。

七、新古典经济学基本问题是什么

我感到经济学是一个非常奇怪的学科。奇怪在什么地方？第一，它会大量运用到数学，所以这点和物理学家非常接近。第二，经济学的理论全都是违背常理的，主张人性自私也和多数宗教信仰矛盾，和物理学、生物学、心理学的常识也矛盾。

举几个简单的例子。新古典经济学讲人性，表现在效用函数贪得无厌（没有最大值）。我的胃就是一个反例，吃多了就不行。换言之，人的本性就是非线性的生理结构，人不可能贪得无厌，效用函数不可能是凸的。新古典经济学讲什么完全信息、理性预期，在物理学上是不可能的。因为完全信息的采集要求无穷大的能量，处理信息要求无穷快的计算机，这不可能，这违背物理学的能量守恒定律和测不准关系。

八、“代谢增长论”挑战新古典的内生增长论和斯密的分工贸易理论

这次文集收的代谢增长论的文章，原型早在1987年就发表了，讨论劳动分工和文明分岔，但是没有几个人感兴趣。我在2012年的国际熊彼特学会做主题发言时改名为《代谢增长论》，挑战内生增长论，西方经济学家立刻就听懂了。内生增长论假设知识积累，规模递增，无限增长。这不可能，违背了生态学规律。技术新陈代谢，国家经济后浪推前浪，才有大国的兴衰。

我和天则经济研究所这些年讨论科斯交易成本理论时，最后发现批评交易成本的细节纠缠不清，不如质疑亚当·斯密古典经济学的基本理论。亚当·斯密讲分工和交换。我想清楚了一个问题，分工加交换不等于创新，不等于工业化。分工和交换古已有之，现代化的实质是系统地用科学技术进步提高人类资源的承载能力，这个过程一旦停止，现代的生活方式就不能持续。我的代谢增长论的实质就是：科技进步是工业化的动力，分工加交换只能重新分配现有资源。只有科学技术才能增加可利用的资源。

九、经济学出路在发展统一理论

现在我提一个方法论问题供大家讨论，我们的出路到底是颠覆还是整合现有的经济学理论？原来的经济学都是几派对立，马克思对亚当·斯密，哈耶克对凯恩斯。我对你就错，互不包容。但是物理学家有一个新思维，除了推翻旧理论之外，还有一条路，就是发展一般理论。例如爱因斯坦的相对论可以把牛顿力学作为一个特例包容进去，牛顿力学的合理内核继续存在于相对论的低速近似中。我给自己提出来的目标，不是我的原创，是普里戈金（Prigogine）的设想，他想统一物理学和生物学。我说假如你能统一物理学和生物学，我就可以统一物理学和经济学，他说这个很难，但是你可以试一下。不料我一试就试了三十多年。

今天很荣幸，我的两位领导，林毅夫先生和史正富先生都在。我一直没有机会在北大和复旦系统地汇报我的工作，今天借天则经济研究所这个平台汇报一下。我对新的大统一理论有信心。因为，第一，在人类知识基础上，研究符合物理、化学、生态系统的经济行为是可能的；第二，经济理论应当吸收各经济学派的合理内核。现有的主流经济学只是总结了英美模式，连德国模式、日

本模式、北欧模式的经验都没有总结进去。在这点上，我觉得今天史正富先生的开场白非常好，我们要有一个心态，就是树立自主意识，摆脱悲情意识。我们中国人绝对能把握这个历史机遇，奠定未来统一理论的基础，从经验到理论。

十、微观经济学基本假设违背生理学和物理学原理

时间不够，每一个问题我只能点一下要点。微观经济学被大家认为是最漂亮的，但是实际上问题最多。问题多在什么地方？我举几个例子。

第一，效用函数必须是凸函数的要求，这是违背生理学的。第二，一维空间的排序描写人的行为太简单了，必需引入高维空间。对物理学来说，现实的标量场是不存在的。牛顿的万有引力开始是标量场，距离决定引力强度。后来爱因斯坦发现引力是张量场，电磁场则是向量场。所以经济学的价格万能论是错误的，价格虽然重要，但不是唯一变量。价格在资源分配上不是万能的，只是矢量的一个分量，或者是张量的一个分量，这一点想清楚了就很简单。

大家都明白，供求曲线相交决定均衡价格。弗里德曼的价格理论就是如此简单，所以才有所谓的自稳定的市场和“看不见的手”。两条直线相交，只有一个交点，新古典微观经济学的基础就在此。可惜刚刚去世的贝克尔（Becker）也有疑问，他是芝加哥“经济学帝国主义”的创始人，也是最早意识到需求曲线可以是 S 形的人。S 形的供求曲线相交就有多稳态，多样性就出来了。所以，读真正的大家的原创论文，要比读跟随者写的通俗教科书有意思得多。

十一、计量经济学制造均衡幻象用的高频噪声放大器

第二个学科，计量经济学，我跟他们就如何分辨噪声与混沌辩论了十几年，包括诺贝尔奖得主经济学家 Granger，他连基本的频谱分析都不懂。我不能说把他们打败了，但是至少把年轻的计量经济学家们说服了。计量经济学在干什么，不是梦工厂，是制造幻象的工厂。什么幻象？均衡幻象！他们认为观察有效市场只能看到白噪声，白噪声就代表“看不见的手”描写的均衡态。我们发现经济学观察也存在物理学里的哥白尼问题。计量经济学参照系选错了，看到的都是噪声。换一个参照系，滤波器滤下来的东西，围绕趋势的波动，计量经济学家以为是噪声，而我们看到的 60% 以上是非线性震荡，即熊彼特的生物钟。这些研究都是 1990 年的成果。

十二、宏观波动的中观基础论（meso foundation）

我们研究宏观的经济周期，提出了一个很重要的议题——“中观基础”，和林毅夫的“新结构经济学”、黄有光的“中观”（或者叫综观）不谋而合。为什么我们主张“中观基础论”，就是否定卢卡斯的“微观基础论”？因为经济波动的源头不是微观层次的家庭或中小企业。

十三、时频分析发现色混沌，否定有效市场的布朗运动理论

你们可以看一下我们分析经济数据时采用的时间—频率的分析示意图，这是我们统一经济学非常重要的高科技武器。如果你把时间序列看成一个平稳的系统，用标准的傅里叶变换处理数据，你看到的右边这个飞机的图像就是模糊的，因为飞机在飞，不是稳态。第一次伊拉克战争时，美国人把自己的飞机打了。如果用时频分析，类似于用高速摄影机把时变的图像分解为一张张运动中的过程，马上就可以得到新的模式识别，发现捕捉到的目标是宿志米格飞机。这里展示的时频分析综合了两个物理学诺贝尔奖的成果，实际算法是两个中国人发明的，他们是我的好友钱世锷和陈大庞。美国军方拿他们的算法探测核试验和核潜艇，我用来分析美国的股市指数，否定了法玛（Fama）提出的有效市场理论。

为什么看这个伽伯（Gabor）小波的波形图呢？这个图是我们用来分析经济的。目前来说最高科技的工具，就是量子力学第四表象里面采用的伽伯小波。Gabor 是研究量子光学的，用量子光学的时间—频率表象可以构造一个二维空间，我们用来分析金融市场。科学要化复杂为简单，关键在于寻找最适合分析对象的基函数（base function）。如果基函数找准了，就大大简化了系统的动态图像。

为什么经济学的基函数有问题呢？新古典经济学借用的是牛顿力学的基函数，一个是正弦波，另一个是布朗运动，也叫白噪声。但是，生命现象都是小波，量子力学测不准关系指出，误差最小的是 Gabor 小波。科学道理非常简单。如果原始经济数据没有滤波的话，看起来就好像是白噪声。但是滤波以后，我们做的金融和宏观指数就有非常清楚的结果：美国主流的经济指数，波动方差的分析结果都是差不多的，非线性的有色波动（波长在 2～10 年间）占主导地位，白噪声的成分不是主导地位，所谓“有效市场”只是一个神话。美国标准—普尔指数的白噪声水平大概只有 30%，最高 40%。滤波以后，经济波动的波幅不是平整的，而是高高低低变化着的，但是宏观和金融的波动频率相当稳定，波长在 2～10 年间，类似我们在座每人的生物钟。在座哪位心脏

跳动是严格控制在每分钟 60 下，不是的，是有一个频率变化的健康范围。这是“色混沌”的特点。这里，“色”指频率，“混沌”指内生的非线性震荡。

十四、大数原理揭示宏观涨落与中观组元的定量关系

下一个里程碑是大数原理。大家都知道量子力学创始人之一的薛定谔有本名著叫做《生命是什么》。物理学家对生命的理解：第一要稳定，不能生下来的娃娃不像爸爸妈妈。但是，如果生命体只有稳定性，没有变异，怎么适应环境的变化呢？所以，生命必须有很大的稳定性和适当的变异性，生命的量子力学如何满足这个规律？薛定谔考虑了一个最简单的系统：如果构成这个系统的组元是具有同样均值和方差的粒子，经济学家通常分别讨论方差和均值，但物理学家分析基本问题要考虑量纲，即方差开方得到标准差。标准差除以均值，得到一个无量纲的常数。

结论非常简单，系统组元数 N 越大，系统越稳定，变异的概率越小。生物学的含义是遗传基因必须是大分子，后来发现了 DNA、RNA。

我们用这个规律解释宏观经济不稳定性的基础就非常简单了。哪里有什么卢卡斯讲的微观基础论？经济学的微观基础是家庭，美国对应的微观家庭数 N 有几千万。宏观数据观察到的消费波动隐含的 N 数大约是 50 万 ~80 万，产生消费和真实 GDP 的涨落的相对偏差只有 0.2%。但是宏观波动真正的源头是金融，几千家大公司产生的投资波动为 1% ~2%，比消费波动大 5 ~10 倍。引发金融危机的投机幅度最大的是货币和大宗商品交易，几百个投机集团产生的兑换率和油价的波动高达 5% ~6%，比股市波动还要大 5 倍。我们可以直接从宏观金融指数的波动幅度分析波动产生的原因，还可以反算回来估计等效的交易者是多少。

十五、从大数原理到宏观稳定的竞争政策

为此，我提出宏观稳定的对策：竞争政策，也就是国际反垄断政策，比金融监管更重要。2012 年 5 月，我受邀请出席在墨西哥城举行的 G20 峰会的预备会。会议上我当面批评奥巴马总统的经济顾问、克林顿总统的财政部长萨默斯（Lawrence Summers），我指出根治金融危机有两种主张，前任美联储主席沃尔克（Paul Volcker）主张拆分金融寡头，萨默斯主张加强金融监管，反对拆分金融寡头，到底谁对谁错？我用大数原理定量分析，支持拆分寡头，经验分析的结论是，萨默斯是错的。萨默斯没有回应我的批评。我发言之后，前巴西总统、前西班牙总统、前新加坡外长都来和我握手，支持我的发言，连克林顿总统的经济顾问劳拉·泰森也对我的研究大感兴趣，问了许多关于经济复杂

研究的问题，包括我们和圣塔菲研究所的不同思路。这是我们研究宏观波动与金融动态获得的第一个重要成果。

十六、代谢增长论回归市场份额竞争的本质

我现在讲这个文集里你们看到的文章代谢增长论，代谢增长里面我对经济学做了几个非常根本的改变。

第一个改变，我认为经济学对竞争的理解是错误的，经济学的核心不是价格竞争，而是市场份额竞争。这是谁提出来的？亚当·斯密。《国富论》第一章讲“分工提高效率”，第三章讲“劳动分工受市场规模限制”。马尔萨斯接着说，人口规模还取决于资源限制，而且还启发了达尔文。这是基本的生态学规律。新产品怎么定价？新产品只能策略定价，互联网定价是策略定价的典型。在开放竞争的情况下，不可能有边际成本定价。我专门到美国排名前十的德克萨斯大学营销系找专家讨论。他们明确告诉我，不存在边际成本定价的案例，因为实行的企业必然破产。新古典经济学的“边际成本定价”保证市场优化的理论，完全是纸上谈兵，连弗里德曼也不信。大部分传统产业是成本加成定价，非传统产业就是策略定价。所以，价格竞争实际上是实现市场竞争份额的一种策略，不会有 marginal cost pricing。这是第一个修正。第二个论点是阿罗提出的“干中学”（learning by doing）的知识累积理论，只对没有技术革命的案例成立。从工业革命的历史看，知识不是积累的，而是新陈代谢的。知识要积累的话，现在英国会继续称霸世界，因为自工业革命以来它的知识存量最多。但是你看大国兴衰的历史可知，类似我们研究生物学现象中的新陈代谢一样，我们观察到，只有新陈代谢，才会有德国崛起，才会有中国崛起，美国才可能超过英国。我有一个非常重要的批评，就是新古典经济学把资本积累、知识积累作为经济发展的动力，而不是科学技术的创造，这完全误导了经济学。它的一个严重后果就是，经济的虚拟化。2012 年我拜访了 20 世纪最伟大的英国历史学家 Eric Hobsbawm。他在去世前两个月告诉我，英国在 1850 年工业革命最高峰的时候，即使工业生产占世界 50% 以上，工业也是赚钱不多的。英国赚的钱主要从哪来？一是控制海洋通道，也就是控制海运定价权，靠的是海军霸权。二是金融。所以，英国经济的虚拟化，从工业革命的高峰就开始了。美国这次的金融危机，我最先叫它为金融挤出实业的“美国病”，听了霍布斯鲍姆的话，才知道应该叫“英国病”或“盎格鲁—撒克逊病”。当代西方经济的虚拟化是非常严重的问题。所以，我这篇文章才能引起熊彼特学派的强烈回应。我的努力是重新回归经济学的根本出发点，经济发展的动力是人口和资源的关系，但是加进了新的因素，就是技术革命可以开发新的资源。我

1980年做劳动分工演化模型的时候，受普里戈金弟子德吕布的启发，他做了蚂蚁分工模型和实验检验。为什么研究劳动分工，我和杨小凯走了不同的路呢？因为杨小凯学的是新古典经济学，他在优化框架里加了角点界和交易成本，试图描写分工促成的多样性的发展。我学的是非平衡物理学和演化生态学，分工是生态演化的问题。我的贡献是研究人和蚂蚁有什么差别？我注意到人有文化，人在面临不确定性的风险的时候，战略决策是冒险突进，还是随众跟进，对这种行为的观察可以区分个人主义和集体主义的文化，或者说是冒险和保守的文化。我的模型有非常好的可操作性，我不需要质问人的行为的主观愿望是利己还是利他。我的模型不仅可以解释宏观和产业的现象，还可以解释史观的基本矛盾，例如李约瑟问题和华勒斯坦佯谬，这使历史学家非常高兴：原来数学模型也可以用于历史研究。

十七、S形的逻辑斯蒂小波和产业的生命周期

我的代谢增长模型非常简单，我的老师Peter Allen，一位物理学家出身研究生态和社会的经济学家，他画了一个增长波动分解的示意图。你看产业发展的过程会发现，每个产业开始都是呈S形的曲线，上升曲线拉平的时候就到了新古典的范围，即规模报酬递减，前面起飞的时候是报酬递增，但是不可能永远报酬递增。所以，新古典经济学模型最大的问题是不能描写动态规模报酬（dynamic return to scale）。索罗的外生增长模型只考虑规模报酬不变，Romer，Lucas的内生增长理论只考虑规模报酬递增。而现实的经济总是先增后减。

第二个改变是如何描写科技进步？是随机冲击，还是小波起伏？每个产业或每种技术，早晚都面临竞争者，结果却总是老产业衰落了，新产业上去了。为什么上去？因为新技术打开了新资源，扩大了已有的生存空间。但是技术新陈代谢有“创造性毁灭”的代价。如果新老产业并存，必然产生设备过剩、产能过剩。所以，中国天天喊产能过剩，怎么办？消灭创新吗？产能过剩就是创新的代价。解决办法只能是帮夕阳产业转型，而不是削减新技术的“过剩产能”，阻碍技术的新陈代谢！

十八、生命周期的分段定价机制

有这两个改变，我们把很多经济学的老问题搞清楚了。举例言之，第一，重新构造经济学的价格论，即定价机制。我把产业的生命周期分成了四个阶段：初生期、起飞期、成熟期、衰老期，不同时期定价机制不一样。①初生期，无法给研发中的产品定价。资助方要么是非盈利的大学或政府机构，要么是风险投资拿自己的钱冒险。②起飞期，真正市场进入大举扩张是在起飞期。

③成熟期，新古典经济学的报酬递减规律就来了，多数企业搞的是成本加成定价，加成的利润水平各产业不同，与进入门槛有关。④衰老期，企业得做痛苦决策，是继续贴钱坚守，还是赔钱甩卖，或者请求政府补贴帮助企业转型。

十九、生命周期和混合经济下产权与技术的共生演化

第二，可以重新理解所有权和技术演变的共生关系，把制度经济学争论的问题也搞清楚。公有制和私有制，各有什么优越性，要看产业处在什么发展阶段。①初生阶段，私人资本不投资研发，当然是非营利的机构，或者是政府投资主导研发；民间少量的风险投资可能进去，但不会是主导。②成长阶段可以是市场发挥主导作用，当然这个阶段泡沫出现的可能性也很大，所以即使在成长期也需要政府监管，否则就会产生互联网泡沫、房地产泡沫。③成熟阶段，垄断增加，政府介入很重要，要严格实行反垄断法，否则会抑制创新，同时增加宏观不稳定性。现在微软的 Windows 操作系统问题非常大，但是市场垄断，更好的操作系统进不来。有人以为存在的就是合理的，就是最优的。不见得，因为有路径依赖。④衰落阶段，前面已经讨论过了，如果政府干预迟缓，危机发生时才去应对，“国进民退”，对资本主义国家同样成立。罗斯福新政就是“国进民退”。

说到底，我们的代谢增长论认为，真正工业化的驱动力是科学技术的进步，并由之开发一系列新的资源。我和新古典增长理论的最大差别是：我们做科学永远开放竞争，但是科学探索绝对不是随机的，历史有清楚的研究路线，但是不能事先预言突破时间的长短。我重新发现亚当·斯密原理“分工受市场规模限制”是在 1967 年，真正开始做经济学理论研究是 1979 年，提出代谢增长论的理论原型是在 1987 年，被西方经济学主流所接受是在 2012 年，发表已经是 2014 年的事了。但是，坚持研究开放系统的经济学，从 1973 年开始到今天，已经有 41 年了。

二十、不平等、暴力的起源在非对称交易

下面报告的是我今天刚刚想到的，可以向史正富、林毅夫和天则经济研究所的朋友作汇报。我突然明白了两个问题：第一，我们讨论贫富差距，不平等的起源在哪？我最初质疑科斯，不可能所有的社会冲突都可以通过交易解决。我想到的反例是中国两次修长城，以色列和巴勒斯坦谈判几十年没有结果。为什么？因为交易是不对称的选择空间，富人占有那么大的生存空间，而穷人却只有那么小的生存空间，不是真正的对称交易。要在不平等的社会实现社会公平，游戏规则必须是不平等的。美国人给黑人子弟和墨西哥人子弟上学的机

会，减少了学分的要求，叫做 affirmative action，是人人（或族裔）平等吗？当然不是。空谈平等的实质是增加社会的不对称性。你要解决不对称的问题，就要用不对称的方法。当然我不是说不对称就是好的，杀人放火是不对称的，扶贫也是不对称，两者保护的对象不同。

第二个问题：为什么会有暴力？如果交易危及一方的生存线，那么那一方就会违抗法律，武装反抗。如果法律不维护弱势群体的生存线，多数人就不会遵守。

二十一、市场权势源于市场份额的独大

第三，我可以明白：权势的起源在哪里。权势就是你的市场份额太大，可以主导竞争定价，对少数人有利，损害多数人利益，导致贫富分化。现在新古典内生增长论大讲新经济、新知识，好像知识能够脱贫。不一定！你们看全世界的规律，新经济出来以后，贫富差距扩大了，而不是减少。原因呢？我的观察很简单，我们做科学的人是按照时间长短拿工资的，你说你再怎么复杂的劳动，再呕心沥血，报酬都是按照时间算。你给我钱太少，不能养家，我就不干了。但是你给我再多的钱，我也消费不掉，生不带来，死不带去。但是市场上有一种定价不是按照时间算，按照什么算？按照交易份额算。你做并购、公司上市，或者打官司的工作，你身家 2 000 万，提成 5%，就是 100 万！和你花多长时间没关系。股份分红也是按比例，资产大的分利多。如果是创新企业家，还有创造价值的理由。如果是金融掮客或专搞医闹的律师，创造的价值比不上摧毁的社会财富。现在有新的不劳而获的剥削阶级，就是金融投机家。他们只要市场开张交易就能赚钱，不管是牛市还是熊市都没有关系，我只要在交易里提成，我就超富。而这种金融财富跟真实财富没有关系。

二十二、从三大产业论到五大产业论

下面讨论的问题，是我想做还没有做完的，先求教大家思路是不是对的。

目前经济学统计的分类是错误的，第三产业的分类尤其荒唐，把传统服务业和现代服务业全放在一起。我想现代经济应该不是三种产业，而是五种产业。

第一产业是生物能源，农林牧副渔。

第二产业是非生物能源，包括工矿业和交通运输业。现在西方把交通运输业从工业划到服务业是不对的。

第三产业是传统服务业，是维护劳动力的再生产能力，包括餐饮、旅馆、医疗等。

第四产业是信息处理，包括教育、行政、财会、法律等，是工业化后的新兴产业，但是，如不为实体经济服务，也可能是增加交易成本和制度套利的主要场所。

第五产业是知识创造，包括科学研发和艺术。只需要少数优秀人才，自身难以盈利，需要社会支持，但是成功之后，就会成为技术创新的源头。

现在西方鼓吹的知识产业，大家对它有很多误解。不可能延续目前的英美模式，制造大量机器人，把大部分人赶出劳动力密集型产业，赶出去的多数人都能搞研发？开玩笑。脱离了发达的农业和工业，哪里还有服务业的繁荣。我到西柏林时，一片萧条，因为制造业垮了，周末餐馆都不开门，因为没有顾客，哪里有中国大中城市的服务业繁荣，半夜餐馆都顾客满满的。原来中国人喜欢在家中请客，现在都到餐馆聚餐。你到欧美旅游区的城市去，发现餐馆的服务员比顾客多，人少价格高，顾客就更少。说什么消费可以拉动经济，完全是富人不知穷人如何过日了。

二十三、群体动力学可以诊断金融危机

我们批评新古典经济学的理性人是孤立人，即代表者模型。我们的替代出路是，用群体相互作用的生灭过程来描写金融市场的价格涨落。我们可以定量地证明，我们的数学模型比新古典经济学的布朗运动的代表者模型优越。具体的历史检验是2008年金融危机的本质是自由化导致的非线性内生不稳定性。

金融危机的问题，我给大家看两条曲线。曲线的来源，是我们研究的生灭过程，比新古典经济学的布朗运动更能诊断金融危机。这两条曲线是从标准—普尔指数导出的，转移概率随时间变化，描写的是金融市场上群体的博弈过程，上面这条线代表价格涨的概率，代表的是做多的实力，下面这条线代表的是价格看跌的概率，代表做空的实力。上下两条线如果对称，市场就均衡，不涨不跌。但是实际情形不是对称的。左边的转移概率图描写的是1950—1980年间的金融市场，接近直线，我们的有效市场，叫安静市场，但是也可以包容现在的动荡市场，而且可以像地震一样预警金融危机的到来。但我们无法单从股市的价格水平来判断市场是否正常，还要像天气预报那样收集多种数据，再像医生看病一样，判断哪种指数的哪种指标可以披露市场的不稳定性，例如交易量的暴增表明羊群行为，或有寡头在操纵股市；金融指数的高阶矩突然成百倍千倍地增加，显示系统的稳定性处于危机的边缘，可以调节杠杆率给投机热浇凉水。不必像格林斯潘和伯南克那样，等市场垮了再去救市，代价太高。

二十四、复杂演化经济学的统一理论

最后我总结一下，我的统一理论到底新在什么地方？

首先，我们解决了物理学的基础问题。物理学有两个不同的系统，如果是能量守恒的保守封闭系统，优化动力学可以保证演化的趋同。但是开放竞争的耗散系统，演化的趋势是多样的，而非趋同。

其次，我们把经济学原理回归到古典经济学的源头，即亚当·斯密和马尔萨斯都认识到市场份额竞争远远超过价格竞争，原因是分工受市场规模和资源大小的限制，可利用的资源是科技进步的函数。

再次，描写经济动态的基函数是小波，可以用生命周期解释。其数学道理就像开普勒用椭圆做基函数，不用圆周运动做基函数一样，从而才有牛顿的三定律。

二十五、构造和谐社会的四条建议

最后，我做一下对未来和谐社会的展望。林毅夫老师很有创见，他认为经济学是认识世界和改造世界的工具。怎么认识世界？我给大家三句话：世界是复杂的，道路是多样的，但是人性是善变的。

我对未来社会的设想是根据复杂系统的非均衡理念而得出的，我不同意“大同社会”的提法，因为大同有均衡的含义。我称之为“新和谐社会”，因为在开放竞争的情况下，必要的差别和非均衡，是创新的前提。但是非均衡程度太大，系统会瓦解。适度的非均衡和适度地控制不稳定性，就是我主张的“新和谐社会”。具体而言，我建议四条可操作的政策。

第一，“按能授权”，这是西方竞争机制的优点。能者授权，而不是按地位、血统授权，经济才能发展。

第二，“按劳付酬”，鼓励合作竞争，这个劳是按照劳动时间算。再了不起的人，高管也好，科学家也好，领导也好，按照时间算，即使和普通工人农民比，有 10 ~20 倍的差距，老百姓也能接受，不会有不公平的巨额报酬。

第三，“按需设限”。柏拉图对“理想国”的考虑非常重要，防止内部分裂要控制国内的贫富差距，按照生理和工作的需要，对过高的报酬和消费设立限制，不能把自己花不了的财富，遗传给下一代，让他们成为不劳而获的食利者，实际是害了下一代。连比尔·盖茨和索罗斯都不干那种傻事。超过你个人消费的报酬，存入一个特别账户，除了本人的消费、旅行，家属不得挪用。高管离职或去世以后，特别账户中的存款，要么交税，要么捐献，操作很简单，比收已经到手的财产税还容易，社会的矛盾则可以减轻很多。

第四，“按功封爵”，但是，不要按功封官。因为爵位是荣誉，官位是权力。有功之人，不一定是有能力主政的人。我在中国科协和两院院士的联席会议上，早就提过这个主张。中国科学没有发展，原因之一是封官而不封爵。英国鼓励创新的经验，例如给予爵位封号，对保留传统美德、鼓励建功立业是有帮助的。西方的精英文化，例如交响乐、芭蕾舞、数学，都是贵族文化。资本主义过度竞争，追逐短期利润，牺牲的就是文化和科学。爵号、荣誉可以有条件世袭，例如，给功臣之后奖学金，不是给财富和权力，和谐社会就可以是创新社会。从减少反腐的阻力而言，封爵和反腐双管齐下，社会阻力会小得多。

对话：何梦笔、张维迎、黄有光、林毅夫、黄凯南、盛洪

盛洪：非常感谢陈平，在这么短的时间里带给我们这么大的信息量。尤其是这个信息来自我们不太懂的知识体系，比如物理学，所以其中很多我都没有听懂，希望以后有更多的时间听陈平先生解释物理学的概念是怎么回事。首先我感觉他的整个演讲包括了各个方面的挑战，向经济学基本理论的挑战，还有对现代的挑战，比如刚才说法律是多余的。所以，陈平大侠挥舞着剑向我们走来，我们要跟他交手。下面我们请何梦笔教授评论。

何梦笔：首先非常感谢主办方给我这次机会让我参与大会讨论，我也非常荣幸。像以往一样，这是非常困难的，因为我准备的是对陈平教授这篇论文加以评论，但是我发现在陈平教授的演讲当中论文的份额可能只占了10%。

首先我想自我介绍一下，我是20世纪80年代开始研究中国经济的，我学习的重点之一就是中国的经济学家正在做什么。现在我也非常高兴，可能我是知道中国经济学家在做什么的知名经济学家中的一位。原因如下：我是一个德国人，刚刚陈平教授提到了德国模式。作为一个德国人，我也深刻地认识到所谓的德国模式也是由德国经济学者在20世纪40年代、50年代、60年代的思想所深刻地塑造出来的。我的好朋友冯兴元教授有一系列的论文，他也期待我在这里谈一下。在20世纪80年代，我认识到中国经济学家在未来二三十年中的所思所想也会深刻影响到中国经济的发展。当时我也是第一次开始学习中文，这也是我能够读中文文献的原因。

另外，我第一次作为一个外籍专家来到中国，是在1989年。当时我打算在中国用6个月时间了解和研究中国的经济学家在做什么，但是我不得不在1989年的6月份离开。1990年我再一次来到中国，那也是我第一次与茅于轼先生见面，十年之后我们开始了合作，在一个叫“中国社科网”的网站上，将一些中国文献翻译成英文，从此使中国经济学家的所思所想让英文世界的读者了解到。起初我们得到了一些金钱上的资助，后来就没有了。这就是关于我的一些背景介绍，也是我能参加这次研讨会的原因。我也相信在这里会获得很多对中国经济学者的了解和新的想法。

我研究的主要方向也是跨学科的，下面是我对陈平教授的论文和刚刚的演

讲做的一些评论。陈平教授是一位物理学家，我也了解到在当今的物理学领域也有一门分支叫做经济物理学，或者称为物理经济学。在物理经济学中，很多的物理专家用物理学的理论来阐释经济学的现象，我也一直在思考这些物理经济学家如何能做到他们现在所做的一切，以及用物理的理论来阐述经济现象。他们认为经济学的数学理论是错误的，但是我们用这个数学理论阐释了金融等多个学科。现在我们仍然可以看到在经济学和经济物理学之间有很大分野，很多经济学家也不是十分关注经济物理学家他们的所作所为。最近在德国召开了经济物理学家的年会，大家也在讨论如何将经济物理学的理论转化为更为实用的经济学理论，如何用自然科学的理论方法对经济加以分析，如何更为直接地在经济分析上使用自然科学的数学模型。另外，我们也探讨了如何将物理学、化学等自然学科的洞见直接应用到经济学领域。最近探讨的重点之一也有能源，能源是经济学所考虑的一个重要的方面，能源也是经济增长的一个重要的因素。包括陈平教授的论文，在座很多人的学术论文都提到了能源对经济学的直接影响。但是，如果我们看现有的已经成型的、完善的经济学理论的话，会发现在经济增长中从来没有将能源视作一个基础的生产要素，我们已经有了资本、人力以及科技作为经济增长的重要的生产要素，但是能源还没有被包括进来。

我重点看了一下陈平教授的论文，发现陈平教授的论文着重强调了文化，中国为什么没有在18、19世纪实现工业化，文中也提到了集体主义、个人主义等与人口、科技、社会结构之间的关系，大家看一下当今权威的论文就会发现一个直接的对比，就是英国的工业化与中国的工业化。经济理论在当前有一种趋势，就是将能源和经济增长合并。我们发现英国的煤价和劳动力之间的相对价格远远高于中国，这也是中国和英国之间有这种巨大分野的原因。经济史方面的发展也是非常明显的，这方面德国物理学家罗伯特·阿罗特也提出了能源作为生产力的基本要素的地位和作用。

现在中国也不缺乏这样跨学科的交流和融合的例子，有物理学和经济学方面的理论，这也将是未来经济发展的一个重要路径。

张维迎：我简单讲几句：第一，陈平教授对均衡经济的批评我是赞同的，我最近写了一篇文章《反思经济学》，发表在《经济观察报》上。

第二，我也赞成从演化的角度，而不是均衡的角度来看待经济学。但是，我有点怀疑，就是一百二十多年前，经济学家也是用物理方式去研究经济的，当然现在的物理比那个时候的复杂多了，但是这种复杂性是不是能够恰当地用来研究我们的经济问题？一种可能性就是说你可能显得成功了，但是成功的代价是什么？原因是什么？社会的演化和自然的演化很不一样，包括生物的演化也不一样。这种社会的演化与人本身有关，人在想什么，这个非常重要。物理的所有的东西，你怎么想并不能改变。就是说，我们认为今天下雨不下雨，不会影响下雨本身。但是，在社会方面，我们认为有什么东西，就会影响结果。比如我们想在这开一个会议，我们的会议就会有不一样的说法，如果完全一样的话，我们开会就没有意义了。我明天会讲为什么经济学只关注利益，而不关注理念，这是一个很大的错误。所以，你讲的很多东西我都不懂，我只是从这样外推的角度来看，我觉得你可能得出很多有意思的结论，甚至比现有的经济学还要好，但是否正确还是另一回事。

刚才你讲的一点我很不赞成，你最后说创新、出生、起飞、成熟、衰落，然后政府要有什么扶持政策，我不太理解的一点是，之所以称作创新，就是大部分人看不明白，然后你讲出生阶段政府去扶持，就说明政府看明白了，如果政府可以看明白的，这可能就不是创新。熊彼特说创新是创造性的破坏，如果大部分人可以看明白的东西就不是创新。微软是比尔·盖茨看到的，大部分人没有看到，还有乔布斯看到的也是一样。我们现在很多东西都是大部分人没有看到的，比如新能源，我们讲能源要出现危机，2005 年还是 2004 年左右，美国有一个很重要的扶持政策，就是生物能源，给每一加仑补贴多少美分，这导致了 2006 年全球粮食危机，甚至威胁到很多第三世界国家人民的生存问题。从中国来讲，我们看到的情况也是这样，当我们的政府认为要扶持某个东西的时候，最后都出了问题。如果这个结论是你严格地从你的复杂系统里推出来的，我就更怀疑你的系统了。如果这个结论是你随便得出的，我倒对你这个系统本身还不敢提太多的批评。

黄有光：我赞同你对科技在经济应用中重要性的强调，我认为理性的人都会接受这一点。只是分析科技很难，所以通常我们经济分析没有考虑这个，而是简化掉了，或者是外生了。还有，你刚才讲你的中观跟我的一样，不管是你的中间的中，还是我的综合的综，有一些不一样，但也有共同点。还有你对传统的批评，有些我同意，但是有一些我听得也不是很懂，其中一点，你认为传统的消费函数是一维排序，实际上是多维的，因为你在决策的时候，就要权衡将来作出决定，比如我来北京开会就要放弃一些其他东西。但是，你要作出决策，因此对你的效用和坏的影响有各种因素，最终你一维排序这些因素，这是可以接受的。最后，你说爵位世袭对我们有帮助，我不知道为什么。

林毅夫：陈平是我最喜欢的同事之一，因为他不断去挑战传统的、现有的理论，让我们必须不断从新的角度去思考一些新的问题。这个我觉得对中国经济学家来讲是非常重要的。我们改革开放进行了 30 多年，如果从成绩、从结果来看，确实是人类经济史上不曾有过的。但是从现有的理论来看，是不能预测的，不能解释的。而且基本上中国到处是问题，所以造成中国经济学家是社会的批评家，但是很难提出具体的有建设性的意见。但是，30 年发展能够稳定肯定是有道理的，非常重要的就是需要像我们现在探讨的一样，用一种新的方法、新的理论来解释。

但是我想这里应该分两个层次，一个是现有的发达国家提出来大家接受的理论，还有一个是研究这些理论的方法。我觉得挑战现有的理论是应该的，但是确实不能解释。我想今天陈平教授提出挑战现有的方法，在这里我觉得可能陈平教授对现有的方法是什么，必须进行更好的了解和总结。这一点，我跟黄有光教授的评论相似，比如说你批评理性人的假设，经济学家所讲的理性人的假设指的是什么？是收入最大化，还是物质利益最大化呢？实际上可以是多维的，比如福禄寿喜情，是每个人都会有的，它是效用的一部分，你在追求的时候有一个替代，在这个方面就有一个最大化。我觉得从这个角度看的话，理性人的假设是基本的，包括你的那个演化推论也是理性人的假设。所以，必须把这个分清楚。如果你要挑战基本方法的话，可能要把现在经济学家所讲的基本方法论的真正内涵是什么讲清楚，然后再讲它不合理的地方在哪里，这样更容易有进步。

黄凯南：黄有关教授的发言非常有启发意义，我就提一点我的疑问，我们知道均衡分析非常重要的一点就是模型非常简洁，我不知道陈平老师有没有一个简洁的模型。什么意思呢？就演化来讲，一个非常简单的逻辑是创新，创新带来了多样性的生成，选择是把适应度高的选择出来，低的则淘汰，这是多样性的一个过程，把适应性高的扩散。作为一个重要的模型来讲，创新要内生进去。一开始我们做 Evolutional Game Modeling 的时候没有创新的维度，只是扩散，所以非常局限，是一个非方便的模型。后来做 Modeling Personal Edition 的时候，有两个非常重要的问题没有克服，一是这个模型的稳健性非常弱，因为里面有常规机制的时候，会产生不一样的结果，这需要对初始条件的信息作必要的了解。二是出现的结果可能处于整个结果分布的收尾处，我们传统的统计很难检验其精确性。所以，我不知道你的模型是不是克服了这个问题，是不是有一个非常简洁的模型。

陈平：今天的讨论是我见到的国内讨论水平最高的，我希望我能够详细回答，否则的话大家都会错过一个非常难得的对话机会。

1. 经济物理学派过分强调不稳定性，自组织和复杂系统学派兼顾经济的稳定性和多样性

何梦笔的问题非常漂亮，经济物理（econophysics）不是我的流派，我们做的是复杂科学和演化经济学。下星期一我在北大讲物理学如何应用到经济学

和生物学上。物理学有四个流派：普里戈金的自组织和复杂系统，哈根的协同学，圣塔菲研究所的计算机模拟系统和经济物理宣传的幂律（power law）。如今，我自己确信我们是对的，因为生物学和经济学是耗散系统，哈根的协同学想把激光模型用到经济学上去，没有成功。经济物理的幂律强调市场的极端不稳定性，如果他们是对的话，金融市场几乎会天天崩溃，不可能存在至今。如果下一次德国的经济物理会议请我去讲演，我可以跟他们说清楚：你们错在什么地方。我为什么敢说这句话呢？因为我以前从来没有发表过物理学文章，今年在 Physica A 上发表的高阶矩文章就是由经济物理学派的创始人斯坦利（Stanley）主编的。他跟我们争论过多次，最后他认可发表，因为我们挑战的物理学派就是他的经济物理学派，当然主要挑战的是经济学派，是马科维奇的均值—方差分析和法玛的有效市场理论。

2. 经济总量的度量可以考虑和能量与资源的关联

第二，何梦笔讲能量，能量的相对价格的变化也非常重要。我们在澳大利亚开国际熊彼特会时，组织会议的布里斯班大学的东道主 John Foster，就想把能量的增长和经济的增长关联起来。我们讨论中国经济增长的时候，用能量消费指标检验 GDP 的估计是否可信。所以，经济学家拿能源和资源作为真实财富的测量是可行的。价格信号不可靠，因为社会心理的影响太大，成为虚拟经济的源头之一。研究发展的能量和资源基础，是非常好的研究方向，例如讨论中西道路的差别，我给大家举一个有趣的例子。美国历史学家彭慕兰（Pomoranz）问：为什么郑和下西洋不能持续，而英国的对外扩张可以持续？因为英国产业政策规定，英国在北美殖民地的大树不能砍，为的是保证英国海军造木头大船用的桅杆原料。中国明代的森林管理实行“看不见的手”，沿海大树都砍了，桅杆价格涨高了，要靠远洋进口，中国海运的竞争力就完了。这是非常漂亮的例子，可以回答张维迎先生市场不一定比政府的产业政策高明的问题。具体问题要具体分析，当然政府管错的也不少。

3. 历史上的相对价格调整贸易逆差时间很长

彭慕兰还注意到相对价格的缓慢调整对资源分配起决定性的影响，而且是长期影响。英国人 17 世纪迸发了对中国茶叶的偏好，市场价格无法逆转，茶叶贸易逆差持续了上百年。英国先是发动鸦片战争，还不能平衡贸易逆差，最后是到印度北方种茶，政府补贴公司修铁路，鼓励白人移民，赶走土著民族才扭转了这一局面。这都是“看得见的手”指导“看不见的手”，和亚当·斯密的理论完全相反。我建议张维迎先生读一读历史学家的著作，你会发现真实的历史和教科书里面写的经济学理论差得非常远。贸易由非均衡走向均衡的过程，英国也好、美国也好、中国也好，都走了上百年。哪里有一般均衡理论假设的相对价格的调整可以忽略时间的延迟？

4. 黄有光的问题

第二个问题是黄有光的问题，也非常好。我记得你以前写了一个中观（meso）基础论，后来又来了一个综观论。排序不是问题，难道维度是问题？可以有每个维度的排序，但是不可能有一维人（one - dimensional man）。你是生物体，要适应环境的变化，不可能事先保持优先顺序，只能在试错中演化。这是演化生物学和优化经济学的基本分歧。

为什么要世袭？很简单，我觉得秋风会赞成我的意见。中国没有道德，就是宋代以后把大家族弄没了。如果全部是官位继承的话，传统文化传承是有问题的。曹雪芹的《红楼梦》是清朝贵族保留下来的文化，这里不多讨论了。经济学忽略文化的影响，我们应当学习人类学家，把文化特色和生态环境联系起来。所以，我非常欣赏罗必良先生的研究，把产权的形式和生态、农业运作方式联系起来，而不是“一刀切”。

5. 静态与动态的方法论

林毅夫先生的问题也非常有意思，就是方法论的问题。我是非常严格地做方法论研究的。为什么理性人有问题，最大化有问题？就是因为理性人会自我优化，没有竞争者，也没有环境变化，和生物学的常识相矛盾。刚才我举的英国茶叶贸易的例子，就是《大分流》的作者彭慕兰给的例子，鸦片贸易的起源是茶叶贸易，茶叶是上瘾品，世界贸易的不平衡都是由上瘾品决定的，包括咖啡、茶、糖和当代的毒品。经济学有一个假设是替代效应，好像替代不需要时间过程一样。如果把时间放进去，你就明白了问题的复杂性。为了解释我观察到的货币混沌，我建了一个非常简单的模型，就是非线性延时微分方程。结果一个变量还能处理，两个变量就复杂得不得了。你要什么均衡就有什么均衡，没有简单的结论。

6. 复杂科学的方法是化复杂为简单，不能用复杂解释复杂

所以，我赞成黄有光教授的案例，黑板经济学是有用的，把黑板方程写出来，可以大大简化问题的讨论。我的货币调控方程最简单的形式是一维的，可以定量操作，可以回答黄凯南老师的问题。但是，如果你是搞麻省理工学院（MI）的系统论，或者圣塔菲的计算机模拟，放进去几万个甚至几百万个模拟人，用复杂讲复杂，那是讲故事，不是复杂科学。不过，如果你的模型能把高维降到低维，抓到主要矛盾、核心问题，能用简单的机制解释复杂的现象，那才是本事。

7. 计算简化的关键在于发现合适的基函数

我今天讲的是什么？刚才已经说了，但是你没有听懂，因为时间太少了。

简化的关键是找到合适的基函数，现在经济学做的就是矩阵、展开，经济学微分方程都不解。矩阵展开的话，每个矩阵元都要考虑。如果我发现我的基函数和内生机制相关的话，交叉项都可以近似为零，计算的复杂性马上就降下来了。为什么我强调基函数和参照系很重要，做数学的都明白，就是要把复杂的问题变得简单。行星运动的描写，托勒密的地心系用了一百多个圆叠加；哥白尼变到日心系，简化为十几个圆；开普勒用旋转的椭圆代替圆，就为牛顿力学的建立立下大功。关键是要对运动本身的特征有认识，找到符合它特征的基函数，这是物理学成功的地方。生物学数学不太成功，经济学数学更不成功，原因是没有找到合适的基函数。我们建议用逻辑斯蒂小波做生物学和经济学的基函数，有待未来经验数据的分析来检验。这和物理是能用于自然科学还是社会科学，没有哲学上的先验关系，要靠科学实践证明能走多远。至少目前我们在分析金融危机上，超过了新古典经济的静态优化模型，也超过了平衡态物理的高斯分布模型。

8. 演化，不确定性和多样性

张维迎先生的问题很好回答，假如你明白演化的含义，即不确定性和多样性相关。刚才我跟黄老师讨论，中国人翻译演化都翻译错了，达尔文的演化论，不等于进化论。演化时，有的器官进化，有的器官退化，演化是多样的。我前面画的多重S形曲线本身，就有极大的不确定性。面临大的不确定性，不但企业家、科学家会犯错误，就连政府和市场也会犯错误。但是这不表明政府不能支持科学。政府支持科学很重要的一点，就是政府出钱，但不要指定学术带头人，你让科学家自己竞争审议就可以了。德国科学的兴起超过英国，就是这么做的。希特勒要干预科学家的人事，才把大批犹太科学家赶到美国，帮美国做成了原子弹。我的建议是，把国有资产划三分之一出来，建设十几个竞争性的大学基金会。同样造大飞机或计算机，可以三家竞争。目前北大和清华是最大的国有垄断教育企业，政府不管你研究成果多少，按行政级别分配资源。教育如何能够成为世界一流？如果大家公认罗必良做得好，为什么不能让华南农大成为新的研究中心呢？只要政府把资源放出来给竞争性的大学，政府不必当裁判，不必选择，可以由国际竞争做裁判，学美国的大学基金会，在全世界网罗人才。所以，我希望张维迎先生的心胸放开一点，你对政策关心太多，而对经济学的基本问题想得太少了，对世界各国的具体经验了解得也不够多。思路开拓一点，意识形态问题就变成可操作的问题了。不同思路的竞争也就不会两极化，大家也有更多的选择和试验空间。谢谢大家！

盛洪：谢谢陈平先生的回应。最后我还要稍微占点时间做两点评论，陈平先生可以明天再回应我。首先，我觉得陈平先生讲了一个特别好的概念，我很受启发，就是“代谢”的概念，这是有非常重大意义的概念，也许在未来的经济学里面这也将是一个非常重要的概念。同时，我同意林毅夫先生刚才的评论，陈平先生对现代经济学的把握可能不完全到位，以我之理解，现代经济学由两部分组成，一个是它模仿了古典科学和古典物理学的一些方法来构造一套逻辑体系，另一个非常重要的方面就是经济哲学、自然秩序哲学。其实它最重要的一点就是用自然秩序哲学弥补了古典物理学方法论的不足，因为古典物理学实际上面对的是简单系统。这个简单系统不能解释复杂性，而经济是复杂系统。但是，经济学有一个特别聪明的方法就是存而不论，即在自然秩序方面经济要遵循自然秩序，它是无可争议的。这个方法使得经济学成为自洽体系，那么很多方面就可以用自然秩序解决。举个很简单的例子，陈平先生批评的一点，分工交易是不可能多样化的，这是错误的。如果分工交易只交易产品是不可能多样化的，但是它交易的不只是产品，交易是交易方式的各种选择，这是我们研究发现的，也是经济学比较妙的地方。我理解陈平先生，他不是古典物理学家，他是现代物理学家，古典物理学家只面对简单系统，现代物理学家面对的是复杂系统，你的混沌理论和自组织理论背景可以让你看到这一点。所以，用简单物理学构建经济学体系肯定是不对的，你可能忽略了这一个方面。

最后，我想表达的就是我对这个单元的评价，我认为这个单元到底好不好，其实不看主讲人，而看积极的讨论好不好，我认为积极的讨论非常好，是上乘的交锋，所以这一单元非常成功，感谢陈平先生，也感谢几位评论人。

经济学分析范式的转变

陶永谊*

一提起经济学，大家都会想到什么呢？首先想到的是自利，想到的是"看不见的手"，想到的是个人利益的最大化。所以，我们的主流经济学也有一个别称叫自利经济学，这个自利是从哪来的呢？是从个体本位的方法论框架中引申出来的。即以单独的经济人作为经济的基本分析单元，以个人追逐私利的行为作为经济活动的原生动力，从个人的逐利行为中推导出整个市场的变化，比如供求关系和一般均衡，这就是主流经济学的一个基本分析范式。

所有经济学的方法论争以及一系列对经济基本问题的看法，如果要找到根源的话，其初始分歧点就是基本分析范式的分歧。分析范式的第一个要素，是基本分析单元。物理学的基本分析单元是原子、基本粒子；化学是分子；生物学是细胞和基因。我们经济学的基本分析单元是什么？经济学教科书的回答是——独立的经济人。

打开经济学教科书，通常一开篇就是这个图1：

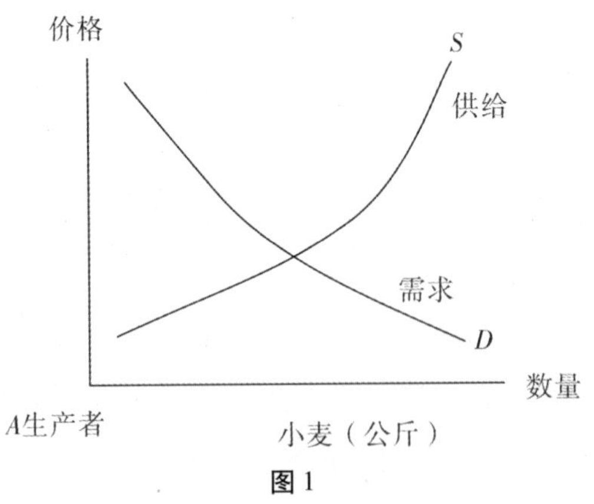

图1

* 陶永谊：中天经济研究中心研究员。

图中的需求曲线从左上方向右下方下降，供给曲线从左下方向右上方上升，两条曲线相交的点为均衡点。经济学最终论证的，其实也就是中间那个均衡点是存在的。我提出的疑问是，这个图是不是哪里出错了？我学经济学，一开始也认为商品交易理当如此，但到后来下海经商后，却发现事实并非如此。我们看这个图形中只有一个生产者、一种商品，也只有一个商品的价格。但是，我们知道商品经济是交换的，这里头我们没有看到生产者的需求，生产者的需求包括他的生产性需求和他的消费性需求，但是在这个图形里面没有反映。如果我要加进生产者需求，供给曲线还会不会这么走？比如说我的贷款到期了，我作为生产者，要不要低价把我生产的商品卖掉呢？又比如我有一套房子，当我发现一个回报率高于房屋租金收益的投资项目时，尽管现在房价很低，我也会把它卖掉，去投资那个收益更高的项目。如果没有生产者需求，你尽可以说，价格升高生产者才会增加供给，也仅仅是可以而已。但是，如果加入了生产者需求，不管是他的生产性需求还是消费性需求，这个图就不能这么画了。这还仅仅是问题的一个方面。

另一方面，我们看到这个图里面没有时间坐标，但是均衡点的实现，却是需要时间的，是需要供求双方反复博弈才能实现的。加入时间坐标之后，这个图形的意义就变了，为什么？我们先看需求曲线，各位都是经济学家，这一条线谁都知道代表了什么，但是我现在还要问这个问题，这是什么线？如果加入时间以后，我就要问这条线是过去的线，现在正在运行的线，还是未来的线？如果我们加入时间坐标以后，这条线还能不能成立？

我们先看，假如说这条线已经是过去的线，它已经实际发生了，比如股市从 6 000 点跌到 2 000 点了，是不是像新古典经济学假定的那样，我们从高位一点点地下去，越低买得越多呢？如果你问市场的投资者，绝大多数人都是在后悔，后悔自己买早了。他们在做什么事呢？通常是在上面买了以后，跌下来害怕了，就卖掉，半山腰再冲进去，跌下来，又卖掉，越往下越不敢买，跌到最低点的时候，往往是市场最黑暗的时候，很多人会赌咒发誓再也不进入股市，敢买的人是最少的。并不是越往下价格越低，买的人越多。所有大宗商品都是地量地价，天量天价，反而是最高位需求量最大，成交量最大，买得也最多，和主流经济学的假定刚好相反。所有的市场，不管是资本市场、大宗商品市场，还是诸如猪肉、大蒜、红小豆、姜、糖等消费品市场，都是如此，为什么？我一会儿再讲。

如果是现在的线，假定 6 000 点跌到 2 000 点，就到这一点了，我问在座的诸位，该不该买？现在看低的能看到 1 000 点，看高的能看到 6 000 点，谁对？谁是理性的经济人？事实是在这个点位你并不知道该不该买，以及该买多少。这是讲现在。

如果它是未来的线，假定我们是在 6 000 点高位，你是一个理性的经济人，你知道股市会跌到 1 600 点，你会在下跌的过程中买吗？肯定不会，你会等跌到 1 600 点的时候买。一加入时间坐标以后，我们这些假定就全都是废话。

我们再看供给曲线。

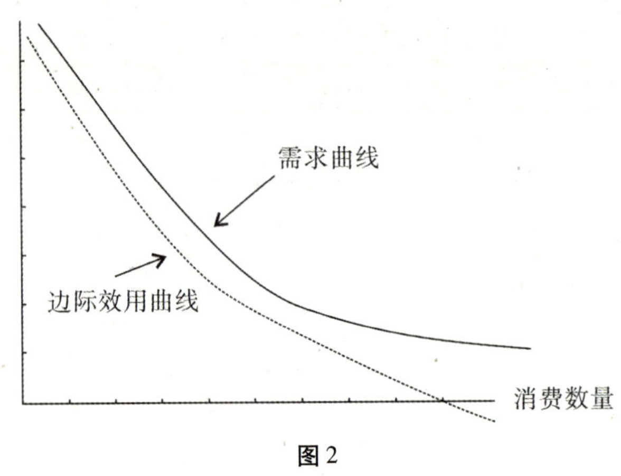

图 2

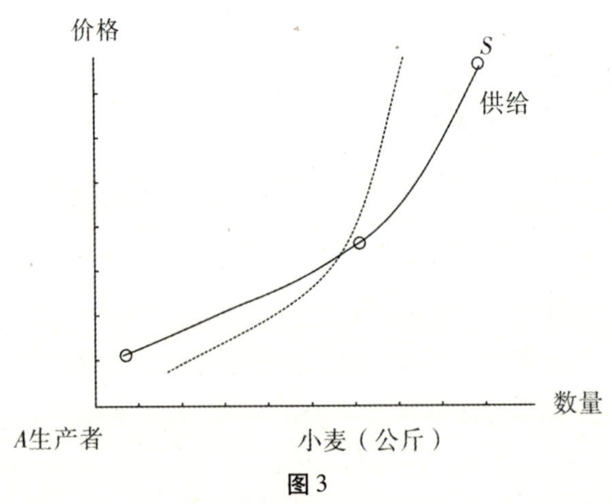

图 3

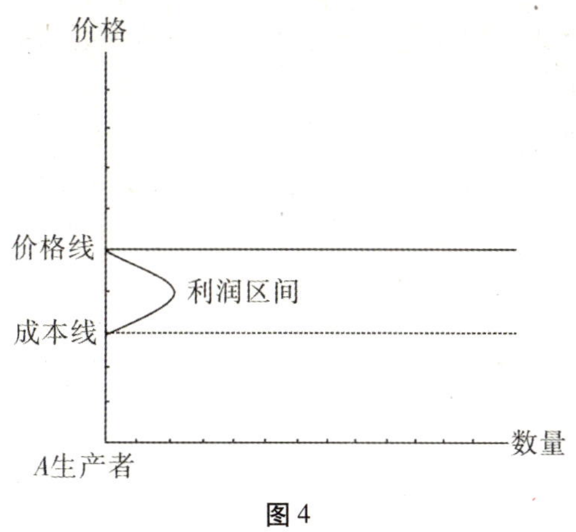

图 4

我刚才说了，你这条供给曲线没有讲生产者需求，生产者需求是什么？如果是生产性需求，那就是他的生产成本，如果你的生产成本上涨幅度超过了产品价格的上涨幅度，如第一幅和第二幅图所示，你还会不会增加供给呢？应该不会。因为从交换的角度来说，你这条线不成立。维护主流经济学的人会这样来辩护：我们是在假定其他条件不变的情况下，假设价格上涨会导致生产者增加供给。事情真是如此吗？如果我们假定成本不变。生产者无限增加供给的前提是什么？并不需要以价格上升为前提，只要价格不变就足够了。只要不变的成本和不变的价格之间有利润空间，比如，有 20% 的利润，我就会无限地扩大生产。我们看这个图：有利润空间，且固定，生产者就会增加供给，这也是新古典经济学在完全竞争市场下假定的状态。在假定成本不变的情况下，增加供给不需要以价格上升为前提。

实际价格运行是什么样的？请看下面这个图：

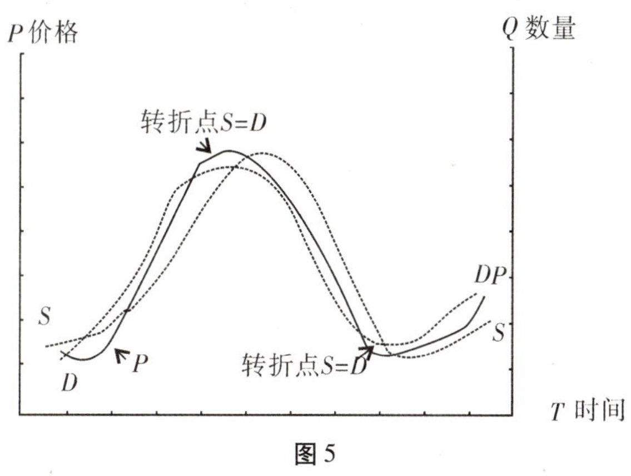

图 5

与我们经济学教科书描绘的不一样，这个图有双纵轴，价格和数量是并行的，在价格上升的时候，交易的数量也在同步增加。这是为什么呢？这就是资本的存量和流量之间的转换。而且供给曲线与需求曲线在大多数情况下是同向而行的，而不是相对而行的，即上涨的时候供给量和需求量同时上涨，但只要需求量大于供给量，价格就会上升。同样，当价格下跌时，供给量与需求量同步下跌，只要供给量大于需求量，价格就会下行（更为复杂的价量关系请参阅拙著：《互利：经济的逻辑》第五章）。两者相交的点 $S=D$，不是均衡点，而是转折点（见图中的 $S=D$ 之处）。

另一个有趣之处是，市场价格会自我实现。当上涨产生赚钱效应以后，就会吸引更多存量，比如银行的存款、国债、债券或者是房地产的资金，会转移到资本市场里来，这是存量变成流量。在价格上升的过程中，不断上涨本身会形成更为乐观的预期，就会吸引更多的存量转化为流量。所以越往上涨，不管是买入还是卖出，数量都在增加。如果上涨的行情跨年度，投资者赚钱效应会增加消费，使一部分消费类上市公司的业绩得到改善。另外，上市公司通常都交叉持股，股价上涨会增加上市公司的资本收益，从而形成进一步的上涨动力。这就是所谓的自我实现。当然股价不会无限上升，这个转折点出现在什么地方呢？就是当资本存量向资本流量转换到了它的极限的时候，如果政府出台加息、提高存款准备金率，那么就成为压倒骆驼的最后一根稻草，市场就会出现反向运动，每一次上升都会被更多的抛盘打下来，高点一个比一个低，低点也一个比一个低。股票赔钱了，投资者的消费也会受到影响，上市公司的交叉持股就大幅缩水，资产负债表自然也不那么好看了，从而形成进一步下跌的动力，这就是下跌产生下跌，越跌大家越不敢买，形成恶性循环。直到资本流量向存量的转变达到极限，买入量终于可以超过卖出量时，市场才会止跌。所有的走势都是过头的，不是涨过头就是跌过头，不会出现向均衡点收敛的走势。股票市场自产生以来，都是大起大落。大宗商品市场和其他初级消费品市场也是如此。

我觉得最奇怪的一点就是，我们经济学家实际上并没有进入到这个市场，他们是作为局外人、旁观者来看这个市场的，却以斩钉截铁的态度讲价格运行的轨迹，显得十分武断。根本原因在于分析范式出了问题。经济学讲个体本位，以独立的个人作为基本分析单元，所以我们就会在推理的时候产生一系列逻辑悖论，包括收益最大化的假定。在资本市场实现最大化的方式就是以最低价买入，以最高价卖出。从个体本位的角度来看，似乎没有问题。但是，放到交易系统中，你在最低价时以最低价买入，一定要有傻瓜卖给你，你在最高价时卖出，一定有倒霉蛋在高位接你的盘，你的最大化受益是以别人的收益最小化为代价的，这不是普适法则。

解决这个矛盾的方式是什么呢？就是要改变这个分析范式。判断一个分析范式合理不合理，要看这个基本分析范式是不是涵盖了我们所要分析的经济类型的基本要素，如果简化到失去了基本要素，就会失真。添加过多次要因素，就会增加不必要的麻烦。商品经济的本质是交换经济，它的基本范式应该是什么呢？就是至少要有两个生产者，两种商品，另外还要有两种商品价格，这样才能构成一个商品经济的基本交换单位。这才是商品经济的基本分析范式。在这个范式里面可以看到商品交易的边界在什么地方，请看图6：

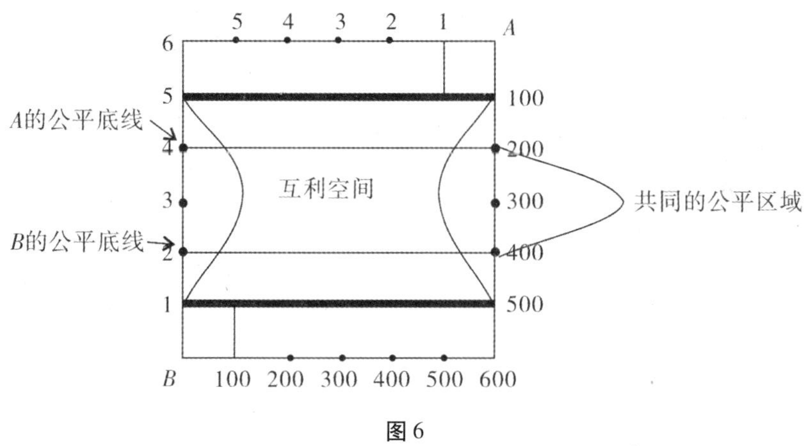

图6

从这个图可以看到，左下方和右上方这两个小方块是在没有分工的情况下，双方自给自足时的生产效率。分工以后，大家技术改进、效率提高，就会比各自单干的时候产生更高的效率。这个更高的效率形成了双方的互利空间，双方通过分工提高效率，再通过交换分享这个效率，这是商品经济得以存在的基础，没有这个前提，一切都无从谈起。如果交换比率超越了互利边界，比如上下两头的黑线，这是重置成本。如果按这个交换比率进行交换，受损害的一方认为还不如自己生产，你的交换就无法完成了。中间两条线叫做什么呢？叫做公平底线，在行为学实验中可以找到它们的边界在什么地方，在什么样的博弈条件下，比如独裁者博弈、最后通牒式博弈、讨价还价式博弈、完全民主式博弈，公平底线处在什么位置，行为学家做了很多实验，由于时间关系不在这里说了。有兴趣的朋友可以参阅本人拙著——《互利：政治的智慧》的第二章。

我们经济学讲个体本位，只有一维向量，一个坐标，这就是个人利益的最大化。这会出现什么情况呢？就是一个人利益扩张的边界会和另一个人的利益最大化边界相冲突，最后演变成囚徒困境和斗鸡博弈。囚徒困境就是大家都选择背叛，按照理性原则和自利原则，理性经济人的占优策略就是永远选择背叛，最后的结果是双输。互利就是要合作。美国密西根大学的政治学与公共政策教授罗伯特·阿克塞尔罗德主持了一个十分有趣的实验，他用囚徒悖论的模式设计了一个有限次重复博弈的支付矩阵，并向全世界的博弈论专家发出邀请：找到这种囚徒困境博弈“锦标赛”中最好的策略（即能收到的总支付最大）。在连续三次竞赛中，均由加拿大多伦多大学教授阿纳托尔·拉波波特教授提供的“一报还一报”（tit for tat）策略胜出。所谓一报还一报的策略就是，第一回合选择“合作”，然后每一个回合都重复对手上一回合的策略。

对此，阿克塞尔罗德总结出，好的策略（也就是可以获得生存优势的策略）要具备以下三个特征：一是善良，即永远不首先背叛。这与利益最大化假设下的占优策略（总是背叛）完全不同。二是宽恕，即很容易忘记对方过去的错误，一旦对方“改过”，即以合作对待。三是不嫉妒，即当别人和你赚得一样多时，你依然很高兴。显然，这对决策主体的要求，就不仅仅是自私那么简单了。所以，主流经济学的完全自利原则，可能并不是一个好的生存策略。在欧奇斯和罗斯 1988 年做的最后通牒试验中，他们分了 8 个试验小组，其中 4 个偏向自私自利的小组，平均收入最低。这似乎暗示着，那些按照自利原则去行事的交易当事人，有可能在现实的商业活动中被淘汰出局。

互利空间实际上是一个弹性空间，它会随交换比率的变化而变化。也就是说，如果我们把这个分配比例定得合理的话，互利空间就会扩大。换句话说，互利空间不是一块固定大小的蛋糕，我多分了，你就少分了，不是这样的。用一个例子来说明会比较容易理解，1929—1933 年的金融危机，影响世界各国，也包括日本。当时松下幸之助的企业刚刚起步，生产了许多新的产品。金融危机来临时，商品在仓库里面堆积如山，当时他在住院，他的属下给他打了一个报告，就是怎么裁员，怎么降低工资。但是松下幸之助说我一个人也不裁，一分钱也不降，上半天班，剩下半天干吗？去推销产品。最后的结果怎么样？两个月内，所有的产品销售一空。这就是说，互利可以形成正反馈，给我们带来更高的效率，使这个互利空间扩大，蛋糕增大，使每个参与方都能够从中获利，并不是零合博弈，我多得了，你就少得了。所以，下面这个图形表示什么呢？就是互利空间值和分配比例有一个对应关系。

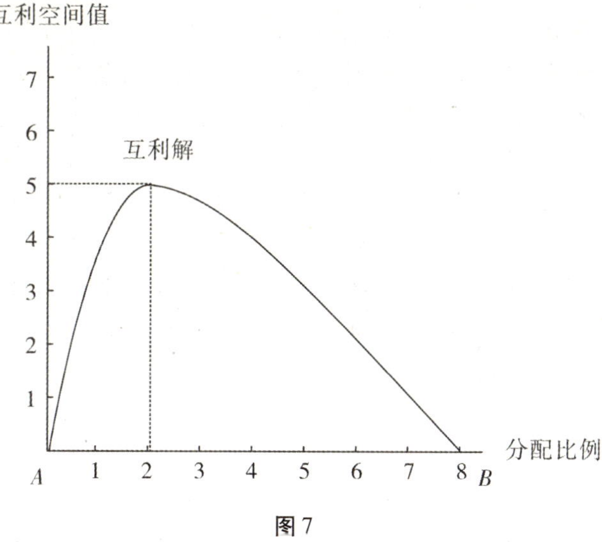

图 7

我们需要寻找到的是互利空间的最大化，就是所有利益参与方在互利空间中占有份额的正增长。生活中的例子非常多，包括棚户区改造、劳资关系、体制改革等，因为时间关系就不展开了。实际上我们要追求的是什么？就是互利解，即各方都可以接受的解决方案，在这个前提下实现互利空间的最大化，我们的所有政府决策都应该追求这个目标。

回到这个互利空间的图形，我们来解释价格变动的意义：

把价格变动放到互利模型里，我们来理解它的含义是什么。现在的主流经济学对于价格变动讲的是货币和商品的关系，是买卖。但是，如果从交换的角度来说，价格变动实际上是交换比率的变动。比如猪肉价格上升，其他价格不变。这意味着什么呢？意味着你用其他商品和猪肉进行交换的比率发生了变化。从这个二元模型里头我们能理解所有价格变动的含义，知道它的边界在什么地方。一旦价格变动所反映出来的交换比率的变动走向极端，就会突破商品交换的重置成本，也就是分工的重置成本。分工的重置成本是什么？就是我和你交换还不如我自己生产划算。结果是大量生产要素向价格虚高的产品生产领域流去，因为按照极端的价格，意味着即使你是二百五，也能赚大钱。要素跨部门无序转移的结果就是产能过剩，等你生产出来以后价格就一路下跌，下跌到什么程度？大蒜跌到 7 分钱一斤时，不要说无效率的生产者受不了，就是最有效率的种植户也只能破产，赔本甩卖。所有市场的效率，我们从这可以看出来，你扔掉的牛奶，烂掉的大蒜，刚盖了两年就拆掉的猪舍……都造成了大量的无效投入。价格的波动，并不总是能导致资源的有效配置。人们的选择是有成本的，如果我们假定英国食品价格是均衡价格，英国每年有40%的粮食被浪费掉，就意味着你生产出来的东西要和需求对接，不让需求方感到短缺，需要多生产40%的东西跟他匹配，剩下那40%是浪费掉了。更不用说价格走到极端的情况下，许多的无效投入最终都被淹没了。

我们争论了这么多年关于政府和市场关系的问题，却始终没有说清楚政府和市场的边界在什么地方。市场确实有价格的引导作用，但是并不一定都是正面的引导，在很多情况下是误导。用下面这个模型就可以看出政府作用在哪里，它的边界在什么地方：

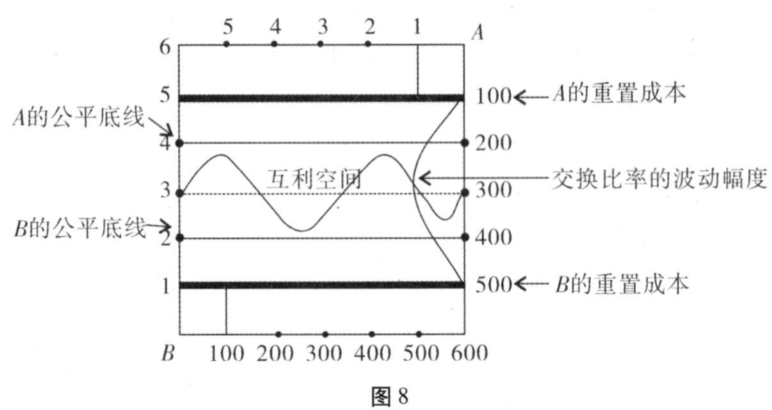

图8

也就是说，政府的作用就是要把价格的波动范围控制在互利空间的公平区域之内。政府可以不直接生产，但是政府要控制交换比率的变动，这个事情在中国有过成功的案例，就是唐朝大理财家刘晏对粮食价格的调控。刘晏根据历史统计数据，把粮食价格变动分五个档次，每个档次分别规定不同的买入和卖出数量，他通过“常平仓”建立了一个仓储系统，地方官员发现粮食变动到某一个价位的时候，根据他事先编好的程序，不用请示朝廷，就主动去做。如果请示，研究以后再批下来，再赈灾，人已经饿死了。最后出现什么情况？就是安史之乱以后，中唐反而出现了少有的兴旺景象，粮食价格稳定，民众安居乐业。还有一条大家没有想到的，就是政府不征税，却可以通过这种高卖低买的过程增加政府收入，不增加民众负担，这才是真正互利的做法。

所以，互利的二元结构可以反映商品经济交换的本质，把基本范式确定下来以后，我们就可以从中推论出其他许许多多分析方式，并且可以演化出多元模型。我觉得关键是你分析的起点一定要正确。就好比我们要盖一栋大楼，选对地基很重要，如果没有选对，楼盖得越高就越危险，最后终究会塌。我就讲到这里，谢谢大家。

对话：张曙光、史正富、毛振华、黄有光、林毅夫、盛洪、张维迎

张曙光： 大家好，我曾请陶永谊先生到天则经济研究所做过一个讲座，讲他互利政治的智慧，我听了以后有些新的体会，所以把他的两本书都要来看了，然后为这次会议写了一个一万五千多字的评论。

我想概括他创新的地方，一个就是假定，他由原来自利经济人变成互利，我把它叫做互利经济人，这也是我后面批评他的地方。还有一个，原来经济学分析的框架，他说是一元的框架，我认为不对，应该是半个二元框架。所以，他今天提出来的是二元耦合框架，这是他自己不一样的地方。在这个基础上，他确实提出来一些新的理论和概念，围绕“互利”，互利空间、互利底线、重置成本，这些都有他自己的解释。在这个基础之上，他确实对经济学的需求理论、供给生产理论、增长理论、波动和周期理论，都有一些自己的解释。

我本来不想讲了，但是我觉得陶永谊先生的理论印证了陈平先生的几个观点。一个是需求，传统的需求理论是效用递减，他认为需求是一个钟形曲线，任何产品需求都有餍足点，他对周期和波动理论，我认为创新的地方是比较突出的。为什么呢？就是刚才陈平先生讲的中观理论，他是用什么解释呢？我把它概括叫做交换比例周期式，为什么是交换比例周期式呢？他从需求层次的变化和产业的转移两方面来解释周期的问题，将这两个东西联系起来的就是技术的创新。为什么说他认为30年代的危机是主流产品相对过剩，而现在的次贷危机是主流产品的绝对过剩？大家可以看，我觉得他是从两个部门——服务部门和实体部门的需求转移和交换比例来解释怎么形成周期的。我觉得有很多好的地方。但是，说实在的，这个东西既有重大的创新，又有严重的偏颇。因为这是需要能够转换的。他刚才也讲了，对现代经济学的自利也好，理性也好，最大化也好，是全部否定的。我认为经济学家研究了几百年，那么多的经济学家，简单否定是说明不了问题的。而且就拿行为经济学或者实验经济学来说，也没有否定理性，只是否定了理性的有限性，并没有否定理性本身。所以，我觉得一个很重要的问题不是把人家否定，而是如何把现有的好的东西纳入到自己的框架里边来，给出一个新的解释。这才是最重要的东西。如果这样的话，接受的人也就多了。

所以，我建议他挂牌讨论，讨论什么呢？讨论从自利经济人到互利经济人，讨论一下经济学假设的问题。自利和互利，我认为这两样东西还都是个人主义方法，互利也得从个人角度出发，不能从集体角度出发，理性也是个人理性。所以从这个角度不能否定，而且没有自利哪来互利，互利里面又有自利。所以，我觉得自利和互利是因果链条里面的两个环节。为什么我说互利经济人这个假设可能有它好的地方？大家想咱们原来的假定里边，总是引起那么多的争论，为什么争论呢？因为它确实有毛病。你想想，如果争论是因为自利和利他，那么在互利里边是把自利和利他统一起来了。还有一个很重要的问题，自利都讲动机，你的动机怎么实现？没有实现。而互利确实把目的和手段统一起来了。大家再看一个问题，亚当·斯密的问题争论很多年，两个亚当·斯密，《道德情操论》和《国富论》，尽管大家说统一起来了，怎么统一起来了？我看在互利里面就统一起来了，互利真正把生产和需求两个东西统一起来。过去我也接触过很多批评自利假定的，但是始终没有找到一个可以代替的东西，你代替不了，那你仍然得接受它。现在有了互利经济人的假定，我觉得可以代替原来的假定，它比原来的假定有很大的好处。首先，它的包容性大，还有一点很重要，它确实更接近于实际。所以，从这些方面来看，我觉得这个假定可能更有意思。但是，我觉得他有些否定又是没道理的。比如理性，我说人家现在最大化也好，并不是绝对最大，也不是说我的最大就是侵犯了你的最大，都是条件机制。昨天陈平先生给我讲了有界机制，真是有道理的，如果把你的理论吸收进这个框架里，可能演绎出一套新的东西。

而他自己最大的失败是在国际贸易那里，或者比较利益学说，那个真没有道理，因为没有时间，所以我不讲了，大家可以看文章。如果说他接受了前人的好的东西，因为我们创新总是站在前人的肩膀上来做的，你把前面都否定了，你就没肩膀可站了。所以，这个道理是讲不通的，你能把前面的东西吸纳进来变成你的，这才是你的高明之处。谢谢。

史正富：我来说一下我的理解，他的书我都看了。第一，他都是用金融市场的例子来否定经济学。我个人的见解是金融市场的东西是投资品，经济学很多年来研究的主要是消费品，以及为生产消费品所使用的投资品，股票、证券、邮票，既不是消费品，也不是为生产消费品的生产资料，所以这两个应该适度分开。我们提出金融市场理论是建构市场理论，均衡价格理论仍然有效，但是适用于更大的领域。现在要平衡的是哪个领域更大？纯粹交易是谋利的产品，纯金融的比例大，还是古典经济学、新古典经济学研究的比例大。

还有他的自利和互利是什么意思？自利是现实，现实的交易是自利的，但是很不好看，经常出现双输的情况。自利是观察到的微观经济主体行为，互利依靠第三方，要么是政府，要么是思想家告诉大家，你只要自利必然两败俱伤，必须互利。所以，有什么力量可以帮助市场经济中单个企业采取互利性的价格政策？松下的例子今天不讨论，书里面提了很多，我也是做企业出身的，这个例子有极大的片面性，你真管过企业，讲这个例子的人很多，真能这样做的，活下来的机会不大。在竞争的市场中，如果政府政策是中性的，是用自利性的定价政策人多，还是互利性定价政策人多，结果谁输谁赢自然知道，这个理论虽然很好，但是还要推敲一下。

毛振华：我们做经济学研究的供给和需求不是资本市场投资品的供给和需求，这个例子可能有点错，应该到商学院讲，而不是在经济学上讲，但是这个理论我还是很赞成。

黄有光：我非常赞成张曙光老师讲的，就是你要发展经济学，要理论创新，不见得一定要推翻原有理论，我们是发展，而不是推翻原有理论。你讲的这个互利跟传统讲的完全没有冲突，国际贸易讲的也是互利。比较优势这个肯定是对的，林毅夫先生也肯定有他正面的东西。所以，你这个理论否定比较优势的存在，我认为99.99%是你自己出问题了。不过你刚才讲的东西也有正确的地方，比如你说尤其在金融上的价格，有的时候高的太高，低的太低，实际真的存在这个现象。但是，这并不否定基本经济学那两条线，供给线、需求线的交叉，这个是成立的。这只是表示我们这两条线是假定其他条件不变，你也提到其他条件不变，例如控制供给或者成本的情况不变，但是成本的情况不变只是说这条供给线没有动，成本情况变的话整条线就会变，并不是说成本是固定的，每个单位都是十块钱，供给线和成本线是水平的，并不是这样的。所以，这完全是基本概念混淆了。因此，你必须去验证一下你基本分析的基础。

林毅夫：我非常同意前面几个人的评论，这本书我还没有全看完，我听下来感觉似乎把微观经济学第一门课的介绍当做现代经济学的全部来批判。

黄有光：不只是这样，我认为对微观经济学的基本理解都有问题。

林毅夫：第一，有点像把小学一年级的数学当做全部数学，实际上现代经济学比微观经济学的内容丰富得多，各种研究也很多。

第二，关于自利和互利的问题。我是芝加哥大学出来的，我觉得在自己的选择当中可以包含别人的利益。自利和互利，其实每个人在选择的时候，可以包含对别人的关心的，这两个是不冲突的。

第三，如果你想提出一个新的方法或者理论，首先，你这个方法理论是否能够解释你要解释的现象？而不是按照这个方法和理论得到一个更理想的世界。比如你刚才批评的股票市场价格波动、产能过剩的情形，从完全自私的角度来讲，也可能产生这样的问题。但是，你拿一个福利经济学来描述，也会有股票价格大起大落，也会有产能过剩的情况。所以，我觉得理论的第一个功能还是要解释世界，第二个功能是在解释世界的基础上证明和改造世界。而不是说我提出一个完全理想的模式认为这个是好的，我们知道乌托邦就是好的，我们也知道墨子讲的世界是好的，但是我们现在看到的世界却是这样的，所以我们这个理论先解释世界，而不是先创造一个理论，按照这个理论，这个世界就是更好的，每个人都必须按照这个理论的假设来做。

盛洪：互利和自利这是一个非常好的话题。首先二者还是有区别的，自利是对一个个人的假定，不一定是多人的，这是区别。第二，互利是规范性的理解，就是我们期待这样的结果，但是现实世界有互利，也有不互利。你如果只用互利解释的话，解释力反而有限制。世界上有战争、有欺诈，有各种各样不互利的事情。所以，如果我们不是以自利为基础来解释，反而解释不了。从这个意义上来讲，我觉得还是现在经济学的基本理论较好，它基本是比较中立的，它既可以解释互利，也可以解释非互利，这个解释力反而是更强的。

另外，刚才这个图是双纵轴的图，我觉得可能另外一种解释就不一样，因为你讲的是股票的数量，实际上他买的不是股票的数量，而是资产价值。所以，从这个意义上来讲，大家买的都是预期资产价值高的产品，所以它是不同的东西。你问他为什么买？因为他买的是更有价值的东西。所以，纵轴如果是资产价值的话，恐怕就不是你这样的了。因为在这个时候这个数量的概念，可能就容易引起我们的误解。所以，如果大家都买，预期的自身价值是高的，大家都抛的时候，预期的自身价值是低的，纵轴可能就不是这样的。

张维迎：几位都谈到了，就是回到亚当·斯密《国富论》的基本观点。《国富论》的基本观点就是互利是实现自利的最好手段。现实中的人，当然有些人特别自利，特别自私，但是你看所有的结果最后一定是损害他自己的利益，那就是他自己傻而已。另外，私权的核心就是互利，如果不是互利的制度是不可能持续存在的，就是人类从演化的角度来讲也是这样的。所以，我们不知道为什么要把这两个概念变成两个对立的概念？我觉得奇怪，经济学不应该这样思考问题。

陶永谊：第一，数学是从一年级开始教起的，经济学也是从一年级开始教起的，我们讨论的范式就是一加一等于二的问题，我们没有讨论金融危机怎么产生的。如果你的范式不对，一加一等于二，你说你教的是一加一等于三，以后的数学还能教吗？肯定要从最简单的问题说起。

第二，我这个互利本身没有否定自利，自利是互利中的一个部分。因为时间太短了，我来不及讲清楚互利和自利的区别在什么地方。事实上，自利只有一个标准，就是个人利益。互利则是除了自己利益以外，还有合作方的利益，办过实业的人都知道，所有可以成交的价格都是双方承认的价格，顾客认为对他有利，他才会买。如果你生产出来的东西不符合客户的利益，就没法成交。不管你想不想互利，你必须得按照这个要求来，你得符合互利的前提，不能光算自己的账。作为生产者，你生产商品的时候，能不考虑客户的偏好吗？能不考虑客户的需求吗？能不考虑客户的承受能力吗？你自己想当然，我这个东西能赚多少钱，所有这种想法你都会在现实世界碰得头破血流。成功的商人绝对是互利原则做得好的。所谓的互利和自利区别在什么地方？个人利益最大化是单边利益扩张性的边界，而互利则是自身利益和客户利益的平衡，既让客户接受我的东西，同时我在这个过程中能赚到钱。互利包含着妥协、退让的余地。在个人利益最大化的概念里头，你能找到妥协的空间吗？就算不得已妥协，有没有边界？只有在互利模型里面才能找到这个边界在什么地方。

而且我们可以推而广之，所有的人际关系，比如说劳方和资方，民众和政府，都是一种分工，过去我们的主流意识形态，不管是左派还是右派，全是阶级斗争的理念，你死我活，不是东风压倒西风，就是西风压倒东风。其实劳资之间，民众和政府之间，只是一种分工，这种分工谁都离不开谁。过去我们从肉体上消灭了地主和资本家，最后给我们带来了什么后果？整体效率的下降。现在如果把行政管理者、政府官员全部当贪官污吏打倒以后，会造成什么结果？权力真空，天下大乱，全面内战，左右派互相打。这样做付出的代价，中国历史已经无数次证明了，是人类的大灾难，人口锐减三分之二。所以，我们要建立新的价值观念，商品经济能容纳的自利是什么，就是同时给别人带来好处的自利，这才是商品经济能容忍的自利，而不是说贪污、腐败、假冒伪劣、毒牛奶、地沟油……这些都是自利。从个人利益最大化的角度来看，你无法约束他们，光靠市场调节来惩罚的话，即使喝成大头娃娃，得了肝癌，充其量是不买这些商品，而且人家赚得盆满钵满以后，已经转移去生产别的东西了。所以，我们需要建立新的商业道德，这个新的商业道德是商品经济本身要求的，只不过我们这么多年的自利经济学一直在误导商品经济。

毛振华：我们这个环节也很是精彩、激烈，我们的讨论对于陶老师来讲，对于完善他的这个理论，特别是具有一些挑战性的和系统性的、彻底颠覆性的观点，都是有帮助的。今天上午讨论的三个单元，都很成功。我也在想一个问题，我们这些讨论基本上都围绕经济学最传统的基本出发点是什么？我们经济学是从哪里来的？我的理解基本上是从哲学伦理来的，有很多的出发点，都是人类社会共同的认识，没有这些做基础，经济学的研究就是数量化的东西。今天我们讨论的内容，大家质疑的和我们辩论的，其实都有前提，经济学研究和其他学科一样，要抽象掉一些条件，设计一些条件，设计一种思维，才能使你的逻辑展开下去，如果没有抽象，经济学和其他学科一样没法进行。如果我们质疑这些前提，找到一个特例，经济学的理论框架就不复存在，其他学科也不复存在。我想这些讨论都是很有意义的。但是我又在想另外一个问题，为什么过去的研究，自然科学是这样研究的，社会科学也是这样研究的，抽象条件之后再在假定前提下展开研究。因为数据，因为知识累计和思维方法的限定，现在的科技，自然科技领域的一些发展，特别是互联网的发展，数据技术的发展，我觉得是不是有可能，突破我们过去研究的基本思维方式。因为我也做数字的东西，我发现现代吸纳数字的方式完全不一样，说特定的范围内吸纳数据太低级了，现在的数据是我一抓毛振华，数据就出来了，这是现代的数据。还有分类技术的发展，互联网已经突破了这项技术，不管是数据抓取方法还是数据分析方法，有没有可能突破原有思维，循一个简单的逻辑的或者伦理的前提，在一个特定框架下运行思维，从而得到改变。我觉得这个探讨可能也有意义，但是我没有回答，也没有这方面的分析，这只是一点体会。

神经元经济学

叶　航*

根据会议安排，我讲一下神经元经济学。从 2004 年美国成立国际神经元经济学会到今天，刚好整整 10 年。国内对这一新兴学科的研究其实很早就跟进了，我们 2005 年就写了神经元经济学的综述。《经济研究》找不到匿名审稿人，直到 2007 年才发出来，到今天已经过去七八年了。经常有人问我，国内的神经元经济学研究现在进展如何？坦白说，我们的后续研究进展很慢，因为进行这方面的研究时，我们碰到了很大的困难。

首先是它的技术门槛特别高，比如，最基本的研究工具，像功能性磁共振成像（fMRI）、正电子发射成像（PET）等设备，价格动辄两三千万元。其次，是它的跨学科研究性质引起的，浙大 7 所附属医院虽然都有这个设备，我和汪丁丁曾经与三四家医院都谈过合作研究，但最后都没了下文。这就体现了跨学科研究的困难之处，搞医学和神经科学的人往往很难明白经济学想做的研究是怎么回事。经济学研究与普通的脑神经研究确实有很多不同之处，比如我们的研究往往涉及博弈过程中的脑认知，它需要两人甚至多人的对垒；但磁共振和 PET 的操作要求很苛刻，人进去以后就不能随便活动了；而且博弈过程的信息交互也是一个难题，它需要多台设备同步运行。我们想了很多办法来解决这些问题，医学院的老师虽然都很热情，但最后往往不了了之。这也难怪，医院做一次磁共振收费近千元，做一次 PET 收费近万元，商业利润非常大，给你做这些研究就没有什么动力，所以很难进行下去。

好在神经科学的技术发展特别快，近两三年来出现了新的技术工具，比如功能性近红外脑成像（fNIRS）。与磁共振和 PET 比，不但价格便宜（市场价大概四五百万元，让学校买就比较方便），关键是操作要求没有磁共振和 PET 那么严格，它允许被试者动来动去，因为它的测试探针是定位在大脑上的，位置定好以后，人动不影响测试，非常适合做行为博弈研究。正因为近年来技术上的突破，我们的研究也取得了一定的进展。

---

* 叶航：浙江大学经济学院教授。

另外，我想做一个小小的补充。10 年前我和汪丁丁翻译 Neuroeconomics 的时候，颇费了些周折，最后决定将其翻译成“神经元经济学”（关于这个译法，我们在 2007 年《经济研究》上发表的综述中专门作了说明）。但近几年来，以 Neuro 为前缀命名的学科越来越多，比如 Neuromanagement（神经管理学）、Neuroethics（神经伦理学）、Neuromarketing（神经营销学）等，其他学科都按惯例将其命名为“神经某某学”。所以现在我们写文章时就比较少用“神经元经济学”这个名词，干脆符合大家的习惯，将其称作“神经经济学”。

下面通过我们最近做的一个脑成像实验，给大家介绍一下神经元经济学究竟怎样进行研究。我们的实验是研究人类损失厌恶的神经基础。损失厌恶（loss aversion）是主流经济学的一个“异象”（anomalies），即人们的行为完全偏离了标准经济学模型的预测。20 世纪 70 年代末，卡尼曼（Daniel Kahneman）和特沃斯基（Amos Tversky）就发现了人类风险决策过程中的“损失厌恶”现象，而损失厌恶对主流经济学的基本假设提出了严峻的挑战。

早上林毅夫先生提到，刚刚去世的诺贝尔经济学奖获得者贝克尔对主流经济学有一个很大的贡献，就是他把人类的利他行为作为一种偏好包含到了效用函数中，从而极大地拓展了主流经济学理性假设的视野。这没有问题，但对理性假设还有另一方面的挑战，那就是卡尼曼他们做的工作。因为理性假设的核心是一致性公理，一个理性人的行为必须符合一致性公理的要求。但大量的经验研究表明，人们的行为在很多情况下并不遵循一致性公理的要求。对主流经济学来说，这可能是一个更致命的挑战。

以损失厌恶为例，它在哪些方面挑战了主流的理性假设？理性假设有两个基本内容，一个是作为理性决策最大化目标的期望效用理论。在期望效用理论中，期望收益的大小与收益的正负没有关系，比如 6 元钱收益减 5 元钱成本，还有 1 元钱盈余。也就是说，不管是收益还是成本，1 元钱的价值就是 1 元钱，所以它们可以合并在一起计算。但卡尼曼他们却发现，人们对损失的估值要远远超过同样大小的收益。用公式可以表示为 $-v(-x) > v(x)$，这显然是违背期望效用原理的。卡尼曼和特沃斯基在实验中发现，如果一个赌局有 50% 的概率赢 1 000 块钱，50% 概率输 1 000 块钱，通常没人会去玩。虽然按期望效用理论计算，它们的期望收益是相等的。理性假设更重要的内容是一致性公理，而损失厌恶对理性假设的另一个挑战，就体现在对一致性公理的违背上。假设有 A 和 B 两个情境，情境 A：选项 1 为 100% 获得 100 元，选项 2 为 50% 获得 200 元或 50% 获得 0 元；情境 B：选项 1 为 100% 损失 100 元，选项 2 为 50% 损失 200 元或 50% 损失 0 元。根据期望效用原理，A 和 B 中的期望收益是相同的。如果一个人的偏好是风险规避，无论在情境 A 还是情境 B 中，他都应该选择不包含风险的选项1；如果一个人的偏好是风险追逐，无论在情境A还是情境B中，他都应该选择包含风险的选项2。但卡尼曼和特沃斯基却发现，绝大多数被试者在情境A中选择的是选项1，在情境B中选择的却是选项2。这一结果表明，同一被试者在情境A中是一个风险规避者，在情境B中却成了一个风险追逐者。这就是所谓的"偏好逆转"，它显然违背了一致性公理的要求。卡尼曼2002年获得诺贝尔经济学奖时（他的合作者特沃斯基因为逝世而没有获此殊荣），瑞典皇家科学院在获奖词中提到，传统经济理论认为人能够作出理性的选择，但来自实验的研究却表明，经济理论中的某些假设需要作出修订。

现在讲讲我们做的脑成像研究。我们希望搞清楚人在作出上述决策时，他的神经基础是什么。说到底，神经元经济学无非就是研究人们决策的神经基础。我们的实验设计把卡尼曼做过的实验进行了扩展，因为只让被试者做两个选择，脑成像不一定能够记录下神经元的反映。于是我们分别为上面的情境A和情境B设计了一组选择。其中情境A为收益域实验局，它由9道分别包含一个固定收益选项和一个风险收益选项组成，如第1题：①100%的概率得到100个筹码，②50%的概率得到200个筹码或50%的概率得到0个筹码；第2题：①100%的概率得到100个筹码，②50%的概率得到190个筹码或50%的概率得到0个筹码等等。情境B为损失域实验局，同样由9道分别包含一个固定损失选项和一个风险损失选项组成，如第1题：①100%的概率损失100个筹码，②50%的概率损失200个筹码或50%的概率损失0个筹码；第2题：①100%的概率损失100个筹码，②50%的概率损失190个筹码或50%的概率损失0个筹码等等。我们让被试者在计算机上进行选择，并以内置的随机程序给出每一选择的实际支付，实验结束后以10∶1的比例将被试者获得的筹码兑换成人民币作为他们参加实验的报酬。在被试者进行选择时，我们同时用功能性近红外仪扫描被试者的大脑皮层，从而获得他们决策时的大脑成像。这个实验是去年暑假期间完成的，我们通过浙大校内论坛cc98在线招募了30名试验者，专业覆盖人文、社科、工科、理学、生物学、医学等20余个不同院系；其中男生20人，女生10人。

下面我们来看一下实验结果。这是功能性近红外脑成像仪的外貌（PPT展示），它的体积比磁共振小多了，在我的办公室里就能做。功能性近红外脑成像的主要原理就是，利用血液对近红外光的反射来测量大脑中含氧血红蛋白（HbO2）和脱氧血红蛋白（Hb）的浓度变化，从而标识出脑区的激活状态。我们现在看到的是大脑前额叶皮层的二维成像图，上面这张图是被试进行收益决策时大脑皮层的激活状态，下面这张是被试者进行损失决策时大脑皮层的激活状态。请注意，右上角的这一块和左上角这一块有明显的差异。当被试者处于收益情境时，左背外侧前额叶皮层（left dorsal lateral prefrontal cortex）被明显抑制；反之，则右背外侧前额叶皮层（right dorsal lateral prefrontal cortex）被明显抑制。相关的脑科学研究表明，对应该区域的脑区主要执行的认知功能包括思维和直觉、信息的回忆加工以及情绪的解读等。通常，大脑左背外侧前额叶皮层参与正面情绪的产生和调节，右背外侧前额叶皮层则参与负面情绪的产生和调节。我们的脑成像研究有三个重要发现：第一，损失厌恶是有其神经基础的，人类处置收益与处置损失的脑区存在着明显的不同；第二，人们的偏好是异质的，这与主流经济学对人类偏好的同质性假设不符；第三，人类的决策行为并非完全依赖理性的计算，事实上人的情绪也参与了这一过程，比如风险规避，它可能是某种恐惧感的产物，阻止了我们去冒险。

上面介绍的是脑成像研究，但对神经元经济学来说，这项研究还没有结束。因为你虽然揭示了损失厌恶的神经机理，却没有解释人类为什么会具有这一特殊的神经结构，这就涉及人类行为和心理演化机制的研究。但演化是一个非常复杂的过程，会牵涉多重变量，以及随机性、涨落性和涌现性等多种复杂系统的特征，这些性质一般无法给出精确的解析性分析，也就是说经济学常用的数学方法无法用来分析这个问题。在自然科学中，对这类复杂系统，比如气候变化、潮汐环流、疾病传播等，往往是通过计算机仿真来研究的。因此，神经元经济学在这方面的研究也需要引进计算机仿真技术。

为了研究损失厌恶行为的演化机制，我们首先要给出一个模型。这个模型背后的故事非常简单：我们假定一个原始人出去觅食，看到一个大蘑菇，正要采这个蘑菇的时候，突然前面跑出一只野兔；他现在面临的抉择是——究竟采蘑菇还是追野兔？野兔的热量比蘑菇大，但是有风险，如果追不上，回来这个蘑菇就可能被其他人采走了。为此，我们需要设置5个基本变量：第一个是食物的种类，到底是低风险食物还是高风险食物；第二个是给出不同食物的热量；第三个是获取某种食物的概率；第四个是各种食物在自然界的分布，即丰度；第五个是行为的突变率。另外还要做一些基本假设，例如一定的热量可以使一个原始人维持几天生命，多长时间不补充热量就会导致死亡，以及热量与一个人繁殖率之间的关系等。我们把这些变量和假设编成程序，就可以用计算机来模拟原始人的生存状况和演化过程，并试图搞清楚怎样的觅食策略更有利于原始人生存。

如果给定低风险食物的热量为1个单位，高风险食物的热量为10个单位；低风险食物获取的概率为100%，高风险食物获取的概率为30%；低风险食物的丰度为0.8，高风险食物的丰度为0.4；突变率为0.001；那么仿真结果表明，具有风险规避偏好的原始人（由仿真图中的绿色曲线代表）就具有明显的进化优势。这张图（PPT 展示）表明，如果把高风险食物的热量从 10 提到 12，获取概率从 0.3 提到 0.5，丰度从 0.4 提到 0.6，仿真得到的结果就不一样了，风险规避行为和风险追逐行为都有一定的进化优势，难分伯仲。如果将高风险食物的总体期望收益提高到低风险食物的 3 倍以上，风险追逐（由仿真图中的红色曲线代表）就会替代风险规避成为具有进化优势的行为。这个结果很有意思，它与卡尼曼等人对损失厌恶的研究非常接近。卡尼曼他们通过大量的行为实验发现，一单位的损失带给人们的负效用大约需要用 2.5 ~3 倍的收益才能弥补。所以，我们通过计算机仿真得到的结果能够很好地印证并解释卡尼曼等人在行为实验中发现的经验事实。对人类的生存活动来说，要达到这个条件需要较高的生产效率。在人类演化初期，不可能提供这么高的生产率。只有到了距今 60 万年左右，人类学会使用火以后，生产能力才有较大幅度的提高。特别是距今 3 万 ~5 万年，人类发明了弓箭才大幅提高了捕获其他动物的效率。但相对于人类 700 万年的演化史来说，我们的祖先在 90% 的时间里事实上都处于生产率极端低下的状态。在这种状态下，风险追逐是一种非常危险的行为。就像一个在沙漠中行走的人，额外获得一加仑水可以让他感到更舒服，但损失一加仑水却可能让他陷入灭顶之灾。我们的计算机仿真实验表明，损失厌恶可能是一种人类在长期演化过程中获得的、可以通过模块化的大脑神经结构加以遗传的适应性心理本能。

由演化导致的人类大脑神经结构的改变是一个非常缓慢的过程，现代人的心智模式，在很大程度是被我们祖先的生存环境所塑型的。因此，演化心理学家认为“现代人的头脑里装着一副石器时代的大脑”。因为农业文明至今才 1 万多年，工业文明只有 200 多年，而人类祖先在采集—狩猎状态下生活了数百万年。这就带来一个对经济学来说非常重要的事实：人们所做的选择未必会有利于他们自身福祉的改善，除非当前的选择环境与人类偏好演化的历史环境完全一样。例如，人类对糖和脂肪的偏好是数百万年采集—狩猎社会食物严重匮乏的产物，只是在最近一个世纪内，人类才开始摆脱了饥饿的威胁。但是，对大部分人来说，要抑制对糖和脂肪的偏爱仍然是非常困难的，哪怕他们知道过分摄入这些“养分”会导致肥胖、高血脂、高血压等一系列有害健康的疾病。再如，今天人类面临的风险决策环境虽然已经发生了翻天覆地的变化，但千百万年的演化过程对人类心理产生的影响却仍然没有消失。在股票市场上，人们往往会过早抛掉上涨的股票，表现出对收益的风险规避（即所谓的“落袋为安”）；却会因长期持有下跌的股票，表现出对损失的风险追逐（即所谓的“博反弹”），这就是损失厌恶影响我们行为决策的重要例子。同样的现象在房产市场上也非常普遍，房产所有者在价格低于其买入价时，显得极为惜售；为了能在将来以一个满意的价格出售房产，他们不惜长期承受维修、税收和按揭成本。在标准的经济学模型中，这些行为显然是非理性的。因为，一个理性的决策者应该不受前期投入的“沉没成本”的影响。

最后，我想讲一下神经元经济学的研究对经济学的意义。

第一，神经元经济学打开了“偏好”这一黑箱。萨缪尔森曾经认为，“偏好”作为人的主观愿望是无法观察到的，我们所能观察的只是人们的行为。但随着科学技术的进步，萨缪尔森的担忧今天已经不复存在。20 世纪末和 21 世纪初，脑科学领域内出现的一个重大突破就是活体大脑的观察技术。随着功能性磁共振成像（fMRI）、正电子发射成像（PET）和功能性近红外成像（fNIRS）等技术的不断成熟，神经元经济学今天已经可以完全无创伤地深入人脑内部，观察人类行为与决策过程的神经机理。在神经元经济学家眼中，“效用”或“偏好”已经不是一个抽象的概念，它们第一次具有了哲学意义上“本体论”的地位。这无疑会对经济学的研究产生极其深远的影响。

第二，神经元经济学在研究中广泛使用的行为实验、脑成像和计算机仿真等技术为经济学提供了一种经验实证的工具。经济学对数学的运用非常成功，但数学只为经济学提供了逻辑实证的工具。人类科学发展的历史告诉我们，逻辑自洽只是科学理论得以成立的必要条件而非充分条件，科学理论得以成立的充分条件则是它所提出的假设必须得到可观察、可重复的经验事实的验证。以物理学为例，牛顿的三大定律只有在精确预测了行星运行的轨道后，才能成为经典的力学理论；爱因斯坦的广义相对论只有在观察到空间弯曲所引起的红移现象后，才能成为现代物理学的基础。因此，数学工具为现代物理学提供了逻辑实证的必要条件，而天文望远镜、电子显微镜和粒子加速器则为现代物理学提供了经验实证的充分条件。从这个意义上说，行为实验、脑成像和计算机仿真技术就是经济学研究中的天文望远镜、电子显微镜和粒子加速器，它们为经济学真正科学化提供了经验实证的充分条件。

第三，神经元经济学的研究具有非常重大的实践意义。例如，神经元经济学对慈善捐赠行为的研究表明，人们之所以通过金钱和物质帮助他人，并非完全出于广告效应、声誉效应等深谋远虑的自利目的；对捐赠者的脑成像实验显示，人脑中负责多巴胺（dopamine）分泌的神经元被显著激活，而多巴胺水平的提高则可以给人带来精神愉悦。这个研究结论具有很大的政策性意义，无偿献血的机制设计正是依赖于人们利他行为背后的精神因素，如果无视人类所具有的这种非自利的行为动机，采用金钱激励的方法反而会造成供血量的减少和供血质量的下降。还有一个例子，一项涉及信任博弈中委托人风险偏好的神经元经济学研究表明，人们对待风险的态度并非来自“理性的计算”，由大脑下视丘“室旁核”（paraventricular nucleus）和“视上核”（supraoptic nucleus）神经元所产生的催产素（oxytocin），可以明显提高被试者在人际互动中承受风险的水平。根据这一结论所做的实证研究表明，一家投资银行如果根据交易员催产素水平的高低来调整他们的岗位，比如在牛市中让催产素水平较高的人充当交易员，在熊市中则让催产素水平较低的人充当交易员，平均盈利水平可以提高30%～40%。

总之，神经元经济学可以让我们对人类的行为、人类的偏好有更深刻、更全面的认识，这无疑可以极大地提高经济学的科学性。由于时间关系，我的发言就到这里。谢谢大家。

对话：莫志宏、杨其静、黄有光、盛洪、林毅夫、孙涤、罗必良

莫志宏：非常感谢叶航先生今天的报告，首先我很钦佩他的科学精神。他今天讲了很多新的神经元经济学领域的技术，我猜想如果说纯粹学经济学的人，在传统的套路里，不管是谁，都会瞠目结舌的。不管怎么讲，有信息就给我们以刺激。

叶航先生讲的这个东西跟之前几位讲的东西有共同之处，因为这是跨学科的研讨会，所以说大量提到的是挑战的问题。大家有一个普遍的认知，新古典经济学的那一套东西大家都很不满意了，所以说我们试图从其他领域引进一些新的知识，把它复活起来。但是我觉得很有意思，其实挑战应该首先是一个对话，就像今天张老师讲的，并不是说你这个不行，我重新拿一个，这就叫跨学科，这就叫创新，从来都不是。我们讲挑战的时候，首先得跟之前别人做的工作做一个对话，这个对话意味着什么？并不是你说你的，我说我的。对话大体上可以分为两种方式，我首先预设对方对这个事情是什么看法，我基于你是这样的看法，然后我进行一系列的反驳等。我觉得今天很多人都是采取这样的策略，行为经济学大量建立在认定新古典经济学中的理性人士这样、那样、有稳定的行为偏好等一系列的东西的基础上，然后用事实证明给你看，不是这样的。这是行为经济学采取的一个策略。还有另外的一种对话方式，那就是先试图充分地理解对方，然后再说对方的做法有什么问题。其实稍微了解新古典经济学的人应该知道，新古典经济学的人更多的是把理性人当作逻辑推导的工具。当然，他们也不知道为什么要采用这一工具，比如弗里德曼更多地采取的态度就是，我只能这样，我也没有办法，我也找不到替代的，我能用它得到有力的成果，能解决很大的问题。所以，如果按照现在行为经济学对新古典经济学的指责，我猜想很多新古典经济学家都会跳出来说不是这样的。所以你首先要把别人钉死在十字架上面，然后我反驳你，这个套路是比较简单的。其实真正跟新古典经济学展开对话的话，应该很诚恳地承认，在新古典经济学中对于理性人假设是拿来干什么的、是否专门用于逻辑推导，并不是很清楚。而这意味着，如果要挑战他们，就必须真正回到一个基础的问题上来，我们的经济学当中所需要的基础性的抽象应该是什么？而这个问题最初其实是被新古典经济

学这样一帮自大狂的家伙回避掉了。萨缪尔森之流有一个大的背景，是什么呢？在那个时代，经济学颇受历史主义之困，所以力图建立一套公理化的理论，奥地利学派也和他们一起捍卫纯理论的需要。在当时表现出来的一个趋势就是，去人化、去心理化、去过程化。可以说当时这个趋势一出来，感觉经济学就有了一套统一的行为模型，便于操作也便于大家发表文章，它便堂而皇之地进入到我们的教科书中。到今天为止，虽然大家非常不满意我们的教科书，我猜想一时半会弄一套跟它相抗衡的东西是非常困难的，这是一个局面。但是物极必反，因为他们这样做的时候也不知道为什么这样做，他们只是出于一个很幼稚的或者很浅薄的、实证主义或者证实主义的去人化、去心理化的考虑而强调推导。我在想行为理论家在批判新古典经济学的时候，为什么愿意给自己找一条这么容易的道路树立一个靶子，然后表明自己的正确性呢？我很不解。我相信，好的研究应该建立在对别人的研究有深入理解的基础上，建立在对其最有利的解读的基础之上，只有这样再说自己做的研究是什么才有意义。

实际上今天大量的行为经济学的研究，包括神经元的研究，在很大程度上都有这种倾向。首先总是把新古典经济学理解得非常幼稚，然后来批判。其实，当把你的竞争对手形容得如此不堪的时候，我也不能想象你这一套理论在一定程度上能好到哪里去，所以说我感觉今天叶航先生讲的东西，建立在很多基础性的问题都已经不是问题的基础上，只有这样，大家才会专注地听他的技术细节，因为剩下的问题就是技术细节了。但问题是今天的问题难道真的是在这个层面？如果说大家把之前我讲的这样一些很厚重的方法论的东西都抛开了，达成共识了，都明白应该怎样抽象了，这可以理解。但显然不是这样的。直面真实世界难道就等于说看这个人是怎么样的，人的行为是怎样的，甚至把人的脑子打开，看他的各个部分脑区域如何活动吗？显然不是那么简单。

经济学发展到今天似乎出现了一个反转的局面：原来的经济学的野心是如此之大，原来我们搞经济学帝国主义，根本不顾及其他相关的学科知识，给人感觉这样的一个学科就能解决所有的问题；而今天我们的经济学变得如此薄弱，以至于不借助其他的学科，我们连说话都没法说，连偏好都不知道。我觉得这看似完全对立的趋向，其实是一个硬币的两面，原来的新古典经济学和今天的新经济学，实际上回避了最基本的问题，那就是到底怎么样抽象？如果抽象的问题如此简单，就是直接看这个世界是怎样的、人是怎样的，我不相信今天在这儿开半天会开成这个样子。这里其实有一个基本的方法论或者认识论的问题，那就是，没有一个所谓的在那里的事实；我们面对的是特定的问题，对特定的学科有帮助的描述，不一定适合其他的学科。不要认为有一个描述会适合所有的人类学科。但是在我看到的行为经济学，包括神经元经济学中的很多人表现出来的倾向是什么？我们要为人的行为提供一个统一的基础，这样的基础甚至可以适用于心理学、管理学，我看简直是荒唐。

叶航先生刚才提到的，反分工的跨学科倾向，我不知道这个词到底是什么意思，其实我从来不反对学科之间的融合，但这建立在对每一个学科自己的专长到底是什么有一个共识的基础之上，知道什么是在自己学科的边界之内，在此基础上再寻求与其他学科的合作。就跟我们到医院一样，困难的病例，如果是心脏的问题，很可能引起其他的并发症，要不要请其他学科的专家？这显然并不意味着其他学科的专家就废掉了，我们形成一个统一的什么理论。我觉得今天的行为经济学真的有很大的泡沫成分，经济学并不是直面经验这么简单，因为经验这种事情并不是在那里的、大家很容易就达成共识的东西。今天上午的文章涉及弗里德曼的方法论思想，大家都批评他，我也在一定程度上批评他，但是那篇文章里面提出的东西比今天很多人提出的东西深刻得多。他有一个重要的观点值得重视：对真实事情的描述有太多的视角，我们要最终决定到底是哪一个视角跟手头的任务是相关的。不是大家就一个唯一的、普适的理论达成共识，就从这个理论开始经济学和人类学科的研究，这是妄想。弗里德曼那时讲到的重要的方法论问题今天仍然重要，今天的经济学没有很好地消化它，也没有去面对里头涉及的问题。当然，我知道行为经济学有很多很好的东西，但这是另外一回事。

杨其静：我觉得叶老师做的东西非常有意思，对经济学的发展有非常大的正面的意义，这是第一点。第二点，经济学其实是一个很包容的学科，经济学从亚当·斯密开始到后来，很多人提出了很多批评，每一次都觉得经济学要死了，但是最后经济学都把批评者的意见吸纳了，经济学发展了，从最开始的理性非常充分，到有限的理性，把偏好加进去，最后又给吸纳了。我觉得叶航老师的贡献是，OK，我们原来描述偏好的方式可能是不对的，我们的相关函数的数据形式可能要改变一下，对于它的损失部分在特殊的情况下，可能是我们初步需要修正的。我个人对经济学非常有信心，我相信行为经济学、实验经济学做出来的这些东西，在十几二十年之后，只是体现在经济学的销售函数当中，改变和修正了原来的修整函数的形式，使经济学更包容。但同时接着上午黄老师的对话，我觉得这一点是非常有意义的，假设都是实用性的，其实经济学是问题导向的，我们所有的假设和东西都是围绕解决这个问题有没有用而做的。经济学最基础的是经济，我们能用最经济的方法解决这个问题，为什么要用更复杂的办法来做？解决那个问题的时候，可能是合适的，但是可能还有更为复杂的假设和更为复杂的东西，需不需要引入呢？从问题的角度来说这已经足矣。所以叶航老师提出来的东西，对我们前面提出来的东西不具有颠覆性。

原来我们经济学没法解决的东西，促使我们思考，在这种特定的问题上，我们的效用函数的描述是有偏差的，我们需要找到更为恰当的函数形式来描述这个问题，这是对我们的促进。行为经济学对经济学的贡献，我个人觉得也就在这一点上。

黄有光：刚才莫老师讲的有一定的道理，但是我认为叶航老师的神经元分析跨学科研究的意义是折中的。从叶航老师的介绍中，我们可以得到一个启示，我们要少吃肉，因为现在情况变了，多吃肉对健康不见得是好的，而且既然现在我们不会饿死，即使我们失业了也能够生存，那么我们对风险的规避，尤其在投资方面的风险规避就要减少，才能够把预期回报提升，所以我们在投资上不需要再害怕，谢谢！

盛洪：我理解神经元经济学对经济学的某一种提醒是人的行为和他所做的理智分析，而且有情态反应，从某种意义上来说是自动反应，刚才叶航先生介绍的是大脑怎么活动，这是理性的，左右不了的，比如说不要慌张、不要恐惧，这不是我能控制的，这是我的神经元控制的。其实他讲这种自动也是有它的道理的，这个道理是什么？人在进化过程中逐渐演化形成的这个结构，如果把它纳入经济学范畴思考的话，它的好处是很多事情不需要我的理性的资源，而只要有自动反应就可以了，而这种自动反应之所以合理就是因为我们人类今天还活着，它有它的意义。但是我们有很多偏离理性计算的行为，这确实告诉我们，关键问题在于经济学要不要研究自动反应，要不要研究几百万年的演进过程，因为经济学可以研究一个个体当下的收益计算，也可以研究通过演进使得人类的这样一种行为结构或者生理结构、心理结构能够更有效地应对环境，从广义上来讲也可能纳入经济学当中。谢谢！

林毅夫：听了今天的讨论，我感到江山代有才人出，我读弗里德曼 1953 年《实证经济学方法论》那篇文章，除了要了解里面讲什么，还要了解时代背景，当时存在于世界的是垄断性竞争，对多数现象的结果其实跟完全自由竞争的结果是一样的。他写文章的背景，并不是说假设完全不重要，如果你跟真实世界角色差距太远，会导致结果不是你想要的。

孙涤：对行为经济学包括行为金融学我观察了很久，这跟我的背景有点关系，我跟陈平先生是一个学校的，当时我的博士论文指导委员会就是跨学科的，有商学院的、经济学的、计算机系的、数学系的教授，可能比很多留学生自由一点。最后一个学期我在数学系旁听的一门课，是由斯坦福大学来客座的 Amos Tversky 讲的，他如果不是因癌症英年早逝，应当和卡尼曼共同获得 2002 年的诺贝尔经济学奖。他们一起写的论文开创了“前景理论”（prospect theory），刚才叶教授讲的内容有很多已经涵盖了前景理论。那篇论文是卡尼曼获诺贝尔奖的一个最主要的贡献，被引用的次数至少是最高之一，它挑战了经济学的一个理性基本假设，即期望效用理论。记得当时 Tversky 跟我讲，他和卡尼曼致力于揭示出许多经济学理论假设的偏颇，有不少都是基于常情常理，连老奶奶都明白的。市场里买卖二手车的经销商比经济学家可能更清楚，人实际上是怎么做决定的，我们怎样去赚他们的钱。一句话，人并不是靠精确计算效用期望值来作出决策的，没办法靠这个来扩大自利，更别说最大化了，人没那能力。

大家可能知道，著名的阿莱悖论（Allais paradox）。这件趣事发生在 1953 年，法国人阿莱（他后来也得到了诺贝尔经济学奖）设了个局，用一组问题来考当时参加会议的美国经济学同行，结果塞维奇栽了进去，自相矛盾，要知道塞维奇是决策理论的顶级经济学家。第二天阿莱又想考问弗里德曼，弗里德曼倒没中圈套，可能是塞维奇头天已给他的老师弗里德曼通报了。阿莱的问题非常有意思，有兴趣的不妨到维基百科去查询，一定会有收获的。叶航教授在揭示人的理性决策能否始终一致，设计的问题和阿莱悖论所用的问题有异曲同工之妙。

后来塞缪尔森听说了阿莱悖论，以及 Tversky 和卡尼曼等人的研究后，做了一个小小的实验，探询输和赢大不一样的话，那么输 1 元钱的沮丧要赢多少才弥补得了呢？他向他的老搭档罗伯特·索罗建议小赌 1 000 块，由丢硬币来决定输赢，索罗输的话输 1 000，赢的话得赢多少他才肯赌呢？索罗回答说至少赢两倍他才干。而且他还建议，分 200 局来赌这 1 000 元，每局输的话索罗输 5 元，赢的话则赢 10 元。各种测试表明，通常人们要在赔率 2.5∶1 的时候，才乐意参加“公平的竞赛”。

这说明了，人在市场里自由地博弈，即使抱着自利的初衷，也未必能够确保达到增加自利的善果。一个主要的原因是，人的偏好是受长期演化的强烈塑造，带着大脑神经结构的固有倾向，不可能用一个始终一致的理性假设就舍弃得掉。行为经济学的一个发现是，人有各种不同的“心理账户”。同样的一块钱，放在这个心理账户和那个心理账户中，效用可以大不相同，心理上的感知（perceived value）会让你以为这一块钱比那一块钱的价值要高得多或低得多。

因而我想，多了解一点自己的大脑，多了解人的行为由此而来的固有偏好和偏误，无论对个人、家庭的成功和幸福，还是对公共经济政策的传导成效，都会是有益的。行为经济学的探索将对我们文明的发展有扎扎实实的贡献。谢谢大家。

罗必良： 刚才叶老师给我们作了一个很好的报告，我一直关心一个问题，得到 100 块和损失 100 块是同样的 100 块吗？这是不同的，比如说现在我有

1 000 块，如果得到 100 块钱就是 1 100 块钱，这第十个 100 块和第十一个 100 块还不是同值的，按照边际报酬递减的理论来讲，损失的 100 块要比我得到的 100 块边际效应高，根本没有违背经济学的基本原理，所以叶老师证明了原来的边际报酬递减是成立的。

新结构经济学

林毅夫*

实际上我的题目是很不合时宜的，有两个原因。其一，这是一个老题目，2012年6月份从世界银行回来以后，我在不同的地方讲过这个题目，有的人听过不止一次，我再讲这个题目内心有点亏欠。其二，跟今天的题目也不太一样，今天讲跨学科，而我则想完全从新古典经济学的理论上来建立一个新的理论体系。当然，跟今天前面几位发言人有一个共同点，我觉得现有的很多主流理论，尤其在发展经济学里面，是不适用的，我们必须建立新的理论体系。我用最传统的方式，觉得跟刚才杨教授讲的也有共同的地方，其实有很大的问题，用最传统、最简单的方法就可以建立一个新的理论体系来解释这个现象，不见得要去找那些非常新的东西。发展是一个大问题，因为从第二次世界大战以后，大部分殖民地，或者是半殖民地开始取得政治独立，开始追求他们的现代化，我们知道的就有两百多个发展中经济体。但是到现在，从低收入变成中等收入到高收入的只有两个经济体，然后从中等收入进入到高收入的只有十三个经济体，这当中有八个是西欧周边的欧洲国家，跟那些老的工业化的发达国家的差距本来就很小。也就是说从第二次世界大战到现在，绝大多数的发展中国家一直陷在低收入陷阱跟中等收入陷阱里。当然我这个陷阱是相对来说的，它跟自己过去比可能收入还是有一点增长，但是跟发达国家的差距是没缩小的。

需要我们思考的是什么？我领导世界银行这么多年以来得出一个结论，就是凡是根据发达国家的主流理论来做政策的没有一个是成功的，少数几个真正从低收入进入到中等收入，然后进入到高收入的，或者是从中等收入进入到高收入的那五个经济体，它们的主要政策在推行的时候，从主流的理论来看，都是错误的政策。所以我想这是需要我们思考的，我提出的新结构经济学实际上是在这样一个历史框架之下提出来的，也算是对我自己的一个挑战。但同时我也认为这是对我们国内经济学界的一个挑战，因为无可否认的是我们国内经济

* 林毅夫：北京大学国家发展研究院名誉院长、教授。

学界开始的切入点都是从西方取得理论。

今天我谈为什么要反思发展经济学，研究理论的目的是什么？我认为是解释现象、认识世界、改造世界。大家都知道发展经济学是第二次世界大战以后，才从现在的主流经济学当中独立出来的一个分支，但是从它变成独立分支以后，它在认识世界方面好像能够帮助我们，却在改造世界方面一直失败，所以它一直有反思。我们知道，发展经济学刚成立的时候，其主流叫新结构主义，当时发展中国家跟发达国家的差距非常大，劳动生产率水平相差也很大，为什么发展中国家的劳动生产率水平那么低？因为没有发达国家那种非常先进的、资本密集的、技术很高的现代化大产业，这是当时发展经济学对收入差距那么大的一个认识，但为什么发展中国家不去发展那些现代化的大产业呢？当时的看法是市场失灵，所以他们的政策建议就是由政府直接动员资源、配置资源来发展现代化的大产业，克服市场失灵。这也可以讲是进口替代战略，但导致的结果是，按照这个理论运行的政策都失败了。到了 20 世纪 70 年代、80 年代我们开始改革开放，可以讲所有的社会主义国家都在改革开放，所有的发展中国家都在改革开放，当然那是在 IMF 和世界银行的帮助下进行的改革开放。当时发展经济学的主流理论是新自由主义，而且这个新自由主义在国内还有很大的影响。为什么那些发展中国家经过了 30 多年的努力，跟发达国家的差距越来越大了呢？他们当时的看法是这些发展中国家没有像发达国家那样有效的市场体系，政府干预太多，政策失灵，导致资源配置失灵，导致寻租。因此当时的建议是发展中国家的资源配置要有效率，要避免这种腐败现象，那么就必须建立完整的、完善的市场经济体系，他们写的报告大家知道：休克疗法、私有化、自由化，还有市场化，但是问题是什么呢？这些按照新自由主义来做政策的国家，20 世纪 80 年代、90 年代的实际平均增长率，反而低于 60 年代、70 年代，而且 80 年代、90 年代经济危机发生的频率也高于 60 年代、70 年代。因此有些经济学家，把这个在新自由主义指导下的 80 年代、90 年代称为是发展中国家迷失的 20 年。这段时间里当然有少数成功的，像前面讲的少数的几个，它们推行的不是当时的主流进口替代、发展现代化大产业，而是从传统的劳动力密集型的、小型的产业中开始推行，他们成功了，所以他们背离了当时的主流理论。80 年代、90 年代的改革开放，经济转型，有少数国家取得了稳定快速的发展，他们采用的政策是渐进的、双轨的。我们再回头看看，80 年代、90 年代学术界的主流看法是渐进的市场双轨经济，但是现在改革成功的也就是几个采取了最糟糕的渐进路径的国家。少数的真正能缩短跟发达国家差距的国家，市场经济迫使他们走向市场经济，但是不管是在发展还是在转型当中，政府的作用都非常明显，政府都发挥了积极有为的作用。既然我们研究理论的目的是认识世界，解释世界上为什么有差异，那么不管结构主义和新自由主义是否可以解释，作为改造世界的手段显然它们都失败了。当然，我们都应该反思，这就是我提出新结构经济学的时代背景。

我提出新结构经济学的时候，一直讲我们必须回归亚当·斯密，但是跟杨小凯先生不一样，杨小凯先生所谓回归亚当·斯密，是回归分工。我认为分工或者市场的重要性都是亚当·斯密在研究 18 世纪以前世界的一个归纳总结，但是世界在变革，我们应该学的是亚当·斯密的精神，不是亚当·斯密的结果，这有点像齐白石说的，像我者死，学我者生。应该向亚当·斯密学的是什么？《国富论》的全称是，*The Nature and Causes of the Wealth of Nations*，我们应该回归到问题的本质是什么，那个本质的决定因素是什么上去。时代是在变化着的，问题背后的本质跟决定的因素也在变，我们不能因为亚当·斯密或者国外哪位著名的经济学家证明过哪一点很重要，我们就认为它是最重要的，不见得。为什么？现在的经济增长，其实亚当·斯密并没看到，持续的高速增长是现在才有的现象。我们知道在 18 世纪以前，不管在哪个地区，人民收入的增长基本上等于零，收入增长加快发生在 18 世纪以后，为什么 18 世纪以后收入增长会加快呢？我们知道，是因为工业革命，新的技术不断创新、不断被开发，不仅是在同一个产业的新技术不断被开发，而且还出现了很多新的、价值更大的产业，规模经济越来越大，需要的资本越来越多，扩及的市场范围也越来越大。这个技术、产业跟因为技术产业所带来的规模经济、市场范围的扩大，要求基础设施的完善，跟上层建筑里面各种制度的安排，包括金融、法律的完善，这是现代经济增长的本质。很多现象是亚当·斯密没有看到的，所以我们不要停留在亚当·斯密的结果上，我们应该用亚当·斯密的方法，而不是不断阐释亚当·斯密的结论。

为什么叫新结构经济学？我主张用新古典经济学的方法来研究在现代经济增长过程中，我前面所讲的技术、产业、基础设施、制度安排这些结构不断变化的决定因素是什么，以及它们为什么不断演化？我觉得发展经济学应该研究的对象是这个，应该获取的认识是这个。为什么叫新结构经济学？按照新古典经济学的惯例，研究农业应该叫农业经济学，研究金融应该叫金融经济学，研究结构应该叫结构经济学，为什么加一个“新”字呢？因为之前已有结构主义，就像 North，他其实是用新古典经济学的方法来研究制度的结构因素与本质，它应该叫制度经济学，但原来有个制度学派，用的是马克思主义的研究方式，所以诺思为了区别于它，就叫做新制度经济学。我叫新结构经济学，其实是为了跟结构主义区分开来，我是用最传统的新古典经济学的方式来研究一个国家在一个时点上，是什么在推动技术、产业、基础设施、上层建筑结构的变化的。我从一个很简单的点切入，我认为这些结构是内生于每一个时点上的要素禀赋和禀赋的结构。应该讲这是一个新的视角，因为我们知道要素禀赋的重要性，除了国际贸易之外是没人谈的，现在的经济基本上没有机构概念，而大部分的政策失败实际上是因为忽视了这一点的存在。

另外，我想在这里提一下，禀赋跟禀赋结构的重要性，我们经济学家对它的重视程度不够，为什么？我们仔细来看，禀赋跟禀赋结构在每一个时点上是给定的，你要研究发展的时候，它们不断变化，当然禀赋是可以积累变动的，但是在每个时点上却是给定的。第二点重要性是什么？如果我们仔细想，一个国家在每一个时点的禀赋实际上就是统一算，禀赋有多广，就会决定它的相对价格。经济学家在分析里除了讲总预算跟相对价格之外，其实分析到最后都会归纳到这两点上来，不是因为总预算因素不一样就是相对价格不一样。大部分的经济学家在研究问题时，反而忽视掉了经济学分析上最基本的两点。我个人的看法是在每个时点上要素禀赋及其结构决定那个时点上面的比较优势，如果你按照比较优势选择技术跟产业，那么你的要素生产成本会最低，你会有最大的竞争力，所以按照要素比例的结构来决定你的产业跟技术选择，就应该是最优的选择。在这一点上，我想说一下跟小凯的不同，小凯的假设模型是把禀赋结构的差异性全部都抛除掉了，这就有点像 Paul Krugman 在解释国际贸易的时候，为了强调分工的重要，就把所有的禀赋的差异都消除掉，认为禀赋没差异一样。Paul Krugman 在解释国际贸易的时候是有用的，因为他观察到的现象是世界上 70% 的贸易是在发达国家之间进行的，发展中国家跟发达国家之间的贸易只占 30%，既然都是发达国家的话，那它的要素禀赋跟结构应该是大于或相等，所以他当做是没差异的，既然没差异为什么有国际贸易，所以他跟小凯一样。如果小凯要得诺贝尔奖，应该是跟 Paul Krugman 同时得到，因为这是同样的道理。当然，小凯的贡献很大，但是我们知道理论要解释的现象不一样，你要扮演的角色，你的工具是不一样的，我要解释的不是同一个发展中国家为什么会有贸易和交换，我要解释的是一个发展中国家怎么能变成发达国家。在这个变化过程当中，最主要的是发达国家资本比较多，劳动力比较少，发展中国家劳动力比较多，资本比较少，我当然必须从 Heckscher和 Ohlin 的要素禀赋的差异讲起，才能够解释这一动态变化，所以我并不否认小凯的贡献，但是解释的问题不一样，所用的工具就不一样。

在这种情况下，我们希望人民生活水平不断提高，人民生活水平不断提高的前提是劳动力水平不断提高，产业资本跟劳动的密集度越来越高，但是既然最优的产业结构是内生要素比例结构，所以如果你要提高产业结构到资本比较密集的水平的时候，前提是什么？前提是必须增加在经济当中要素禀赋的资本的拥有量，必须提高要素禀赋结构。但同时既然生产发展了，规模越来越大，市场交换越来越大，硬的基础设施像电力设施、公路必须不断完善，而且你面临的资本的需求越来越大，风险越来越高，所以你的金融环境结构必须不断改善，法律环境必须不断改善，这是经济动态的变化过程，但是动态变化的过程从每个时点上应该怎么做才是最好的？我觉得还是按照要素禀赋决定的比较优势来发展经济比较好，因为你将有最大的竞争力，有最大的竞争力，就会有最大的剩余，而且投资回报率最高，所以在剩余当中你会积累最大资本，你的要素禀赋和产业结构会不断提升，劳动生产率和社会水平也会不断提升，同时你也要不断完善你的法律设施跟法律环境等。

我在这里跟小凯有一个博弈，我并不是说制度不重要，但是你的切入点是先改制度还是先改基层建筑的东西？这是差异。现在我们看到的低收入陷阱或者是中等收入陷阱，实际上就是因为没有这种结构不断变迁的结果。在这个过程当中最重要的两个制度安排是政府跟市场，我觉得从这个很简单的逻辑推理便可以看出来。你要按照比较优势来决定技术和产业，企业家不关心比较优势，只关心利润，你怎么样将个人的利润追求变成在经济发展过程当中主观按照比较优势发展？当中必须要有机制转换。能够灵活反应要素稀缺性的是市场，所以必须要有有效的市场。既然有效的市场那么重要，为什么还要谈政府？因为经济发展不是静态的资源配置，而是一个技术不断进步、产业不断升级、基础设施与制度安排不断完善的过程，这个过程首先必须有第一个吃螃蟹的人，他的风险比较高，失败的概率比较大，他不断给别人创造有用的信息，不管是成功还是失败。所以你必须有外部性的补偿，而且不仅要有第一个吃螃蟹的人，他的成功与否还取决于你对这些基础设施的安排，不管是基础设施还是制度的安排，要能够随着产业发展特性的需要不断完善，这些都没有办法内化在企业家个人的决策里面，必须要有政府，而且是因势利导的有为的政府。

从这里来看，结构主义为什么会失败？因为结构主义的建立是靠比较优势，要在一个一穷二白的农业上建立起现代化的大产业，不符合比较优势。这些企业在开发过程当中没有支撑能力，企业家从逐利的角度就不容易发展，但是结构主义把企业家不愿意选择的原因认识错误了，认为是由各种结构造成的。其实它是要素禀赋结构造成的，过程干预扭曲，资源配置错误，寻租。华盛顿共识为什么失败？我想有两个原因，它对原来存在的扭曲的原因外生了，但是从我前面的分析来讲，原来存在那么多扭曲、干预是内生的，因为有一大批没有支撑的企业家在那个地方，如果按华盛顿共识新自由主义的想法，把那么多的扭曲，那么多的企业全部搞垮，会造成大量的失业，造成政治不稳定，当然也不能发展经济。那些先进的产业在很多发展中国家还认为是先进和需要的，所以即使私有化以后，很多国家还是让它保存了下来，继续给它保护补贴，而且保护补贴实际上比在国有时候还多。我认为国有企业不符合比较优势，当时有一个推论，如果它是因为所有制的问题，以后不需要补贴效率就会提高，但是按照我的推论，它既然不符合比较优势，还要继续给它补贴，私有的时候给它的保护补贴会比在国有的时候多。我在威尼斯跟很多国外的经济学家辩论，现在事实证明我是对的，苏联和东欧转型以后，原来的大型国有企业私有化，保护补贴的量比原来多得多。华盛顿共识失败还有第二个原因，它反对任何政府的干预，但是我等一下要讲，成功的国家从 15、16 世纪到现在，基本都是由政府的干预成功的。所以你不能说失败很多，然后就认为不应该干预，不干预而失败的国家，包括在拉丁美洲华盛顿共识的模范生智利，改革已经 30 多年了，导致的结果却是没有任何新产业出现，两极分化不断加剧，社会也不稳定。最糟的政策为什么后来会取得好的成果？它实事求是，我不补贴，那些就会死，所以一起补贴，另外那些一直不能进入的产业，在政府扶持之下，稳定和快速发展同时取得，这些新发展的企业又可以利用后发优势，所以它可以发展得非常快。前面很简单的角色推出来这些复杂的现象就可以看得非常清楚。

我们都知道，很多东西复杂不复杂取决于你的参照系，参照系对了，复杂的东西就变得简单了，参照系不对，简单的东西也会变得复杂。

提出一个新的理论框架的目的是什么？我想最重要的是要提高我们对世界的认识，然后可以比较好地改造世界，这里举几个例子。比如金融机构，如果读现代金融经济学的话，没有金融结构的概念，就会认为最好的是大股票市场、大银行风险投资，但是如果你是按照新结构经济学的理论看的话会发现，不同发展程度的国家，它的产业特性、技术特性、风险特性、资本需求特性是不一样的，在这种情况之下，能够满足不同发展程度国家的金融安排是不一样的，所以金融结构应该不一样。我到世界银行之前，有几个同事非常有名，90 年代到 2000 年这段时间，他们发表了大量的文章说，金融重要的是深化，结构不重要，我跟他们讲了很多以后，现在他们也开始改了，认为结构比较重要。论人力资本，我是 Gary. Becker 和舒尔茨（Theodor Schukz）的学生，两位都是所谓的人力资本之父。按照西方的看法，决定一个国家经济发展的唯一的人力资本是教育，但是我认为教育是处理风险的能力，在发达国家教育也许真的是决定因素，因为发达国家处在世界技术的前沿、产业的前沿，技术的进步、产业的升级必须靠人发明，人力资本的教育水平决定处理这些风险的能力。但是发展中国家是在世界技术前沿产业升级之外，风险和创新成本低多了，首先人力成本不一样。如果过度强调教育的话，会培养出很多可以做前沿研究的人，但是国内没有这样的产业及生产活动，没有这样的就业，导致的结果只有两个，大量人才外流，留下有很高教育但是没有就业的不满分子，北非就是最好的例子。

开放好不好？从新结构经济的推论来说，开放是好的，但是现在有很多学者从实践上来看，说开放不见得好，很多国家开放失败了，那是他没有分清楚，开放之前原来很多有比较优势的产业，在开放条件之下，如果不给原来的产业保护补贴，一下子都开放了，效果当然更差，像中国，有一些用老办法，有一些用新办法，证明了开放有效，所以有很多争论不休的问题是可以讲清楚的。另一个是国际资本流动，你要看它是否真的能推动经济发展，帮助技术产业水平不断提高，是否能够真正用到技术产业上去。投资水平不断提高的是外国直接投资，那种资本流动是好的。但是现在我们讲资本开放，是让短期的投机性资本流进来，绝大多数投机性的资本不会投入到实体经济的行为中去，实际上对这些国家没有帮助，而且大进大出带来很多风险、泡沫。

还有政府的积极财政政策，大部分人是反对的，但是如果你有了结构的概念以后，我觉得就不一样了。比如一个中等发达国家，即使现在产业都是过剩的，基础设施完善，经济下滑的时候，可以用于这方面的投资，短期创造就业、稳定增长，长期提高经济增长率，而且这样投资的回报很高。现在的投资都能回收，那当然是好的，很多人反对，2008 年国际金融危机刚发生的时候，我提出超凯恩斯主义，很多人反对，但是发达国家六年走不出来以后，很高兴现在越来越多的学者开始往这个方向讨论，包括前几天 Lawrence Summers 写了一篇文章支持这个观点。

关于货币政策，发达国家经常发现，在危机的时候会出现流动性陷阱，但是在发展中国家不见得发生，为什么？这就是前面讲的，如果货币利率降低，产业升级要投资，货币政策还是有效的。当然那些投资必须投到产业升级或是消除增长瓶颈的基础设施方面。怎么样改进你的投资，而不是要不要投资，能不能做反周期的政策？如果你有结构的概念的话，这些都很容易看清楚。

最后谈谈怎样帮助发展中国家发展。很多人反对产业政策，但我认为如果经济发展过程是一个结构变迁的过程，结构变迁就必须克服外部性，也必须解决企业家在不同生产活动下的协调等，在这种状况之下，我认为产业政策是很好的工具。原因是什么？因为不同的产业需要协调的内涵可能不一样，生产鲜花和生产纺织品所需要的基础设施不一样。如果政府的财政是无限制的，那么当然任何东西都能改善，但实际不是这样的，每个政府都必须策略性地使用它的资源，策略性使用资源就跟产业政策有关，决定什么产业要支持、发展，怎么样支持这个产业。但大部分的产业政策都失败了，我前面谈到，因为没有比较优势，所以失败。并不是说产业政策就一定失败，成功的国家也有产业政策，成功国家的产业政策有什么特性呢？大部分支持有潜在比较优势的产业。所谓潜在比较优势是说，要素禀赋结构在不断变化，比较优势在变化。有了新的产业，从要素禀赋结构来看，已经是比较优势了，要素成本可以在全世界最低。但是基础设施与制度环境不好，交易费用太高也会有影响，在这种情况下，总成本太高没办法竞争，政府的产业政策应该是针对那样的产业，帮助它解决交易成本高的问题，改善基础设施，改善制度环境，如果这样做的话，这个产业政策就会成功。但是潜在比较优势怎么找？从16世纪的历史经验看，成功的国家都有产业政策，但是都有一个特点，政府的产业政策通常支持国内企业去模仿、学习那些经济发展非常好、收入水平是你的一倍左右的国家的产业，这是从16世纪、17世纪以来我所看到的例子中总结出来的。为什么这样呢？如果要素禀赋结构差不多，比较优势应该差不多，如果说一个国家发展得非常好，代表它的产业基本上符合它的比较优势，如果它发展得非常好，要素禀赋提升得非常快，原来的比较优势会失掉，变成夕阳产业，它的夕阳产业正好是你的朝阳产业。

在这种情况下，我提出了一个可以作为产业政策的方向，叫做增长的甄别和因势利导，第一步就是找到那些高速增长、要素禀赋结构类似、人均收入比本国高100%左右的国家，在这些国家中，选出过去20年里增长迅速、可贸易、表现良好的产业。

第二步看本国是否有些私人企业已经在这些行业中了（已存在或处于萌芽状态），找出限制质量升级的因素和企业进入的门槛，并采取措施解决。

第三步，对于那些没有本国企业的产业，可以从第一步中选取的国家里寻求外商投资，或者启动新企业孵化项目。

第四步，现在技术变化非常快，20年前一些产业可能根本不存在，但是如果说一些企业家已经认识到那些产业而且表现出过人的能力，在这种情况下政府可以帮助他们解决交易成本太高的问题。最明显的例子就是20世纪80年代印度的信息产业，原来是靠卫星通信，交易成本很高。发展中国家的基础设施不好，制度环境差，在这种环境下，如果印度政府努力把整个国家的基础设施和制度环境都搞好就有可能成功，但是这又是不现实的。就像毛主席讲的“伤其十指，不如断其一指”。为什么不把政府的有限资源投资到工业区，实行一站式服务，降低交易成本，而且这样还有利于发展产业集群，进一步降低交易费用。最后对先行者要有一定的激励，但这跟原来的激励不一样，原来它是不符合比较优势的，现在克服它的外部性的问题，所以激励非常少，税收优惠一段时间就没有了。

我认为新结构经济学虽然讲的是发展，但是里面也包括了金融、劳动力市场，包括了现在我们讨论的大部分问题。新结构经济学实际上给发展中国家带来一个信息，只要政府发挥积极有为的作用，帮助私营企业进入符合比较优势的产业，帮助它解决交易成本高的问题，就会有竞争力，就可以充分利用后发优势。在这种情况下，每个国家应该都有可能维持 20 到 30 年左右的时间以 8%左右的速度增长，在一代人、二代人里面变成中等收入、高收入国家。我们国家就是这样的发展道路，我现在做的很多工作就是帮助非洲国家来做这样的一个战略实验，看能不能成功，我很高兴，已经在一两个国家取得了成功。谢谢！

对话：何全胜、管毅平、茅于轼、冯兴元、毛振华、张曙光、聂庆平、孟捷、曹正汉、杨其静

何全胜： 新结构是个金矿，按照新古典经济学的认识来说，市场是非常重要的，往往排斥政府的作用，林老师提出了一个基本的问题：市场和政府并重，推动经济的发展。因为按照新古典经济学的观点，他们形成了华盛顿共识，就是私有化、自由化，在拉美、非洲、东欧做这些实验，可以说都不成功，甚至引起了社会动荡。在这个基础上，一个发展中国家的经济如何发展，仅仅市场化是不是可行？这就是一个现实的问题。林老师所在的世界银行从它的实践经验方面对发展中国家作出了一些总结，就是政府在结构调整方面具有一个充分的作用，这一点我也是非常认同的。现在改变经济学的思维结构，是不是单一的市场化，还是一个单一的以前说的计划经济，还是市场和政府混合的这么一个发展模式？我觉得这是他的一个突破，所以说它是一个金矿。但我觉得突破更让人疑惑，因为在理论的逻辑上没有说清楚市场的本质是什么，政府的本质是什么，它们之间的作用有什么区别，它们的分界线在什么地方，这一点，我个人还不能够看得很清楚。在实践的经验方面你做了很多工作，比如说怎么去证明产业优势、后发优势等。但是真正搞理论研究，必须在技术上做得更扎实一些，逻辑上市场和政府之间的关系应该分析得更多一些，这是我的看法。

管毅平： 今天林老师简单扼要的讲解使我体会很深刻，他提到有效的市场和有为的政府，我觉得这个提法是很有力的。刚才何全胜老师提到政府怎么定位的问题，我有一个很不成熟的猜想，因为我自己提供的明天想参与讨论的主题是“权威或者国家是如何从无到有发生的”，这是内生理论。我从林老师讲的内容当中得到一个启发，和我原来的思路有同构，如果国家和权威是一种对的结构，那么三个人为什么有一个人会当头？而且从历史来看，国家是内生的，不是外生的，因此过去凯恩斯主义和自由主义或者新自由主义的辩论有些不是特别合适，要么要市场，要么要政府，如果你承认政府是在人群中像市场一样内生出来的，是双方交易谈判没有解决问题需要第三方裁决的时候内生出来的话，那么政府就内生于人类，和市场是一样的，只是分工不一样。比如说政府提供什么？政府提供的是稳定社会秩序的一套制度机构，它不断改正这套

宪政体系。而市场承担的是什么？是在既定制度下的有效产出。

茅于轼：我简要地谈谈经济结构的问题，结构问题最根本的标准是什么？结构涉及很多比例，什么结构是好的呢？我想经济学的回答是有利于财富增长的，或者说资源配置最合理的，靠什么来合理地配置资源？还是一句老话“找市场”，用经济学的语言一般均衡理论所提供的结构，在一般均衡条件下，各种产业的比例是最合理的，我们国家现在面临着结构调整的问题，结构严重地扭曲，扭曲的原因是什么？偏离了一般均衡，偏离的原因是基础价格错了。首先是我们的土地价格贵得要命。其次，我们的资本价格有高利贷还有低利贷，资本使用的效率非常低，尤其是市场化，还有环境价格，很低的代价破坏环境，很容易，成本也很低。我们的税收也有问题。这些最终对基本价格严重的扭曲导致我们国家的经济结构的扭曲，所以纠正结构扭曲的办法是调整结构，而不是发改委下命令，取消生产能力过剩的企业，那是行政命令，应该靠市场，市场给你一个对应的结构，偏离了这个结构就要出问题，所以怎么能从中等收入提高到高收入？我们国家面临的这个问题，还是要靠一般均衡，这是我的一些想法。

冯兴元：林老师从结构角度，提出了建构理论，我觉得这是一个很好的切入点。为什么？结构讲到要素，但是基本上属于中观的视角。这有一个好处，奥地利学派，林老师可能不一定同意，它也是强调资本结构还有市场过程，包括科斯都强调资本的过程，都需要从中观层面看问题，这能够得出很多结论。林老师提出很多结论，并不一定是完美的，所以如果我们大家都参与讨论，也许他的理论还可以进一步，而他的结论也不一定就是现在的结论，也可以有新的结论，这是我个人的看法。所以我希望以后继续讨论这个事情。

美国现在要出台另外一个统计指数叫鼓励指数，和 GDP 同时发布，美国经济学家的评价是它允许你观察经济的结构，这个很重要。因为以前你只能看到总消费、总投资、总需求这些概念，凯恩斯主义就觉得要影响这些指标，但是结构性指标，包括中间的消费、消耗、投资品，里面有很多要素都要考虑。

我自己有一些想法，要请教林老师。比如说，林老师的假设里，技术是内生的，但实际上如果你去看各国的技术，有一部分是外生的，技术竞争、技术引进，技术引进以后导致国内在消耗技术，引入创新。

任何贸易的发生可能跟相对优势有关，无论是比较优势还是竞争优势，还是产业内的贸易或是其他的，都是跟相对优势有关的，所以各种优势都要利用起来，林老师到目前为止主要强调的是比较优势。

毛振华：我理解林毅夫老师讲的新结构是政府跟市场之间的结构，假定市场配置是在一定条件下发生的，它们之间的关系，我觉得有几种匹配关系。有效的市场和有为的政府这只是一种理想化的结构性考量，要考虑它们的比例关系。有为政府有一种状态，我很想干活也叫有为，有结果也叫有效。回答一个根本的问题，假定政府有为了，市场还需要吗？假定市场太有效了，政府还重要吗？这是个问题，我们说市场里面有所谓市场失灵的时候，政府出来，政府失灵的时候市场要大，假定双失灵呢？假定市场失灵，政府也不那么有为呢？我们要考虑两者的匹配关系，我觉得这个问题还要进一步分析。另外我觉得这个新结构主义对中国30年改革开放成果是可以起到一定解释作用的，但是我不认为它对中国未来的发展或者对中国现在的发展还能继续起更好的作用的原因，就在于2007年以来中国的经济发生了非常深刻的本质性的变化，这些变化本身就是太强调有为的政府，而忽略了有效的市场，有为政府基本上替代有效市场的时候，我们的新结构主义，我们市场的结构到底是什么？政府和市场的比例是什么？这个问题很紧迫。

张曙光：从发展经济学的发展来看，林毅夫先生的新结构经济学的框架是总结了前人的理论探索，从老的结构分析出发，又在一个新的高度上实现回归和综合，我觉得是有道理的，其探索方向可能对发展经济学有一个新的推进。但问题是我过去也和林毅夫先生讨论过，他对有效的市场和有为的政府以及这两者之间的关系，只是作了一个应然的描述，缺乏实然的分析，也没有讲清楚。就拿二者关系的状态来说，首先有一个度，这个度你也没有描述出来。更重要的是二者之间是一种互动的关系，有一个互动的过程。在这个互动的过程中，什么样的情况下是协调的，是良性互动，什么样的情况下是不协调的，是恶性循环，就它的条件和状况也要给我们作出一些解释，这样你的说法才能够站得住脚，而现在你的说法论据不足，至少是说服不了我，这是一个问题。

第二个问题，对于中国目前的情况，茅老师刚才也提到了一点，就是结构性问题。所以你用新结构经济学来解释中国的问题时，如何认识和判断这个问题？根据你现在的一些讲话，我觉得好像你认为中国主要的问题不是结构性问题，而是增长问题，这个问题你怎么解释？你的新结构经济学并未把文章做在结构性问题上。

聂庆平：感谢天则经济研究所组织部分经济学家召开中国经济学理论创新研讨会，这是我第二次听林毅夫教授讲解他的新结构经济学。的确林毅夫教授的研究很有创意，也有严格的理论分析体系，会在发展经济学方面取得创新。关于中国经济学的创新发展，我想讲几点意见供大家参考：

第一点，我认为经济学的研究都是一种经济发展历史的解释，有成就的经济学家大多数是对特定时期内的经济发展模式和历史能够作出科学解释的经济学家或历史学家，像金德尔伯格对15世纪至20世纪世界经济霸权的研究、彭慕兰在《大分流》中对19世纪中国江南地区经济发展与欧洲经济发展的对比研究，以及伯南克在《白银帝国》中对18世纪至19世纪东西方经济发展模式的比较研究。因此，林毅夫教授把1978年改革开放后的经济历史作为研究对象，与实行华盛顿共识、经济改革失败国家的经验进行对比，是创设新古典发展经济学的新路子。其实，中国模式就是“有为的政府和有效的市场”相结合的成功发展模式，现在需要的是高度理论概括，自成中国经济学的流派与体系。1978年以后，中国的生产要素释放的企业改革、农村改革、物价改革、所有制改革、外贸改革、金融市场改革层层递进，这些都是这两者的有效结合，我觉得可以作为实证案例研究的最好模板。

第二点，经济学的研究，我的理解是“框架、结构和函数”三部分关系的研究，古典经济学主要是从微观层面解释生产要素之间的函数关系，如生产函数、价格函数、费尔普斯曲线、多玛模型等。很多这样的经济函数关系得到揭示和验证，不失为经济学研究的一个方向，目前中国的经济学家在这方面作出突出贡献的并不多。框架和结构的关系，可以理解为宏观经济模式和构成的经济学研究，更多地采取假设和推理的方式进行，是对经济模式和经济政策的实证分析。从亚当·斯密的《国富论》到马克思的《资本论》，主要奠定了经济学的框架，对国民财富、商品交换、价值理论和国民经济平衡的基本理论作了精辟分析，这是经济学的基础。凯恩斯的《通论》，虽然有框架的成分，创建了政府能否干预市场的理论框架，但我认为更多的是结构研究，分析了宏观经济不平衡的结构因素，像萨缪尔森、马歇尔、弗里德曼等都是从不同的结构部分入手，深化了经济学的结构研究。当然在西方经济学界，研究函数的经济学家无疑是获得诺贝尔奖最多的，原因可能在于研究微观经济问题比较容易采用数量化的方法得出函数关系。经济学不同于自然科学，自然科学是可以发现规律并计量出固定的函数关系的科学，而经济学则不可能。中国30年改革开放的成功说明，可以把中国经济模式作为研究结构关系的一个样本，如果能把各个结构对中国经济增长的影响分析作出有独创性的研究，就不失为中国经济学。我认为林毅夫教授就是在做这样的探索。

第三点，我觉得林毅夫教授在新结构经济学中对经济开放、国际资本流动和中等收入陷阱等问题给予了足够的重视，也是带有反潮流的经济学研究视野。因为世界经历了1933年和2008年两次经济金融大危机，西方经济学家仍然信奉经济发展只有一种模式、一种普世价值。他们也不承认拉美经济危机、东亚金融危机是因为采用了华盛顿共识带来的新兴经济体转轨的失败。其实国际资本肆意流窜，发达国家不停地用国际游资制造金融危机，洗劫新兴经济体资产价格上涨的果实，华盛顿共识是重要推手。中等收入陷阱并非西方经济学家解释的那样，是人口红利消失导致的结果，更多的是国际资本冲击区域国家或单一国家形成金融危机导致的后果。因此，人民币汇率问题、资本市场完全对外开放问题、不平衡贸易和外汇储备问题，实质上是经济发展战略问题，应纳入整个中国模式的结构理论当中去研究。

孟捷：我先声明，我同意林老师的许多结论，虽然不是全部同意。但是他的论证过程，刚才大家也听到了，肯定会引发反对意见，林老师认为他完全是从新古典出发来推论的，而我觉得如果完全从新古典经济学的比较优势论出发，可能就应该得出刚刚茅于轼老师发表的观点，即政府不可能在经济发展中扮演重要的角色。也就是说林老师的论证方式和他的结论在某种意义上是有矛盾的。

我想提出一个现象，林老师讲比较优势，但是我觉得在中国的故事当中还有另一种比较优势被忽略了。我们通常讲的传统比较优势，若在李嘉图的时代，就是你生产葡萄酒，我生产毛呢；或者我生产牛仔裤，你生产波音客机。但是我们看大国崛起的过程，还有另一些例子，比如说日本崛起的时候产生过丰田生产方式，竞争的对象是美国福特生产方式，它们生产的都是汽车，是同一种产品。我们中国今天也有很多这样的例子，比如华为和思科都生产路由器，各自也在围绕比较优势竞争。但这是一种新的比较优势，在主流的新古典经济学理论中是被忽略的。林老师的论证是从各国的禀赋出发的，从各自的禀赋出发得出应该生产什么产品或选择什么技术才有比较优势。但问题是，在这种给定的禀赋和一国如何选择技术和产业之间，其实是有中介的，这个中介我觉得如果从演化经济学的角度来看，就是组织知识生产这一环节。这意味着，即便两国禀赋不同，一个先进，另一个落后，也可以按照不同的组织知识来生产大体近似的、仍属一个部门的产品。为此两个发展程度不同的国家可以围绕相同的产品进行竞争。比如说同样生产汽车，丰田生产方式和福特生产方式是不一样的，因为彼此的知识不同，生产方式也就不同，产品的性价比也不同，为此丰田就可以跟福特竞争了。这就是不同于传统比较优势的全新的比较优势，华为和思科、爱立信的竞争，也在重复同样的故事。而这样的比较优势，乃至这样的发展和创新故事，在林老师坚持的以新古典理论为基础而构建的理论当中是看不到的。这就带来以下后果：如果全是传统意义的比较优势在起作用，中国经济增长的故事当中就不会有真正的创新，这与我们的感受是相反的。一个涌现出高铁、微信的经济，是有真正原发的创新的。那么创新是怎么来的呢？在给定禀赋结构的前提下，还有一个组织知识的培育和选择的问题，给定的禀赋并不能以决定论的方式选择技术和产品。谁能培育和协调组织知识？企业和政府都能起到作用，因为组织知识的生产可以在不同层次来协调。

如果我们从演化经济学出发，对比较优势作新的全盘论证，就可能更好地在逻辑上更加自洽地得出林老师所得出的大部分结论。最后，我想附和一下史正富老师的一个观点，不可把市场和政府相对立，政府也是市场的组成部分，它们共同构成了中国的“三维市场经济”。

曹正汉：因为林老师说的四点很重要，所以我有两个疑问，一个疑问是如果政府有引导市场的权利，这本身扭曲了企业家的行为，因为政府拥有这种市场权利，企业家为什么还要冒风险去创新呢？他完全可以去游说政府，去寻租，去寻求政府提供的地位。另外如果政府拥有这种市场权利，那么政府官员就可能会用这种权利去为自己牟利，这就更加扭曲了市场机制。所以形成国家比较优势中间这个环节的问题怎么解决？

杨其静：我同意林老师对中国的判断，但我个人觉得林老师理论当中最大的软肋是，他有一个核心的假设是必须有一个因势利导的有为的政府。现在最大的问题是如何形成有效的决策，我觉得现在大家最大的疑问和困惑是在这个地方，假设什么条件下能够保证政府作出正确的决策？就我个人的研究来说，不是所有的国家都能做到这一点。

林毅夫：我很高兴有这么热烈的讨论，有同意的意见也有不同意的意见，实际上争论本来就应该这样。因为刚才我只花了 40 分钟来讲我的东西，大量的东西我没有办法涵盖在里面。原来我有一本《新结构论文集》，有将近 800 页，还有两本书和大量的文章，各位讨论的很多议题其实我都涉猎了。但是即使这样，我也同意各位的看法，这只是一个框架，里面还有很多肉和骨头需要补充。

我想说的是这是一个金矿，这是一个让我们了解中国过去以及帮助我们判断中国未来的相当重要的新的框架，而且它的重要性不仅是对中国，可能还是对人类的。我前面讲我们在西方主流舆论的影响之下，没有看到一个发展中国家是成功的。我在世界银行工作的一个最大的感悟是什么？讨论那么多国家，看到的农民跟中国的农民是一样的，看到的工人跟中国的工人是一样的，都是希望通过自己的努力，使自己和下一代生活得更好。我看到的知识分子跟中国的知识分子也是一样的，希望用他自己的知识来报效他们的国家和社会，让他们的民族和国家能够得到别人的尊重。我看到的政府领导人，基本上也都是希望为官一任，造福一方，但既然大家的目标都一样，为什么现在成功的例子那么少？而且成功的政策都是被主流理论批判的政策，我并不是说违反主流理论的政策就是成功的，但是我可以很肯定地讲，我所看到的成功的政策都是被主流理论所批判的。我们作为中国知识分子，在这种状况之下，我想更重要的就是像前面有些评论者讲的，从中国自己发展的历史、经验以及同样处于发展阶段的国家发展历史经验里面，自己去总结和认识这个现象，总结它背后的道理，而不要说那些发达的国家，那些大师们重视的问题，我们也就要跟着重视，认为它是重要的。我想，我提出新结构经济学的一个很重要的目标是这样的。

还有，我想大家经常批评的是我的新结构经济学提出有为的政府，哪怕有因势利导的作用，是不是我假设一个 A rational government 是一个良性的政府？其实我没有这样的假定，我假定政府跟任何人一样，都是理性的，都是追求它的目标的。但我们知道政府领导人追求的目标是什么？第一，希望继续执政；第二，如果继续执政没问题的话，希望青史留名。但是什么方法能让他继续执政和青史留名？我觉得最好的就是给国家带来繁荣，如果这样，他继续执政应该没问题。就像邓小平即使任何职位都没有，但是他知道他是继续执政的，他是有影响的，他是青史留名的。问题是怎么样给一个国家带来繁荣？从亚当·斯密到现在，根据那些西方大师认为重要的理论去做而没有成功的，我再讲一次，没成功的，关键问题不是他们不愿做，而是不知道怎么做。带不来繁荣，他的执政就要受到威胁，他当然也不能青史留名，既然执政不能够得到保证，他会为了下台以后有比较好的生活，还有资本回来，而贪污腐败。所以我这个理论其实是从很严格的每个人都是理性的，所有的行为都是理性的这一点出发的。我澄清一下，仔细看我的东西，重要的是我们没有使这样一个国家发展起来的 idea，我们现在应该努力研究的是怎样让一个国家发展起来的 idea。我也提出了一个新理论做了很多假设，这个假设跟我们做的一般的假设不一样，比如我知道管理好的话效益会高，但是在我的定义当中，我先把管理抽象出来了，我自生能力的假设是在一个正常管理的企业当中，开放竞争的市场当中的获利能到什么程度，我想突出的是在不同的发展阶段，你所做的产业技术选择违背比较优势的话，即使你管理好，那么它也是不能盈利的，也是需要政府保护补贴的。你看我的东西的时候，必须很仔细地看我的整个体系，我早就知道我没有注意到这一点，但是我必须突出我想突出的那一点。

再比如说创新，我整个都在讲创新，只不过创新的方式不一样，发达国家的创新是在全世界技术产业的前沿，它的创新等于发明，发展中国家的创新是消化吸收，消化吸收也必须有能力，所以我并不是不讲创新。在我的理论体系里，因为我说发展中国家怎么样追赶，选择本身是内生的，选择取决于内生禀赋，但不是研究怎么样发明新技术、新产业，所以这跟我们一般讨论的是不一样的，因为目标不一样，我是研究发展中国家怎么样追赶，不是研究发达国家怎么发展。政府边界理论其实我讲得很清楚，政府除了新古典经济学和新自由经济学里面讲的必须维持稳定、社会秩序外，主要是补偿外部性和解决协调的问题。另外，我谈到现在的宏观理论没有结构的概念，不知道发展中国家在应对危机的时候，政府在财政政策和货币政策上能用的空间比发达国家更大，它没看到这一点，但是从结构观点可以看到这一点。

最后是新古典经济学的方法跟新古典经济学的理论之间的差异，刚才有人讲新古典经济学的理论推不出我要推出的问题，那是因为现有的理论没有结构，当然推不出政府的作用。但是我是用新古典经济学的方法，理性的方法，当它面临结构有变迁的过程时，有很多外部性与协调的问题，当然应重视这个作用。所以新古典经济学指的是现有的理论那些存量，还是它是一种研究问题的方法？这就是一开始我讲的回归亚当·斯密，你是回归亚当·斯密所讲的理论，还是用亚当·斯密回归问题本质的方法？我用的是新古典经济学的分析的方法，但是我并不是简单地用我在芝加哥大学所学到的那些理论。谢谢！

演化经济学理论创新的综合研究

黄凯南*

感谢！我补充一点，我觉得林毅夫老师创建的新结构经济学十分关注“有为”政府和“有效”市场的边界。在他的理论中，政府和市场的边界最终落在有效率或有竞争力的产业政策中。而有效率的产业政策则是“最大化实现它的潜在比较优势”，因此，这里便存在最优的边界。同时，由于要素禀赋是内生的，比较优势也在发生变化，政府与市场的有效边界也是动态变化的。这是我对林老师理论逻辑的一个理解，我在这里做一个补充。

我今天的题目非常大——“演化经济学理论创新的综合研究”。主要是向大家汇报一下过去几年我做的主要工作。首先，先谈谈我个人理论思考的起点，我是从对均衡思考走向演化的。当我在受新古典经济学均衡分析训练时，始终有一个疑问很难解开，即均衡怎么产生，以及均衡如何内生演变？这是我一直思考的问题。在这个问题的指引下，我开始思考经济学的个体微观假设。我们知道，在一般均衡理论中，个体被视为同质，代表性的个体被用来描述其他个体的行为。例如，代表性的消费者和代表性厂商。当新古典经济学从一般均衡理论发展到博弈论时，经济模型中的个体假设也从代表性的个体转向有差异的个体。博弈论中的参与者们在“策略集”“信息集”“行动次序”“报酬集”等都可能存在差异。尽管博弈论允许参与者之间存在差异，但是，博弈论依旧假定参与者是理性的，并且参与者的理性以及博弈规则是共同的知识，这意味着参与者之间是运用相同的心智模型（mental model）或认知模式去解读他们所在的博弈场景的，亦即参与者们在认知模式上是同质的。尽管经典博弈论宣称是研究多人策略互动问题，但是，从本质上讲，由于参与者之间共享一个心智模型或认知模式，它实际上是个人心智的博弈。因此，由于预设了参与者之间在认知模式上的同质性，博弈论实际上不探讨参与者的认知问题，或者说本质上不探讨知识增长的问题，它仅仅关注激励问题。如果我们进一步弱化博弈论有关认知模式同质性的假设，认为我们每个人的认知模式是不一样

* 黄凯南：山东大学经济研究院副院长、教授。

的，即认知模式存在异质性，经济学的研究将与认知科学结合起来，走向跨学科的研究。一旦参与者的 game model 不一样，或者假设参与者在互动中首先是依据其主观博弈模型（subjective game model）行事，博弈规则或共同知识外生给定的假设将挖掘参与者之间如何形成共同知识或博弈规则，即如何形成有关博弈如何进行的共同信念将是十分重要的。这意味着，参与者存在两个层面的学习，即学习博弈规则（learning games）和学习如何博弈（learning how to play in games）。这样一来，均衡的形式可能就不再由完全理性的参与者瞬时实现，而是要经过上述两个层面的学习过程来获得，亦即均衡是演化出来的。由于强调参与者认知模式的异质性，很多封闭的模型很难接受，这时需要运用多主体模型来建模，以及仿真模拟来描述。

我认为，演化经济学理论存在如下几个问题：①在理论分析框架方面，缺少一个较为统一的分析框架是制约演化经济学理论发展的重要原因；②在微观行为假设上，同样缺少较为成熟和统一的行为分析逻辑，因而也很难构建基准的行为模型；③在模型构建方面，尽管越来越多的模型被贴上流行的“演化标签”，但是，有关演化经济学的数学模型还存在很大的争议；④演化分析与均衡分析的比较、融合与发展有待更为深入的研究；⑤制度演化分析还处于起步阶段，许多重要的理论问题有待更为深入的研究；⑥从技术变迁的视角研究经济演化增长较多，但是从需求和制度的视角研究经济演化增长还处于起步阶段，许多问题有待深入的研究；⑦在实证研究方法上，有关计量、行为实验和仿真模拟等方法的综合运用有待进一步研究。针对流行的仿真模拟分析存在的局限，如何运用历史分析、行为实验和计量分析来确定和校准各种参数和初始条件等有待进一步的研究和应用。

我从方法论、微观、中观和宏观等方面阐释我在这些领域的理解、研究和一些创新。

在方法论层面，通过对“综合达尔文主义”的深入研究，尝试构建一般性的演化分析方法。将“普适达尔文主义”的“变异、选择和遗传”转述为“创新、选择和扩散”，其中，“创新机制”对应“变异机制”，“扩散机制”对应“遗传机制”。相应地，一个简单的演化分析可以建立在“创新机制”“选择机制”和“扩散机制”三段论的描述上。例如，考察某种新技术是如何产生的（创新过程），并且在竞争中是具有何种优势从而脱颖而出的（选择过程），以及技术是如何被广泛接受和使用（扩散过程）。但是，如果考虑社会经济系统的复杂性，除了必须拓展传统三段论的机械描述外，还必须考察这三种机制的互动关系（例如，“创新机制”“选择机制”和“扩散机制”各自如何相互影响），从而考察三者的内生关系，构成一种相互反馈的环状解释机制。在此基础上，进一步将这三种机制应用到解释社会经济系统多层级和多个互动者（例如，个体、企业、产业和国家）的演化分析上，并考虑各个层级的演化机制相互嵌套和互为因果的关系，便能够构建多层级和多主体的共同演化分析。因此，"创新机制""选择机制"和"扩散机制"的相互作用及其在多层级和多主体（即互动者）间的互动机制构成了社会经济系统的一般性演化分析方法。根据问题的复杂程度，研究者可以选择社会经济系统的层级数目和主体数目进行研究。在此视角下，深入研究这些演化机制的互动机制以及多层级和多主体共同演化的机制。在解决这一理论难题的基础上，将此演化分析逻辑进一步运用到解释个体与制度的关系上。在阐释"个体主义方法论"和"集体主义方法论"两分法的局限和困境后，从学理上论证个体与制度的共生关系，研究个体如何影响制度的生成和演变，制度如何影响个体的认知、偏好、激励和行为，以及个体与制度相互影响的机制等。对演化经济学数学模型的研究，基于演化经济学基本共识，可以从三个维度来考察演化模型：其一，根据是否将创新内生化，将模型分为完整演化分析模型和局部演化分析模型；其二，根据参与者理性程度的强弱，将演化模型区分为无意识演化模型、弱意识演化模型和强意识演化模型；其三，根据模型中是否考虑参与者学习规则或演化规则的差异，将演化模型区分为个体演化模型和群体演化模型。

在个体行为演化方面，主要从行为经济学、实验经济学、演化心理学、认知心理学、神经元经济学、脑科学和生物学等跨学科研究视角尝试构建个体行为演化研究框架、模型以及相关的实证研究。个体偏好不仅包括新古典经济学所主张的享乐主义效用，还包括各种由基因遗传的本能、个体心理倾向、内化的社会道德、价值和习惯等。可以不严格地用以下四个维度来阐释偏好的内涵：生物演化的维度、基因与文化协同演化的维度、社会文化制度维度和个体认知心理维度。这四个维度之间存在复杂的相互影响关系，共同作用于个体，塑造了个体的具体偏好。偏好演化动力机制有四种类型：物质收益变化驱动、信念变化驱动、价值变化驱动和心智模型变化驱动。在这四种动力机制中，前三种实际都是由收益（包括外在物质收益和内在价值收益）变化驱动的偏好演化，后一种则涉及学习规则的变化。对于个体理性假设，我提出了"认知理性"的概念，即拥有完整生物神经结构（neurobiological structures）的个体（即正常人）通过生物调节过程（bioregulatory processes）、个体学习过程和社会学习过程等各种层次的认知过程，建立应对外界环境刺激的稳定认知模式。这种认知模式能够促使个体有效地处理各种有关内部机能和外部环境的能量、信息和知识，提高个体在各种演化环境中的适应性。我认为，这是一个更为一般性的理性概念，它涵盖了当前各种理性研究的主要特征，充分体现了当前经济学理论与认知科学结合的趋势，它也能够协调建构理性和演化理性的冲突。在认知理性的视角下可以归纳一些个体的学习模式：①无意识学习（non-conscious learning），如强化学习模型（Bush & Mosteller，1955）、参数化的自动学习模型（parameterized learning automaton）（Arthur，1991）。②意识较弱基于惯例的学习（routine-based learning）。这是一种意识较弱的认知行为，包括满意模型（Simon，1957，1987）、模仿模型（Bandura，1977；Rumiati & Bekkering，2003）和VID模型（Brenner，1999）等。③意识较强的个体学习模型。如随机信念学习（Stochastic belief learning）（Brenner，2004）、规则学习（rule learning）（Kandel & Schwartz，1982）、贝叶斯理性学习（Jordan，1995）、虚拟行动（弗登伯格和莱文，2004）、遗传编程（genetic programming）（Back，1996）、神经网络（Heinemann，2000）和经历加权吸引模型（Camerer & Ho，1999；Brenner，2006）等。

前面谈对制度演化的理解和研究。从“个体与制度的关系”这一视角来梳理当前制度经济学研究存在的局限和困境。无论是仅从个体的视角研究制度，将制度视为个体选择的结果，还是从制度考察个体，将个体视为制度的产物，都不能准确解释个体与制度的关系。前者在方法论上容易陷入还原主义的窠臼，后者容易被贴上集体主义方法论的标签，进而被视为制度或文化决定论。这里遵循“个体与制度互动主义方法论”，从共同演化的视角来阐释二者的互动关系，将偏好和制度都纳入内生解释中，这必将推动制度演化理论的发展。在此基础上，重新界定偏好和制度的内涵与外延，深入研究偏好演化机制和制度演化机制，考察制度和偏好如何相互影响，进一步构建二者的共同演化机制。集中考察两种类型的共同演化机制，即由参与者收益变化驱动的共同演化以及由学习规则变化驱动的共同演化，建立相应的共同演化模型，进行仿真模拟实验，考察不同类型的学习规则对制度演变速度的影响。针对当前流行的制度博弈分析（经典博弈论和演化博弈论）存在的局限，系统探讨演化经济学与博弈论之间的学理关系，指出主观博弈论是沟通演化与博弈的重要工具，能够在一定程度上调和“演化分析”与“均衡分析”的冲突，并为构建一个包含制度生成和制度内生演变的理论分析框架提供良好的分析工具。进一步系统演化主观博弈论，在主观博弈论的视角下探讨两种类型的制度，即作为共同主观博弈模型的制度和作为有关博弈如何进行的共同信念的制度，在此基础上构建一个多群体、不对称、连续策略空间的解释制度生成和演变的主观博弈模型，结合复杂适应系统理论（Complex Adaptive System），运用Swarm平台进行仿真模拟实验，考察参与者主观认知的差异程度以及不同类型学习规则对制度生成和演变的影响。在此理论基础上，选取城镇小区住宅共有资源的治理制度转型为例，使用微观田野调查数据进行实证研究。制度可以被定义为参与者之间互动形成的规则系统，而这种规则系统一旦形成又会进一步协调、组织和约束参与者之间的互动，从而降低互动过程中的不确定性。作为互动规则系统的制度包含以下几个层面的规则：其一是行为层面上的规则，即共同遵循的行为规则，它刻画了参与者之间的行为均衡，是可以观察的层面。其二是信念层面上的规则，即共享信念（shared belief）（例如，Aoki，2001），它描述了参与者之间对互动场景状态的不确定性的共享信念。当存在多种可能的互动结果时，它描述了参与者之间有关达成某一具体结果的共同信念，刻画了参与者之间的信念均衡。其三是价值层面上的规则，即参与者之间拥有的共享价值观，描述了参与者之间对行动意义和重要性拥有共同的评判标准，它通常塑造了参与者的行为动机；其四是认知结构层面上的规则，即参与者之间对互动场景的共同认知模式或共享心智模型（shared mental model）（例如，North，2005）。它是指参与者之间对互动场景的信息拥有共同的信息加工和处理模式（即共同的信息结构），包括共同的信息编码规则、抽象规则和解码规则（例如，布瓦索，2003），刻画了参与者之间认知模式的均衡。它使得参与者之间能够运用相同的心智模型来感知和解释其所处的互动场景。在这四种规则中，除了行为规则，其他层面的规则都是很难被直接观察的，但是，其他层面的规则都会直接或间接地作用在行为规则上，并且影响行为规则的稳定性。上述四种类型规则的相互作用，共同构成了一个包含行动规则、共享信念、共享价值和共享心智模型等在内的规则系统。这种规则系统会影响和塑造参与者之间的互动模式、互动过程以及互动结果。在这个意义上，制度实际上很难被明确地区分为正式和非正式，任何制度都是包含所谓正式规则和非正式规则的规则系统。

最后谈谈演化宏观问题。对于经济演化增长过程的理论描述是基于种群思维（population thinking）的。假设整个经济系统由多个不同的产业（种群）组成，每个产业由多个不同的参与者主体（包括企业、消费者和各种组织等）组成。因此，经济系统的演化过程是由各个产业的演化及其互动构成的，而各个产业的演化则是由各自产业内部的参与者主体的互动演化构成的。经济演化过程伴随着产业内和产业间的演化，是一个多层级的复杂系统演化。技术、制度和偏好的共同演化伴随着经济演化增长，而且是推动演化增长的重要驱动力。因此，经济增长涵盖以下一些演化过程：一是企业的演化。这主要表现为企业通过技术和制度创新提升自身的生产率。二是产业内部的演化。产业内部存在多个参与主体的互动（例如，企业间以及企业与消费者之间等），这种互动伴随着技术、制度和偏好的共同演化，而后者又会影响企业的生产率和效益，促使高效益企业的扩张和低效益企业的收缩，也伴随着新企业的进入和落后企业的淘汰。在这一过程中，各个企业的增长率是不同的，产业增长率可以通过产业内部企业的平均增长率来描述。同样，伴随着技术、制度和偏好的共同演化，产业增长率也在发生变化，产业可能经历“成长、发展、成熟和衰落”等不同阶段。在生命周期的不同阶段，整个产业内部的技术结构、制度结构和偏好结构都可能存在明显的差异。例如，在产业的成长和发展期，创新频繁发生，在共同演化的作用下，技术空间、制度空间和偏好空间都会得到扩展，产业内部存在多种技术的竞争，制度和消费也呈现多样性。当产业发展到成熟期时，创新减少，在竞争的作用下，多样性减弱，产业可能会出现较为流行和标准的技术、制度和偏好。三是产业间的演化。各个产业间的互动会进一步推动产业间的竞争和演化，这种演化伴随着优势产业的扩张、劣势产业的收缩，以及新产业的兴起和落后产业的淘汰等。四是整个经济系统的演化。产业间存在不同的增长率，整个经济系统的增长率则是由产业群体的平均增长率来描述的。由于无论是产业内部还是产业间的增长率都存在差异，所以经济增长过程会伴随着结构性的演变，而演变的过程又伴随着技术、制度和偏好的共同演化。演化增长具有如下一些不同的显著特征：第一，在经济系统中，不同要素、单元、部门或产业并非如新古典经济学增长理论所强调的具有相同不变的增长率，相反，它们具有不同的增长率，即增长率是异质的。例如，在一个多部门的经济体中，每一个部门并非沿着一个加总或平均增长率发展，而是每个部门拥有不同的增长率。因此，刻画整个经济系统增长的加总增长率或平均增长率更多的是统计意义上的概念，它表示各种差异增长率的均值。因此，演化增长分析并非直接从加总生产函数或加总增长率出发，而是基于各种差异化的经济活动及其差异化的增长率，而这种差异化的增长率是促使经济系统发生结构性变迁的重要驱动力（例如，Metcalfe & Foster，2009）。第二，经济增长并非如新古典经济学增长理论所描述的是一般均衡的动态过程（例如，平衡增长路径），相反，由于技术、组织和制度等各种创新的涌现，经济增长本质上是一个非均衡的过程。当然，在经济演化增长过程中也可能存在均衡，但它仅仅是演化过程中的一个驻点，而不能成为演化增长的终点，更不是演化增长的起点。正如 Foster（2011）强调的，演化增长过程首先是一个非均衡的动态过程，其次才是在此非均衡路径上可能产生的均衡的动态过程。第三，在演化增长过程中，由于各种经济活动主体之间存在复杂的互动关系，演化增长本质上是一个复杂系统的自组织过程。在此过程中存在诸如正反馈效应、路劲依赖、锁定和结构不可逆性等复杂系统的特征。第四，演化增长更为强调经济系统的结构性变化，这种结构性的变化不是经济增长过程中的副产品，它是演化增长理论关注的重点，是内生于演化过程中的，并且是促使演化增长的根本原因。

从这角度讲，演化增长不同于新古典经济学的“狭隘”增长观，它更接近于经济发展的概念，这也是演化增长理论向古典经济学宏大分析视角的回归（例如，Dopfer & Potts，2008）。我构建了一个多层级、多主体的演化增长模型，由于时间原因，模型的具体细节不再讲了，讲一个我们最近的研究结论：①经济体的平均劳动生产率增长率可以被分解为自身增长效应和结构变迁效应，经济增长率受到资本增长率、劳动增长率、自身增长效应和结构变迁效应等因素的影响。②从1990年至2011年，全社会平均劳动生产率呈上升趋势。期间，劳动生产率增长率的平均值为10.54%，其中，各行业自身增长效应平均值为9.39%，结构变迁效应均值为1.15%，结构变迁效应占增长率比重为14.95%。除了1997年到2001年期间以及2007年个别年份结构变迁降低了劳动生产率增长率外，其他年份结构变迁都提高了劳动生产率增长率。从总体上讲，过去20多年，劳动生产率的增长率主要还是由各行业自身技术进步促进的，但就业结构的变化也提升了劳动生产率增长率。③中国经济增长中68.5%左右由资本积累和劳动力积累驱动，31.5%左右由劳动生产率的增长驱动，其中劳动生产率增长7.14%源于劳动力在不同行业重新配置的结构变迁。尽管资本积累依旧是中国经济增长的主要推动力，但是，结构变迁效应对经济增长的拉动系数是资本增长的2倍多。④以2001年为分界点，劳动增长率的贡献在此之前呈上升趋势，之后则呈下降趋势，后十年劳动增长率的平均贡献仅仅是前十年的一半左右，但是，结构变迁效应的平均贡献则是前10年的5倍左右。因此，尽管中国经济增长的“人口红利”正在下降，但是就业的“结构红利”总体上呈现上升趋势。

实际上，我赞同投资对中国经济增长的重要性，我更认为大量的投资应该投到促进结构升级的领域中，从而为未来中国经济增长创造更多的“结构红利”。

简单归纳一下：我研究的整个方法论是基于个体与制度的互动主义，研究个体时，我强调制度对偏好的塑造，即制度不仅仅具有激励功能，还具有塑造认知的功能。从这个角度上讲，我们每个人的偏好都很难说是独立的，只要你承认个体偏好受社会制度的影响，个体偏好就带有一定的社会性，因此，我们或多或少都拥有社会性偏好，很难绝对区分利己和利他偏好。在制度演化分析中，我也秉承这个方法论，研究拥有不同主观博弈模型的个体之间如何通过学习形成有关博弈场景的共同知识以及有关博弈如何进行的共享信念。我尝试从主观博弈的视角来描述这个问题，秉承着这个方法论。在宏观研究中，我尝试从偏好、制度与技术共同演化的视角构建多层级和多主体的演化增长模型，也是基于上述方法论。我想说明一点，我过去研究的逻辑是相对一致的，我愿意将我的研究框架拿出来，供大家批评指正。谢谢大家。

对话：刘业进、黄有光、沈华嵩、陈平、盛洪、吴思、史正富

刘业进：刚才黄凯南兄做了一个非常精彩的演化经济学报告。至少最近四五年来，谈演化的非常多，这是一个好现象，说明经济学的演化范式正在引起学者们的重视。不过刚才凯南兄谈演化经济学的时候，我相信并没有多少人完全熟悉演化经济学的概念、体系和分析范式。演化经济学的兴起，我觉得它首先构成对新古典经济学正统理论某些预设的挑战，虽然谈到对整个新古典经济学大厦挑战或许为时过早。新古典经济学正统因为其静态均衡分析以及最大化假设等屡遭批评；新古典经济学正统提到完全竞争其实却没有真实的竞争；谈市场却不见企业家；谈企业却视企业为一个生产函数和一个黑箱；基于偏好稳定、技术和资源禀赋给定的均衡分析容纳不了真正的创新，也不能对以少生多的增长现象提供内在机制解释；凸性假设容纳不了基于主体互动和结构化产生的涌现现象，而动摇凸性假设就动摇了约束条件下最大化分析的根本等等。首先是奥地利学派的经济学家们发现，我们需要关注市场运行过程。于是这指向对交易和交易秩序（catalaxy）的关注和理解，布坎南和哈耶克等甚至认为经济学就是关于交易的科学，即catalatics，而不仅仅是从手段到目的进行优化配置给定资源的科学。于是相应的研究重心转向实现和促进交易的规则约束，其规范含义也不再是评价交易格局的结果（没有这样的超级评价主体），而是交易障碍的排除和降低交易成本。J. M. 布坎南等的工作止于此。然而，交易范式可能是一个过渡范式，有一些演化经济学家甚至其他领域里的学者，逐渐发现有必要往前迈一步进入一个所谓的“演化范式”，也就是大家现在谈论的演化经济学，刚才凯南只讲了他设想中的演化范式分析框架。要构建一个一般的演化范式并不容易，他的合作导师霍奇逊（Hodgson）最近出了一本探索性的专著《一般达尔文主义》，本书寻求构建一个在达尔文主义启示下关于社会和经济演化的一般演化范式，成功与否还有待观察。经济演化是社会演化的一个子集，而社会演化和生物演化则是一般演化下的不同应用领域。如此看来，这个宇宙中不死的是演化，秩序是永恒的。人类的存在，文明的存在只不过展现了演化所呈现秩序的一个片段，一个环节。正如生物个体生命的存在，只不过在一段时期（生命周期内，准确说是生育期内）搭载了基因，基因是持续存

在的、极少变化的，而一代一代的基因组合则通过有性繁殖不断进行，婚姻和性欲只不过为基因重组提供了一个生物个体可感知的促进机制。虽然我们感知到的是真实的婚姻、恋爱意义，那种意义依然是数百万年（约700万年）的演化造成的一种假象，我们人类保持了强大的意义幻觉。

凯南兄试图构建一个一般演化范式，这是一个宏大的理想。对此，凯南兄做了一个非常全面的精彩的展示。在这个范式中，涉及经济系统演化、中观的产业层面的演化、企业层面的演化、制度演化、个体偏好的演化。相关主题，凯南兄最近在国外权威期刊上也发表了他的研究成果，我觉得凯南兄今天关于一般演化范式的综合汇报非常精彩，激动人心，其中几乎每一个主题都非常有趣。

接下来我想谈几点凯南兄可能因为时间关系没有讲到的，或者说可能忽略的地方。第一，如何用演化经济学理论对经济增长作应用分析。我感觉是用一个新范式的经济学的框架和概念体系，来作了一个实际上是传统的经济增长解释。经济增长研究一般都会用到GDP数据，而GDP的统计方法本身存在严重问题。我们把GDP数据拿来分析，分解其贡献因素，当出现不能解释的所谓“剩余”时，我们重新定义或增加某些解释变量，这是传统经济增长研究的套路。从演化经济学出发，我们认为传统意义上的经济增长本身是不是一个值得关注的主题都需要置疑，此外，即使值得关注，GDP的统计体系本身也值得质疑。不考虑结构和时间维度的简单加总得出的GDP数据，不符合演化思路。系统演化呈现秩序，需要测度的是秩序的有序度，或者“有效复杂性”。这种有序度如何去测量？至少涉及能量因素和信息因素，而这两个因素完全没有体现在GDP的统计框架内。如果我们不质疑GDP概念本身，简单地如正统理论的做法，基于现有概念的GDP数据，反复精炼增长方程，通过回归方程分解和检验增长的贡献因素，引入一些演化概念的解释，就难免有“新瓶装旧酒”之嫌。要研究演化范式下的经济增长理论，经济增长要完全地转化成话语体系，重新构造文明究竟要测度的东西是什么——不是传统的GDP。传统宏观经济学的GDP至多只是秩序的有效复杂性的一个非常不完美的测度。例如，美国的GDP和中国的GDP通过汇率换算以后，两个数据就有简单的可比性了吗？基于演化范式，需要构建一个经济作为复杂系统的有序度，虽然现在还没有人创造出这样的可计量的指标，也有一些尝试，比如说桑塔菲的盖尔曼曾经提出构建一个系统测试复杂系统的有效复杂性，如算法信息量（AIC），当然还停留在概念阶段。也有人基于传统统计方案提出绿色GDP，幸福GDP，提高高技术产品权重修正以后的GDP等。

第二，演化范式下，秩序测度不是看经济增长率而是看适应度。适应度是相对环境变化的一个秩序测量指标。环境牵引着演化方向。市场繁荣以来，技术进步（更一般地文化演化）速度加快，我们又在快速地改造着我们生存的环境，因此经济和社会演化与环境相互激荡，在一定程度上互为因果。在一个真正彻底的演化范式下，人类及其文明现象是以一个高度有序的秩序呈现，但也只不过表达了演化呈现秩序的一个片段，如果将来这个文明现象消失也很正常。演化和秩序永恒，人类及其文明只是一个偶然现象，放弃这种人类中心主义我们会得出这个结论。

第三，时间尺度自觉和群体选择。我们对世界的观察和感知只是我们在进化中造成的一种感知，能够适应环境就可以了，世界并不是唯一的样子。首先我们的时间感知是眼睛所及的范围，我们有日常工具，我们的听觉，我们的视觉，极大地限制了我们对演化时空尺度的感知，有的时候它需几百年甚至几千年的时间，才能看得出差异化存在，比如我们的免疫系统和病毒进化之间的军备竞赛，细菌和制药工业技术进步之间的军备竞赛。我们知道现在中国人滥用抗生素很厉害，免疫系统在进化，病毒也在进化，我们的抗生制药工业技术进步的速度赶不上病毒进化的速度，病毒进化有的是几分钟、几小时就产生新的变异。理解演化需要有时间尺度的自觉。一度被看好的演化博弈论，不要局限在我们的意识可以感知的时空尺度，M. 史密斯就是引入生物演化来研究演化博弈的。与此紧密相关的，也是演化理论反复谈到的“群体选择”问题。我们的意识没有或很少参与其中，哈耶克因此说规则选择我们而不是我们选择规则。这是因为，一些群体适用某些规则使得群体繁荣，选择发生在超过个体生命限制的更大时间和空间尺度上，这种选择发生过程，我们甚至根本没有意识到自己参与到这个过程中。一些类型的演化要放在大尺度上分析才有意义。

第四，谈一点亚当·斯密所谓的“大自然的深谋远虑”与新古典经济学正统理论的行为假设。人类演化了600万~700万年，这个演化进程造就了我们的一揽子适应机制，不仅仅是理性。本能、情感、广义人工制品构成的传统、理性都是演化选择出来的适应机制，这些适应机制揭示了一个基本现象：人类靠联合而生存，为了有效联合必须发展出复杂的促进和维系联合的适应机制。如此观之，人类的同情、害羞、内疚、公正感等道德情感都有进化含义。对此生物学家研究生物和文化协同演化，发展出相当精致的进化适应解释。这些为我们重新审视经济学的基本行为假设（甚至经济学的中心议题在哪里）提供了新的视角，大大拓展了新古典经济学正统的最大化效用假设，或者告知新古典经济学正统理论的行为假设可能面临重大修改。

第五，经济学家需要严肃地思考经济学对其他学科的排斥。比如埃德尔曼（Edelman）神经元群的达尔文选择思想研究意识（《第二天性》），波普尔利用批判理性主义研究知识的进化，奥菲克利用演化思想和考古证据研究人类早期的交换及其进化含义，他们对演化的理解非常深刻，而经济学迟迟没有吸收他们的成果，一些非主流经济学家刚刚有点接触。经济学家需要敞开胸怀，快速接纳其他学科研究演化取得的最新成果。演化生物学在分子生物学诞生以后，对各个层级上的进化机制的细致研究以及对秩序的理解，已经达到了实验研究和计量检验的科学阶段。

黄有光：我针对刚才评论人提的两点有自己的一些看法：第一点是他讲的黄凯南教授没有讲到 GDP，也是用传统的 GDP，没有改进，大家对传统的 GDP 也是谈了很久的。1985 年就谈到绿色 GDP 的概念，改善现在 GDP 的不足，我本身也谈到过环保政策的快乐国家指数，至少补充了 GDP 的不足，这是有的。第二点你刚才讲到，我们不要人类主义也不要紧，即使没有了人类，将来演化还是会存在的，我认为这是非常非常要紧的。例如我们的世界不能生存了，高等生物都死了，低等生物在受苦等，演化依然进行，但是快乐没有了，苦难在增加，这是非常要不得的事！不要有人类主义，至少要有快乐主义，快乐是要维持的，谢谢！

沈华嵩：我觉得黄凯南教授的发言非常中肯地指出了现在演化经济学存在的根本的弊病，它还没有一个统一的技术和统一的框架，根本原因在哪儿？就是演化经济学还没有一个恰当的微观基础，但是新古典主义经济学最大化的微观基础到理性预期已经建立了一套非常完整的从微观到宏观的理论体系，所以从这个角度来说，演化经济学要取代新古典主义还有一个很长很长的过程，但是这个过程总是要发生的，因为经济学可以一百年不变，却不可能一千年不变。我觉得陈平先生今天的发言非常好，如果这个复杂演化统一范式建立起来的话，应该是演化经济学的基础。我认为演化经济学的微观基础只能建立在人类的交换行为、交易行为的层次上，就是人类的随机的交易行为，微观基础不能再往下突破了，如果说你要把这个基础还原为孤立的商品或者经济人，我们都会遇到麻烦。如果把它还原到商品的话，按古典经济学的说法，那么他就必须在经济交易之前假定价值的存在，古典经济学早已经发现这一点了，在交易发生之前孤立地论证价值或者商品的二重性，都是悖论。如果说你把它还原为经济人的话，必须认定它是理性的，否则不能建立一个全同体系。所以我感觉如果演化经济学要建立自己的微观基础的话，只能建立在随机交易行为的基础上，我希望这一步能够更快地到来。道理很简单，举一个例子，热力学，必须把它还原为分子的层次，如果它再细分原子、量子的话，搞出来的就是原子弹，而不是锅炉了。经济学应该是在相当于热力学的层面，因为它是研究人与人之间的相互关系，你如果把它还原成孤立的商品或者孤立的人，那么我们的微观基础可能就会遇到麻烦。

当然，把交易作为演化经济学的基础，这并不是我们的创造，其实布坎南早就看到了这一点，他认为经济学将会吸收后普里高津时代自组织系统理论的影响，这些理论发展最能够适应的就是交易，而非最大化。我觉得布坎南这个看法非常有远见，如果把交易作为演化经济学微观基础的话可能会比较恰当。

另外我再讲一点，人们有一个误解，认为用复杂系统研究经济学问题是把简单问题复杂化了，恰恰相反，今天上午陈平先生也讲到了，我们说的复杂系统，是从复杂系统里面找出很多的规律性，因为有了这样的规律性，我们可以把复杂系统简单化和结构化，有利于我们更简化地去应对这些复杂系统。举一个最简单的例子，新古典主义的经济周期模型是很复杂麻烦的，例如汉森、萨缪尔森乘数—加速数模型。但是，如果说用化学动力学方法的话，就会变成非常简单的问题，而且把非理性繁荣、泡沫经济甚至暴涨暴跌，当然也把均衡作为一个特例包含在里面。

陈平：今天非常高兴看到黄凯南先生发起和林毅夫先生的对话，今天虽然大家背景非常广，真正有范式的却是新古典经济学、演化经济学的交锋，问题黄凯南先生已经讲了，我讲一个制度产生的问题，这个问题是黄凯南先生和林毅夫先生共同的。

刚才黄凯南先生讲制度的形成，是个体和制度相互作用，我认为不完全对。最典型的例子是商鞅变法奠定秦国之制，秦统一奠定了中国两千年的基本制度。秦制来源不是个人与制度的相互作用，而是战国竞争规模经济的结果。

林毅夫先生真正的贡献在什么地方呢？是把国家与国家之间的竞争引到国际市场机制上，然后讨论政府的行为，从理性人拓展为远见人的假设。所以实际上他是拓宽了新古典经济学的框架，已经站到了演化经济学的立场上，就是我说的承认政府行为是开放竞争系统的产物。新古典经济学的理性人是孤立人。如何理解林毅夫的发展策略呢？发展的概念新古典经济学是没有的，因为要从低级到高级。

你已经承认结构是有差序的，利润率是不同的，不然的话就从根本上取消了发展。反过来说，美国现在同样面临发展问题，奥巴马讲美国有 7 万座桥没有钱修，但是有几万亿的钱搞金融游戏，美国市场进行了资源的优化分配吗？没有。所以美国的结构问题也非常严重，承认结构就已经承认了演化经济学。

此外，演化经济学有方向性，林毅夫先生的发展战略也有非常强烈的方向性。林毅夫先生讲的第一次发展结构论，是受苏联成功的影响，不是来自新古典经济学的概念。现在第二次新结构论来自中国发展的经验，实际上和第一次新结构论是不一样的。

我们早上的辩论有一个非常大的误区，这个误区是新古典经济学造成的，好像政府在经济学中的地位只是体育裁判。市场就是竞技台，就像奥林匹克运动流行的game，有一个裁判，两家上台比赛，两家是公平的竞争。但是资本主义的发展史，是民族国家的竞争史。从荷兰到西班牙到英国，此起彼伏，没有什么最好的制度能保证永久的赢家。真正的现代经济史，不是个人的自由竞争史，而是国家与国家之间的竞争，制度演化的过程，国家与国家之间的竞争效果，远远超过个人内部和制度之间的互动。这和生物学研究的演化机制相似。所谓基因是一个种群的概念，不是个体竞争的概念，在这一点上我们做的复杂演化经济学要比奥林匹克运动模式的市场经济幻想现实得多。只不过我们没有正名。

我对林毅夫先生的批评，接近我对张五常先生的批评。张五常先生和林毅夫先生在观察中国经济上都作出了突破性的贡献，而且找到了古典经济学的根本问题，可惜的是他们自己不理解自己的贡献，把自己革命性的贡献淹没了。

张五常先生悟出了投资和消费的不对称。演化就是对称破缺，今天林毅夫讲发展，发展就是时间不对称。林毅夫先生已经突破了新古典经济学的框架，从这一点上来说，我觉得林毅夫先生的很多政策的结论我都是支持的，包括当年他和杨小凯关于后发优势与后发劣势的辩论，我支持林毅夫先生的成分更多。杨小凯、于大海先生支持英美模式。杨小凯先生的个人道德很高尚，但是研究分工和发展，走的是维护新古典经济学主流的路线，林毅夫先生是革新主流。林毅夫先生和杨小凯先生对世界大局的观察是不同的。

今天不少人对林毅夫先生的批评，我认为定位是错误的，源于林毅夫先生自己的定位错误。林毅夫先生的定位不是在讨论有为政府和有效市场的关系，而是讨论在开放竞争的国际环境下，国家之间的竞争怎么找到自己的比较优势？

林毅夫先生强调中国劳力的比较优势，只说对了一半。劳动密集型的国家多着呢，中国怎么会有比较优势呢？我的观察是，中国造原子弹就是有比较优势，为什么？有大国的领导优势和科学的人才优势，原子弹小国是造不成的。所以，林毅夫先生的内生禀赋理论对小国更有用，对中国、俄国、美国这样的大国是不适用的。大国就有三个世界，省和省之间的竞争就相当于欧洲小国之间的竞争。所以把林毅夫先生的比较优势理论用到中国前三十年的发展战略中去也是合适的。后三十年发展的一大创新是经济特区，也可以把中国的两弹一星看成一个经济特区。在高度非均衡的条件下，创造局部的先进科学、先进工业，再往落后地区扩张。发展战略可以用非均衡的办法，集中利用中国已有的资源。中国20世纪50年代的比较优势就是中国有一批在海外有成就的科学家爱国。这不是波兰人能够有的，也不是印度人能够有的，他们愿意在中国共产党的领导下，重建国家基本科学的竞争力。所以中国是战后唯一一个能够发展核武器，能够发射卫星导航系统的发展中国家，可以和美国对抗取得自己的话语权。在这个问题上，你不能把中国看成一个中小国家，实际上中国的规模相当于欧盟和美国各州的联邦，相当于多个发展中国家的集合。林毅夫先生的新结构经济学对亚非拉国家是福音，对欧洲小国也是福音，但是对美国霸权却是灾难。谢谢！

盛洪：经济体是一个复杂系统，复杂系统要用复杂的理论表达，但问题是，人是理性有限的动物，过于复杂是人不能驾驭的。所以发展各种理论，要简单和易于理解。迄今为止，我听了很多关于演化经济学的理论，其实我一直没掌握，包括凯南先生的，这是因为我认为它太复杂，不易于掌握。为什么新古典经济学这么顽固？是因为它简单，但也不能简单否定。所以我觉得这一点要特别去考虑，我私下里跟凯南说用简单的方法，人类社会就是要不断找到简单的理论去解释和理解复杂问题，而不是简单的问题你没法解释，复杂的问题却解释得了。现在演化经济学最大的毛病就在这里。

其实我觉得演化经济学完全不必打倒新古典经济学，而是跟新古典经济学互补，所谓“演化”就是两个均衡之间的变化过程。我听了毅夫先生讲的新结构主义，我觉得就是在讲两个均衡之间的变化过程。这样两个均衡之间的变化过程，其实就把新古典经济学和演化经济学结合起来了，这种假定虽然也是简化了，但是它便于我们理解和分析。

我再接着刚才沈老师提的概念，经济学要以交易为基本单位。其实是非常古老的提法，应该说是康芒斯提的，而不是布坎南，康芒斯早就讲了，制度经济学要以交易为基本单位。科斯说“新制度经济学就是用主流经济学的方法来研究制度”，也就是说他并未抛弃新古典经济学，而是用主流经济学的方法，把其中的一些初始概念，一些假设变了一下，比如“交易费用为零”变为“交易费用为正”，比如“交易”的概念，“交易费用”的概念，把它们整合到新古典经济学中去，然后就能拿来解释制度，解释制度就能解释制度变迁，所以这是诺思作的贡献，他创建了新经济史理论。诺思的表达比科斯更为通俗易懂，而诺思做的工作就是描述制度的演化。这个贡献我觉得比较有利于接受，我愿意接受科斯的，我也愿意接受诺思的。其实很多人接触新制度经济学是从读诺思开始的。用简单方法解释复杂系统的演化可能是更有效的一条路径。

吴思：对于演化经济学我是外行，但是我刚才听大家说用交易、费用等作为演化的基本单位，这一点我有不同的看法，我们做历史理论，也会想到吸收进化论，那时候我找到的一个最基本的单位就是生态行为学之中的生存策略，物种是进化的基本单位，而每一个物种，比如说屎壳郎，它就是一种生存策略的载体，就是吃屎，它的全部进化都适合完成这项工作。比如说狼，它进化的全部的生理特征都适合于奔跑狩猎、吃羊，羊适合于吃草。生存策略才是进化的最核心的单位，我建议搞演化经济学的人向我们搞历史的人学一学，把基本单位放在生存策略上，经商、务农，每一个企业都有自己的策略，这样分工进化一下就变得非常简单。

史正富：交易费用我同意刚才讲的，深层次的，你到企业去，每一家都讲发展战略，他不讲生存战略，发展战略好听一点。世界上国家与国家之间不可能是新古典时代的纯市场信号引导出来的产业，历史上伊拉克的例子摆在那儿，比的不是经济，而是政治经济综合题，所以国家得有战略，企业得有战略，个体也得有战略，谢谢！

黄凯南：我一直强调我没有否定新古典经济学，相反，我一直强调演化分析与均衡分析的对话、交融和互馈。我再强调一下，我的思考是均衡如何产生以及如何内生演变。首先，我回答一下盛洪老师的问题。当前博弈论和机制设计理论对制度的研究已经很成熟了，但是，正如我前面提到的，它们主要关注激励问题。我不认为激励不重要，激励当然很重要，但我更关心认知问题，我认为制度转型的认知也很重要，而这是新古典经济学忽视的，我集中精力从演化的视角研究的是参与者认知差异对制度生成和演变的影响。关于陈平老师的问题，我从方法论上谈个体与制度的互动主义，这个方法可以运用到多层级中，正如我在演化宏观中所谈的，从企业、产业和经济体等层面，进而谈到的GDP问题。其实，我整个的方法和传统的增长理论是不同的，我不是从加总的生产函数出发去构造计量模型，经济体的增长率是由产业增长率的加权得出的。而对于演化博弈运用的时间长度我有不同看法，假设博弈框架是给定的，对于生物演化系统，环境的变化可能较为缓慢，博弈框架可以视为给定，演化博弈可以被运用于解释漫长的生物演化，但是，对社会经济系统而言，尤其是转型经济而言，由于制度环境的变化，博弈框架很难给定，演化博弈很难解释，或者演化博弈只能被用以解释相对短期的演化现象。我和毅夫老师之间没有本质的冲突。我对他的理解是，在发展经济学中，对于发展中国家产业升级的分析，新古典经济学可能是一个很好的方法，因为发展中国家有一个相对清晰的产业升级蓝图。我认为，林老师的贡献是将结构变迁纳入新古典经济学分析中，从而得出许多有意义的结论。但是，对于发达国家来讲，产业升级所需的技术创新更为重要，因为它充满了不确定性，新古典经济学分析很难刻画这种创新驱动的产业升级和结构变迁，而演化可能更具有解释力。谢谢大家。

暴力要素及相关均衡

吴　思*

感谢天则经济研究所给我这么一个学习的机会。我今天谈的话题就是“暴力要素及相关均衡”。暴力要素，可以对应经济学中的生产要素。我想把暴力要素或破坏要素引入经济学，反过来说，也可以看作经济学帝国主义扩张到暴力领域。

我先介绍血酬定律，然后介绍与血酬定律有关的均衡。都说黑板经济学，可是诸位大经济学家都不用黑板，我这个外行来用，画出来请大家指教。

一、血酬定律：命—财关系曲线

这是大家熟悉的劳动供给曲线。纵轴是工资，用 W 表示，横轴是劳动供给，用 L 表示。工资越高，劳动供给越多。这种正相关的供给关系，也被称为供给规律。（图 1）

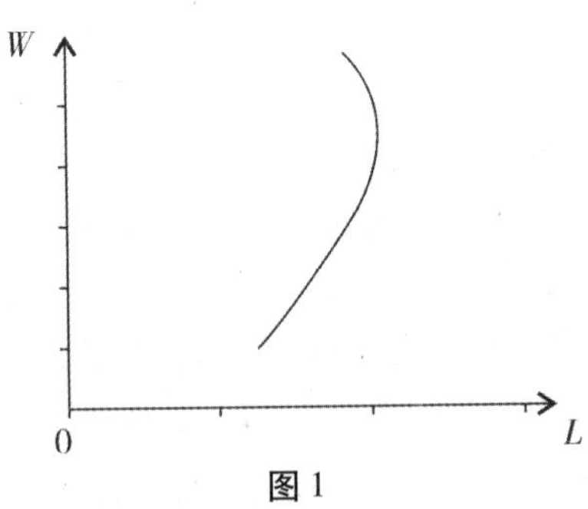

图 1

现在我把这个坐标系改一下，把横轴劳动（labour）扩展为生命（life），把纵轴工资（wage）扩展为财富（wealth），这样一改，这条劳动供给曲线就成了生命供给曲线：拼命，以暴力掠夺，以命博取财富。当然，命—财关系曲线的位置也需要重新确定。

* 吴思：炎黄春秋副社长。

命—财关系曲线的位置怎么确定呢？有两种方式。

第一种方式是，一个一个地寻找人的生命的对价。人们在什么条件下肯卖命，卖多少命，冒多大的险。一个点一个点地确定，然后连成一条线。历史上有大量命价方面的数据，但是卖命者的身份、处境、时间等条件不同，找到完全相同条件下的一组数据就非常困难。

于是，我用第二种方式确定卖命曲线的位置，也就是确定卖命与卖力的关系，流血与流汗的替换率，然后按比例移动卖力曲线，从而得出卖命曲线。

血和汗的替换率是多少呢？根据2003年劳动年鉴和统计年鉴，我计算出的比率是1∶1.83。1代表一个生命年，在你的预期寿命中减去一年，卖掉一年寿命，你要多少钱？1.83代表流汗年，比如我在建筑工地打工一年多。这个比例关系是怎么算出来的呢？

2002年和2003年，中国煤矿工人死亡率是3.98‰，如果在建筑工地打工，死亡率大概是0.08‰，相差3.9‰。工资相差多少呢？煤矿工人一年多挣2 578元。这笔钱，当年的建筑工人要干将近3个半月才能挣到。我把这2 578元看作是对这3.9‰的死亡率的补偿。其他条件都差不多，建筑工人的劳动条件、劳动时间和劳动强度都接近。如果这个数字补偿了3.9‰的死亡率，我们很容易算出来一条命值多少钱，3.9‰，39%，100%就是一条命。一条命值多少钱呢？66.7万元。当年煤矿工人的平均年龄为30岁，中国男人的预期寿命是70岁，一旦死了，等于损失40年寿命。这样我们就可以算出来一年的寿命值多少钱，值多少钱呢？1.67万。这就是上百万的农民工在工作选择中表现出来的对自己生命的估价，一个生命年要价1.67万。

如果在建筑工地打工，挣这笔钱需要1.83年，即一年零十个月。1∶1.83，这就是血汗替换率，血汗替换率＝年命价/年工价。如果把流汗年作为1的话，生命年就是0.55。

1980年前后，美国煤矿工人的命价约为100万美元，血汗替换率为1∶1.78。中美两国煤矿工人的收入相差数十倍，但血汗替换率却非常接近。

一旦确认了血汗替换率，我们就可以按比例把劳动供给曲线从横坐标1的位置，左移到0.55的位置，这条新曲线就是生命的供给曲线，即卖命线。它描述的现象，用俗话说就是“人为财死，鸟为食亡”“重赏之下必有勇夫”。（图2）

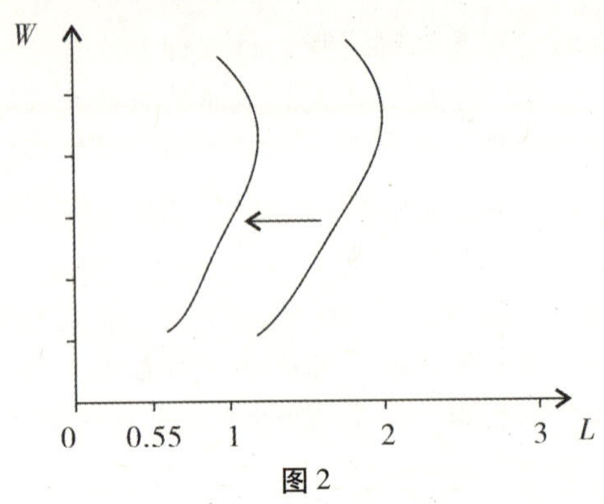

图 2

当然，钱多到一定程度，工资太高，劳动供给反而减少，曲线后弯。因为钱多了人们反而不愿意那么卖力，他们更在乎闲暇了。卖命也是一样，钱挣到一定数量，黑道人物往往金盆洗手，曲线也会往回拐。

这条线描述了生命和财富的关系，我称之为命—财关系曲线。这就是血酬定律的狭义版，也是核心版。

我很快就扩大了这个版本，因为人们在卖命抢劫的时候不单只考虑生命，他们还权衡了很多其他因素，例如道德，再如机会成本——我要拼命抢劫吗？我是不是还有其他挣钱的机会？

一旦把这些因素加入之后，狭义的血酬定律就扩展为广义的了。广义的血酬定律有三个要点。第一个要点是名词解释：什么叫血酬？血酬就是暴力掠夺的收益。第二个要点是定律，即血酬大于成本时，暴力掠夺发生。换句话说，暴力掠夺的强度、广度与血酬正相关，与成本负相关。这个成本包括道德成本、机会成本、财物投入等。当血酬大于成本时，人们加入；当成本大于血酬时，人们退出。第三个要点是暴力掠夺不创造财富。这三个要点就是广义的血酬定律。

这条定律可以解释什么人容易上梁山的问题。我们知道，穷人的机会成本低，富人的机会成本高，穷人更容易上梁山。有血债的人，机会成本是负的，他们会逃往梁山。教育水平高的人，就业机会比较多，机会成本高，就不那么容易上梁山。当然，读书人一再落第，也可能上梁山当军师。如果读书人有革命理想，把梁山当作实现革命理想的地方，他们可能会主动投奔梁山，实现精神方面的人生追求。如果精神力量和物质利益结合得好，愿意上梁山的人就更多了。

在这个广义的血酬定律版本基础上，我再次扩展坐标系，把命—财关系曲线的纵轴从财富（W）扩展为血酬，包括了暴力掠夺的各种收益，甚至心理方面的收益。横轴也从生命（L）扩展为所有成本，包括道德成本。这条曲线，

就是血酬定律的图形表达。(图 3)

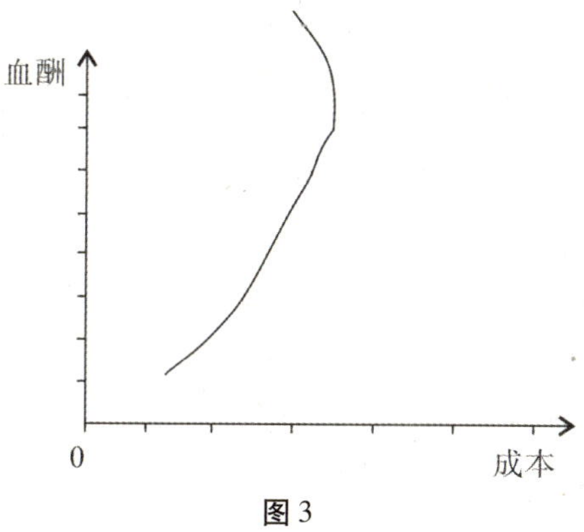

图 3

大家手头的《中国经济学跨学科理论创新研讨会论文集》里有我一篇文章《弯腰下跪：命—财关系曲线》，那是我七八年前写的，那条线是之字形的，在图 2 的弯腰形曲线之下加了一捺。(图 4)

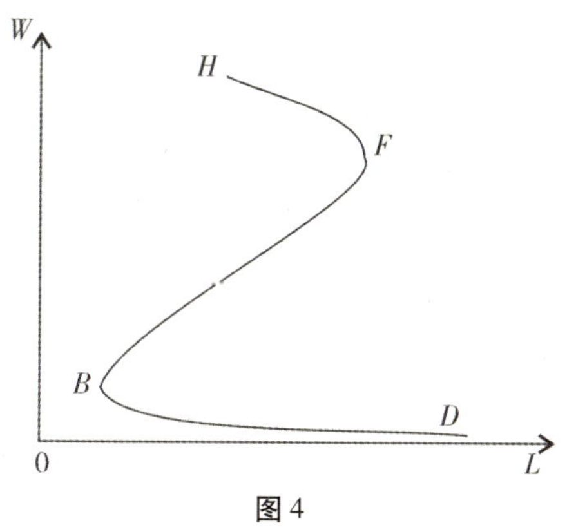

图 4

大家不必看这篇文章了。我当时没太想明白，即使到现在也没想明白。我总想标明，有那么一条血线，生存资源匮乏到一定程度，钱财就从身外之物变成了身内之物。比如一杯水，在特别匮乏的条件下——沙漠里，缺了这杯水，你的体液就会减少一杯，就更接近死亡。在饥荒时期，你不吃这一碗饭，体重就下降一两，此时身外之物就成了身内之物。一旦被逼到了这条血线，也就是上午陈平老师提到的生存线，这时机会成本极低，例如大饥荒、大规模失业又没有救济，人们会大规模加入暴力掠夺的行列。反正都是一死，与其等死，不如拼命挣扎一下。这条血线在命—财关系曲线中如何表达呢？资源越少，人们愿意付出的生命越多，像热锅上的蚂蚁那样找出路。可是，我加上这一捺以后很心虚，好像逻辑和图形都有了问题，或许应该用曲线的横移来表达，想不明白就不多说了。

二、与血酬定律有关的均衡问题

第一条谈的是血酬定律，第二条就是与血酬定律有关的均衡问题。这些均衡，至少包括四种情况。

（1）第一种情况，即政府出面维持秩序的均衡。

我们知道，受害者对抢劫没需求，在暴力掠夺领域没有经济学上的需求曲线。但是，经济学上的供需均衡，正是由需求曲线和供给曲线交叉形成的。没有需求曲线，暴力掠夺领域的均衡如何形成？

面对抢劫，人们的需求是自卫，是抵抗抢劫，要求政府出面镇压抢劫。政府方面投入物力人力，镇压抢劫，构成了一条镇压线。

这条镇压线与命—财关系曲线的交叉点就是均衡点。政府确定某个金额标准，在此之上追究责任并判刑，成为抢劫者的成本，让抢劫者得不偿失。镇压判刑是负激励，负激励与正激励相等时，均衡出现。（图 5）

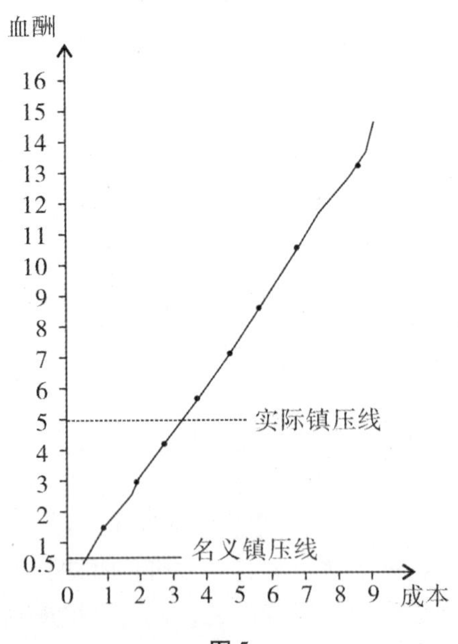

图 5

镇压线有很多条。比如说超过5 000元就应该立案，这就是一条刑法规定的镇压线。实际上，现在5 000元水平的犯罪量太大，已经立不起案了，这条线也成了一条名义上的镇压线。这些年实际立案的标准提高到了5万元，这也可以看作一条镇压线。当然，如果破案率不高，即使罪罚相称，犯罪的实际风险和损失还会下降，犯罪依然有利可图，很多人愿意赌一把。破案率不高，意味着实际镇压线的位置会继续提高，高出命—财关系曲线对应命价的部分，就是卖命的额外收益。我们知道，贪官污吏也是冒险拼命，以身发财，对贪官污吏的真实镇压线在什么位置呢？2009年的基本数据是，贪官污吏被追究判刑的概率约为1%，贪污十几万元判刑十年，具体的数据来源和计算方法这里就不细说了。从这些数据得出的结论是：2009年，贪污到160万元左右，贪官污吏才付出一个生命年，也就是关押一年，镇压线的高度是160万。这个位置如此之高，大体可以解释贪官污吏遍地的现象。160万元关一年，大家想想这个诱惑是大是小？听说里面的生活还不错。贪官污吏获利极大，按照血汗替换率的公式推算，假如司局级干部的月薪为8 000元，一个生命年的价值不过17.6万，真实收益比预期合理收益高9倍，除非道德成本高到可以补上这个差距，良心非常敏感，否则，一般人很难抵制这个诱惑。

政府应该掏多少钱维持这条镇压线？这条线要压低到什么程度？换个角度说，破案率应提高到什么程度？从经济学的角度说，对镇压线的最佳投入标准是：政府新增投入一块钱，可以减少掠夺所造成的一块钱损失，这就是政府镇压投入的最佳点。当然这里不考虑社会影响，仅仅考虑经济数字。

政府还可以分为两种，一种是民主政府，一种是专制政府。在民主政府的条件下，民众达成协议，决定掏多少钱，维持一条什么水平的镇压线，这条镇压线是他们购买的一种公共物品。

如果是一个垄断权力的专制政府，例如一个暴力集团打天下坐江山，要保住江山，维护秩序，也要镇压大大小小的以暴力掠夺为生存策略的竞争者。不过，他们的镇压线，他们建立的那种均衡体制，不那么在乎民众的权利。他们可能过度杀戮，大规模严打、肃反、连坐、刑讯逼供，压缩民众的自由。这又是一种镇压线，这种镇压在短期内也很有效。在中国历史上我们经常看到这样的均衡状态，有时候还能做到路不拾遗，夜不闭户。

总之，存在不同的镇压线，名义上的、实际上的、针对平民罪犯的、针对贪官污吏的等等。不同类型的政府，有不同类型的镇压线。

（2）再讨论第二种情况，暴力集团与生产集团之间的均衡。

这种均衡可以从两个角度看。从生产集团的角度看，面对抢劫，他们可以抵抗。集体联合抵抗，就是上边谈到的民主政府对暴力掠夺的镇压，这是积极抵抗，这里不再讨论。消极抵抗包括逃亡、怠工甚至自杀。从暴力集团的角度看，要对付生产集团的消极抵抗，必须控制抢劫率，控制自由度，甚至要设法调动生产者的积极性，由此形成两类均衡。

第一类均衡是最佳抢劫率。生产出来的东西都被抢光，就没有人生产了。所以，暴力集团要寻找最佳抢劫率，建立暴力集团与生产集团之间长期可持续的均衡关系。这个均衡怎么表达呢？可以用讨论税率与税收总额的拉弗曲线表达。上次我在天则经济研究所谈到掠夺率问题时，盛洪先生说拉弗曲线描述的就是最佳掠夺率。（图 6）

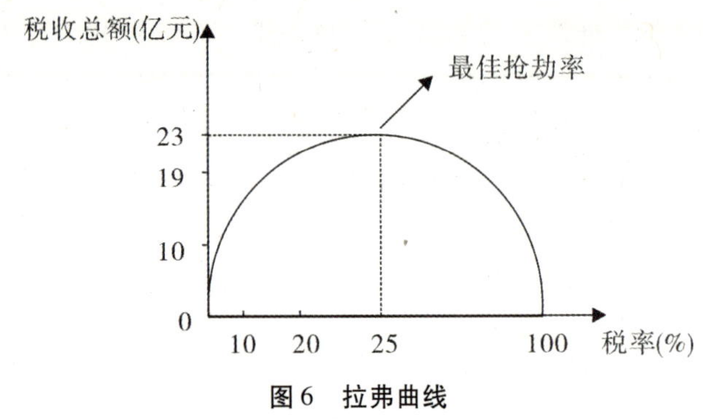

图 6　拉弗曲线

纵轴是税收总额，横轴是税率。税率越高，税收总额越高，高到峰顶，比如说是 25%，就是最佳税率。如果税率继续提高，许多公司就会破产，税基缩小，税收总额反而下降。

税收是强制性的，抢劫也是。抢劫率也要适度，不能杀鸡取卵，一锤子买卖，寻找最佳抢劫率。历史上这样的例子比比皆是。强盗土匪也会作出一些承诺，按一定比率收取买路钱，甚至在自己的地盘上对生产者提供一定程度的保护等等。

在这条曲线中，我把最佳抢劫率标在峰顶极值的位置，例如最佳抢劫率是 25%。这只是长期反复抢劫者的最佳抢劫率，对流寇之类的一次性抢劫者来说，最佳抢劫率是 100%。美国经济学家奥尔森作出了流寇和坐寇的区分，还说坐寇与被抢劫者之间存在共容利益。从拉弗曲线上看，共容利益就是从原点到峰顶这一段曲线。这条曲线所描述的就是坐寇与生产集团之间的均衡。除了坐寇均衡之外，还存在流寇均衡。

用拉弗曲线描述抢劫率问题，纵轴和横轴都应该修改。横轴从税率改为抢劫率，纵轴改为法酬。

法酬也是暴力掠夺的收入，但是级别较高，有节制，有规矩。法酬是血酬的升级版，即血酬的2.0版。用公式表示即：法酬=全部税收－公共开支。法酬也是我提出的概念。提出之前，我曾经请教过一位专家，我说取之于民100亿元，用之于民90亿元，政府运作10亿元，这个公式对吗？他说对。多出来的是盈余，不足的是赤字。我的问题是，如果取之于民100亿元，用之于民50亿元，政府运作10亿元，剩下的40亿元用之于己，修陵墓，修皇家园林，包二奶、三奶，后宫佳丽三千等，这笔用之于己的钱叫什么？专家说没有这个词。可是，历史上到处有这种现象。这种剩余比马克思推算的剩余价值明白多了，怎么能没有一个名字呢？我给它起的名字就叫法酬。

第二类均衡是，如何寻找最佳自由度？更高级别的抢劫制度，抢劫对象不是财物，而是自由。这方面的掠夺和限制也存在分寸问题，我称之为最佳自由度。我们都知道《盐铁论》，官府垄断了盐铁的生产和销售，攫取高额垄断利润，后来还扩展到榷茶榷酒。榷是独木桥的意思，也就是茶酒专卖，不许别人染指，这就是限制民众的自由。对自由的最原始最彻底的抢劫就是奴隶制度。对暴力集团来说，把生产者的自由限制到什么程度最好？为了方便讨论，我模仿拉弗曲线又画了一种曲线，我称之为老子曲线，和拉弗曲线的形态一样，但横轴改为自由度，纵轴改为法酬。（图7）

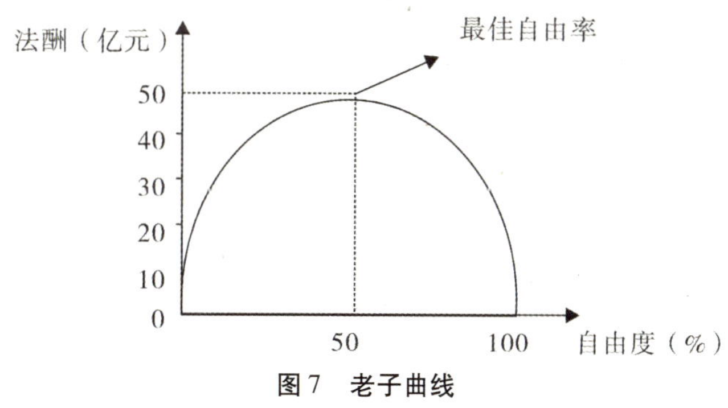

图7　老子曲线

如何寻找最佳自由度？历史上有许多故事，这里只讲一个大家熟悉的。我们回顾一下1949年以来的历史。中华人民共和国成立初期，毛泽东与邓子恢有四大自由和四小自由之争。毛泽东把邓子恢的主张概括为“雇工、贸易、借贷、租地”不受限制的“四大自由”，说这是纲领性的提法。毛泽东说：“我说是四小自由。这有大小之分。在限制之下，资产阶级这些自由是有那么一点，小得很。我们要准备条件，把资产阶级这个小自由搞掉。”

最后真把自由搞掉了，结果如何？大饥荒。这就相当于坐标系的原点，自由接近零点，法酬也极少，连高干的食品供应都受限制。然后，逐渐恢复自留地，改革开放后恢复大包干、个体户，再逐渐恢复农村贸易自由，还有乡镇企业，打工自由，雇工自由，各个领域的自由度逐渐增加，这些社会集团的生产积极性就逐渐调动起来了。中国经济迅速发展，就是自由度增加的结果。与此同时，执政集团的税收总额增加，管理成本下降，实际收入大幅度增加，连贪污腐败也有了更多的机会。当然，自由到了一定程度，再增加，法酬反而会下降。比如要打破能源或金融垄断的时候，某些集团既得利益就会受损。如果这个自由度不仅包括经济自由，连政治自由都包括进去了，这条曲线的含义就会更加清晰。

这就是暴力集团与生产集团的第二类均衡。这类均衡关注的是自由度的问题。从生产集团的角度看，就是如何用各种消极对抗的方式，从逃跑到怠工，争取最大利益或最小损失。从暴力集团的角度看，则是调动生产集团的积极性，通过最佳自由度实现利益最大化。

从以上两条曲线中，可以引出一条更高层次的规则：元规则——决定规则的规则，即暴力最强者说了算。暴力最强者是规则的制定者和获益者，也是秩序的主导者和维护者。

（3）第三种均衡是暴力集团内部的均衡。

这个领域有很多历史故事。小规模土匪团伙内部如何分配？民国年间，土匪按照人股和枪股年终分红，人算一股，枪同样算一股。中层头目，炮头军师等，一个人算四五股，人力资本是普通喽啰的四五倍，最高领导——当家的，一人算七八股。由此可以看出，小团伙土匪内部实行合伙制，人人都是老板，收益同享，风险共担。人力资本高的，贡献大的，差距也没有超过十倍。当时枪支短缺，在暴力要素中武器装备的地位和人力相等，用生产函数的方式推论，这意味着武器要素对抢劫结果的贡献与人力相当。

在大规模暴力团伙中，收入分配的差距大得多。梁山内部，头领的收入是喽啰收入的60多倍。在美国芝加哥黑帮内部，中高层干部的收入是普通党徒的40多倍。规模越大，收入分配的差距越大。

我们可以把军阀看作血本家，他提供武器装备，发饷，竖起招兵旗，就有吃粮人。掠夺收益，在扣除养兵和武器弹药成本后，剩余归军阀所有。因此，一个能干的军阀，他的收入根本不是普通士兵所能比的。

（4）第四种均衡是暴力集团之间的均衡。

暴力集团之间怎么竞争？他们在前三项基础上进行综合竞争，竞争既有政治内容，也有经济内容，还有军事内容。

在暴力集团内部，他们比赛如何激励士兵，激励将领。对生产集团而言，他们比赛如何调动生产集团的积极性，建立自耕农制度，开阡陌，奖励农耕。在自己的地盘上，他们比赛如何维护秩序，肃清盗贼和各种内部竞争者。

总之，暴力集团的目的在于富国强兵，并在此基础上对外扩张，攻城略地。扩张到新边界之后，是否要继续进攻，投入多大力量，攻多远，得多少县、割多少地，都是各大暴力集团在竞争中要计算的成本和收益，而边界线就是各大暴力集团之间的力量均衡线。

商鞅变法推出了一套非常高明的综合竞争策略，以重赏奖励耕战，既让士兵拼命，将领善战，同时又不会制造出新的暴力集团，制造出自己未来的竞争者。这里的要害是以虚封代替实封，名义上还有封建，实际上用郡县制代替了封建制，最后全中国只有一个暴力垄断者，好比一个管理严格的垄断公司，部下都是代理人。这是中国历史上最常见的暴力均衡状态，一家独大的状态。

所谓乱世，则是大一统垄断均衡解体，多个暴力集团彼此竞争的状态。如此治乱循环，两种暴力均衡状态交替出现。

总而言之，我讲了两条：一是血酬定律，二是与血酬定律有关的均衡。均衡又包括四个领域：一是政府维持的均衡，二是暴力集团与生产集团的均衡，三是暴力集团内部的均衡，四是综合上述三点的暴力集团之间的均衡。

如果把上述局部均衡，加入到经济学的一般均衡或全局均衡之中，把暴力要素引入一般均衡之中，同时考虑到暴力的立法作用，即元规则地位，这样的世界图景，显然会更接近真实世界。

如果大家对血汗替换率的具体算法有兴趣，对中美两国工人的命价有兴趣，可以在网上搜索我在这方面的文章，用“血汗替换”“中美工人命价”之类的关键词可以搜到。

欢迎大家批评指正。

历史对经济学理论的挑战

高王凌*

溯及历史学对经济学理论的挑战，也许应该回到1987年，我那个时候正在美国，向福特基金会申请了一个项目，名字叫“中国农村改革的历史依托”。中国农村改革靠的是什么？是中国人自己有新的经济学思想了，现代化了？还是西方人的什么新理论传入，让我们学习？我认为都不对。

我的意思大概是说中国传统经济制度中的许多方面，如农业的家庭经营，土地的私有租佃，农民选择自由，市集系统，市场制度，商品经营，过去都认为是封建的、落后的甚至反动的。实际上我们在20世纪80年代就开始反思这是这么回事了？再回头看中国农村改革，其实就是这些传统因素的复兴，不是西方理论告诉我们的，而是传统的这些东西又活了。就是说包产到户也不是什么一夜回到解放前，或者回到土地改革时，只不过是一种均田制又重新复归了。

1982年，那时候我刚毕业，曾经写了一篇关于清代农业政策的文章，发现20世纪初中国的弯路清代已经经历了，比如拼命地开垦土地，以粮为纲。实际上康熙、乾隆已经走出这个误区，不着急开垦土地，而是发展商品经济，甚至农村工业，也不是今天才有。这篇文章发表在《炎黄春秋》2001年第5期上。我并不是说当时的领导人是跟清朝学的，或者是看了我高某人的文章，他们都非常聪明，对实际情况有非常好的把握。我重新分析了清朝的宏观经济，也不同意与英国道路相比较。

回到主题，就是租佃问题，大家知道前几年，我冒天下之大不韪，写了一本关于租佃关系的小书，叫做“租佃关系新论”，2006年在上海出版。有人说我给地主翻案，有人说我有立场问题，还有人说我跟在茅老师后面，是“西奴”。

用经济学的常理来看，地租总是要涨的，人口增长了，需求扩大了，亩产量提高了，地价高涨，这是清朝，特别是18世纪的历史事实。从逻辑到逻辑，

* 高王凌：中国人民大学教授。

从理论到理论是这样的，因此不免重复一些老的说法。有一个叫王二的哈佛海归写了一个经济学故事，就是王二的地租。黄世仁他再怎么仁慈，地租也涨，因为水涨船高，收成上去了，地租也上升。这个东西我看了以后十分难受，在我看来，问题没有这么简单。我觉得从历史角度来看，问题在于中国历史事实是怎么样的。如果这中间发生了矛盾，你怎么办呢？就地租来说，最近二三十年，国内外老一辈学者，掌握了很多基本材料，包括地主的地租本，清朝的地租不是越来越高，反而是不断下降。一般的地租额下降 20% 左右，具体不说了。在这个研究里，我最主要的研究也就是我的“独门暗器”——研究实收率。你说收了多少，真正能收上来吗？就像明朝税收一样，明朝税收能收到 80% 就不错了，中国地主也是这样。所以，这关系到我们现在如何面对事实与理论相悖的问题。

一、中国存在一种“打折文化”

中国几百年来，主要是明朝末年以来，我们才有材料。地租为什么越来越少呢？我现在概括一下，原因大概是以下几点：第一，中国存在一种“打折文化”。遇事都好打折，据说是孔夫子开始这样做的，孔夫子送礼的时候，说 300 两，给他 240 两就够了。有时候折扣一打再打，地租也是走这条路。第二，佃农生活相对困难，所以存在一种“抗租有理”论。什么过年收租子，你为富不仁，不让着我，你们看古书上多的是，常常理直气壮，占点小便宜。第三，贫苦农民人多势众。有人说人口越来越多了，农民越来越不行了，就像今天上午某位先生说的，打官司要看两面，不能光看一面，越是人多势众，农民越得寸进尺，仗势欺人，我的话叫做“农民欺负地主”，这种现象避免不了。第四，地主一方忍让。他们受的教育就是宽容，有时候也不愿意开罪人，一让再让，慢慢地就成为一种习惯。总之，就是这四个原因形成这种局面。

从历史学来说，历史学的理论跟经济学的理论之间可能有相当大的区别。历史学的理论不是“洋片汤”，不是西方理论。我最近经常说错话，说难听点，就是跟“洋片汤”干架。但是，我们国人追求时髦，特别喜欢外国的东西，还特别喜欢哲理，所以中国自己朴实的道理就不被看在眼里了。

为什么出现这种现象呢？一定要打折？我觉得这是留有余地的做法。中国地大物博，人口众多，专制不起来。你们以为过去是专制，过去是专制不起来的。现在说反对中国文化，反对专制，这都是胡说。现代化就是要专制、专制、再专制，你们比较一下就会比我更清楚了。我们这样来看，过去就是给社会留出空间，不是简单的权力大小的问题，这是深思熟虑的政治安排。

所以，从反行为的视角，我们可以看到上层政治和下层社会，各级政府之间有意无意，上下相蒙，猫腻盛行。这是我在天则经济研究所一次会议上悟出来的。这就形成一个“二相社会”——假天下和真实世界并存。

我给吴思写信，我说无论你的潜规则还是我的反行为，我们俩背后都有“二相社会”的问题，背后有一层东西在那，不是表面上那样。所以，我们现在的，反行为问题，不是反抗的问题，是政府角色、战略定位、管理机制怎么定位的问题，涵盖的面不是社会冲突几个字可以概括的。

社会学家天天跟在外国人后面讲怎么反抗，抗争政治，都跟外国人学坏了，学傻了，外国人头脑简单，爱走极端。我在清华跟学生说，一本外国书都别看，有的人说：“老高你要犯错误。”我们讲斗地主最容易的一个方法就是打官司，但是无论怎么打官司，地主也得不到好，退佃也退不了，减租也减不了，清朝开创了先例，就是完全向着老百姓了。

我们还需要面对这个问题，有人说如果像你说的，地租只收到30%，不是50%，还不减租，怎么办呢？就是三七五了。你看看老干部的回忆，这些地方都变成加租了，想减租，最后变成了加租，地租问题最复杂不过。有人说农民这样，还要土地改革干什么？我说别犯傻了，土地改革就是为了土地吗？土地改革是醉翁之意不在酒，涵盖面太多了。我们想土地改革到底为了什么？现在看出来的东西越来越多，别在那想当然了，农民为了一亩地就跟你干这个？我们也说地主的土地，哪怕在地主手里，但是实际上我们看到的是有农民主动退佃。佃租的田，久佃就成地主了。

在西洋理论中，在所谓经济学常理之外，是否存在不同意见呢？今天的会议有一位先生没有来，就是张五常先生。张五常先生在他的佃农理论上说随便一个地主，一块地，本来是给一个佃户，现在给两个佃户或者三个佃户，随着这种情况的增多，地租就会下降，亩产量就要提高，这就是他的结论。我往前推一步，清朝人口越来越多，亩产量提高，地租下降。这就是我的理论，当然我不能说这是经济学理论，只能说是历史学的理论。还有我的人口理论，我认为中国人不算多，历史上人多了，好处远远超过坏处。我还有地区发展理论，也有地租理论，都是中国的。所以，我们这里有两个重要事实并行不悖，就是地租率下降，亩产量提高，同时地价大幅度增长。

所以，在这样的情况下，是社会科学理论对呢，还是历史事实对呢？进一步说，在现实生活中能不能由科学理论决定一切？这样是不是把人类社会看得太简单了？最近三四年，在若干场合批判对“洋片汤”的迷信时，我呼吁学者们要带头做自己的总结，你想让别人给你做，没门。你培养再好的学生，他也不能代替你去做，历史上这样的例子多了。我们应该总结自己的东西，从1980年开始，我们盲目信仰，每个人都出国留学。我自己也出过国，一个英文也不会还去过美国。我们应该把自己的东西拿出来，才对得起这个时代。

二、蔫拱、猫腻弄出大的社会变动

长话短说，到现在我也说服不了我的经济学朋友，我的经济学朋友也不能说服我。有人说我没有理论就不会思考了，我听了以后特别伤心。我批评了你们的理论，现在如果说高老头有一点自己的方法理论，你们可以说这是我的"反行为"，但这都是出于一种直觉，我要特别强调，学问不是爬格子、扒史料出来的，学问是从你的经历里出来的。

我小小地介绍一下我的"反行为"，老子说的黑与白、前与后，中间有一种对立关系。在这种对立关系里面，最高层面的，我认为就是西方说的反抗。有人说你的"反行为"就是反抗，我们是在中间的位置上，叫"不反之反"。他不是反抗，他先跟你走，觉得你挺对的，他表面上支持你，然后再去往回找补。我跟杜润生先生讨论，我们农民在改革开放之前把这么多粮食偷走了，或者借走了，或者瞒产私分拿走了，总之这个数字不小——20%，这是我们研究的结果。但是，我们有一个理论，认为所有这些东西是由西方一个政党或者精英组织引导，有一个总爆发。可是我们出了一个包产到户，这个太伟大了，我们今天所有的成就都建立在包产到户上，如果没有包产到户，我们就掉在地下了。西方人怎么也想不到，这种蔫拱、猫腻会弄出这么大一个社会变动来。农民有一个总纲领，他反对你，就磨洋工、怠工。我是历史学家，我把这种情况通过历史画面分门别类地弄了出来。

最后我说一句，包产到户，农民最后胜利了吗？我认为是不胜不负。政府呢？也是不胜不负。这很微妙，这就是纯粹的中国。

对话：秋风、黄有光、孙涤、陈平、冯兴元

秋风：谢谢会议的安排者。我们这个单元成了人民大学专场了，两位发言人都是人民大学的，我也是人民大学出来的，当时上的是历史系。

坦率地说，我要把握他们两位所讲的内容还是有一定的难度。但是，我听下来之后，觉得吴思先生的讨论和高教授的讨论，其学术进路其实有一些区别。吴思先生的这些研究，大概是要把文明的世界还原到自然状态，然后用新古典经济学理论来解释规则和制度是如何形成的，可能有点像霍布斯所做的工作。当然，他借鉴了大量历史故事。尤其值得注意的是，他把生命作为交换对象，我们经济学还是在文明层面讨论问题，所以交换的都是商品、资本这些东西，但吴思教授要我们回到一个最自然的状态中。当人们要交换生命，经济学的逻辑还有没有效率？当然是有效率的，霍布斯也许就是现代经济学基本预设的创始人。

高教授的历史学研究非常出色，而且又有理论的视野。他通过对明清时代经济史的讨论，让我们重新思考经济学的一些基本的结论。

今天，会议组织者之所以安排这两位发言，最重要的原因是，他们是历史学家，他们能给我们带来一些中国事实。当然，刚才林毅夫老师也给我们带来了一个中国事实。现在，我们有了一条从古代一直到当下的中国事实链条。

我想，中国事实可能就是我们中国学人的“后发优势”。若干年前，林毅夫先生和杨小凯先生争论过后发优势和后发劣势，我曾把这个论题转换到知识的问题上。我说，我们中国学者会陷入一个知识上的后发劣势中，就像刚才林毅夫先生所讲，我们用发达国家的理论来解决我们自己的发展问题，这就是后发劣势。今天，中国学生去哈佛，去 MIT，学的肯定都是最先进的理论，这是毫无疑问的。但是，这些理论对中国而言，很可能是屠龙之技，解决不了中国的问题，反而会伤害我们自己。

因此，学习西方知识时，中国人需要有反思的意识，必须警觉我们的问题是什么。只有这样，我们才能从知识上的劣势地位转变到优势地位上。这个后发优势是什么？我认为就是我们处在事实和理论之间。

西方人给我们提供了一套理论，一套非常完备的分析工具，它有助于我们认识中国的事实，不管是历史的事实还是当下的事实。但是，这套理论真正有

效的时候，恰恰是我们意识到它在中国的局限性的时候，我们若有反思意识，我们就有可能用中国事实来丰富这套理论。

为此，我们恐怕不得不说，西方理论只是一套地方性知识，它不是普遍的知识，这个普遍的知识有待于中国人参与构建。就像刚才陈平老师说的，中国就是一个世界。在现有的这套理论形成的过程中，只有一半世界参与了，另外一半世界没有参与，那就是中国。也许，我们中国人发现自己的故事，思考自己的故事，在事实和理论之间持续互动，推动理论的生长，才会形成一个真正一般的经济学理论，有能力普遍地解释人的行为。现在这套理论也许能够解释西方在过去500年现代发展转型的过程，但能不能解释中国的发展呢？这需要我们有所保留，而不是毫无保留地接受它。

我们必须如此，因为，我上面说了，中国是一个世界，这是我们思考所有问题的出发点。中国就是这样一个舞台，在中国，不管是政治、文化、经济的故事，它都有一个舞台。我们可能需要讨论，这个舞台和西方人的理论中所预设的舞台是不是一样？我这些年一直在读《尚书》，我发现，其实中国人从一开始就在思考的协和万邦的问题，即治理天下的问题。而西方理论，比如亚里士多德、柏拉图，他们讨论的都是城邦的治理，那都是点状的城邦。其实，现代民主制度、现代民主理论都是讨论一个点状城邦，一个只有五千公民的城邦如何治理的问题。可是，中国一开始就是100万人，而且分布在几十万平方公里的广袤的乡村地区。

这就是中国最重要的特点，由此就决定了它的观念、信念、价值，跟西方有不同之处。我没有说它完全不同，但一定会有不同之处。所以，从政治学角度来说，民主在中国古代的政治思考中从来都不是一个需要讨论的问题，因为它根本不可能存在。民主在城邦是有可能的，但是在超大规模的文明与政治的共同体中无法做到。相反，在中国，从一开始就走了共和之路，而对共和来说，“代表”的问题是核心问题。于是我们看到，后世的制度，不管是汉代的察举还是宋明的科举，都是政治的核心问题。因为，中国的规模太大了，没有办法像一个城市那样把所有公民召集起来通过民主方式解决公共问题。

我最近在看费孝通先生的考古学材料，也在看李伯重先生的经济史研究，他们从不同角度讨论中国事实，中国在解决自身问题中探索出来的各种各样的规则、制度的体系，与西方有某些不同之处。在这个意义上，我同意今天上午史正富先生的说法，我们要有主体性意识，我想，这是知识和理论的主体性意识。

但我马上要补充一句：我们也要有普遍主义的情怀。我们讨论中国自身发展历程，把中国故事讲清楚，目的并不是证明中国很特殊，而是要证明人很复杂，我们最终的目的是理解普遍的人。我设想，随着知识的积累，中国学者贯通西方的地方性知识和中国的地方性知识，发展出一门涵摄现有西方理论且更为普遍的关于人的科学。这是我的白日梦吗？

黄有光：你的分析很特殊，可以参照现代经济学者在这方面已经有的研究，例如关于一个人给自己生命以金钱价值，已经有相当多的文献，包括我本人在20多年前的一篇文章，论述随着你年龄的增加，剩下寿命的减少，你的生命的效用价值可能在减少，但是金钱价值可能是上升的。

另外一点，你可以参考Olson，他有一本书论述过程的形成、暴力、国家的衰落，可以帮助你分析。

最后一点，你对谁比较容易上梁山，不否定他的作用，可能你要考虑思想意识的作用。我们回想我们中国的共产主义，先知先觉搞共产党，搞革命的，是知识分子，而不是工农这些人。现在自杀式的恐怖分子也是高级知识分子，而不是底层的。

孙涤：我对吴思老师很敬佩，读了他不少书，也获益不少，确实是这样。我有一个问题，在现代环境下，血线会不会增高？你说血线是生存极限的时候达到的一条线，比如沙漠里面的最后一杯水。我觉得在现代环境下，有些是生存极限不适应的，就是你感觉到我已经在社会最底层，我绝望之下可能什么都做，比如现在社会有动乱，我们的血线比以前高了没有？比如以前的流民，到万不得已才会出现，现在的贫二代，他们的血酬线高不了多少，哪怕他最后生存没有受到威胁，他也可能产生动乱。

陈平：非常高兴两位历史学家作出的贡献，我认为他们的成果，不光对中国有意义，也有世界性的意义。

1. 吴思先生的血酬论把科斯的二元选择变为三元选择

吴思先生的贡献非常重要。我们以前有一个误解，以为科斯理论提出的是社会冲突只有二元选择，交易成本高就交给法院打官司。其实有第三种选择，就是黑手党。实际上美国灰色经济的比例很大，发行的货币大概有三分之一流出政府监控的金融系统，叫做missing money。为什么洗钱？因为灰色经济的源头就是黑手党，黑手党泛滥不光是中国的问题，也是全世界的问题。如果去墨西哥，你可以看到，黑手党的势力超过政府军。

2. 黑手党的源头：生存线+超额非法利润

黑手党的诱因，不只是吴思先生讲的生存线的问题。黑手党跟金融投机类似，如果投机的利润特别高，就不惜代价。新古典经济学的“完全市场”是非常荒唐的，如果一切市场都合法，毒品、赌博、贩卖人口都合法，就会冲击社会稳定；不合法，铤而走险就产生高利润。弗里德曼主张毒品合法化，后果如何？中国鸦片战争，被迫让毒品合法化，结果如何？现在轮到西方社会考虑如何处理毒品市场了。

由此可见，吴思先生的研究有世界意义，要摆脱中国落后西方先进的“悲情意识”，希望吴思先生的视角从中国扩展到世界。如果你有数据的话，你的模型可以变成世界经济学的重要成果，解释的不只是中国独有的落后现象。

3. 高王凌先生研究法制的局限和“仁政”的起源

高王凌先生的观察也非常有意思。为什么中国历代要强调儒家文化里面的“仁”？高王凌先生给我们以经验观察，不是嘴巴说说概念逻辑。实际上中国有两个经验规律就是“法不责众”“人多势众”。

4. 仁政反例：英国的债务奴隶

但是有一个相反的例子，也是历史的一个悖论。为什么英国这么小的国家能够大规模向外移民，现在你们知道所有移民都是穷人往富的地方移，怎么会富的地方往穷的地方移。西方制造了一个神话，说新教徒为了追求宗教自由大规模向美国移民，实际上新教移民很少。有一段历史值得高老师研究，就是英国扩张的时候需要劳工，不惜制造很多债务奴隶，澳大利亚就是债务奴隶移民的结果。

中国为什么有宽容的哲学，是因为中国人口量非常大，但是移民空间非常小，为了抑制内斗，必须教育大家分享资源。而英国殖民用暴政制造债务奴隶，你偷一个面包就把你送到遥远的殖民地去做苦工。我到澳大利亚看过当地的历史博物馆，新西兰的博物馆也记录了当年的殖民者都是穷人在寻找活路。英国贴的招募殖民的广告就公开宣称，英国穷人的生活太苦，不如远走他乡到海外移民，虽然经过很多风浪，九死一生，也比伦敦的穷人活得更好。所以全世界都有移民问题，不要认为只有中国有户口问题，全世界都有，这是一个国际问题。

5. 经济学家注意研究历史

历史学的研究对经济学非常有好处。我做经济学就是从学科技史、经济史开始的。我自号“眉山剑客”，就是因为在四川眉山电务段当了五年铁路工人。除了物理就看历史，跟高王凌先生走的路相似，然后归纳出一些经济规律，并不是一上来就想构造一个大的体系。在这点上，我今天从这两位历史学家身上看到了中国创新的另外一条道路，而且希望很大。我觉得这条道路值得年轻学者学习。

冯兴元：我提供了一篇有关欧肯秩序思想的文章，主要是想提供欧肯的基本经济学方法论。他想把历史视角和理论视角结合起来。他诞生的环境就是意识学派，意识学派没有理论，所有的东西都是在哪个国家就有自己的文化、环境，都是在行为，都是嵌于这些文化环境中的，所以有中国模式、德国模式，什么模式都有，那么特殊论就出来了。然后，他不满意了。还有一个是奥地利学派的纯粹理论，他也觉得不能解释一些具体现象。为什么呢？比如米瑟斯讲计划经济很差，但是很多国家在计划经济框架内还有自然经济、统治经济。所以，他的意思就是你要结合历史，也要结合理论。

高王凌老师、吴思老师讲得都很精彩，建议吴思老师把诺思最新的那本书，就是《暴力与社会秩序》浏览一遍，他把宪政秩序放进去了。高王凌老师描述得非常精彩，我觉得也没有超脱经济学不能解释的。

吴思：谢谢大家的评论，感谢指点。黄老师问的第一个问题：这是不是原始状态？事实上，历史的原始状态是我们祖先几百万年生存的状态，比如在亚马孙平原，人类扩张尚未完成，都是一个个采集群体，十几个人。后来这些采集群体地盘不够了，资源紧张，抢起来了，才开始在暴力竞争压力之下形成部落。形成部落的时候，他们仍然在采集。生产不生产，什么时候生产？抢劫成本太高，才要提高土地单位面积利用率，才开始生产。生产是很麻烦的事情，需要很大的耐心。所以，任何生产行为的出现都包含一个前提，就是暴力掠夺不合算，这就是我们原始状态最开始在资源足够丰富的时候，不是想象的无政府的暴力掠夺世界，而是人类发展到人口密度到了一定程度的时候，要争夺地盘了，那时候才出现暴力掠夺，这是原始状态问题。在此之后，暴力掠夺作为一种生存策略，始终是一个选项，只要他的收益大于成本，他就开始抢劫，按捺不住，在任何社会都是如此。黄老师提出道德作用非常强大，在广义的血酬定律里面有道德要素，我没有展开讲。包括清朝，就是蒙古族、藏族引进佛教之后，对当地的杀戮行为、扩张行为、侵略行为有了明显的抑制作用，这就是历史上观念体系、道德体系有作用的证据。

我杜撰的那个体系是这个天下，在中国的史实中是暴力集团打天下，坐江山。打了天下之后，皇帝作为董事长，代理权层层下放，放给每个官员，他掌握的施恩于人和加害于人的权力是合法伤害权，有的时候不伤害人，就是承包土地，或者利用这个土地敲诈勒索，我判你三年，判你五年，不想被判就拿钱来抵销，围绕这个形成一个潜规则的体系。皇帝定的是王法，下面定的是部门法规或者地方法规，官员定的就是潜规则，就是合法伤害权换来的。立法一旦把暴力引进一般均衡，或者是黄老师翻译的“全局均衡”之后，它的最重要的一个作用，就是可以设置壁垒，建立负激励或者正激励，我把这个暴力要素掌握者的作用称为元规则——决定规则的规则，就是暴力最强者说了算。这个暴力因素一旦引入全局均衡，就已经把法规的规避和建立维护的成本考虑进去了。

孙老师提的问题是血线现在是不是提高了？血线，我表达的意思实际就是机会成本已经处于极低的程度。到了这个程度，任何情况下暴力掠夺都特别容易发生，除非你体弱多病，活动不了，一出门抢劫就让别人打死了，他就不抢。这是机会成本极低，接近于零的状态。实际上中国的血线会越来越高，包括《旧制度与大革命》提到的问题，是不是一改革世界就要造反，政权就要被推翻了？实际这个计算是，比如老百姓的生活好了，过去的生活 10 分，现在改革之后生活提高到 15 分，更好了。老百姓造不造反？过去 10 分的时候不造反，是因为造反成本是 11 分，高于你的生活，你对 10 分不满，可是你造反是 11 分，让你马上付出，得不偿失。现在 11 分的造反成本不变，可是生活高到 15 分了。总而言之，就是造反成本降低了。所以虽然不满下降了，但是造反成本也低了，人们照样造反，这是一道简单的算术题，这条血线就是相对于这个造反成本和不满来说的。我再仔细想想，可以表达得更清楚，但是我想大家都明白了。《旧制度与大革命》标函的就是这个简单的算数。

陈平老师说的黑帮。黑帮的作用，我今天没有展开讲，黑帮如果看成一个血本夹的话，他包含各种破坏要素，包括人命、机器、武器装备。获得一个地盘，保持这个地盘，他有一套不同的利害计算方式，投资者收益和士兵炮灰的价值相差非常大，如果是传统的就是 5 ~ 6 倍，也就是中国关东马贼的水平。如果三到四位数，这个相差比例是 60 倍上下，他又有另一套成本收益计算，这是黑帮。在血酬定律里我有一个地霸的计算，那里面略有展开。

经济学的转型

张维迎*

刚才讨论得很激烈，我最近老想一个问题，如果我们愿意承认中国人是一个低等民族的话，这个问题就好讨论了，如果我们不愿意承认这一点的话，好多问题争论就比较大。但是我自己不愿意承认这一点，我谈的可能跟正富先生不一样。我回到经济学本身，谈一下“经济学的转型”。这是我近几年来思考的一些东西，这些东西很不成熟，但想提出来和大家一起交流讨论。

首先我假设四个转型，第一个是从资源配置的理论到人类合作理论的转型；第二个是从功利主义到权利主义的转型；第三个是从物质主义快乐观到整体幸福观的转型；第四个是关注利益到同时关注理念的转型。

我们经济学研究的是什么？大家知道，亚当·斯密研究的是发展，也就是变化，研究的是财富的创造，但是到马歇尔那儿就变成研究均衡。陈平先生昨天也讲了，某种意义上稳定也是分配，哈耶克是非常不认同这一点的。哈耶克认为，经济学研究的应该是交换而非配置。我的意思是，它也可以相关，所以经济学研究的就是人类如何合作，特别是理性人如何合作。我们过去的配置引用是静态的，强调的是效率。合作理论是一个动态的，它强调的是多赢、双赢。过去我们经济学理解资源配置为最有效的制度，我认为这有所偏颇，人类历史上没有任何一个制度使得人类的合作达到如此的广度和深度。今天的每一个产品，桌子上的矿泉水都是全人类合作的成果，不是任何一个人，甚至不是任何一个国家能生产出来的。过去的配置理论其实已经没有办法考虑人类进步最重要的东西，就是分工。小凯先生过去老讲这个，配置理论里面这都是给定的，每一个行业企业都是给定的，技术也是给定的，配置理论没有办法考虑推动人类发展的最重要的因素——企业家精神。没有办法研究像信任、组织这样一些问题，更没有办法研究法律、社会规范、道德这些问题，而这些问题对人类的合作是最重要的。

我举两个例子，以反垄断为例，按照配置理论，一个企业超过一定规模的

---

* 张维迎：北京大学教授。

话，market power 就会带来效益损失，尽管有规模经济的好处，这就是反垄断的基础，按照合作理论，我这几年发表了一些文章，认为没有大企业就不可能有陌生人之间的合作，可是为什么呢？因为大企业是借了人类合作的一种链条，好比说我们敢去沃尔玛买东西，是因为沃尔玛有信誉保证，背后有数千万家的供应商都是靠它来担保的，沃尔玛像一个大的承包商。经济学家讲的 perfect competition，其实是没有 competition 的，什么意思？就像我们教授写文章、讲课，写一样的文章，讲一样的课，就看谁收费低，这就是 perfect competition。这看起来是很荒唐，真正的竞争不是这样的。所以大企业对人类是非常重要的，科斯讲企业是市场的替代，某种程度上是错的，企业是市场的运行方式，没有大企业，市场是没法运行的，只会有一些小的简单的交换，不可能有现代市场的。

其次讲增长理论，按照增长理论，我们只能变成要素，增长就变成配置效率问题。事实上不是这样的，市场本身是合作的，分工是合作不断深化的方式。技术进步、经济增长、财富增长、市场进一步扩大，中间所有东西都是靠企业家精神来推动的。只有从人类合作的角度看，才能够理解经济增长的过程，从配置的效率角度就没有办法理解这个过程。由此，我们说究竟什么是好的制度？过去经济学家认为，好的制度就是效率最高的制度，就是最大化社会福利的制度。按照合作理论，能够推动人类自愿合作的制度才是好制度。计划经济为什么是坏的？因为它不利于人类合作，计划经济大家都互相欺骗，而不是更加诚实和努力，而市场经济是好的，是最有利于人类合作的。

第二个转变就是从功利主义到权利主义，经济学的哲学思想就是边沁在18世纪发展的功利主义，后来经过莫尔的继承，一直到马歇尔之后，我们现在经济学的哲学基础全部是功利主义。有个人功利主义、趋利避害、效率最大化，还有社会功利主义。就是 Maximize social welfare，其实也是个人功利主义的一个翻版。我们大量关于经济政策的讨论都是在这个基础上评价的。功利主义的基本特点是目标的正当性。手段的正当性，目标的正当性，很简单，如果我们认为经济增长的目标是正当的，我为了增长可以做出任何事情，包括侵害人权，所以功利主义是工具性的。我们之所以拥护市场，是因为它可以提供给我们效率，反过来如果限制我们的利益，我们就会压制它。外部性不利于效率，信息不对称不利于效率，此时政府就应该替代市场，所以市场的失败，我觉得是非常有问题的。功利主义对产权和自由的支持是有条件的，全是功利性的，就是为了达到它的目标。而权利主义，我不知道造一个什么样的英文词来表达，刚才黄有光教授讲了一个 liberalism，还有 liberal equality，也是一种。其实我偏向于把这几种糅合到一块，就是权利主义。权利主义是什么意思？人有一些权利是不可以被剥夺的，市场最能尊重人的权利，这是市场的道德基础，而不是简单地说因为市场有效率。权利主义就是自然法——中国人讲的天理。我讲的天理就是西方的自然法，与康德的自由理论一致，所以我们最简单的理论就是人类有一些基本的权利，这些权利无论出于什么目的，都是不可剥夺的，经济学应该传承这一点。

再回到外部性问题，昨天黄有光教授谈到外部性问题，我认为外部性是一个被我们完全错误定义的概念，为什么呢？我们可以很简单地说，每个人的行为都有外部性，只要有两个人以上。好比我声音大了你听着就不舒服，或者我讲一个观点你不高兴，都是外部性。是不是感染他了，就有效率问题了？福特生产好，马车都被挤垮了，用什么标准看？外部性没有标准可以解决这些问题的，外部性本身是权利问题。什么样的权利属于谁，我只要没有侵犯你的权利就不需要补偿你，如果我侵犯了你的权利，我就应该补偿你。好比我开一个餐馆，生意很好，打垮你了，靠竞争，高质量或者低价格，你也有同样的权利打垮我，我就不需要补偿你。但是我雇一帮人把你的门堵上了，把你的饭馆砸了，我侵害了你的权利，我就必须补偿你。从权利主义的角度，我认为得出“外部性”是比较肤浅的，要政府干预和解决它，外部性完全是一个定义错误的概念。空气污染也是一个权利界定问题，像我说话声音大你不高兴一样，有些权利我们知道没有办法完全定义，类似于公共域，这个公共域我们怎么去解决？这是需要一些办法的。

好比正义，功利主义讲的是利害，权利主义讲的是是非，我们评价的标准是社会福利，权利主义讲的是非就是要尊重人的一些基本的权利。我们以拆迁为例，为什么现在对中国拆迁的争议那么大？我们过去认为中国之所以经济发展得好和快，高速公路修那么快，三峡建那么快，就是因为我们中国的拆迁效率高。印度，包括美国拆迁的成本都很高，所以我们的制度比它们好，就是因为完全是功利主义的，我为了经济的增长速度，可以不保证任何人的权利。但是我觉得这一点是非常可怕的，与此相关的，像计划生育，我们要控制人口。怎么控制人口呢？计划生育。不听怎么办？强制。拆迁也是这样一个问题，为什么为了你的经济增长，就要任意地侵害别人的权利呢？有些拆迁破坏性很大。中国的城市千篇一律，为什么？很大程度上是因为遵循功利主义，不是按照权利。如果按照权利的话，你以商业为目的，我不让你拆，你就不能拆，你补偿多少都不行。这样的话，这个城市可以留下它的历史。中国的城市没有任何的历史，任何有钱的人都可以拆，前一任拆了，这一任再拆。因为政治观念只对自己有感情，对任何历史、个人都没感情，所以我们看到中国城市化的过程就是损坏整个历史的过程。现在我们很得意我们的拆迁效率，我们越到最后越会因为这种功利主义行为导致的这些后果而感到难过。功利主义有它的历史基础，就是人类为了生存拼搏的时候，为了整体的存在可能会杀掉一部分人，好比说，把70岁的老人流放了，不养他们了，因为他们影响人类的整体生存。但是人类不可能这样。Inglehart 的研究横坐标就是生存价值到自我表达价值，纵坐标是传统价值和世俗理性价值，工业化的过程首先是从上到下，从传统价值到世俗理性价值，再下一步是从世俗理性价值横向往 self - expression 的角度表达。就全世界的统计，八大发达国家都在东北角，低收入国家都在西北角，这个具体数字我不讲，都是从他处引来的。我不是说功利主义绝对一无是处，我刚才讲的意思是，我们可以将功利主义与权利主义做一些整合，有一些基本权利一定是先于任何功利的。实际物质利益的选择，我们能用功利主义来衡量，我们评价一个项目，计算成本收益风险，这些都是对的。但是人的尊严和人格问题，我觉得不能用功利主义处理。从这个意义上说，经济学不可能处理什么价值判断，樊纲原来挑起一个争论，“经济不讲道德”。我觉得讲经济学不讲道德是不对的，经济学一定有它的价值判断，有它的道德的。在一个基本权利范围内是不存在替代性的，不存在为了经济增长就可以剥夺人的权利，但是超过这个范围有一些东西可以有替代性。

第三，我讲一下从物质主义快乐观到整体幸福观的转变。我们经济学老讲理性，但是经济学对人的理性理解得太狭义，因为人的理性只是说人是有目的的存在物，人是有能力推理分析的。所以我们干任何事情都是有目的的，这就是人的理性的基本含义。这个理性在西方有另外一个词叫 reason，不只有 rationality，一个人只要是理性的，他总能为行为找正当性的理由。我们生活的目的是什么？从亚里士多德和孔子开始都在探讨。亚里士多德说就是为了追求幸福，他的幸福的概念我们可能不好翻译，英文翻译成 happiness 是不对的，应该翻译成 eudaimonia——发挥人类的潜力，使人类能够最大化地得到完善，其实康德也是赞成这样一个观点的。他认为人的终极目的，本质性目的就是幸福和完善，这和快乐不太一样。经济学简单地说就是最大化 utility，这样就变成工具理性。我们经济学讲工具理性，所有目标是给定的，正当的，你的欲望都是正当的，经济学提供的就是一个分析工具，用最好的方式满足这种欲望。其实理性就是欲望的奴隶，情感的奴隶，理性在制定人类目标方面是没有任何作用的，我认为经济学应该是目标的理性。人之所以是人，跟动物不一样，是因为我们不是被动地满足欲望，而是有权利自主选择我们的欲望。哪些满足哪些不满足，按照个人来说，什么叫高尚的人，什么叫不高尚的人。很简单，你在自己欲望方面的选择是如何的，如果你只满足个人的物质甚至生理的欲望的话，这个人不会很高尚，但是如果一个人抑制自己的欲望，尤其是人本身区别于动物的欲望，他就可能变成一个高尚的人。我想宗教思想告诉我们的，实际上就是这些目标理性，哪些应该满足，哪些不应该满足，理性应该是欲望的主人，而不应该是欲望的奴隶。

我觉得康德讲得非常清楚，理性首先是选择目标，道德就是约束人的偏好。2000 多年前荀子讲过的这段话："君子乐得其道，小人乐得其欲。以道制欲，则乐而不乱；以欲忘道，则惑而不乐。""道"在这里就是理性，以道制欲而不是以欲旺道，这点非常重要。过去经济学太简单，两个维度，一个是时间维度，另一个是空间维度。一个人做任何决策，不是经济学讲的，买苹果还是买梨的事。请想一想，如果你去世之后没人给你收尸，没人参加你的追悼会，你现在就会非常难过，你的一生和你身后的事情都会影响你现在的决策，所以我说这是一个时间维度。从空间维度来讲，人类不是简单的生物。人类之所以是人类就是因为有理性，理性就是有尊严和自由。为什么别人侵害我们的尊严我们觉得很难受呢？这就是人。康德讲过，如果人没有自主权的话，就不可能有任何道德责任，为什么？否定人的自主性，否定人的自我表达本身就是否定人本身。另外我们讲幸福很大程度上取决于人类之间的关系，名誉、权利、道德，所以我们要从这些角度理解人的选择。

亚里士多德讲三种生活，享乐的生活是动物性的，政治的生活是人类追求权力与荣誉，最后是沉思的生活。我们搞经济学的人应该过的是沉思的生活。亚里士多德认为这就是近乎神的生活，大部分人是不可能做到的，但是我们满足基本的生活享受之后，应该有更高的价值追求。所以我们以传统的 material 的福利来考虑经济学的话，问题很大，包括经济增长。如果我们为了经济增长，连人的尊严都没有了，我们活着连狗都不如的话，无论什么样的政府都不是好政府。所以我再强调一点，不能以经济增长率来评价这个政府的行为，至少不能唯以经济增长率评价政府的行为。

最后一点，从利益到理念的转化，传统经济学只关心 interest，不关注 ideas，只讲屁股决定脑袋，不讲脑袋还可以指挥屁股，这是有偏颇的。利益就是一切，每个理性人追求自己的利益，所有的行为都可以 justified。研究社会福利的话，社会变革就是一种利益战胜另一种利益的博弈，或者既得利益得 benefits 大于 cost 才去做。我觉得这很有问题，昨天黄老师也谈到，一百多年前，F. Edgeworh 说过这样一句话，"The first principle of Economics is that every agent is motivated by self - interest"，这就是基本经济学的一个基本假设。但是我们看一下，这个假设有好多困惑。如果我们人的行为都是由利益支配，那我们经济学研究什么？与人的行为没关系，你研究人家这样那样的行为，研究那样的时候人也有那样的行为，经济学就毫无用处了。我们之所以在这儿讨论经济学就是因为它有用，因为它会影响人的理念，结果我们经济学本身的假设就否定了经济学自身的价值所在。这是我长期的一个困惑，我们那么精细的经济学有什么用？我现在发现它有用，就是因为它会改变人的观念。按照经济学来讲，人类是没办法犯错误的，即使事后觉得不对，但是事前（exante）总是认为它是正确的，就像一个投资，我可能失败了，不是我认识到我的错误了，而是不幸的事情发生了而已。

我们的历史不是这样的，历史的变革不是一种利益战胜另一种利益，而是一种主义战胜另一种主义，新的理念战胜旧的理念，或者理念战胜利益。其实大卫·休谟早在200多年前就讲过，“Though men be much governed by interest; yet even interest itself, and all human affairs, are entirely governed by opinion.”利益本身及人类所有事物都是由理念支配的，为什么会这样？究竟什么是人的利益？这并不是绝对客观清楚的，人对利益的认识是通过理念的，也就是说利益是由理念构造的。还有一个原因就是我刚才讲的，如果我们有很多利益，不管是物质的还是非物质的，他对其他的观念就更敏感，所以我很在乎病人对我的看法。这个时候我又做了正当的事，什么叫正当，什么叫不正当？这就会影响我的行为。当然这个问题可以进一步探讨，理念怎么影响人的利益，怎么影响人的行为？这个问题是要讨论的。凯恩斯其实也认识到了这一点，他认为威胁的不是既得利益，而是思想。同凯恩斯完全相反思想的米塞斯也得出同样的结论，人所做的一切，是支配其头脑的理论、学术、信条和心态之结果。在人类历史上，除心智之外，没有一物是真实的或实质性的。我们经济学有什么用？就是改变人的理念，让人们更好地认识自己的利益所在，不去犯错误。亚当·斯密就是改变了人类的理念。亚当·斯密之前，大家认为只要为自己的利益，就是不道德的，亚当·斯密证明一个人为了自己的利益可以为大家带来幸福，所以不是不道德的。我们接受了，社会就变革了。中国的经济学家在过去30年作的最大贡献，就是改变了理论。我亲身经历最多的是价值的变革，大家认为之前价格是由政府制定的，我提出的理念是：只要政府制定的价格一定是不合理的价格，这个理念突破了以后，我们的改革就找到了出路。

现在大家说下一步改革，如果没有思想市场，或者我们假定某一个人脑子里只知道中国应该怎么走，你们只要闭嘴听我的就行了，这是很危险的。因为思想不只是一个人，而是最后要变成绝大部分人的理念。好比我们认为，按劳分配要变成大部分人的理念一样，大家应该集思广益才行。下一步改革同样是这个问题，不存在一个人绝对清楚怎么样改革。我再强调一下，中国改革30年，都是通过从上到下的改革思想形成的。未来改革若否定思想市场，否定思想自由的话，改革就不容乐观，我觉得这一点非常重要。我们都应该有独立精神，个人会思考，社会才会思考，人类的这些进步都来自新的思想、新的理念，而所谓新就是传统上不一定认可的，包括昨天陈平先生讲的创新一样，所有创新都是一开始绝大部分人不认可的，每一个创新分析都很难。如果大家一开始都认可了，就很难创新了，所以我们应保持心灵的自由。最后一句，我反对任何思想垄断，不论是我同意的还是不同意的，从历史上看，利用任何政府的力量、行政的力量扶持某一种思想，批判另一种思想都是非常危险的，谢谢大家！

对话：沈华嵩、罗必良、胡必亮、孙涤、陶永谊、李人庆、陈平、盛洪、张维迎

沈华嵩：首先我是张维迎教授最忠实的粉丝，但是因为我远离北京学术中心，我读张先生的资料很难，所以但凡我能搜集到的，我都会非常认真地阅读，而且在我的周围张维迎教授的粉丝很多。我们一起讨论经济学的转型问题，我肯定是班门弄斧了，但是我感觉今天这个讨论非常好，史教授讲的理论创新和张教授讲的经济学的转型是两个重大的课题，从二位的口里说出来，分量和号召力绝对是不一样的。这也正是茅老和天则经济研究所一直提倡的传统——创新，我觉得两位发言都非常精彩。

我提一点稍微不同的意见，我们现在讲经济学的创新也好，转型也罢，从一个什么角度讲？张教授和史教授都讲得非常好，但是我觉得是不是可以再从另外一个方面入手，在经济学的范式基础上我们怎么来创新？是不是可以有更多的考虑？但是我知道这一点肯定是不合时宜的。从边际革命以来，到卢卡斯讲宏观经济学的历史使命的完成，在此期间，物理学经历了三次科学革命，相对论、量子力学、现代动力学，包括普里高津的自组织理论和混沌学所引起的革命还并不为所有的人赞同，但是至少方法论上引起的革命是大家都认同的。所以物理学有三次科学革命，但是在同时期，经济学只有一次流产的凯恩斯革命，所以我感觉经济学是不是保守了一点。当然，因为它是研究利益的科学，所以变革可能会慢一点。这次重提对经济学的反思或者说经济学的创新、转型有一个什么样的背景呢？全球金融危机，我们经济学和经济学家有没有责任呢？我觉得这个账肯定要认，肯定是有责任的。一个经济学家没有预言到这次金融危机，而且金融危机发生以后，对它的解释又是非常无力的，这不能完全怪鲍尔森、格林斯潘的货币政策。我们经济学家为什么及时没有阻止这种危险的货币政策呢？所以我觉得经济学家和经济学理论要承担责任。

为什么会出现这种情况呢？我同意陶永谊先生讲的，把金融危机的原因归结到监管不严，里根和撒切尔夫人自由放任的主张，这是非常合理的。华尔街贪婪有什么错？自利原则这个原因至少是没有说服力的。我觉得我们对现代金融危机缺乏一个本源性的诠释，我们的弊病在哪儿？新古典主义货币中性妨碍了它对这个问题作完整而全面的回答。另外一点，新古典主义模式不可能有这

种突发性的金融危机，它们是两种不同的分析方式。比如说现在股市的暴涨暴跌，理性资产定价理论和期权定价模型是绝对不可能出现的，新古典主义金融没法解释这些现象，只能把它归结成市场异象，我觉得这是一个比较大的弊病。所以我希望我们更多地想一想范式转换，我是非常主张用现代动力学的范式来替代我们现有的范式的。因为这个非线性范式对解释经济周期、非理性繁荣、暴涨暴跌是非常有效的。这样有些问题就可迎刃而解，同时也把均衡作为一个特例包含在自己的模式当中。我非常希望大家可以更多地关注一下我们对自组织范式的一些考虑，谢谢大家！

罗必良：张老师刚才讲的我完全同意。但是我有几点想法，第一点张老师提的四大转型，我非常同意。能不能用原来经济学的范式理解它，功利主义是工具。但是我们把自利拓展成利他，功利主义拓展成信念，追求物质最大化，追求精神享受的最大化，追求某种信念难道不是功利吗？这需要拓展。

第二点，张老师画了一个矩阵图，讲幸福问题，一个时间角度，一个空间角度。时间角度不就是我们讲的绝对福利理论？纵轴不就是相对福利理论吗？时间和空间两个放到一块，也许就能统计我们今天说的相对福利和绝对福利，相对快乐的经济学。

胡必亮：我非常同意维迎教授的所有理念和看法，非常好。但是有一个问题，茅老师昨天说了，经济学作为一种科学，之前是没有的。如果经济学发生这么多转型之后，那么经济学是否又会回到与哲学、伦理学没有什么区别的老路上去，经济学科就可能不复存在了，也就没有经济学家这个职业了。换句话说，从学科角度来看，这是否可行。

孙涤：胡必亮先生刚才说全部同意维迎教授的观点，他一直坚持独立思考，你全部同意他未必会高兴，但是过了一段突然来了个“但是”，这个是中国人讲话的中庸之道。

胡必亮：我说的是同意他的理念和观点，但是我有疑问的是如何看待经济学科这个问题，这个学科是否还有必要存在。

陶永谊：我过去对张维迎教授的了解是通过他写的书，这次听了他的演讲，我看到了另外一个张维迎教授。我不知道是他原来的观点没有写出来，还是他现在表述有了新的变化，讲到权利和正义，已经涉及经济哲学或者政治理念的范畴。现在的问题是，它能不能当作经济学的概念作规范化的分析？我认为是可以的，关键在于我们怎么来定义这个权利（rights）。它在历史上是怎么演变过来的？社会发展的历史告诉我们，权利不是天赋的，而是人们争取得来的。英国 1832 年的议会改革，主要内容就是扩大选举权的范围。英国工业革命完成后，工业资产者的实力大增，他们获得了足够的议价资本迫使贵族阶层让步，进而获得了选举资格。即使经历了这次改革，英国也只有16%的成年男子拥有选举权。从1840年开始，英国劳工阶层发起“宪章运动”，目标也是争取普选权，当时在《人民宪章》请愿书上签名的人达到300万，占当时英国成年男子的一半，但最后还是以失败告终，这并不是“天赋权力”被剥夺，而是当时英国劳工市场仍然是买方市场，劳动力处于无限供给状态，工人没有足够的议价资本。当刘易斯拐点出现之后，劳动开始变得稀缺，工人的议价资本上升，到1918年，英国才公布了历史上第一个成文的议会选举法——《人民代表法》，进一步降低了选举人的财产限制，有条件地确认妇女的选举权。1928年又通过了一项新的《人民代表法》，确认妇女享有平等选举权，第一次实现成年公民的普选权利。我们看到，权利的实现，与一个我定义的“议价资本”的概念联系在了一起，工业资本阶层在1832年取得选举权，是因为工业革命后实力大增，有了议价资本。在刘易斯拐点没有出现之前，劳动力无限供给，工人没有议价权，300万人签字照样没用，为什么？你罢工我可以有别人顶替你，所以对不起，我不尊重你的意愿。为什么1918年英国妇女有了投票权？第一次世界大战，大量的士兵奔赴战场，许多男人死在战场，大量妇女不得不出来工作，你有议价资本了，所以你可以争取到你的权利。这个权利是历史发展的过程，现在看那些没有出现刘易斯拐点的国家，搞民主制，没有一个是成功的。因为民众没有议价资本，这意味着民众不具备以和平、合法的方式迫使对方妥协的手段，任何一派掌权都意味着另一方的利益受损，因此双方互不相让，选举的结果也不承认。埃及两派争来争去，相持不下，最后还要军政府出来收拾局面。权利不是一个虚幻的概念，没有议价资本就争取不到权利。

权利的边界在什么地方？首先，权利是有边界的，并不是越多越好。这个边界就是你的义务，是和你的义务相对应的。另外，权力（power）并不全是负面作用，并不是只能带来腐败和丑恶，权力对应的是责任，只有超越了这个边界的时候，才是不合理的。公平是权利与义务、权力与责任的平衡。

李人庆：我是来自社科院农村发展研究所的，我很赞成张维迎教授的观点，需要在回顾经济学发展历史基础上，从新的视角来思考、研究当今中国经济转型发展的问题和经济学本身的发展、转型问题。我简单地谈几点个人体会。第一，发展是硬道理，是经济学和伦理学的切割。实际上从亚当·斯密以来，世界上任何的经济学都不应该跟社会的经济伦理相切割。经济学本质上是为人类福利服务的，需要新的经济哲学和经济伦理学的支撑，而不仅仅停留在研究经济学形式化的问题，需要回归到经济伦理学和人本主义经济学。第二，实际上经济是整个社会的一部分，它并不是为了经济本身的运转，而是为了社会的进步和文明的发展。所以它不可能忽略对人与人之间的关系的探讨和这种最基本的伦理的尊重。从另一点来讲，对于今天近现代经济发展进程来说，发展与转型中的一个最核心的问题（实际上哈耶克也讲了）是社会合作扩展的秩序问题。在传统社会里，我们的农村是一个自给自足的范围很小的社会，现代社会是一个扩展秩序的社会，我们和不同的人，和复杂的社会分工的人打交道。这个东西和我们传统的伦理与社会结构关系有很大的不同，如何建构这个东西是现代社会走向文明的最基本的条件，所以现代经济学家，包括诺思暴力社会的演进在内都在探讨，我们如何不依靠暴力来拓展社会秩序和文明，这是很大的问题。另外，著名汉学家费正清先生也讲了，中国社会是世界上统治人类社会时间最长、规模最大的社会，中国社会是如何组织起来的，这是世界之谜。中华文明相对于西方文明，思想世界的开放，历史文明的悠久，是有目共睹的，它不像西方社会一个宗教和教派独尊的文化。欧洲在中世纪对思想的封闭和压抑是导致其落后封闭的根源之一，而当时的中国虽然有王权统治，但是对宗教信仰的包容是有目共睹的。所以中国应该继承这种对思想市场开放和包容的文化传统，对思想和市场的开放是文明发展演进的一个基础。谢谢！

陈平：张维迎教授数月不见，真令人刮目相看。张维迎教授在金融危机以后观念发生了转型，从新古典经济学的博弈论专家，变成了奥地利学派哈耶克的门徒，但似乎追随的是后期的哈耶克。早期的哈耶克研究迂回生产，受马克思影响，研究货币内生性，提出自发组织，接近普里戈金的自组织概念。后期的哈耶克和凯恩斯、弗里德曼争论，从经济学家向哲学家靠拢。似乎张维迎教授在仿效后期的哈耶克。

我有几个看法跟张维迎教授有很大的差异：第一，我反对思想市场。我是做物理出身的，你是做经济学出身的。做物理的人没有特定的理论信念，任何理论如果能解释实验，就有存在的理由。我和经济学家不同，只相信实验检验理论，不相信市场可以决定理论。所以我反对科斯提出的思想市场，我们今天在天则经济研究所讨论的最重要的事情是发现谁有新的 idea，谁就得到大家的赞美。但是，如果判断思想的优劣，讲思想市场，那就比市场份额或资本运作；如果讲学术民主，按人头投票，那爱因斯坦的相对论是死定了。因为匿名审稿，或者诺贝尔奖委员会投票（别说老百姓投票了），相对论都是发表不出来的。科学是开放竞争的，但不是民主，也不是市场。把出版市场和科学论坛相混淆，混淆了盈利竞争和非盈利竞争的基本差别。所以，思想市场这一条，我不同意。

第二，张维迎教授把权利变成目的，脱离历史条件，我也不同意。把权利变成目的论，有半宗教的色彩。生物演化的基础就是资源有限，然而每个物种的繁殖能力是无限的。如何界定生存空间，或是生存权利？是靠武力保护竞争，还是靠立法保护？谁来立法，上帝？强者？

张维迎教授举的例子，都是价值判断，没有经验数据和案例。凭什么说市场是合作的？计划是互相欺骗，反合作的？我在中国和美国都做物理学研究，物理学家的研究都是高度计划的，哪里有市场？物理学家的合作，远远超过经济学家。核反应堆如何拆分交易，计划经济不是苏联发明的，是德国发明的，美国托拉斯发展的。上升到哲学以前，最好先研究历史案例。

张维迎教授举的几个案例非常有误导性。我们做“演化论”，中国翻译成“进化论”，翻译错了，演化，就是有进有退的。凭什么说计划经济是人类历史上的一大退步？据我的观察，计划经济也是现代化的一种模式。我讲现代化有多种模式。苏联、东欧我去看过，社会发展带来的进步远远超过拉丁美洲和亚非拉国家。休克疗法以后，苏东国家的社会福利大步倒退。所以你在观察之前，就给出价值判断，这不是科学，是神学。

第二，我们读历史的人都知道，历史上埃及是罗马的粮仓，是粮食出口国，现在埃及闹动乱是什么原因造成的？埃及已经从粮食出口国变成粮食进口国了，为什么？首先就是没有计划生育。埃及的人口增长率是中国的四倍，但是它的经济增长率只有中国的四分之一。而且还学了一个西方的办法，发展所谓的人力资本，结果没有制造业，大部分的大学生毕业即失业，现在闹的都是他们这些失业大学生。我在美国开会讨论如何应对欧债危机，顺带讨论起移民的人权问题。新美国基金会的智囊在那里讲，西方国家现在需要捍卫自己的阵地了，因为过去把技术和产业移到中国，现在发现吃了大亏。必须美欧合作自救，然后讲地缘政治，如何把中国等新兴国家排除在西方市场之外。我当场给了他一个反例，即南欧国家最近发生的人权灾难。最大的人权问题是什么？非洲的那些难民要偷渡到意大利去，死了很多人，引起轩然大波。我此话一出，美国人马上就找我，当面承认西方名义上讲人权，实际是反对非法移民的。他举的例子告诉我，为什么法国、英国出兵干涉利比亚，道理和当年美国干涉海地一样，是为了防止大批难民跑到美国来。我注意到一个历史的悖论，资本主义自由从哪儿开始的？庄园里的农奴逃到城市，几十天以后就变成了自由民。现在科学越来越发达，机器取代人，就业机会越来越少，言论自由反而越来越多。自由是少了还是增加了？为什么言论自由增加，因为找不到工作，总得让你发牢骚，总比革命好。给老百姓言论自由，是让你出气而已。你把自由看成是天赋人权，脱离社会发展历史的轨道。哈耶克晚期是失败的政治经济学家，不是真正的哲学家，我认为这是哈耶克为什么在政治上输给凯恩斯的原因。哈耶克在危机深重的时候完全没有对策，等于认为市场病重了会自然恢复，政府什么都不用干，市场自己能解决。你去教训重病之人不要看病求医，有人会听你的吗？我希望你看清后期哈耶克的命运，这条道路你不要走。这是老朋友的真心话。谢谢。

盛洪：维迎教授的题目稍微大了一点，从功利到权利，制度经济学已经走过这条道路了，康芒斯早已经提出，所有产品或要素的交易都是权利的交易，他讲的是人的权利，不是物的权利。应该说这个转向已经走了很多年，而且相当成熟。当然，我非常同意这种转向，因为讲权利和讲利益还是有很大区别的，我觉得其中一个非常重要的性质是权利必然是人的权利，不是物的权利，它有它的主体性，而利益经常没有主体性。所以我们经常会听到有人讲，“我们要捍卫农民的利益，所以不许他们卖地”。其实这个逻辑就是说“我们为了捍卫他的利益，可以剥夺他的权利”。这是彻头彻尾的谬论，因为真正知道自己利益的人就是自己，你要想保卫他的利益，首先要捍卫他的权利，我觉得这是张维迎教授讲权利非常重要的方面，我非常赞成，它是有主体性的。

刚才讲到权利到底是怎么形成的，我觉得有两个途径，一个是在实际上通过人的互动，互相博弈最后形成的均衡，但是这不是马上可以达到的，所以我们看到很多不尽如人意的地方，看到很多非正义的事情，那是没有问题的。但是我觉得还有一个来源是人对正义，对权利的理解，实际上 rights 这个词，就是“对”“正当”的意思，把它翻译成中文，中文有好多对应的词，一个对应词叫“所”，“各得其所”，这个“所”其实就是正当的意思。所以我觉得这有一个对“正当”的理解，对“正义”的理解，这是权利的另一个来源，形而上的来源。这形而上方面恰恰和维迎教授的观念相关，我觉得这一点我非常同意。

我评论一下维迎教授对外部性的见解。其实经济学有个外部性的定义我觉得挺好，“没有通过价格而影响到别人的收益和成本，叫外部性”。也就是说，没有经过一个制度规则影响到别人，而这个制度规则定义了权利，我一旦进入到市场，遵循了市场规则，市场规则就定义了我的权利和义务。之所以还有所谓的外部性，是因为确实有很多没有在现有的制度规则下定义的权利和义务，我们称之为外部性，这并不矛盾。经济学定义的“外部性”相对狭义。

还有文化思想垄断的问题，我觉得这是另一个需要思考的问题。我们反对一切文化专制和思想垄断，但是也要承认在一定时期，有些文化占主流地位，这个现实也不完全是坏的。你刚才还提了一个独尊儒术的问题。我举一个例子，罗马帝国君士坦丁皇帝皈依基督教以后，就排除任何异教，因为摩西十诫已经提到了，不许崇拜别的偶像，所以拆毁罗马和希腊的神庙，这些情况都是有的。当然要去思考，这是比较复杂的一个现象。谢谢。

张维迎：传统经济学对市场的辩解主要基于效率，我觉得这是不够的，如果市场没有道德性的话是没有办法说服别人的，人类也就不会有好的制度选择。我已经讲过，人类总会犯错误的，这个错误一种是说得通的，就是无知的，这没有办法，人类任何情况下都会无知。还有一个是无耻，说自由的人可能限制自己的自由，这本身不能成为反自由的理由，就像现在有一些人宣传的一些正义的规则，这个人本身做的可能不正义，但是不能说正义本身是错的，所以你用的所有的例子来证明这一些，我觉得是有问题的。而且我理解的市场就是自由的含义，每个人可以自由选择。狭义的市场指什么？各种观点可以完全自由地竞争，主流主导它的竞争结果，而我反对的是任何政府强加的观点。微软做得好可以主导这个市场，苹果做得好可以主导这个市场。我反对政府主导下的你只能买微软的产品，只能买苹果的产品，我反对的是这个东西。不一定主流建设下来的就是正确的，因为人类认识有限，我们接受的很多东西可能是错误的。

我指的不能垄断，不是说经济上得到优势了，不是反对这个。没有政治的保护不存在真正的垄断，你看哪个企业垄断了？至少没有办法持续地垄断。还有一个观念是权利，权利这个东西我觉得需要我们很好地讨论，美国可能过度了，因为人类也有不同的认知，但是美国争论生孩子是妇女的权利还是婴儿的权利，妇女有堕胎的权利，婴儿有生存的权利，中国远不止这些权利，病人有权随时阻止你生孩子，不是母亲和儿童的问题。衡量权利有一个基本的东西，权利必须是兼容的，又可以是普遍化的，你可以有这项权利，我也可以有这项权利。如果只有一部分人有这项权利，那就不叫权利，那是特权，我们现在反对的恰恰是这种特权。我举的这个兼容性有时候可以有变化，我喜欢用一个例子来说明，我们家门口的停车场，有时候停两辆车，妨碍别人车子的出行，你指了出来，他就改正了。后来慢慢地很多家停两辆车，这就变成了权利，没有人再反映了，这是权利本身的变化，其本身就是兼容的。我讲的权利主要是消极权利，不是积极权利，积极权利用康德的话说是不完全的权利，不完全的权利是没有办法用法律解决的。我有教育权，一个学生走到北大的门口说，我有教育权，我去北大商学院，可以吗？功利也是研究人的问题，功利无非就是说人是可以相加的，是大部分人的利益。我们看某一个人长得难看，看到他痛苦，把他杀了算了，这是功利主义，功利主义可以用收益补偿成本。谢谢！

三、拾遗补阙篇

经济学创新中的几对关系

陈　钊*

我以为今天这个会是让大家一起来讨论，怎么样更好地进行研究上的创新，而不是来讲自己做了什么创新。但我发现到目前为止，大家讲的都是自己的创新性研究，而我将从怎样更好地进行研究上的创新来谈。

我们这个会议叫做“中国经济学跨学科理论创新研讨会”，所以，我想围绕为什么需要强调中国问题研究，怎样从中国问题研究产生理论创新来展开讨论。我觉得这里面有以下几对关系需要讲清楚，不然可能产生很多认识误区。中国研究和理论创新是什么关系？理论研究和实证研究又是什么关系？国别研究和一般贡献是什么关系？现在政策研究越来越受重视，政策研究和学术研究又是什么关系？如果时间允许，我也将介绍两项自己在研究方面的创新工作。

先谈谈中国研究和理论创新是什么关系？这个会议是中国经济学跨学科理论创新研讨会，“中国经济学”这个说法有时候容易让人产生误解，误以为是中国的经济学。我个人不主张这样理解，经济学就是经济学，没有中国的经济学，美国的经济学。经济学就是用科学的工具、方法，进行逻辑的推理，发现规律，解释现象。当然，我觉得中国经济学这个说法也是有意义的，为什么呢？因为源于中国的素材、事实，可以开展很多有创新性的经济学研究，我觉得这是最有价值的中国经济学研究。而我们这个会议所强调的中国经济学研究的理论创新，恰恰应该是基于中国的素材、中国的事实来提出创新的理论与洞见，或是对相关的理论进行检验，发现新的规律等。

从个人研究经历出发，我认为我们只要扎根于中国的现实，就会有很多东西值得研究，而且这里面有大量的可以创新的空间。为什么这么说？因为中国有其独特性，地理上的、制度上的、文化上的，这些独特性都是我们创新的源

---

* 陈钊：复旦大学中国经济研究中心副主任、教授。

泉。以地理为例，中国是大国，而且地区之间异质性非常大，包括自然、发展阶段都不一样。比如我们讲到环境治理问题，有人说环境治理国外可能花十几年时间就完成了，环境就彻底治理好了。但是，我觉得中国恐怕不一定，为什么？因为当北京、上海想搞环境治理，内地还要 GDP，此时内地对环境不是那么在意，而环境问题有严重的地区之间的负外部性。所以，我觉得在大国的背景下讨论环境治理会更为复杂，但这恰恰是我们进行创新的源泉，这也是最近我与合作者在推进的研究工作之一，不久就能够和大家分享这方面更多有意思的发现。我们的研究将说明，恰恰就是因为中国这个大国在地理与发展特征上和人家不一样，才可能使我们对于治理环境的问题有更深入的认识。

又比如说，新经济地理学有一个关于“中心—外围”的理论，但是在实证上一直没有得到很好的检验，我们曾做过一项实证的工作来检验这个“中心—外围”模式。为什么中国会更适合检验这一理论呢？因为其独特的地理。第一，中国足够大，而中心—外围理论是需要一个大的空间来体现其机制。第二，中国仅在东部有大港口，而出海口接近国际市场，这就是理论模型中的“中心”，内地则是“外围”。美国虽然也足够大，但是两面靠海，中心到外围的空间尺度可能就不够了。

中国的制度同样有其独特性，我们有大量积极的干预政策，比如产业政策就被积极广泛地实施。但是产业政策的效果到底怎样？这在理论上一直是有争论的。中国的产业政策给我们一个检验产业政策是否有效的制度实验场，包括产业政策的效果取决于什么的问题，我们也可以从不同角度进行回答。

中国的文化同样独特。经济学研究里面有一个关于社会网络在市场化中的作用到底是什么的研究话题。例如，人际关系或关系网络是不是随着市场化的推进就变得不重要了？其实不一定，很有可能是社会关系嵌入到市场机制里面，帮助个人攫取利益。我认为这就是一个很有意义的研究问题，所以我们曾考察过关系在个人进入高收入行业中起到了什么作用。源自于中国丰富的素材，我们也能够对现有理论进行再检验，如果发现现有理论不能解释中国现象，你就可以进一步思考为什么，这就是提出新理论的可能性，是创新的源泉。

我要说的第二对关系就是理论研究和实证研究。我觉得有一种倾向，好像大家比较重视理论研究，不那么强调实证研究。比如到目前为止，大家昨天包括今天上午的发言，基本上都是理论研究。理论研究确实非常重要，但是我觉得中国经济学的理论创新，首先应该是基于对中国事实素材的认识提出来的，这两样东西缺一不可。就是说你要检验理论，要发现新规律，必须要有事实的观察，到底发生了什么？这个你得知道，这需要实证研究告诉我们。另外，当我们试图提出新理论的时候，首先得知道原有的理论是什么，参照系是什么？不能参照系都没有搞清楚，你就提出来一个新的理论，这是非常危险的，这样学科就没有进步，没有传承了。即便我们不是看计量研究，只是看案例，我们也要遵循科学精神，把这个事实说清楚，而不是像记者式愤青一样，这个说说，那个扯扯，然后凭空抛出所谓的创新理论，这离我心目中认为的经济学创新应有的模式相差很远。

正是因为中国有地区之间的差异性，很多政策又在不同时点上推行，政策的力度也不一样，所以，我们很多外生性的制度变化在时间、空间和程度上都有差异，这给了我们大量的机会去做一些准自然实验的经济学分析，这个我觉得是非常难得的。比如最近我们有一项研究想回答出口加工区的政策效果到底怎样？我们发现，如果所扶持的产业符合当地的比较优势，那么这一出口鼓励政策就能显著促进出口，否则，其效果就不显著。这项实证研究本身也说明，有了这样一个关于比较优势的理论指导，就可以帮助我们验证这样的理论。

另外我要讲的就是国别研究和一般贡献的关系。一般人认为中国研究就是做中国问题的研究，好像要低一个档次似的。其实跨国研究，国别研究都非常有必要，但是做国别研究，你不能只说我就是做这个国家的研究，你要通过这个国家的具体素材找出一个具有一般性的规律。我们需要把国和国进行比较，因为国和国的制度环境不一样，这才能更好地检验现有的理论，因为现有的理论往往是在某一特定的制度环境下得出的。所以，科斯在《经济学中的灯塔》里有一句话非常重要，他说“一般化可能并不是有益的”，就是认为理论是放之四海皆准的想法可能并不正确，“除非得出这种一般化的研究考察了在不同的制度框架内这些活动到底是怎么产生的”。结合中国的情况，因为中国的地理、文化、制度和别国不一样，把现有的理论拿过来的时候，特别需要在中国检验一下，看看这个规律在中国的制度框架下是不是成立。从这个角度讲，针对任何一个国家的研究都可能会很有价值。比如日本学者的一项研究发现，西方企业内部成功实施的对销售人员的计件激励方式在日本却没有改善员工的绩效。为什么呢？一个可能的原因恰恰是这一理论并没有考虑企业内部的集体主义文化，而这在日本却极为重要。所以，在一种文化里可以产生很好的激励效果的政策，换一个环境可能就不一样了。这时候我们就可以拓展原有的理论了，这是理论创新的一种途径。

我想讲的最后一对关系就是政策研究与学术研究。现在政策研究被强调得越来越多，各个地方都在搞智库，我所在的复旦大学中国经济研究中心也是上海市高校的智库。目前，大家对政策研究都越来越重视。但是，可能有这样一个错误的认识。比如，有时我们可能会听到这样的说法，年轻人就是要多发论文，评了教授压力大了，就可以多做点政策研究。不同的学者被贴上不同的标签，你是做政策研究的，他是做学术研究的。我并不认可以上的这些说法，在我看来，政策研究和学术研究没有明显的界线。那么，政策研究与学术研究是什么关系？或者说，什么才是好的政策研究呢？在我看来，好的政策研究，就是“有明确政策指向的学术研究”。所以，在很大程度上，政策研究与学术研究其实是一回事，特别是对于广为建设的这个智库。这里所说的学术研究应该具有明确的政策指向，就是你所从事的研究项目要有明确的应用性，所提出的学术问题是从实践中产生的，其答案又对实践有很强的指导价值。当然，既然仍然强调是学术研究，就要有科学性，但科学性难道不也是政策研究应该坚持的原则吗？所以像茅老（茅于轼先生）的公租房不要设单独卫生间的说法，我在复旦上“信息经济学”课时就会拿来跟学生讨论。我问学生，很多人反对这个观点，你们怎么想。其实我想引导学生们明白，这个说法的背后是机制设计的理念：你只有把廉租房的质量向下扭曲以后，穷人才能够真正得到这个房子，这就是信息不对称条件下的次优选择。只要存在信息不对称，这种看起来的不合理却是最优的。反过来，如果你把廉租房造得和市场上的房子差不多标准，那么真正的穷人恐怕就难以分享了，这就是对政策的科学性的考虑。当然，我觉得智库还应该有很重要的特点，就是独立性和前瞻性。因为，智库不应该只回答政府提出的问题，也不只是解决眼下政府碰到的困难。这样你才既可以有独立性，又可以有超前性。我们刚刚做了一项关于职业教育回报的研究，我之前并没有专门关注教育的回报，为什么突然开展这项工作呢？因为我发现，不论是中国目前所强调的产业升级，还是城市化过程中各种成本的不断提高，都会使得以前那种靠廉价劳动力推动的制造业增长模式不能长期维持了，我们需要有人力资本的技能提升。但是，我们的农民工现在做不到这一点，怎么办？靠高等教育吗？异地高考的推进很难，大学生自己也面临就业难的问题，相反，职业教育的人才就业率却要高得多。但是，沿海地区在职业教育上也仍然存在一些与户籍相联系的制度性壁垒。那么，职业教育是否急需打破户籍门槛的限制呢？这取决于农民工在不同地区接受职业教育后，其人力资本的回报有无显著差异。我们的研究发现，农民工在东部地区接受教育的质量高于在中西部地区，所以职业教育需要向农民工放开户籍限制，让他们在东部发达地区也能平等地接受职业教育。这也符合发达地区自身吸引高技能劳动力，加速产业升级的要求。我以这个研究为例，想说明的是，这是一项学术研究，但同时也能够为政策提供有价值的指引，这正是我所认为的学者以智库研究人员的身份应该做，也能够做好的事。

数学如何改变经济学

茅于轼*

我们今天讨论的是经济学的跨学科创新，我觉得最成功的就是和数学的结合，所以我今天讲经济学怎么因为数学而彻底改变了。大概在100年以前，门格尔和杰文斯等人把微积分用到了经济学中。自从亚当·斯密写《国富论》，把经济学放在一个有逻辑的框架里以后的100年，经济学有了不少进步，但不是本质的进步，本质的进步是经济学使用了数学。从那以后，我们把它叫做新古典经济学，在那以前就是老的古典，老的古典经济学是不用数学的。

数学怎么帮助经济学呢？经济学最根本的问题就是在约束条件下财富创造的极大化，大家碰到极大、极小的问题时一定用微积分。所以，新古典经济学的最大用途就是告诉你怎么使得财富创造极大化。

经济学用数学得到的最重要的结果，我认为就是一般均衡，说穿了就是自由交换，通过价格的浮动使一切商品都供需均衡，这个时候配置的效率是最高的。由于有交易费用、信息不对称、合理预期等，修正了不少一般均衡理论。但是，它的基础没有变，换句话说就是自由交换实现了均衡。当然，这是从微观上讲的。从宏观上讲，还有可能不均衡，这时候就要用中央银行的政策。

数学有一个特点，就是永远不会错，欧几里得的几何学2 300年以前就有了，一直到今天还是这个版本，不管是美国、中国，中学里面教的都是它。再过两千年我想也不会变（非欧几何学也一样不会变，因为也是由逻辑推导出来的）。因此，数理经济学得出的结论也一样，除非数理经济学前提有什么变化。前提有什么重要的假设呢？大家都知道，一个是经济人的假设，还有一个重要的假设就是效用函数，它必须是一个行为良好的函数，效用是可以排序的，是连续的，一阶二阶都是可微的，二阶导是负的，是单峰值的，这就是行为良好的一个函数。一般均衡的前提，自由交换的前提就是人人平等、自由选择，而且有公正司法来保护你的平等和自由，我认为这个条件一百年以后、一千年以后也不大可能会变。所有不同于一般均衡的都是不可能实现的，所以我

---

* 茅于轼：天则经济研究所荣誉理事长。

们要求人要按照一般均衡假定的前提来行为，不可能不用货币，互相免费服务，这是不可能的。因此，我们懂得一般均衡，对于我们来讲，当前的重大任务就是让全中国人民都懂得只有一般均衡才有可能实现一个我们可以过得去的社会。

前面我讲数学，现在我把这个数学忘掉，不讲数学，就是说一个社会需要什么。社会需要的东西，我觉得很简单，就是你拿钱能买到东西。一个社会拿钱不能买东西，这个社会就非常糟糕了，你买不到粮食，你怎么办呢？所以，社会的需求就是拿钱能买东西，而在计划经济的时候，钱也能买东西，但是只能买供过于求的东西，供不应求的东西买不着。诸位年纪轻的不知道，在那个时候供过于求的是什么东西？有好多东西，多得不得了，卖不掉。举个例子，解放牌的胶鞋，胶鞋卖不掉，你拿钱买胶鞋没有问题，可以买到，但是拿钱买粮食是没有的。所以，一个社会必须有的条件，就是你拿钱买什么东西都可以，不是说只能买供过于求的，供不应求的你买不着，如果这样，这个社会就非常糟糕了，万一粮食供不应求，你就得挨饿了。所以，很简单，一个社会起码的条件，就是你可以拿钱能买任何一样东西，或者说没有一样东西是长期缺少的。或者再进一步说，生产过剩的胶鞋能变成生产不足的粮食。我们要求胶鞋变成粮食，好像听起来很不可思议，胶鞋怎么能变粮食呢？但是在一般均衡条件下，任何一样东西都可以变成另一样东西。因为我们口袋里的钱买什么都行，一个面包两块钱，一度电一块钱，你口袋里的钱可以买面包也可以买胶鞋。你吃一个面包花两块钱，你不吃两块钱的面包，你可以用两度电，面包就变成电了。如果没有这个功能，你怎么可能拿钱买一切东西呢？所以，什么是一般均衡？就是保证你拿钱能买一切东西，而且胶鞋是可以变成粮食的，这是在一般均衡条件下才有可能实现的。这个道理听起来非常奥妙，但是又是非常现实的情况。我们现在这个社会，大家口袋里的钱是可以买任何一样东西的，很接近一般均衡，但是还不是。

当你拿钱能够无障碍地买任何东西的时候，一个面包两块钱，一度电一块钱，你吃一个面包、用一度电，三块钱，于是我们才可以计算 GDP，如果没有一般均衡，你不可能计算 GDP。刚才我讲计划经济的时候，很多东西你买不着，那时候算不出 GDP 来，因为价格都是错的。由于可以计算 GDP，这才有宏观经济学，如果没有一般均衡，宏观经济学是空的，因为宏观经济学是讲总量，总量是相加得到的，不能相加，总量有什么可研究呢？而且由于钱可以买一切东西，钱可以度量不同东西，一个面包可以跟一度电相加，它们的量当然完全不同，但是它们的价值是可以相加的。什么价值？不是劳动价值，而是交换价值。因为有了这个特点，钱能够衡量一切东西，可以计算 GDP，可以计算一个企业投入的各种物品。投入品很复杂，劳动、设备、资本、技术、土地、房屋。你也有产出的产品，由于有了一般均衡你可以比较投入的多还是产出的多，如果你投入的少、产出的多，你就创造了财富。在计划经济的时候，认为钢是货真价实的，水泥是货真价实的，钱是空的，所以不讲钱，讲要创造钢、创造水泥。结果钢炼出来了，赔了，因为投入比产出多，国家更穷了。你想想，没有一般均衡，你怎么知道一个企业是创造财富还是浪费财富呢？而且一个国家应该进口什么，出口什么，也完全靠一般均衡的价格，换句话说，如果没有一般均衡，一切都乱套了，这个社会绝对是不可行的。所以，我说我们不要空讲数理经济学的一般均衡，我们离开数理经济学，还原到日常生活里头来，你无法想象一个良好的社会不同于一般均衡，没有这个可能性。

我们国家现在的状况是什么样呢？消费品差不多是一般均衡，但是我们的投资品是远离一般均衡的。首先是土地没有市场，不是竞争性的，只有一个竞争性的需求，没有竞争性的供给。资本没有市场，因为利息率不是市场化，因此我们不被 WTO 承认为市场经济国家，因为我们的投资品市场是不均衡的，因为投资品市场的不均衡，造成消费品价格的扭曲。所以，你在进出口的时候可能搞错，该出口的变成进口了，因此，WTO 规定我们不享受市场经济国家的自由贸易。这也说明了我们中国还有巨大的经济增长的空间，如果把土地自由化，利息率自由化，汇率自由化，我们可以产生巨大的财富。我算了一下，光是利息率自由化就可以多出两三个百分点的 GDP。

这就是我今天讲的内容。

结构对制度和转型的影响

曹正汉*

我从大家共同的一个困惑说起。这个困惑是，在中国，可以发生市场化改革，也出现了持续的经济增长，但是却很难推动政治转型。这是为什么？下面是我对这个困惑的一些思考。我认为，这个困惑与中国自古以来形成的治理结构有关。这个结构既是中国最基本层面上的制度，同时也是影响其他层面的制度和制度演变的一个主要因素。

一、"中央治官，地方治民"的结构

自汉代以来，中国在治理结构上有一个显著特征，即中央政府尽量不直接与民众打交道，尽量不直接管理民众事务，而是把主要精力放在控制和指导地方政府上，再通过地方政府管理和控制民众。我把这种结构概括为"中央治官，地方治民"，或者形象地称为"分散烧锅炉"。当然这是一个简化的说法。详细来说，应该是：中国的政府系统按功能可以分为上、下两个层面，上层（中央和省级政府）是治官的机构，下层（县级和乡镇政府）才是治民的机构。

所以，与联邦制国家相比较，中国在治理结构上的特征不在于存在着多级政府，而在于上层政府和下层政府的功能相异。在联邦制国家，中央政府和地方政府都是治理民众事务的机构，其功能是按公共产品的类型来区分：中央政府承担全国性公共产品的供给责任，地方政府承担地方性公共产品的供给责任。然而，在中国，虽然中央政府也负责一部分全国性公共产品的供给，如国防、外交、国内市场和货币的统一等，但是，与民生直接相关的那部分全国性公共产品，如社会保障、跨流域的环境保护、跨地区流通的食品安全监管、全国性法律的实施、社会控制与维稳等，则主要由地方政府承担供给责任。

二、为什么形成了这种结构

形成这种结构的主要原因是中央政府既要实行政治集权，又要降低自身承

* 曹正汉：浙江大学经济学院教授。

担的责任和风险，所以要尽可能把治民的责任和风险转移给地方政府，以维护政权的稳定（曹正汉，2011）。所以，“中央治官，地方治民”的结构是在人口众多、幅员辽阔的巨大国家实行中央集权的一种可行的办法，舍此则中央集权既难以实施，更难以持久。

“中央治官，地方治民”的结构包含了四个维护政权稳定的机制：

（1）分散风险的机制。把与民众发生冲突的风险转移给地方政府承担。

（2）调节集权程度的机制。政府对民众管制到什么程度，中央政府只制定一些大的原则，具体尺度交给地方政府去把握、试验和调适。

（3）可信承诺的机制。当民众与地方政府发生冲突时，地方政府需要在镇压和让步之间进行权衡。问题在于，如果选择让步，就需要对未来的政策作出某种承诺，承诺是否可信就成为关键的问题。“中央治官，地方治民”的结构内含着一个可信承诺的机制：如果冲突不涉及中央政府的利益，不冲击中央政府的政权，那么，中央政府就可以充当第三方的监督角色，监督地方政府履行承诺（这个承诺可能是中央政府出面作出的）。由于存在着第三方监督，这就提高中央政府在应对社会冲突时，作出承诺的能力和化解冲突的能力。

（4）地区竞争的机制，有助于推动地区创新和地区经济发展。此机制经济学家已作出充分讨论，故从略。

三、结构对制度的影响

1. 中国财政体制的特征

第一个特征是从国际比较来看，中国实际的财政分权程度（以地方财政收入占全国财政总收入的比重和地方财政支出占全国财政总支出的比重来衡量）非常高，超过了规模相似的联邦制国家（如美国和印度）。为什么？我的看法是，在“中央治官，地方治民”的结构内，财政用于社会控制、社会保障和民生等支出，主要发生在地方政府（约占90%），所以，必须保证地方政府拥有相应的财政资源，因此内生了很大程度的财政分权。这一点与美国相比就更清楚，在美国，社会控制、社会保障和民生等支出的责任大致由联邦政府与州地方政府平均分担，所占比重分别为50%左右。

第二个特征是，虽然中央政府对地方政府拥有绝对控制权，可以随时调整财政体制，但是，每一次财政体制调整都遵循了两个原则：一是“保既得利益原则”，即保证下级政府的既得利益；一是“保社会管理职能原则”，即保证地方政府（特别是县级政府）能够正常履行社会公共管理职能。在此基础上，再来谈中央与地方的税收分成比例。这两个特点也是由“中央治官，地方治民”的结构所衍生出来的。

2．公共产品供给：过度分权与过度集权并存

在全国性公共产品上存在着过度分权的问题，如跨地区流通的食品安全监管、跨流域的水质保护与污染防治、基本医疗和社会保障等主要由地方政府负责（曹正汉，周杰，2013）。同时，在一些重大地方公共产品供给上又存在着过度集权的问题，如地铁项目的中央审批制等（曹正汉，薛斌锋，周杰，2014）。此种现象存在的原因是中央政府既要把保障民生的责任加到地方政府身上，又要保持对地方政府行为的控制。

3．社会冲突的频繁发生与政治体制的稳定同时并存

最近三十年，中国各地区频繁发生民众与政府的冲突，但是，迄今为止，大量的社会冲突并没有导致政治转型。其原因首先是在“中央治官，地方治民”的结构内，社会冲突被限制和分散在各个地区范围内，由地方政府分别处理（所谓“分散烧锅炉”），避免形成全国性的社会冲突。当然，尽管如此，还是有一些事件很可能引发全国性的社会冲突。在这种时候，我们发现中央政府是通过推动针对地方政府的制度变迁或制度改革来安抚民众，化解社会冲突。这种制度变迁的特征是，压缩地方政府的权力，或者增加地方政府的责任，如取消农业税费、废除收容审查制度、废除劳动教养制度等，都是约束地方政府的权力，以平息民怨；为底层民众建立以地区为单位的基本社会保障制度，则是增加地方政府的责任。由于这两个原因，“中央治官，地方治民”的结构提高了集权体制应对社会冲突的灵活性和稳定性。

4．历史上的治乱循环

自秦汉以来，中国历代王朝都建立了“中央治官，地方治民”的结构，既然这种结构有助于王朝政权的稳定，为什么中国历史走不出治乱循环？为什么这种结构只能使一个王朝延续一两百年，然后就开始旧王朝瓦解和新王朝重建的过程？

我认为这些问题与下面两个因素有关：

（1）“中央治官，地方治民”的结构虽然可以分散应对民众冲突，但是，它大大缓解了中央政府直面民众冲突的压力，也缓解了中央政府推行制度改革的压力，因此，阻滞或延缓了制度变革。这种结构所导致的后果之一，是使冲突的后果累积起来，累积到地方政府不能承受（如因天灾引发跨地区内乱），中央政府也难以应付时，这种结构在应对社会冲突方面就开始失效了。

（2）“中央治官，地方治民”的结构要持续稳定，条件之一是军民分治，即中央政府集中治军，地方政府分散治民，地方官员不能执掌兵权。但是，这一条件在古代时常被打破。其原因是，中国幅员太大，加上天灾多，受制于古代交通技术和军事技术，中央集中治军难以应付地方事变，特别是在多事之秋

更是如此，若要有效应对地方事变，须在全国各地区设立高层政区，统辖一方的军政大权，这又易于形成地方割据。这说明，在古代中国，中央政府在应对地方事变与控制地方官员之间，很难兼顾，一旦内乱频繁，国家就可能逐渐瓦解。

四、中国的制度经济学

现有的制度经济学理论，包括制度变迁理论和转型理论，不重视国家在治理结构上的特征和意义，也忽略了对国家治理结构本身的解释。如 Acemoglu & Robinson（2006）的政治转型理论；North，Wallis & Weingast（2009）的国家转型理论，都把政府看成是单一层级的系统，没有中央政府与地方政府之分，也没有考虑到国家的治理结构对制度转型的影响。

当然，在财政联邦主义的文献中，经济学家研究了一种特定的国家结构对制度创新和经济发展的影响（Oats，1972；1999；Qian & Xu，1994；Qian & Weingast，1995；1997；Jin et al.，2005；Weingast，2009；Xu，2011）。但是，他们主要是在经济领域考察国家的治理结构，如 M 型结构、财政联邦制等，都是指中央政府与地方政府在经济领域内所形成的关系和结构。由于经济事务受政治控制，如果不考虑政治因素的影响，经济领域的结构特征就变得难以解释。所以，钱颖一、Weingast 的“中国特色的财政联邦制”理论受到许多批评，其解释能力也受到质疑（Rodden，Rose－Ackerman，1997；杨其静，2009）。

所以，我认为，把国家的治理结构纳入制度分析理论之中，是一个具有广阔发展前景的研究领域，这对于建立解释中国的制度和国家转型的理论来说，尤其重要。基于中国的经验和中国面临的问题，我们可以开发一个研究领域，不妨称之为“中国的制度经济学”。这个研究领域需要面对和解决三个层面的问题，也受这三个层面的问题推动。

（1）结构的形成和瓦解。“中央治官，地方治民”的结构是如何形成的，为什么能长期延续下来，又为什么会瓦解？为什么在历史上中国发生了多次统一与分裂的周期循环？

（2）结构对制度的影响。国家的治理结构如何影响制度的特征和制度的演变？

（3）结构的转型，或者说，国家的转型。在什么条件下，通过什么机制，中国才能长治久安？

我相信，对这些问题的探索必将推动制度经济学在中国的发展。

经济理论如何创新

罗必良*

张老师好，各位下午好！我要讲的问题是一个命题作文。

在经济理论界一直存在两种非常明显的现象。第一个现象是，总是有前赴后继的学者批评经济学，甚至宣称找到了掐死主流经济学的命门，甚至有一部分学者想构造一个新的体系来替代原来的分析范式；另一个现象，就是经济学总是活力四射，“帝国主义”的疆土在不断拓展，把传统上属于社会学、人口学、教育学、政治学、法律学以及社会生物学等其他人文学科研究的课题统统纳入了经济学的视野，大大开拓了经济学的研究领域。

关于经济理论的创新，我主要基于两个方面的批评来提出我的主张。

一是关于研究对象。学界对经济学理论的批评，有相当部分是针对经济学的研究对象。认为主流经济学产生并发展于发达国家，它的分析方式不适合发展中国家。正是源于这种本位主义意识，我们有些学者尤其强调我国的特殊国情，主张构建有中国特色的经济学。前几年美国的华尔街事件及其引发的金融危机，使不少人认为主流经济理论已经过时，应该回归到马克思主义政治经济学，中国 30 多年的长期经济增长，更是激励不少人放大了创立中国特色经济学理论体系的野心。应该说，这些讨论带有非常强烈的价值和意识形态的倾向，越来越多的经济学家认识到，经济学的基本原理和分析方法是无地域与国别的，这是作为科学的应有之意。

我认为，正确的方向是，运用经济学理论与方法来研究特定地区在特定时间内的经济行为和现象，必须考虑到某地某时具体的经济、政治和社会的环境条件。特殊的现象与特定的环境条件，有可能拓展经济学的解释能力。例如，布坎南关于公共选择理论的贡献，不仅恢复了古典政治经济学的传统，而且打破了经济与政治、法律之间的界限，并将它们融合为一体；贝克尔教授因其对非经济行为的经济分析，不仅拓展了经济学的研究视野，而且“发现”经济学原来是“一门方法论”；诺思和福格尔，更是构建了一个包括产权理论、国

* 罗必良：华南农业大学经济管理学院院长、教授。

家理论和意识形态理论在内的新经济史学理论框架。

正是经济学研究的对象从纯经济领域向非经济领域的拓展和延伸，从单纯研究经济增长到关注经济发展整体，从宏观领域到微观个体的研究，从经济学学科独立门户到与其他学科的交叉渗透，经济学与社会、人、制度之间的人为障碍被清除，走向了比较开放、兼容并蓄的轨道。我以为，中国的特殊性所表达的对象的特殊性，极有可能构成中国经济学家关于经济理论的话语权。

二是关于理性假设。新古典经济学的理论内核是理性假设，强调经济人在约束条件下的目标最大化。有些人就是讨厌“经济人”这说法，一听到“经济人”这个说法就不爽——没有关系，你爱用“什么人”都可以，但只要“这个人”是“在约束条件下做目标最大化选择”即可，否则它就不是经济学。

对主流经济理论批评最多的是认为理性假设的不现实、不一致与功利性，其中，非理性问题经常成为证伪的利器。

有人常常视小农为愚昧与无知，总是拿农民生孩子来说事。但事实表明，“多子多福”正是农民在传统社会尤其在缺乏法律保护与社会保障条件下理性选择的结果。

关于理性假设问题，我主张做分类研究。以企业家为例，熊彼特说企业家是创新者，能够改变和革新生产方式。可以将企业家分为两类，一类是关注企业生产的制度结构，通过改善企业的制度安排，降低企业管理成本，可以形成狭义的企业家理论；另一类是关注社会生产的制度结构，通过改善社会制度安排，降低社会运行成本，这似乎更符合广义的企业家精神，从而成为制度企业家。因此，企业家理论可以将理性假设利润最大化转换为人文关怀、社会抱负等更为多样化的效用函数，这种转化并没有改变经济学的分析范式。

对经济学理性假设的批评还包括对功利主义的批评。我不认为功利主义不该批评，因为这些批评有助于经济学分析范式的拓展。比如对边沁功利主义的批评，使得经济学对人性的假设拓展为“广义经济人”。一个人的功利性目标，不仅可以包含金钱的，而且可以拓展到正义、自由与民主，甚至一个人对“利他”的追求亦可以视为“功利”。当一个人对精神目标的追求达到唯一性与排他性的情景特征时，我们可以在经济学的层面将其视为“宗教经济人”。

从方法论角度说，很多的“非理性”问题可以归纳为约束条件——如果你非要将这些约束条件内生化，那么你的模型与变量将可能超出你的能力——这本身就是非理性的。

理性选择是有成本的。正因为如此，在一定的程度上保持“非理性”，正是理性选择的结果。人们对某些东西或者某些事情保持“无知”，亦是理性选择使然。基于这样的理解，我甚至认为“有限理性”假设本身就是多此一举，因为理性本来就包含这个意义。

经过300多年的发展，经济学理论的前提假设经历了从纯粹理性设定到非理性因素的考虑，从“完全信息”“对称信息”假设到“不完全信息”“不对称信息”的过渡。经济学从纯理性主义的思想设定向现实社会生活的回归，说明经济学开始更多地关心人的因素及社会、政治、伦理等其他因素对经济行为的影响。

必须强调，任何理论都要做假定，因此任何理论的成立也都会有限制条件。仅仅指出和批评已有研究中的某些假定与现实的差距是不够的，关键是看能否提出新的体系——这种新体系不仅使它的假定与现实更相符，而且还能解释更多的现象，并能够包涵已有的理论。事实上，最近半个世纪以来，经济学总在不断地修改基本假定，使之与现实更接近，同时修改后的理论不但能更好地解释现实，并且能够包涵已有的理论——这或许是中国经济学家在解释中国问题时更有可能作出的贡献。

揭开“非理性之谜”：经济学的大综合

李 斌*

如果我们把主流和非主流综合在一起，就包含一个基本的逻辑，我要讲的就是这个东西，题目是“揭开‘非理性之谜’：经济学的大综合”。首先感谢一下本次会议给我这个机会，可以给大家介绍一下我自己研究的东西。现在大家对主流与非主流的争论比较多，我自己也思考了很多年，最后我发现主流经济学、新古典经济学理论主要有什么问题呢？就是计算的时间为零。到一般均衡的话，中心位置是一般均衡，一般人从外围开始思考，到中间的这个过程叫理性计算。大家都认为理性计算是很简单的东西，自然觉得可以忽略这个时间，严格地说没有任何人正式宣称计算时间为零，而是假定计算时间为零。我个人觉得这将导致非常严重的后果，第一，就是经济理论模型静态化，静态化的原因就是不考虑计算时间。第二，这导致了知识——技术、价值观、制度，我们要么把它当作一些假设，并且告诉你它与我们的理性计算没有关系；要么就是框架里面没有知识，我们必须计算到我们算不动为止，否则就没有意义。算到这以后，尽管我们对世界的认识不清楚，但是我可以找很多理由，比如概率，我认为是概率的问题，把主观性伪装为客观性，对此，很多作者都有过评论了。

我认为这产生的影响非常广泛。比如我们假定当事人的思考，他要趋于一般均衡，当时他最优化了，他的决策是最好的了，我们理论家干什么呢？我们做学问的干什么呢？这就让学问本身失去了价值。探讨方法论问题也就没有意义了。所以，我个人的基本观点就是，我们必须从计算时间着手，要引入计算时间。引入以后，会产生一系列后果，我把这个后果概括成思考、知识、创新三位一体。最近我想表述为四位一体，即思考、知识、矛盾、创新（或者是冲突、创新）。只要我们有计算时间，这个动作就产生，无论前面怎么做假设，后面只要做理性计算，这个东西马上就会产生。你不可能算到一个真正一般均衡的地步。所以，计算时间引入以后，一般均衡框架马上崩溃，均衡还是

* 李斌：独立学者。

要谈的，但是没有什么一般均衡。说我们把世界上所有信息算完了，然后算出来一个最终的真理，这是不可能的。这里面必然会发生冲突，这个冲突又是可以解决的（或者有时候能解决），冲突解决了就是创新。两个思想有矛盾，首先应该认为这是认识过程的暂时性现象，我否定了你的，或者我否定了过去的自己，这就是创新。

计算时间问题带来了更广泛的问题。自从引入西方的学术以来，我们发现它有一个巨大的缺陷。西方的学术主要受柏拉图影响，他认为思想和外物是两个世界的东西，而不在一个世界里面。柏拉图有一个理念世界，理念世界就是真理，把真理放在理念世界，把物质的东西放在地面上，这是两个层面的世界。这是柏拉图的观点，我们不能同时把这两个世界放在一起来看，放在一起就是逻辑错误。要么就是我自己，我不能同时说是镜中的我和真实的我并存。西方受柏拉图的影响，比如柏拉图认为在真理之外，还有一个词是“意见”。意见不是真理，也不是地面上的东西，是凡人没有到达真理的时候所想的杂七杂八的东西。所以，他早就陷入追求世界最终真相的过程，我们经济学一般均衡受这个影响特别深，就是找背后的真相。我们现在如果引入计算时间，比如陷入过程当中，所有的社会现象就发生了，最后的真理我们也不知道，而且我们也不知道我们到底最终能不能解决。我把它概括为：有计算时间以后，我们形而上中立，就是哲学中立。而计算时间有什么好处？它是非常简单的东西，非常直观的东西，科学应该从最简单、最可靠、最确定的东西做起。我们在忽视最简单东西的情况下，思考太复杂的东西，这是错误的。

这里稍微提一下何梦笔教授的二重本体论。我们现在一个基本的问题，就是思想到底是否是我们的客观对象？是思想和物质同时成为我们的客观对象呢？还是说思想可以单独成为对象，抑或是思想不能成为对象？按照新古典经济学的方法，思想不能成为对象。为什么？因为客观的当事人思想有变，我们研究者的思想马上跟着变，没有时间停留，我们必须随时跟上去。所有的思想之间，打个比方，就好像一张纸撕裂了一样，分工就是这个意思，一张纸撕裂了。我们所有的思想虽然不同，但是我们是可以拼成一张纸的，这就是主流经济学给大家讲的东西，是它要演示的一个道理。这样的话，我们研究者也一样，他的思想变了，我们必须马上跟上。我们和当事人的思想没有办法区分，当事人的思想到达最优化的方式也是我们的方式，我们不可能不同意，我们不可能对他有什么指导意义，更不可能表示不同意见。所以，这就否定了我们自己的研究。

最后，我的这个问题怎么解决呢？我是一个文科生，开始学计算机原理时，看了很长时间，实在看不懂，最后自己总结出来一个东西，可能外行有时候有这点好处。我先声明一下，我这个理论不是一个关于思想的简单的计算主义理论，不是一个计算的纲领，也不是一个简单的认知科学的应用。现在的认知科学误入歧途非常严重，它缺少算法框架理论。所以，我不是简单地应用这个认知科学，反而是利用经济学的原理，自己来造一个理论。这个就是认知科学的核心，我们可以反过来。计算机原理，我们只借用其中一点点东西，非常少，算法框架听起来非常晦涩。刚才茅老师讲数学，我们现在经济学发展到这一步，就像当年引入数学的道理一样，现在必须引入计算机，但是一点点就够了。一个是指令，一个是算法，引入这两个概念，其他就不管了。《计算机原理》后面的东西不用看，就是这点东西拿过来，我们经济学必须借一些外来的东西。这个指令是什么东西呢？指令刚开始就是：如果想让计算机干什么活，我就说我要干什么活。我让它加它就加，我让它减它就减，我让它拷贝、让它搜索，这就是指令。指令加上信息，就是计算机处理的方式。但是我们知道这个指令是人下的，计算机里面永远是0和1，它什么都不知道。所以，人给计算机下指令的时候，计算机里面的指令都是人脑里面的指令，是我们下给它的，是我们给它定义的。计算机的冯·诺伊曼结构，就是我们经济学的迂回生产方法，也是思想的迂回生产方法。引入思想的迂回生产方法以后，我们认为思想就是这样来的，思想就是这样进行的。计算机和人不一样，区别就在于——我给它做一个小修改——除了计算机所有的指令人都会以外，我们还有一个人工指令，计算机不会。比如我们可以抽签，计算机的随机数是假的，我们人的随机数是真的。人比计算机多一些指令，这是一个基本假定，就是我们人脑里面，每个人有数量有限的指令，这个人人是一样的。比如每个人有一百个指令，而且永远不变，我们就用这些指令以排列组合的方式加工信息。这样再往下，思维会发生弯曲。这里我讲一下思维的弯曲，就是归纳与演绎的关系。我们的思维活动是各种各样的东西串联起来，一个元计算串起来，是离散性作业。这个离散性作业，我认为就是把归纳和演绎以及其他我称为“另类算法”的东西结合起来的方式。这样一来，我们的基本逻辑是什么呢？我们人要解决问题是沿着时间铺出来的，而不是在面前放着的。我们现在计算时间有限，怎么办？思维只能发生弯曲，不可能演绎到底。如果可以演绎当然好；如果不能演绎，另类算法和其他指令就可以发挥作用了。

地方文化、地方经济发展与经济学研究创新

胡必亮*

我非常感谢会议组织者组织了这么好的一个会，专门谈经济学的创新问题。我想谈三点自己的看法：第一，经济学创新的基础在哪里？第二，我想举几个我从事实地调查的例子跟大家分享，原本想与大家讨论案例的，由于时间的限制，只能改为例子了。第三，我所举的几个例子与经济学创新有什么样的联系？

首先，我觉得经济学创新的基础就是现实的生活。经济学要创新，首先就必须搞明白经济学创新的基础在哪里，那就是现实生活，就是真实世界。昨天林毅夫教授提到，我们必须正确地认识世界，然后才有可能正确地改造世界。真实世界是非常丰富的，有很多层面，有很多要素，需要我们深入生活，去认识这个复杂的世界。今天上午，陈钊教授说，他发现尽管大家都谈了许多关于如何创新经济学的问题，都在谈自己应该怎么做的问题，但基本上都没有谈与现实生活的联系。我认为这正是我们谈经济学创新的基本前提条件，这是我们所有人谈经济学创新的基础。实际上，我觉得有些学者讲得还是很好的，譬如史正富教授关于我国复合财政制度的看法就是他多年从现实生活中提炼和抽象出来的新的分析思路与框架，不论正确与否，我听后感到还是很有说服力的，这也许与他多年从事企业经营，长期与政府打交道有密切的关系吧。

其次，我举几个我自己亲身经历过的例子。我 20 多年前就开始跟何梦笔教授一起讨论如何研究中国的现代化问题，如何将这一比较抽象的问题弄清楚。我们在 20 世纪 90 年代初期花了许多时间，反反复复地找不同的角度，他到中国来，我到德国去，不断讨论、研究，最终于 1993 年确定了从研究村庄的发展和制度变迁入手来观察、研究中国改革初期的现代化问题。在陈吉元教授和何梦笔教授的指导下，我与我的同事从 90 年代初期一直坚持到现在，对我们当初选出来的全国 5 个不同类型的村庄进行了 20 多年的跟踪调查研究，我们写了好几篇论文，也出了 10 多本书讨论这几个村的发展与制度变迁的问

* 胡必亮：北京师范大学经济与资源管理研究院院长、教授。

题。我曾于2003年就这一问题在天则经济研究所作过一次专门的汇报，得到了茅老师、张老师、盛洪教授等很好的指导。今天，我就从我的研究中抽出几个例子来，与大家简单地讨论一下。

第一个例子，是一个与地方融资、地方经济发展相关的问题，也与温州模式直接相关。大家都知道，温州模式主要讲的是温州农村地区的私营经济、专业市场与小城镇发展的一体化经济发展模式。通过多次到温州农村调查研究，我发现当地独特的融资方式也应该是温州模式的重要内容，譬如说我发现农村的标会就对农村经济发展起到了十分重要的作用。标会是钱会的一种，钱会在温州农村据说有上千年的历史。我个人觉得这是一种很好的金融制度创新，不仅从历史上看是如此，即使现在，也还是一种适合当地人文生态系统的很好的金融制度安排。这一金融制度安排之所以有效，是因其背后十分有效的信用机制的良好运作，从而能够保证人们之间的信任不会出大问题。那么有人会说，这不是出了不少问题吗？是的，有些地方确实出了问题，但那是因为目前的运行已经违背了它本来的方式，主要是钱会的边界被人为地放大了。传统的钱会本来就是亲朋好友以及本村或邻村居民之间所流行的一种融资方式，也就是说它基本上是属于熟人社会的一种融资方式。在一个小的、比较封闭的熟人社会里，信息是对称的，故人们之间的信任程度很高，因此这群人之间的信贷风险是非常小的。后来由于种种原因，有的是由于乡镇干部的加入，有的是来自不同钱会的会首之间的联合（抬会）等，导致原来对称的信息和较高的信任变得不对称和信任度降低了，也就是说信贷的边界已经超出了信息和信任的边界，因此出现“倒会”的情况也就不足为奇了。有人说，那干脆就将其阳关化、正式制度化了，现在实际上也是这么做的。我个人认为这是不对的，我们在温州并不是没有阳光化的正式金融制度，钱会是一种与阳光化的正式金融制度并存的一种非正式金融制度，是老百姓的一种自主选择，关键的问题不是把它阳光化、正式制度化，而是不要通过各种方式破坏了它本来的运行机制。如果一定要监管的话，限制它的边界就行了，尽可能保持其封闭性、熟人性特征。试图将农村的现代金融体制建立在这样一种传统的金融制度上面，不是没有可能，但可以说现在是完全没有这个必要。美国的金融制度那么发达、那么完善，但还是有许多具有俱乐部性质的金融机构的存在，许多对冲基金都是不需要政府监管的，当然更不需要向政府和社会公开其信息。这些都是补充性的金融机制，如果都正式制度化了，也就没有多大的存在价值与意义了。

第二个例子，是关于移民的社会网络问题。大家都知道，历史上由政府组织移民的努力不能说不大，但成效都不太好。但改革开放30多年来，尤其是90年代以来，我国农村人口大规模地流入城市，中部和西部地区人口大量流入东部沿海地区。之所以出现这样的势头，除了城市经济和东部沿海地区经济快速增长的原因外，移民组织方式的改变起到了关键性的作用，即从由政府组织移民为主转变为以家庭、家族等社会网络组织为主。为什么这样一种组织方式的变化就能更好地促进移民的流动呢？其背后的深层次的原因还是信任问题，家庭信任、家族信任以及建立在各种社会网络和社会关系基础上的特殊信任。与社会网络相关的还有一种典型现象，那就是大学生找工作的问题。我们都知道，没有几个好工作是能够通过市场机制找到的，至少目前的情况如此，目前在很大程度上还是拼社会关系，当然最为典型的就是拼爹。今天陈钊教授也提到了这一点，社会网络或者是社会资本，起到了很大的作用。这种社会网络更多的是一种文化现象，但它对经济发展的巨大影响是绝对不应该被忽视的。这是第二个方面的例子，故事就不用讲了，我一说你们都懂。

第三个例子，就是外资的流入问题。我也经常到离深圳比较近的村庄做些研究，大量的外资都流入了这里。我们了解外资情况时，如果仅仅只是翻翻报表，看看外资流入数量的情况，显然是不够的，我们还要看外资的结构，都是些什么外资。如果你这么一细究，就会发现，即使是现在，真正的白人外资还是很少的，大量的外资都是由香港来的，为什么呢？离得比较近当然是一个十分重要的原因，但更多的还是文化因素的作用和影响：一是因为历史上香港属于广东，人们是可以自由流动的，于是就有不少家族的兄弟姐妹在新中国成立后留在了香港；二是在“文革”期间以及 20 世纪 70 年代末期，由于广东与香港之间的经济发展差距太大，不少广东人“逃港”了，并在香港扎下了根，赚了不少钱。尽管这些人在不同的历史时期通过各种方式生活在香港，但相当多的家族将两样重要的精神财富留在了广东老家，那就是祖坟和祠堂。中国大陆实施改革开放政策后，这些家族的人通常都会回到老家来祭祖、扫墓，一般是第一年喝个茶、吃个饭就回去了；第二年就会留下来住几天，认个亲，叙叙旧；第三年就得拿钱出来投资自己祖籍所在的乡村了，否则就不好意思再回来祭祖和扫墓了。于是，广东不少地方的经济因此被带动并逐步发展起来。

我们下面看看这三个例子都说明了什么问题？第一个问题，文化对地方经济发展的影响是十分重要的。这不是我的推论，而是我从实地调查中所了解到的基本事实。不管是具有温州模式背景的村庄发展，还是具有东莞模式背景的村庄发展，我发现其经济发展都与当地的文化因素密切相关。其中的一个很重要的文化因素就是信任，是源于当地的特殊信任，正是有了这样的信任，才使得地方融资、人口流动和外资进入变成可能，而且其实施成本相对比较低。因此，在许多情况下，如果我们不了解地方文化的话，实际上很难了解地方经济的发展模式。我是通过许多研究后才意识和感受到这一点的，这至少在我国目前这个发展阶段是符合不少地方发展实际的。

第二个问题，我发现地方的经济文化现象有些方面具有更封闭的特征，如温州的钱会，有些地方的经济文化则具有演进的特征。譬如说我所调查的山西和陕西农村的社会网络则具有不断演进的特征：先是少数几个农民企业家在村里和村周围建立起自己的社会网络，后来不断将自己的社会网络扩展到附近的煤矿、城镇，甚至扩展到北京、上海等城市。外出打工的农民工也是这样的，先在离家不远的地方找工作，后来就到全国各地找工作了。他们的社会网络非常开放。我比较系统地研究过两个村庄，一个是位于珠江三角洲地区的比较发达的村庄——雁田村，另一个是位于陕西省相对不发达的村庄——王堋村，最后发现这两个村的经济结构在过去20年左右的时间里发生了一些基本相似的变化，那就是农业经营性收入占农户家庭总收入的比重不断下降，雁田村从30%多降到了10%左右，王堋村更是从近70%降到了不到20%。相应地，雁田村村民的家庭财产性收入所占比重不断上升，占近60%，王堋村村民外出打工的收入上升到了其家庭总收入的65%的高水平。显而易见，雁田村的村民正在逐步转变成为资产阶层，而王堋村的村民正在向产业工人阶层转化。这样的转化只有在一个开放的大环境中才有可能实现。所以，研究地方之间的联系与区别，对我们了解问题是非常有用的，有的是封闭系统，有的是开放系统，有的甚至已经开放到国际层面了。我和哈佛大学的一位教授最近联合出版了一本英文书，是由帕尔格雷夫·麦克米兰公司出版的，书名就叫《中国的村庄，全球的市场》。中国的村庄已经与全球的市场紧密地联系起来了，如果你说我所研究的这一套东西都是过时了的，都是传统的一套东西，我会告诉你，不对，它在发生变化，中国的村庄已经紧密地与全球的市场结合起来了。这些变化都有可能成为我们经济学研究的很好的新风向标。

最后，通过对这几个村庄的实证研究，我所体会到的它对经济学创新的意义在哪里呢？对此，我不敢多说，我只发现了一点意义，严格地讲，是感悟到了一点，那就是文化在新古典经济学研究里面应该占有一定的位置。实际上，早期的新古典经济学对文化方面的某些因素如信任还是持有一些容忍态度的，譬如说威廉姆森在20世纪70年代研究资本主义经济制度的时候，他还将信任等文化因素包括在内了，但到80年代后，他就不再提这些因素的影响了。于是有人就问他为什么不提这些因素了，他解释说：一是不管什么文化背景下的人，都是利益最大化的人，因此没有必要将文化因素进行专门的分类研究；二是从技术上来说，文化不好计量。因为不方便计量，因此他就不研究文化的影响了吗？但真实世界却不是这样的，真实世界不会考虑你是否会计量的问题。于是，经济学就会有很多假设，在给定假设的情况下，新古典经济学模型越做越漂亮，但很可能不是离现实近了，而是离现实更远了。那这个模型再漂亮又有什么意义呢？因此，我们就有许多来自不同学术领域的人对经济学的创新提出了不同层面上的想法，昨天就有历史学家提出了很好的想法，还有哲学家也参与讨论，提出了一些超越经济学的看法。张维迎教授今天上午的许多想法就很好，但他的想法是有些超越了经济学。孙涤教授误解了我的意思，我同意张维迎教授好的思想，但是我有一个疑问，那就是如果经济学发生他所说的那些转型的话，很可能就不是经济学了，就成为道德哲学或伦理学什么的了。茅老师昨天说最早是不存在学科划分的，古代的许多学问家都是通才，学科的划分是最近一两百年才发生的事，那么我们是否需要将经济学转变到涵盖更多的方面呢，经济学是否有边界呢？或者根本上就没有边界，因为现实世界的边界本身就是不清楚的。第二个层次的创新是进行经济学范式的变化，因为目前的新古典经济学范式已经不能很好地解释真实世界了，于是就应该被推翻，取而代之的是能够反映真实世界的新的经济学范式。第三个层次的创新是在新古典范式内进行创新，譬如说林毅夫教授的“新结构经济学”就属于这一类。我的实证研究也只是促使我大着胆子提出，是否可以考虑在新古典经济学的分析层面加进去文化这样一个比较重要的因素而已，但究竟应该如何增加这样一个因素，我实际上也没有具体的思路，只是有一种感觉而已。所以，很可能三个层次的创新都是需要的，即新古典经济学范式内的创新，经济学的范式改变与创新，超越经济学的大变革。当然，我自己目前所能体会到的一点感受只是其中一个很小的方面，而且也仅仅只是感觉而已，与创新还有很遥远的距离，很不成熟，提出来供大家批评指正，谢谢大家！

理解国有经济：产业控制的政治经济学视角

杨其静*

首先，非常感谢天则经济研究所邀请我来参会。关于经济学跨学科理论创新，我没有什么太多的东西，我顶多来报告一下自己的一个研究。

在报告之前，我先讲点题外话。听了前面很多学者关于经济学方法论创新的发言，我受到很多启发，但同时也觉得很困惑。经济学方法论的创新到底在什么地方呢？至少对我来说，经济学从方法论来说就只有一个——个体主义的成本—收益比较法，并努力将其坚持到底。我始终认为，经济学是问题导向的，不是方法论导向的，我们在面对一个问题时，若原有的分析策略无法解决，我们就找一个新的解决方案，以便让它更适合现实。但这绝不意味着，我们要创造一个新的经济学方法，至少我是这么简单地理解的，并且我希望坚持到底。对于张维迎老师上午讲的观点，我非常同意。比如，社会发展是“主义”与“主义”之间的抗争。确实，学者们可以提出自己的主义，但是主义最终是要被政治家选择的，而政治家在选择哪种主义时，他是理性的。他在想：我这个主义推出去之后有没有选民支持我，有没有民众跟我一起闹革命。换句话说，这种理念最终能不能取胜，除了背后的信念支持外，更关键的还是看是否符合政治家和民众的理性选择。我想，若当时共产党没有大力宣传打土豪分田地，农民也不会跟着它干。事实上，农民可能根本就不关心某个抽象的主义。

现在，回到我自己的主题上。国企是我们始终绕不开的一个改革话题，而对于国有企业问题的争论已经非常多了。这些年我一直在关注国有企业的问题，并跟踪相关文献。我们逐渐意识到了一个问题，事实上，我是先想到了这个问题，然后再思索这个问题在学术上是否有价值的。其实，这个问题大家都在想，我所做的工作无非是将大家对该问题的思考框架化并给出严格的证明。

我们讨论国有企业或者国有经济，第一个判断就是国有企业没有效率。对于国企为什么没有效率，解释非常多。从 Alchain 到张维迎老师，很多人都认

---

* 杨其静：中国人民大学经济学院教授。

为国有企业的产权性质决定了国企没有效率。既然国有企业没有效率，一个自然的问题就是讨论如何改革国有企业。一种观点是，国企无效率，那就进行产权改革，全部民营化。另外一种建议是增量改革，通过发展民营经济来迫使国企改革。这其中有一个问题值得思考：改革是不是最终导致国企全部消失？还有一种改革途径是“抓大放小”。不过，我们要思考的问题是：为什么在“放小”的同时一定要“抓大”？现在，混合所有制又被很多人鼓吹，混合所有制是一种产权改革，但不是国家将国有控股权干净利落地完全放掉的改革。我们要思考的关键问题是：为什么是“混合”而不是彻底民营化？以上这些问题值得我们思考。

虽然国有企业缺乏效率，但改来改去还是保留了大量的国有经济。因此，我们就要解释为什么国有经济始终大量存在。学者们从两个方向对这个问题给出了解释。一种解释关注于：国企为什么应该存在？在“应该存在”的逻辑下又有这样几种说法。第一种是在混合寡头框架下讨论。混合寡头是指在一个产业中既有国有企业，又有非国有企业。如果是纯寡头，它们仅仅追求利润最大化，很可能有损社会福利。在产业中加入国有企业，国有企业至少部分地追求公共利益，比如稳定就业和宏观经济，从而会平衡纯寡头的负面影响。但是，在这种解释中有两个严重的问题没有得到解决。第一，它假设当政者是追求社会福利最大化的。尽管学者们提出了多种社会福利的测度方法，但问题在于政府可能并不追求社会福利最大。另外，我个人认为更为关键的地方是，它假设经济是平的。所谓经济是平的，是指经济体被抽象为一个行业，其中一部分是国有企业，一部分是民营企业。但是“抓大放小”提醒我们整个经济并不是平的——哪些行业让国企控制，哪些行业可以让给民企。这显然不能用混合寡头模型加以讨论。

关于国有企业的存在，另一种解释关注于：企业为什么“会”或“能够”存在？这是一个“实证”的逻辑，且基本上是从产业组织的逻辑去理解的。复旦大学的宋铮在《美国经济评论》上发表的论文提出了这样一个问题：在一个行业中，民营企业效率很高，国有企业效率很低，但为什么国企会生存下来呢？他们的答案是：经济体中还有一个金融部门，而这个金融部门可以向低效率的国有企业提供廉价资金，从而使得国有企业能够存在。另外一种解释就完全是在 I. O.（产业组织理论）的逻辑下讨论。比如，刘瑞明就借鉴经典的产业垂直控制模型，认为处在上游的国企具有垄断性，可以向下游企业抽取垄断租金。紧接着的是王勇，他关注的现象是：加入 WTO 之后，中国出乎意料地成为最大赢家，但在这个过程中主要是国有企业挣了钱，民营企业很惨。这是为什么呢？他的答案是：民企利用中国的廉价劳动力挣了其他国家的钱，而好处却被上游的国企抽了租。

虽然他们已经意识到垂直产业链的问题，但还有一些关键性的问题没有回答，就是为什么当政者一定要进行产业的垂直控制？如果从历史阶段来看，为什么在一些经济发展阶段中，政府控制产业或者发展一些产业能够促进国民经济的发展？还有，某些时候为什么政府会放弃一些产业？这些问题我觉得在原有框架下没有得到解决。

除了刚才纯粹产业组织理论的逻辑外，也有一些学者进行了政治经济学视野的思考。比如，Shleifer 的想法就是：政治家和企业家之间存在共谋，政治家向企业家发放补贴，获得企业家对他政治上的支持。当前比较有影响力的学者是 Acemoglu。他的逻辑是什么呢？他关注的是精英阶层会不会把产业开放给一般民众，从而换取政权的稳定性。不过，即便在这个分析框架中，产业仍然是平的。

我们现在试图做的工作，虽然最初是来自于中国问题的思考，但当看了很多材料之后，我们发现这个思考完全可以拓展到其他国家，尤其是很多发展中国家。那么，我们要做的一个修正是什么呢？其实，就是要将上述两种观点进行综合，同时，我们在这个问题上努力将个体主义分析方法坚持到底。具体是什么呢？我们坚持认为：执政者追求的目标不是社会福利最大化，而是继续执政，并在继续执政条件下的租金最大化。为此，他会如何做呢？事实上，只要意识到经济体是由垂直产业链组成，当政者只需控制产业链的一端就可以了。为了在继续执政前提下最大化抽取租金，他会如何进行产业控制呢？这是我们要做的工作。

我们的论文在 2012 年已基本完成，但还在不断完善中。不过，基本的框架和逻辑就是这样。除了强调一个经济体是由产业链组成之外，在这个政治经济学框架中，对国家的理解更为关键。国家的本质特征是什么？就是暴力机制。因此，在模型中必须要体现这一点。归结起来，模型的故事很简单：为了便于抽租，政府可能会选择对产业链中最容易控制的一端进行控制；但是，在进行产业控制和抽取租金的过程中，可能会造成社会矛盾，引发社会不稳定因素。社会不稳定因素的存在，迫使当政者引入一个暴力机构来维稳，可是构建和维持暴力机构也是需要成本的，这样就会在其中形成一个权衡——产业控制强度与暴力机关规模。

通过该模型，我们发现当政者到底如何进行产业控制与市场需求规模、人口规模和结构等因素息息相关。比如，中东、北非近些年的各种“革命”很可能跟人口结构和规模的变化有关，和现代产业或者是城乡之间的差别也有很大关系。

我们的模型还可以解释，在一个阶段当中为什么发展中国家的政府会主导工业化，而且这可能是有一定道理的。这是因为，国家控制的国有企业可以廉价地提供工业中间品，从而促进下游弱小企业的发展，有利于就业，从而也有利于政权稳定。由此，我们就可以解释：为什么中国在参加全球经济竞争中，出口企业和工人觉得日子很苦，却屡屡遭受大量的反补贴指控？为什么要有国企？为什么要“抓大放小”？为什么要控制土地？为什么国有企业要掌控金融业？因为这些行业都是容易被控制和最容易抽取租金的一端，这也是国有企业进一步改革很困难的重要原因。

由此，我们还可以意识到，中国最大的挑战是印度。因为它的人口总量与我们相当，一旦印度制造业发展了，很可能对我国国际需求的一方产生重大影响，从而影响到中国的政治经济稳定。

会议总结

张曙光*

大家好，经过两天紧张热烈的讨论，咱们的会议马上就要结束了。从讨论的情况来看，我们的会议取得了很大成功，如果比较一下的话，大家可以想一想，每次这样的会不要说开两天，开一天或者一个下午人就很少了，但是咱们开了两天，到现在还有这么多人在这里坐着，而且讨论得这么激烈，这就证明我们的会议是非常成功的。

我们会议的名字叫做"中国经济学跨学科理论创新"讨论会，这两天的讨论的确名副其实。因为讨论涉及自然科学、生命科学、历史科学，当然主要是经济学，从经济学来说，也涉及不同的小学科。所以，跨学科的名字我觉得是名副其实的。由于有不同学科的学者参与，可以说互相启发，互相切磋，使得咱们的讨论能够展开和深入，事实上这两天我们在理论上有了明显的进步，而且大家也都有很大的收获。所以，这个会是开得不错的。

咱们的会议还讨论了一些基本理论问题，比如说，第一天黄有光老师讲的关于假定的现实性的问题，认为一个不现实的假定能不能使用要做具体分析，根据所要讨论的问题决定。这确实是经济学研究的一个重要的方法论问题，因为经济学是建立在一系列假定的基础之上，通过逻辑进行演绎，推导出一些理论结论。所以，假定的现实性问题确实是经济学的一个基本问题。

还有一个问题，就是自利和互利的问题，能否用互利经济人来代替自利经济人假定，尽管有不同意见，但我觉得没有关系，至少是可以讨论的，至于能不能在这个问题的探索上有所突破，还有待观察。刚才陈平教授讲，陶永谊教授在讨论危机问题时，提出价格不能单独决定，还要考虑交易量的问题，大概与互利假定有一定关系。

咱们讨论到的基本问题还有一个，就是经济学的微观基础和中观决定，"中观决定"一词是我概括的，我觉得很重要。其实宏观问题既与微观基础有关，更取决于中观决定。今天杨其静教授讲的，产业控制不一定控制整个产

---

* 张曙光：天则经济研究所学术委员会主席，中国社会科学院教授。

业，控制某一个关键环节就可以了。所以，这是一个需要我们进一步研究和思考的问题。

接下来，就是经济学的史学基础和历史实证的问题，作为历史学的学者，吴思教授和高王凌教授的发言值得经济学家思考。我觉得，经济学作为人文社会科学，历史是非常重要的，历史不光是我们进行理论概括的重要基础，而且对实证分析、计量分析也是有用的，不能丢弃。但是，从我们现在很多问题来看，恐怕历史实证也是很重要的，我们是不是注意到了这个问题？

中国的现实和中国的问题咱们也讨论到了。咱们要在经济学的创新上有所前进的话，不看中国的现实，不讲中国的问题，可能很难前进。如果我们对中国的现实能够有一个比较清楚的了解，并从现实里进行提炼，我们的探索就有了现实的基础。当然，对于同一个现实，不同的人有不同的看法和概括，所以提出的观点完全相反，这没什么关系，可以再讨论。比如上午的争论，史正富教授的观点和很多人的不一样，他也是从中国现实概括的，其他人也是从现实概括的，到底怎样概括更好，怎样概括能够真正说明这个问题，可以展开讨论。总之，如果我们真正要有所前进的话，中国的现实和中国的问题是离不开的。

最后就是关于经济哲学的问题。其他人的发言也有所涉及，今天张维迎教授的发言专门讨论了这个问题，提出了经济学的四个转型，有人也讲到了经济学的革命。从主流经济学的革命来说，凯恩斯革命是一个，后来的第二次革命也可以算一个，确实推动了经济学的发展。张维迎教授讲的四点都涉及经济哲学的问题，但是对经济学本身来说，也许第一条和第三条更贴近于经济学的实际，第二条和第四条可能是整个社会科学，包括哲学、政治学、法学以及其他学科的共同问题。这个后面我还会进一步谈到。

此外，就参会人员来看，有成就的学者在这次讨论中有很好的表现和进一步的发展，还有一些中青年学者，表现得也非常积极，有很大的提高。

关于如何进一步发展理论创新，是会议讨论的一个重要问题，我想有几个问题可能需要咱们考虑。一个就是关于如何对待前人理论和进行边际创新。我觉得，我们要进行创新，首先要把前人的理论弄清楚，茅老师刚才说他在朝回走，恐怕我们对过去的理论都要经常回顾，或者进一步把它弄清楚，只有把前人的理论弄清楚了，你才有可能创新。因为，成体系的创新不是没有，而是很难很少，非真正的大家而不能为，大量的创新都是在边际上创新，而且边际创新还必须站在前人的肩膀上。如果把前人都否定了，不要说创新，你连边际都出不了，这是需要我们真正理解的事情，

为什么我刚才说张维迎教授的第二条和第四条需要讨论呢？既然我们讨论

经济学的创新，就不能离开经济学的范式、经济学的逻辑和经济学的方法，张维迎教授讲的那几条已经离开了经济学，他的思想我同意，但是如何在经济学框架里来解决这个问题，就需要考虑了。从这点来讲，大家看吴思教授昨天的发言，我觉得有很多有启发的地方，他是历史学家，但是他对历史问题的分析使用的是经济学的分析方法，可以说是历史的政治经济学。所以，我觉得经济学的范式和方法，恐怕还是不能丢掉的。

与此密切相关，就是跨学科。我们叫做经济学的跨学科理论创新，但是跨学科跨到哪儿？有没有一个大致的和相对的分工范围与边缘？我觉得每个学科有自己相对的范围和界限，所以，咱们讨论经济学的理论创新，如果离开了经济学的范式和经济学的方法，也就不是经济学，不是经济学的理论创新了。所以，叫做范围也好，边界也好，经济学的基本范式和方法还是离不开的。

要真正进行理论创新，我觉得恐怕需要有踏踏实实的学风，一个问题一个问题去研究，真正弄懂弄通，才有可能。所以，踏踏实实地把重要问题弄清楚是必须做的。

关于这次会议还有几件事情需要和大家说一下。一个就是会后想把会议的内容出本书，所以有人写了论文，写了还可以修改，发了言而没有写文章的，希望可以早点写出来。一个半月左右能不能发过来？因为你已经发言了，有了基础，把口头的观点变成书面文章就可以了。文章写出来以后发到天则经济研究所即可。

第二件事情，就是咱们的挂牌讨论，上午是一个实验，三个组有两个组讨论得不错。我觉得我们今后还可以进行实验，可以继续做。

为了鼓励大家对会议的支持，专门为这个会议写的文章，会给予一定的奖励，鼓励以后咱们开会时能够事前准备。

在讨论过程中大家有些交流，提出来咱们这个会能不能每年开一次，可以采取轮流坐庄的办法。这个问题还可以进一步交流，今天就把这个问题提出来。是每年开一次，还是两年或者三年开一次？要这样做的话，咱们就得使每一次会议能够有一些进步，如果总是炒剩饭，或者没有太大的变化，就没有多大意思了。

咱们这个会开了两天整，像茅老师今年 85 岁，黄老师今年 70 多岁，都能够从头到尾坐下来，这种精神值得学习。咱们有言在先，会议通知明确要求，两天的会议必须全程参加，不能中途离会，现在看个别人已经离开了。如果以后要开，这一条还得坚持，如果你两天都坚持不下来就别来了。有人如果觉得这个会议不重要，还有其他更重要的事情，你可以不参加。如果连两天的会都坐不下来，都不能全力投入，怎么做一个认真的学者？

最后我想表示一下感谢。这两天耿丹学院给咱们的会议提供了很好的条件，一些领导和志愿者给我们提供了很好的服务，所以，在这里我们要对耿丹学院的领导和这些提供服务的人表示感谢。还有一个要感谢的就是天则经济研究所，我们这个会议组织得不错，很多具体的事情，天则经济研究所员工提供了很好的服务，做了很多工作，我想在这里也对天则经济研究所这些提供服务的员工表示感谢。还要感谢的就是在座的诸位，大家这两天都有收获，我们这个会议能开得这样好，仰赖各位，大家都发挥了自己的聪明才智，提供了很好的思想，让我们共享。所以，我想代表几个主办单位，对在座的各位表示感谢！

相关文献

超越新古典[①]——经济学的第四次革命与第四次综合

叶 航*

经验证据对新古典经济学和经典博弈论的每一块基石都发起了挑战。经济学在未来的发展，势必要求理论的建构与经验检验、行为数据搜集以及基于行为主体的模型展开对话。

——赫伯特·金迪斯

一、序言

在现代经济学近300年的思想发展史上，曾经经历过三次大“革命”与三次大“综合”（蒋自强、张旭昆，1996）。其中，每一次“革命”都提出了与之前的经济学理论完全不同的研究范式，而每一次“综合”则是把前后两种不同的研究范式统一在一个更大的理论框架中。这种以“革命”与“综合”交替形式出现的现代经济学创新模式，既反映了人类经济历史不断前进，也反映了人类思想历史不断深化的过程。

现代经济学的第一次革命，以亚当·斯密（Adam Smith）的《国富论》（1776）为标志，突破了自古希腊和中世纪以来只注重财富管理分析的前古典经济学研究范式，确立了以财富生产分析为主要目的的古典经济学研究范式。这一范式的革命与转换，发生在第一次工业革命（18世纪60年代）时期，反映了以机器生产和社会分工为特征的工业文明对以家庭经济和自然经济为特征的农业文明的革命性替代。

现代经济学的第一次综合，以约翰·穆勒（John Mill）的《政治经济学原理》（1848）为标志，对前古典经济学与古典经济学的研究范式进行了理论综合，把财富的管理和财富的生产整合为一个统一的分析框架，使之成为与经济学并行不悖、相互补充的两大研究范式。这种范式的综合与统一，发生在第一

* 叶航：浙江大学经济学院教授。

① 本文为国家社科基金重点项目“关于新兴经济学理论创新的综合研究”（批准号：13AZD061）的阶段性研究成果，并得到教育部人文社会科学重点研究基地重大项目“行为经济学与中国社会变迁研究”（批准号：06JJD790031）、教育部哲学社会科学研究后期资助重大项目“超越经济人：人类的亲社会行为与社会偏好”（批准号：11JHQ002）的资助。

次工业革命结束（19 世纪中叶）时期，反映了随着第一次工业革命的完成，经济学家以更包容的心态对待人类科学与文化发展的历史遗产。

现代经济学的第二次革命即所谓的“边际革命”，其标志性的人物及代表作分别包括赫尔曼·戈森（Hermann Gossen）的《人类交换规律与人类行为准则的发展》（1854）、卡尔·门格尔（Carl Menger）的《国民经济学原理》（1871）、利昂·瓦尔拉斯（Leon Walra）的《纯粹经济学要义》（1874）和威廉·杰文斯（William Stanley Jevons）的《政治经济学理论》（1879）。“边际革命”突破了古典经济学此前以生产投入（包括劳动投入）作为分析对象的客观价值理论，提出了以人的心理因素作为分析对象的主观价值理论，即边际效用理论。这一范式革命与转换，发生在第二次工业革命（19 世纪 70 年代）时期，反映了第一次工业革命极大地提升了人类的物质文明后，经济学家开始以一种崭新的视角，更多地关注人类自身以及人类精神世界。

现代经济学的第二次综合是新古典经济学的创立，以阿尔弗雷德·马歇尔（Alfred Marshall）的《经济学原理》（1890）为标志，将古典经济学的客观价值论和边际革命的主观价值论整合为一个统一的分析框架。其中，古典经济学的要素投入理论被作为新古典经济学的生产（供给）理论，而边际革命学派的边际效用理论则被作为新古典的消费（需求）理论，并以供给函数（供给曲线）和消费函数（消费曲线）的形式，统一于以数学（微积分）形式表达的均衡价格理论中。这种范式的综合与统一，发生在第二次工业革命行将结束（20 世纪初）的前夜，反映了人类工业文明鼎盛时期现代科学技术对人类经济生活极大的促进作用，以及现代科学理论的建构方式，尤其是数学这样一种通用科学语言对经济学产生的重大影响。

现代经济学的第三次革命，以梅纳德·凯恩斯（Maynard Keynes）的《就业、利息和货币通论》（1936）为标志，被称为“凯恩斯革命”。凯恩斯革命突破了古典经济学和新古典经济学将经济分析的基点立足于个人与厂商的微观范式，第一次确立了以国民经济作为一个整体分析对象的宏观范式。这一范式的革命与转换，发生在整个工业文明由鼎盛转向衰退的时期（20 世纪 20—40 年代），[①] 反映了 1929 年至 1933 年在美国爆发、继而席卷整个资本主义世界的大危机对资本主义经济产生的深刻影响，是对亚当·斯密以来“自由放任”的古典资本主义制度、马歇尔均衡价格理论的反思与批判，并由此开创了

① 两个重大的历史事件标志着人类工业文明的日趋式微：第一是 1929 年至 1933 年在美国爆发的，继而席卷整个资本主义世界的经济大危机；第二是 1939 年至 1945 年爆发的，导致全球 60 余个国家和地区卷入、近 1 亿人伤亡的第二次世界大战。

“国家干预”的现代资本主义制度。

现代经济学的第三次综合，以保罗·萨缪尔森（Paul Samuelson）的《经济学分析基础》（1947）为标志，将新古典经济学的微观分析范式与凯恩斯主义的宏观分析范式整合为一个统一的分析框架。该理论以“充分就业”为界，把描述充分就业均衡状态的经济分析称为“微观经济分析”，把描述未能实现充分就业非均衡状态的经济分析称为“宏观经济分析”，从而创立了所谓的“新古典综合派”经济理论。这种范式的综合与统一，发生在工业文明日趋式微，而人类新经济形态的萌芽时期（20 世纪 40 年代），[①] 既反映了“二战”以后世界经济恢复带来的经济繁荣与文化繁荣，也反映了全球经济中心与政治的中心由老牌帝国主义国家——英国，向新兴帝国主义国家——美国的转移。以新古典综合派为代表的经济学理论体系，至今仍然是当代西方经济学的主流经济理论。

现代经济学第四次革命与第四次综合的概念，由本文首次提出。第四次革命从 20 世纪 80—90 年代开始，并延续至今，是对西方主流经济学“理性人假设”的挑战与批判，以行为经济学（behavioral economics）、实验经济学（experimental economics）、演化经济学（evolutionary economics）、计算经济学（computational economics）、神经经济学（neuroeconomics）为代表的新兴经济学（neo-economics）在此基础上提出的一系列不同于传统经济理论的假设与范式。这次革命发生的时间，基本与人类社会进入以“信息文明”为标志的后工业时代相契合。[②] 这一范式的革命与转换，具有后现代主义反理性、反分工的鲜明色彩，反映了当代科学技术跨学科融合与发展的趋势，是启蒙运动以来人类对所谓“科学理性”和“科学分工”在经济学领域进行全面反思的体现。

---

① 1946 年 2 月 14 日，世界上第一台电子计算机的诞生，标志着人类开始进入一个新时代。虽然有人将之称为“第三次工业革命”（Rifkin，2011），但更多的人则认为，这是一个不同于工业文明的、崭新的文明形态（Toffler，1981；Naisbitt，1982）。

② 关于后工业时代的断期与称谓目前还没有一个广泛的认同。例如，英国《经济学家》杂志杰里米·里夫金（Jeremy Rifkin）把它称为“第三次工业革命”（2011），以世界上第一台电子计算机诞生（1946）为起点；美国著名未来学家阿尔温·托夫勒（Alvin Toffler）在《第三次浪潮》（1981）一书中把它称为“服务社会”，认为它的起点应该从 20 世纪 60 年代美国第三产业的产值超过第二产业算起；美国著名社会活动家约翰·奈斯比特（John Naisbitt）在《大趋势》（1982）一书中则把它称为“信息革命”，认为它应该从 1957 年 10 月 4 日苏联发射第一颗人造卫星算起，因为这一事件标志着计算机技术在人类实践活动中的成功应用。我个人认为，第一台电子计算机的诞生可以作为“第三次工业革命”的开端，因为在此后相当长的时间内计算机只是作为工业生产的一项辅助技术。直至 20 世纪 80—90 年代，互联网的诞生才彻底改变了人类生产、生活乃至生存的模式，使人类真正进入了一个在影响力上可以与“农业文明”“工业文明”相匹配的“信息文明”时代。而“信息文明”时代，才是名副其实的“后工业化时代”。

当代西方主流经济学是一个逻辑演绎系统。该系统从一个最基本的逻辑前提出发，进而推衍出它的所有命题。这个逻辑前提就是所谓的“理性人假设”。这一假设最早由亚当·斯密在《国富论》中提出，后经马歇尔、萨缪尔森、德布鲁（Gerard Debreu）等人的发展，逐步形成了一套严密的、逻辑自洽的公理体系。但是，逻辑自洽只是科学理论的必要条件而非充分条件，科学理论的充分条件是它提出的假设必须得到可观察、可重复的经验事实的验证。以物理学为例，牛顿的三大定律只有在精确预测哈雷彗星和海王星运行轨道的基础上，才能成为经典的力学理论；爱因斯坦的广义相对论只有在观察到空间弯曲所引起的红移现象后，才能成为现代物理学的基础。在这个意义上，当代西方主流经济学还不能算作一门真正的科学，因为作为这一理论体系逻辑前提的“理性人假设”并没有经过经验事实的严格检验。

20 世纪 60 年代以后，随着经济学微观基础的博弈论转向，“理性人假设”受到了空前的挑战。在一些著名的博弈案例，如囚徒困境（prisoner's dilemma）、公地悲剧（tragedy of the commons）、最后通牒博弈（ultimatum game）、独裁者博弈（dictator game）、信任博弈（trust game）以及公共品博弈（public good game）中，根据“理性人假设”作出的行为决策却不能给决策者带来最优结果，反而导致了所谓的“社会困境”（social dilemma），使“理性人假设”与主流经济学的另一个重要假设“帕累托最优假设”产生了重大矛盾。从 20 世纪 80 年代开始，以行为经济学、实验经济学、演化经济学、计算经济学、神经经济学为代表的新兴经济学，为了在经验实证的基础上对主流经济学的“理性人假设”进行严格的检验，不但从自然科学中借鉴并创立了各种科学手段，如行为实验、脑成像和计算机仿真，而且还广泛吸收和融合了其他相关学科的研究成果，例如心理学、社会学、人类学、生物学、认知科学和神经科学等，从而使这次革命在形式上具有明显的反分工的跨学科倾向。

从新兴经济学大量的研究成果看，来自行为实验、脑成像和计算机仿真的经验证据对“理性人假设”的每一块基石都提出了严峻的挑战。这些挑战被称为传统经济学的“异象”（anomalies），即人们的行为完全偏离了标准经济学模型的预测。这些“异象”主要包括两大方面的内容：第一，人们的行为显著地违背了偏好一致性公理的要求。如人们在行为决策过程中普遍存在的损失厌恶、后悔厌恶、框架效应、禀赋效应、加权效应、锚定效应、符号效应和参照点效应等。第二，人们的行为显著地违背了自利原则，例如人们在囚徒困境博弈和公共品博弈中的合作行为、在最后通牒博弈中的拒绝行为、在独裁者博弈中的给予行为、在公地悲剧博弈中的自组织行为、在信任博弈中的信任和可信任行为、在礼物交换博弈中的馈赠和报答行为、在第三方制裁博弈中的惩罚行为等。

上述研究结果无不表明，当代西方主流经济学正面临全面的理论危机。以实验经济学、行为经济学、演化经济学、计算经济学和神经经济学为代表的新兴经济学在经验实证的基础上对“理性人假设”的质疑与批判，预示着经济学基础理论正在发生深刻的变革与重大的创新。未来 5 ~ 10 年内，一个新的、具有替代性和颠覆性的、超越新古典的经济学理论体系或将展现于世人眼前。这就是本文提出的现代经济学第四次综合的前景。面对这一重大的理论创新思潮，我们将如何应对？又该有何种作为？对中国的经济学研究而言，这是一次挑战，同时也是一个机遇。

本文将着眼于现代经济学第四次综合的前景，力图从理论假设、分析范式、技术工具等各个方面，对这一新的经济学理论体系可能包含的基本要素、基本内容以及这一理论体系的整体框架，包括它与传统经济学的关系作出全面的、系统的、前瞻性的整合研究。这里所谓的“整合研究”，即我们讨论涉及的所有概念和术语都是现有研究文献中已经提出来的，我们所做的工作就是将它们“综合”成一个有机的整体。正如我们在上文中所阐述的，在现代经济学发展的历史上，“革命”是一种创新，“综合”同样也是一种创新。

二、三大理论假设

传统经济学的“理性人假设”，或称“理性假设”并不是一个孤立的假设，对它的改进可能会引起一系列的连锁反应。哈佛大学经济学系著名的博弈论专家德鲁·弗登伯格（Drew Fudenberg）在《超越〈行为经济学的新进展〉》（Advancing beyond *Advances in Behavioral Economics*）一文中曾经指出，行为经济学家改进理论时使用的常规方法，往往就是在标准经济学模型中修改一两个假设，从而使之更加符合心理学上的真实性。但这种步步为营的方法存在很大的风险，因为对某个假设忽视可能会对其他假设产生间接影响，从而使这些假设彼此发生冲突。因此，任何理论创新都需要将相关假设视为一个整体，并考察其中有多少假设需要修正（Fudenberg，2006）。

就“理性假设”而言，20 世纪 60 年代以后，随着主流经济学微观基础的博弈论转向，“策略博弈假设”和“纳什均衡假设”实际上已经成为“理性假设”在博弈过程分析中的自然延伸与扩展。因此，如果新兴经济学家要对传统经济学的核心理论假设进行修正，或是进行建构性的替代，起码应该包含以下三个方面的内容：第一，“BPC 假设”对“理性假设”的替代；第二，“行为博弈假设”对“策略博弈假设”的替代；第三，“演化均衡假设”对“纳什均衡假设”的替代。

1. BPC 假设

“BPC 假设”由美国著名的桑塔费三剑客之一[①]赫伯特·金迪斯（Herbert Gintis）最先提出（Gintis，2009，2011），其早期研究可以追溯至18世纪中晚期意大利政治学家贝卡利亚（Gesare Beccria）和英国哲学家边沁（Jeremy Bentham）的功利主义哲学（Beccaria，1764；Bentham，1789）。经过一系列最新的实证研究，包括证券交易（Cogley et al.，2013）、风险投资（Brianzoni-et al.，2010）、资产定价（David，2012）、教育市场（Flacher and Harari，2013）、决策后果评价（Kariv and Silverman，2013）、不同行为规范的协调（McQuillin and Sugden，2012）、身份与社会禁忌（Bénabou and Tirole，2011）以及人们在非合作博弈中所表现出来的亲社会行为与社会偏好（Kerret et al.，2012）等，表明“BPC 假设”能够比传统经济学的“理性假设”更好地解释人们的行为。

所谓 BPC，是“信念”（beliefs）、“偏好”（preferences）和“约束”（constraints）的指代。BPC 假设与传统经济学理性假设的区别主要体现在以下几个方面：第一，BPC 假设把信念作为影响人们行为的重要因素，而信念则是人们对事物先验的主观判断，它既是社会的产物也是特定文化或情境的产物，并可以在个体之间分享；第二，BPC 假设不要求人们行为的同一性和偏好的同质性，因此，BPC 假设中偏好一致性公理不是绝对的，而是相对的，可以称为“情境依赖的偏好一致性”；第三，在传统经济学中，偏好只是用来指称那些自利的个人偏好，而在 BPC 假设中，偏好既可以包括自利的个人偏好，也可以包括非自利的甚至利他的社会偏好，正如金迪斯（2009）所言：“倘若理性意味着自私，则唯有天良丧尽者才会是理性之人。”

BPC 假设认为，偏好应该有条件地符合一致性公理的要求，即偏好的完备性、传递性和无关选择独立性具有情境依赖性。如果我们假定个人清楚其偏好，再附加上与选择情境相关的状态信息，人的行为才会表现出一致性。这种依赖情境的偏好一致性是完全合理的，否则偏好函数便没有任何意义。比如，当我们饥渴、恐惧、愤怒或困乏时，我们的偏好序就会发生调整。想找到一个不依赖于我们当前财富、当前时间、当前策略环境的效用函数，既是不现实的，也是不可能的（Gintis，2009）。BPC 假设认为，人们最大化自身的偏好并不意味着自私。关心他人、信奉公正或者为社会理想而牺牲，没有什么是不

① 美国桑塔费研究院（Santa Fe Institute）有三位著名的经济学家：萨缪·鲍尔斯（Samuel Bowles）、赫伯特·金迪斯（Herbert Gintis）和恩斯特·费尔（Ernst Fehr），他们经常联名撰写文章对主流经济学进行批判，故被称为“桑塔费三剑客”。

合理的，这些偏好所导致的决策过程也与一致性公理不相抵触（Gintis，2009）。同时，BPC 假设并不想当然地认为，人们所做的选择必定会有利于他们自身福祉的改善，除非当前的选择环境与人类偏好体系演化的历史环境完全一样（Brennan and Andrew，2012）。[①] 事实上，人们常常受到感性偏好的“诱惑”，诸如吸烟、酗酒、吃垃圾食品以及不洁性行为等，这些行为并没有违背偏好一致性公理，但如果仍然把它们称为“理性”行为，[②] 显然是违背常识的。因此，使用术语 BPC，有助于回避因意义过于丰富而容易令人混淆，且经常引起争议的“理性”一词（Gintis，2009）。

以上阐述表明，BPC 假设在情境依赖一致性公理的前提下保留了传统经济学“最大化”的形式，但扩展了它的内涵：人的行为不仅仅只是“最大化”自己的利益或福祉，在一个更广阔的层面上，人的行为是“最大化”自己的偏好；而这种偏好既可以是“理性”的，也可以是“感性”的；既可以包括利己的个人偏好，也可以包括非利己的甚至利他的社会偏好。在这样的假设下，我们可以在给定情境的条件下，将人的所有行为都作为“最大化”过程来建模，从而给出一个统一的解释。金迪斯（2009）认为，当代行为科学有四个互不相容的行为模式，它们分别是社会学的、心理学的、经济学的和生物学的，而 BPC 假设有助于各门行为科学的统一。

2. 行为博弈假设

经典博弈论秉承新古典经济学的理性人假设，把博弈者视为一个具有超级推理能力的最大化者，他们被假设为不但知道自己的策略选择，而且也知道对手的策略选择；不但知道对手的策略选择，而且还知道对手也知道自己的策略选择。在这样的假设下，博弈双方事实上被视作完全同质的、无差异的行为主体，人与人之间的互动被简约成两组策略之间的互动，博弈过程则被假设为一个标准化的最优策略的选择过程。我们把传统经济学与经典博弈论对博弈过程的这种假设，称为“策略博弈假设”。

演化博弈论的创始者梅纳德·史密斯（Maynard Smith）把博弈论引入生物学时最先提出了“行为博弈”的设想，他认为基于生物行为的博弈过程既不用假设博弈主体具有强大的理性能力，也无须假设博弈主体具有完全的信息

① 例如，人类对糖和脂肪的偏好是数百万年狩猎—采集社会食物严重匮乏的产物，只是在最近一个世纪内，人类才开始摆脱了饥饿的威胁。但是，对大部分人来说，要抑制对糖和脂肪的偏爱仍然是非常困难的，哪怕他们知道过量摄入这些“养分”会导致肥胖、高血脂、高血压等一系列有害健康的症状。

② 1992 年诺贝尔经济学奖得主加里·贝克尔（Gary Becker）曾经认为，根据“理性假设”，对烟、酒、毒品的嗜好，甚至人的自杀倾向都可以看作是一种理性行为。

状态；而博弈双方的支付（payoff）仅仅依赖生物行为的“适应度”（fitness），以及由“适应度”所决定的该个体在种群中的频率分布（Smith，1982）。[①] 行为经济学家、实验经济学家和神经经济学家科林·凯莫勒（Colin Camerer）进一步把这一思想引入人与人之间的博弈，并明确提出了“行为博弈”的概念。凯莫勒（2003）在《行为博弈——对策略互动的实验研究》一书中认为，人类不可能具有经典博弈论所假设的那种强大和完美的推理能力。例如，博弈过程中的被试一般不可能进行多于两个级别的重复剔除思维，而且他们也远非经典博弈论所假设的那样自私。举例来说，独裁者博弈中的被试一般都会在没有强制的条件下向对方输送利益，因此，博弈可以在两个完全不同的异质行为主体之间进行。博弈过程在更大程度上取决于每个人的行为特质和心理特质，而不是经过精心算计形成的策略互动。演化动力学家马丁·诺瓦克（Martin A. Nowak）则认为，博弈者的行为可能出自习惯、情感，甚至一时冲动，博弈论可以假定博弈者按自身利益最大化来制定策略，但没有理由确保他们一定会这样做（Nowak，2006）。这就是新兴经济学家提出的，不同于“策略博弈假设”的“行为博弈假设”。

一系列最新的实证研究表明，运用“行为博弈假设”，我们可以更好地分析附带情感的风险投资决策（Fairchild，2011）、战乱环境下人与人之间的信任关系（Michael et al.，2011）、囚徒困境和公共品博弈中的合作行为（Gracia-Lázaro et al.，2012；Fischbacher et al.，2012）、不完全合约中的合作与竞争关系（Brownet et al.，2012）、团队成员之间的沟通与协调（Cason et al.，2012）、情景模式下的管理决策行为（Goldfarb et al.，2012）、不同情绪对行为决策的影响（Oliveira，2010）、网络行为与日常行为的代偿性扭曲及其对行为决策的影响（Mariaet et al.，2013）等，而这些行为在经典博弈论的“策略博弈假设”下通常无法进行标准化的建模与分析。

凯莫勒（2003）提出行为博弈这一概念时曾经说，“我的认知心理学和行为决策研究的学术背景使我一看到博弈就不禁要考虑，具有认知局限性和情绪的人——也就是正常的人，是如何行动的”。因此，“行为博弈假设”把经典博弈论所假设的策略博弈过程还原成生活现实，使我们可以在一个多样化和多元化的视角下审视人类的行为，尤其是人与人之间复杂而精细的互动关系。从这个意义上来说，“行为博弈假设”保留了策略博弈假设的形式，即把人与人的交往和互动视作某种“博弈”过程。但改变了“策略博弈假设”的内容，

---

① 适应度（fitness）在生物学中被定义为“有机生命体预期的后代数量”，它是决定生物体在种群中分布频率最重要的因素之一。

即把博弈过程视作人类多样化行为的交往和互动，而不仅仅只是两种或两组最优策略之间的互动。

3. 演化均衡假设

由于经典博弈论假设人都是自利的，并且具有完全和充分的推理能力，在给定对手策略的条件下，博弈者选择的总是对自己最有利的策略，因此，博弈双方最终都会形成一个最优的策略选择，没有人能够从改变这一策略组合中获取更大的利益。这就是数学家约翰·纳什（John Nash）提出的（Nash，1950）并以他的名字命名的“纳什均衡”。就本质而言，“纳什均衡”仅仅是一种数学推理，我们可以把它看作一个决策的参照系，但没有理由确保人与人之间的互动必然或必须以这种形式展开（Nowak，2006）。一件鲜为人们提及的事情是，纳什在作出这个推断以后非常希望证实现实生活中的人是否真的会像他所预测的那样进行决策。于是，他找到美国著名智库兰德公司（The RAND Corporation），与几个年轻人合作设计了一系列囚徒困境的博弈实验来检验自己的理论。但是实验结果却让纳什大失所望。因为即便在明确告知博弈后果的情况下，仍然有将近40%的被试没有像纳什所预测的那样进行决策，即选择对自己唯一有利的背叛策略（Flood，1952；1954）。而且，这些被试中还包括了像加州大学洛杉矶分校经济学教授阿门·阿尔钦（Armen Alchian）和兰德公司数学部主任约翰·威廉斯（John Williams）这样能够完全理解不同策略和规则的理性假设的信奉者（菲尔德，2001）。

实际上，梅纳德·史密斯（1982）在创立演化博弈论时就已经意识到，“经典博弈论中博弈的参与者将根据自利的原则表现出理性行为”，而“这一假设在生物演化的背景下显然是不合适的”。他说：“具有讽刺意味的是，虽然博弈论最初是为研究经济行为而设计的，但结果却更好地应用到了生物学研究之中。造成这一后果的两个原因是：第一，博弈论要求不同情况下参与者所得回报可以用单个常量来测度，在对人的行为应用中，这种测度便是‘效用’——一个人为臆造且稍显别扭的概念。而在生物学中，达尔文的适应度则提供了一个自然而准确的用以测度这种回报的一维常量。第二，更为重要的是，在求解博弈模型时，‘人类理性’这一概念被‘演化稳定性’所取代了。这样替代的好处在于，即使有证据怀疑人类行为并非总是理性的，也仍有很好的理论基础来证明种群将通过演化达到稳定的状态。”在这样的范式中所形成的博弈均衡，被史密斯称为“演化均衡”（evolutionary equilibrium）。

演化博弈论和演化经济学家佩顿·杨（Peyton Young）把“演化均衡”与“纳什均衡”看作两种不同性质的均衡过程（Young and Kreindler，2011）。这种不同首先表现在均衡的实现方式上，“纳什均衡”的实现取决于博弈者事前的策略选择，而“演化均衡”的实现则取决于博弈者事后的策略学习。其次还表现在均衡的实现机制上，在“纳什均衡”中对策略优劣作出判断的主体是博弈者自己，判断的依据则是所谓的“人类理性”。而在“演化均衡”中对策略优劣作出判断的主体是博弈者所面对的环境，判断的依据则是达尔文意义上的“自然选择”（Kreindler and Young，2013）。最后还表现在均衡的动态趋势上，“纳什均衡”是在确定性条件下形成的，是一种静态的线性均衡关系，一旦均衡形成就不再变动，除非博弈的形式或内容发生了改变。而“演化均衡”则是在多行为主体的随机互动中形成的，表现为一种复杂系统中的秩序涌现，且均衡状态将随博弈环境的变化而变化（Donato et al.，2010）。

运用“演化均衡”假设，演化经济学家可以为消费者异质性偏好的随机演化（Cevikarslan，2013）、社会成员之间信念与行为的动态均衡过程（Kim，2012）、社会舆论的随机动态变化及其形成过程（Janutka and Magnuszewski，2010）、选民投票倾向的随机波动和决策过程（Boccara，2010）、社会成员之间态度和行为相互影响与传播的随机演化过程（Sekiguchi and Nakamaru，2011）、科学理论与科学范式的崛起和衰落（Bornholdt and Jensen，2011）、社会创新与制度变革的演化机制（Young，2011）、企业集群产生环境及其形成的演化机制（Smet and Aeyels，2012）、网络信息传播的随机演化过程（Pohorecki et al.，2013）、社会成员个体间信念的随机演化过程（Brennan and Andrew，2012）、社会行为的自组织和社会规范的涌现过程（Bragin，2013）等各种异质性、多样化和非平衡的动态演化过程建模并进行分析，从而极大拓展了传统经济学与经典博弈论的分析视野。

三、三人分析范式

在新古典传统中，由于预置了经济主体只是追求自身利益最大化的行为者。因此，成本、收益与均衡就成了传统经济学三个最基本的分析范式，它几乎可以融入经济分析的所有领域。比如，一个理性的消费者通过成本—收益计算使自己的效用最大化，一个理性的生产者通过成本—收益计算使自己的利润最大化。在完全竞争条件下，消费者和生产者的利润最大化将达到一种完美匹配，任何偏离这一状态的行为都会造成效用或利润损失，这种状态被称为“帕累托最优”。由于没有人愿意偏离帕累托最优状态而形成的一种均衡，传统经济学把它称为“一般均衡”。

但由于新兴经济学并不预设行为主体只是一个自身利益的最大化者，它所面对的问题往往比传统经济学更繁杂。新兴经济学家需要关注经济活动中行为主体之间复杂的社会关系、特定的社会场景甚至不同的心理特质对人们行为决策的影响（Blumenthal，2011）。如一个人是否具有同情心或正义感、是否遵循社会习俗或社会规范、是否得到群体中其他成员的认同或尊重等，这些因素在很大程度上会决定或者改变人们的行为模式（Jeffrey and Putman，2013）。因此，新兴经济学家面临的任务，首先是从各种不同的场景中筛选出具有分类学意义的行为类别，然后试图找出导致这些行为的心理或生理机制以及这些机制的神经基础。最后还必须揭示这些机制产生的原因，而实现这些任务所分别对应的范式就是行为、偏好与演化。因此，行为、偏好与演化是新兴经济学不同于传统经济学成本、收益与均衡的三个最基本的分析范式。

1. 行为

1992 年诺贝尔经济学奖得主加里·贝克尔（Gary Becker）在《人类行为的经济分析》中指出："今天，经济研究的领域业已囊括人类的全部行为及与之有关的全部决定。经济学的特点在于，它研究问题的本质，而不是该问题是否具有商业性或物质性。因此，凡是以多种用途为特征的资源稀缺情况下产生的资源配置与选择问题，均可以纳入经济学的范围，均可以用经济分析加以研究。"（Becker，1976）行为经济学家尼克·威尔金森（Nick Wilkinson）则认为："经济现象与任何配置稀缺资源的人类行为都有关，因此它所涉及的领域非常之广。以下所列的事件均可被描述为经济现象，虽然它们或许也属于其他学科的研究范畴：如在互联网上寻找性伴侣；观看电视转播的纪录片；进行慈善捐款；让邻居搭自己的车以便今后能有求必应；决定打个盹儿而不是去修剪草坪；教孩子打网球；去教堂等。"（Wilkinson，2008）毫无疑问，如果我们同意这样的定义，即"经济学是研究稀缺资源配置的科学"；如果我们也同意这样的判断，即"时间资源是人类最稀缺的资源"；那么，我们必然会得出与 Becker（1976，1996）和 Wilkinson（2008）同样的结论：凡是需要消耗时间的行为，从某种意义上说也就是人类的所有行为都可以纳入经济学分析的范围，而不论这种行为是否是传统意义上的商业行为或经济行为。

在更一般的意义上，新兴经济学认为，由特定的生物基因型所决定的生物表现型，都可以纳入经济学或博弈论的分析视野（Burnham，2012）：既可以包括物种与自然之间的竞争关系，如人类远祖为了适应生存环境变迁由爬行改为直立行走；也可以包括物种与物种之间的竞争关系，如原始人类与大型食肉类动物之间捕食与被捕食关系的转换；或者同一物种内部不同个体之间的竞争关系，例如一个原始族群内部成员对食物资源或配偶的争夺，等等。这种竞争并非通常意义上的直接对抗关系（虽然它也包含了直接对抗），而是一种被生物体的适应度所决定的相对的对抗。事实上，只要生物体的行为性状会对其适应度产生影响，它就会改变该生物个体在种群中的频率分布，而这种频率分布就会导致它与其他生物体之间产生直接的或间接的对抗，进而决定了它在种群中的竞争地位（Price and Kirkpatrick，2009）。

在上述行为范式下，新兴经济学可以对各种传统经济学“理性假设”无法建模和分析的所谓“非理性”行为，如损失厌恶（Tversky and Kahneman，1991）、不公平厌恶（Fehr and Schmidt，1999）、禀赋效应（Kahneman et al.，1990）、框架效应（Tversky and Kahneman，1981）、认知失调（Giladet et al.，1987）、沮丧行为（Loomes and Sugden，1986）、自我伤害（O'Neill，2005）、自我欺骗（Taylor，1989）、成瘾性行为（Vuchinich，2003）以及各种非利己或利他的亲社会行为（Kerret et al.，2012）等，进行深入的分析。

传统经济学虽然也有所谓的行为分析，但传统经济学中的“行为”事实上都被假定为没有区别的同质行为，它们只是自利的经济人追求自身利益最大化的表现形式。因此，新古典经济学家可以用一组生产函数来表示所有厂商的行为，用一组无差异曲线来表示所有消费者的行为。但在新兴经济学家看来，人们的行为是异质的、千差万别的。新兴经济学关注的是现实世界中人们多样化行为的特征和分类，而不像传统经济学和经典博弈论那样，试图通过一个极强的理论假设来描述所有的行为。因此，在传统经济学中，人的行为是由理论假设推导出来的；而在新兴经济学中，研究者则希望通过人的行为推导出新的理论假设（Bowles，2009）。

2. 偏好

所谓偏好，一般指人们固有的、稳定的行为取向。但新兴经济学目前对偏好的研究，已经远远超越了这一形式化的定义。如神经经济学的研究表明，人类平衡即期赢利与远期赢利的行为涉及结构不同且空间分离的神经模块（Peters and Büchel，2011）；人们制定长期决策的能力位于大脑前额叶特定的神经组织中，其功能在这些区域受损时便会出现决策紊乱的现象，尽管这些部位受损的被试，在其他方面看起来完全正常（Heatherton and Wagner，2011）。又如，一项对慈善捐赠行为的脑成像研究表明，行为者被激活的神经组织为中脑缘通道（Moll et al.，2006），它是人脑中负责多巴胺的分泌的“奖赏中心”，可以给人带来快感（Flagel et al.，2010）。由此，神经经济学家可以相信，慈善行为并非如某些传统经济学家所断言的那样，一定是出于伪善的目的而另有所图。再如，大量神经科学的研究表明，人类前额叶、眶额叶和颞叶上沟的进化与人类的道德意识和亲社会行为有着密切关联（Moll et al.，2005；Ramesonet et al.，2012）。这些脑区中的一个或数个出现局部损伤时，病人将表现出各种与社会无法协调的行为，包括内疚感、羞耻感和自豪感的丧失（Takahashi et al.，2008）。神经经济学的研究还表明，基数效用论的回归，并非一件不可能的事情（叶航等，2007）。在灵长类动物进行经济选择时，从对它们进行电生理学测量的记录中可以得出基数效用是有其神经基础的（Padoa-Schioppa and Assad，2006）。实验证明，灵长类动物的眶前额叶包含着一个基数效用地图（cardinal utility map），而这个地图内的神经元活动负责对某一特定选项的主观效用进行编码，通过仪器识别这些编码已经可以用来预测受试者的决策和选择行为（Stuphorn，2006）。

上述研究表明，所谓偏好，在一个更深层次上事实是人脑神经组织的某种特殊功能。人类的行为倾向可以在神经元的基础上被编码，并在特定条件下被激活：即当某一神经组织受到某些信息刺激时，这些被神经元编码的“程序”就可以启动并发出“指令”，使人们作出某种特殊的行为。来自当代神经科学的证据表明，大脑的神经回路会将不同选择的“利弊”内在地集成为单一的神经“放电率”（Discharge Rate），并且会自动选择最大放电率作为激发某种行为的依据（Shizgal，1999；Glimcher，2003；Dorris and Glimcher，2003；Glimcher and Rustichini，2004；Glimcher et al.，2005）。偏好可以通过各种不同的形式表现出来，如信念（believe）、习俗（customs）、习惯（habit）、情绪（emotion）、本能（instinct）等，但无论偏好表现为哪种具体形式，都有其神经基础（Rolls，1990；Phillips et al.，2003；Everitt and Robbins，2005；Moll et al.，2005；Young and Saxe，2008；Trojano，2010；Kassam et al.，2013；Parmelee，2013）。

传统经济学虽然也有“偏好”这一概念，但通过所谓的“显示偏好”，传统经济学把“偏好”还原成了“行为”（叶航等，2007）。正如美国著名经济学家保罗·萨缪尔森（Paul Samuelson）所说，“效用或偏好作为一种主观心理状态是观察不到的，但我们可以观察到需求行为，即消费者在市场上作出的选择。一个竞争性的、理性的消费者通过自己的市场行为显示自己的偏好”，即“任意商品丛，只要费用低于所选择的商品丛，一个理性的消费者必然会认为，比起他所选择的商品丛来，这一商品丛是不合适的”（Samuelson，1947）。换句话说，传统经济学关于“显示偏好”的理论逻辑就是——假定消费者是一个最大化的理性行为者，那么，他所选择的商品必然是效用最大的，否则，他就违背了理性选择的要求。这样一来，所谓“效用最大化”的理性偏好就通过消费者理性的选择行为被“显示”出来了。毫无疑问，传统经济学通过这种同义反复式的循环论证所定义的“偏好”（叶航，2003），与新兴经济学的“偏好”范式，无论就形式还是内涵来说，都有着本质上的区别。

3. 演化

达尔文（Charles Darwin）创立的演化范式内涵极其丰富。作为一个描述性的范畴，演化可以用来描述生物性状在不同代际可传递和可积累的变化（Smith，1982）。这种生物性状可以是生物体的外在形态如肢体的长短、羽毛或皮肤的颜色，可以是生物体的内在形态如骨骼的结构、消化或代谢的渠道，还可以是生物体的行为如进食、求偶、生育及学习，也可以是生物体的心理状态如胆怯、警觉、孤僻或亲和等（Rabosky，2012）。作为一个分析性的范畴，演化可以用来解释生物性状为什么会呈现出如此多样化的形态（Pfennig et al.，2010）。如长颈鹿的脖子为什么这么长，候鸟为什么要不远万里进行迁徙，雄孔雀为什么会长出如此艳丽的尾羽，人类为什么具有如此强烈的公平感等（Dingemanse and Wolf，2013）。当实验经济学家通过行为实验观察到人类某种特殊的行为倾向时，当神经经济学家通过脑成像观察到人脑中某种特殊的神经元编码时，演化经济学家的问题则是：人类为什么会具有这样的行为倾向并形成这种特殊的神经元连接？要回答这个问题，就必须探讨行为与偏好背后的演化机制。

这一演化机制就是达尔文在《物种起源》中提出的“自然选择”：“在世界范围内，自然选择每日每时都在对变异进行检查，去掉差的，保存、积累好的。不论何时何地，只要一有机会，它就默默地不知不觉地工作，去改进各种生物与有机的和无机的生活条件的关系。”（达尔文，1859）新兴经济学可以在演化博弈论和演化动力学的基础上为达尔文的“自然选择”建模（Nowak，2006），通过遗传变异或遗传漂变给出不同的生物性状，通过不同生物性状在生存竞争中的博弈回报（payoff）来确定其适应度（fitness）的大小，通过适应度的大小来刻画其在种群中的频率分布，根据频率分布的动态趋势来描述演化过程和演化结果，从而为多样化行为与异质性偏好产生的原因提供解释。在为自然选择建模的过程中，适应度是一个最重要的变量，它既是生物体复制其行为性状的依据，也是衡量生物体演化优势的依据（Smith and Price，1973）。这一变量可以在多重意义上描述动态演化过程，例如基因复制、个体繁衍、生存竞争、策略学习和策略更新以及社会规范的形成与变化（Nowak，2006；Gintis，2013）。

在传统经济学中，我们虽然也可以看到“演化”这一名称。但对传统经济学来说，所谓“演化”只不过是“变化”的隐喻，它既不涉及遗传变异与遗传漂变等演化过程的随机性，也不涉及自然选择在演化过程中的决定作用。对新兴经济学来说，演化作为一个分析范式，是建立在生物学基础上的跨学科应用。人类多样化的行为倾向是由人类异质性的偏好所决定的，而人类异质性的偏好则是人类数百万年演化的结果，它是人类适应生存环境而被自然选择的产物（叶航，2012）。因此，新兴的经济学不仅关注人的行为、关注行为背后的偏好，而且还要关注这些行为与偏好赖以产生的历史条件和历史过程。

四、三大技术工具

传统经济学在其发展过程中逐步形成了数理和计量两大技术工具。今天，在国际主流经济学期刊上，你几乎不可能找到一篇没有运用这两个技术工具的文献。而新兴经济学在其发展过程中则逐步形成了以行为实验、脑成像和计算机仿真为代表的三大技术工具。20 世纪 90 年代以来，这三大技术工具极大地推动了新兴经济学的发展。而以三大技术工具作为分析依据的经济学文献，在近 10 年中，每年都以 20% ~30% 的速率增长。对新兴经济学理论体系的建构，三大技术工具起到了基础性的支撑作用。只有通过行为实验，新兴经济学家才可以更好地观察人类的行为，并从中归纳出人类行为的基本特征；只有通过现代脑成像技术，新兴经济学家才可以无创伤地深入人类大脑内部，并从中揭示出偏好的神经基础；只有通过计算机仿真，新兴经济学家才可以重现上百万年的演化过程，从而为人类行为和偏好的形成机制提供科学的解释。

1．行为实验

行为实验（behavior experiment）是新兴经济学最基础的研究手段。人们的行为可能会因各种各样的原因呈现出千差万别的特征，这种零散的、没有分类意义的行为特征不可能成为科学研究的对象。因此，实验经济学家需要借助行为实验来提纯研究对象——针对某一特定的情境，通过控制某些特定的变量来观察被试的行为，从中提炼出具有研究价值的行为特征（Campbell and Stanley，1963；Davis and Holt，1993；Camerer，2003；Cubitt，2005；Brandts and Charness，2011；Graziano，2013）。与自然科学的研究方法类似，行为实验的两个重要特征在于研究过程和研究结果的可控制性（controllability）与可重复性（replicability）。可控制性是指研究者可以根据研究要求操纵实验环境，设定或控制某些条件，从而实现特定的研究目标（Croson and Gächter，2010；Turskis and Zavadskas，2011；Engel，2013）；可重复性则是指其他研究人员可以根据相关的记录和描述，完全复制已经完成的某项实验，从而使研究成果或研究结论具有被验证的可能（Friedman and Sunder，1994；Rapoport and Zwick，2002；Bardsley，2010；Frantz and Leeson，2013）。

尽管对行为实验的科学性还存在着许多怀疑和争论（Smith，1992；List，2001；Harrison and List，2004；Schram，2005；Levitt and List，2007；Santos，2011；Al-Ubaydli and List，2012；Milonakis and Fine，2013），但这些怀疑和争论实际上是在呼唤更多更精细的实验，而并非对实验方法本身的否定（Camerer，2003；Cubitt，2005；Bardsley，2010；Plott et al.，2011；Green and Tusicisny，2012；Shavit et al.，2013）。实验经济学家通过不断努力，正在为行为实验建立一套更严格的规范和方法，比如实验程序的标准化、激励方法的显著化、实验语言的无偏化等标准化的实验流程，从而尽可能保证实验过程、实验数据采集、实验数据分析的客观性与科学性（Kagel and Roth，1995；Friedman and Cassar，2004；Klingert，F. and Meyer，2012；List and Price，2013）。

实验经济学家为了追求实验的可控制性和可重复性，一般都会将行为实验安置在实验室中进行，这类实验也因此被称为实验室实验（laboratory experiments）。实验室实验通过构造一个可操作的微观环境，便于控制其他变量，从而实现对相关变量的测度。但由于实验室实验获得数据往往缺乏丰富的社会情境，对其结果是否能推至外部真实世界，是一个颇有争议的问题（Campbell and Stanley，1963；List，2001；Camerer，2011；Herberich and List，2012；Slonim et al.，2013）。在这一背景下，实验经济学家又开拓了一个行为实验发展的新方向——田野实验（field experiments）。目前，根据实验数据的获得方法，我们可以把行为实验分为四种基本类型（Harrison and List，2004；Feltovich，2011；Rosenboim and Shavit，2012）：①常规的实验室实验（conventional lab experiment），指那些招募大学生作为标准被试，在专业的实验室中进行，并设定抽象的背景框架和一系列实验规则的行为实验；②人为的田野实验（artefactual field experiment），指那些招募非标准的被试（即除大学生以外的社会成员），而其他条件均与常规的实验室实验类似的行为实验；③有背景的田野实验（framed field experiment），指那些经过预先设计，实验过程和被试信息采集均在现实场景中进行的行为实验；④自然的田野实验（natural field experiment），指那些未经设计或虽然经过设计，但实验过程完全是自然发生的，被试不知道自己是实验一部分的行为实验。

2. 脑成像

萨缪尔森当年曾经断言“效用或偏好作为一种主观心理状态是观察不到的”（Samuelson，1947），但随着科学技术的不断进步，萨缪尔森的担忧今天已经不复存在。2003 年的诺贝尔生理学或医学奖授予了美国伊利诺伊大学的保罗·劳特伯（Paul Lauterbur）和英国诺丁汉大学的彼得·曼斯菲尔德（Peter Mansfield），以表彰他们在核磁共振成像技术（magnetic resonance imaging，简称 MRI）方面所取得的成就。20 世纪末、21 世纪初，脑科学和神经科学研究领域出现的一个重大突破就是活体大脑的观察技术。随着脑电图（EEG）、脑磁图（MEG）、正电子发射断层扫描（PET）、单光子发射断层扫描（SPECT），特别是磁共振成像（MRI）和功能性磁共振成像（fMRI）以及最近出现的便携式近红外脑成像（NIRS）等技术的成熟，脑科学家和神经科学家现在已经可以完全无创伤地深入包括人在内的生物大脑内部，观察和研究大脑在意识、思维、认知和决策过程中所表现出来的基本状态与特征（Gazzaniga，1995；Glimcher and Rustichini，2004；Joyce，2006；Langleben and Dattilio，2008；Brownell，2010；Posner，2011；Cavalcanti，2012；Kaila，2013a，2013b）。对脑科学、神经科学乃至心理学和行为科学来说，这无疑是一个重要的、历史性的转折。因为，当决定我们行为和心智的器官——大脑，对我们来说还是一个“黑箱”的时候，对人类行为和心智的任何解释都很难成为一种真知灼见。虽然离完全揭开大脑的秘密也许还有很长一段路要走，但大脑这个“黑箱”已经或正在被打开。神经经济学（neuroeconomics）就是在这样的背景下诞生的。[①] 今天，在神经经济学家眼中，效用或偏好已经不再是一个抽象的符号或虚拟的概念，他们可以借助上述技术工具直接观察到效用或偏好的神经结构和神经基础（Glimcher，2003；Camerer et al.，2004，2005；Glimcher et al.，2005，2008；Reimann and Bechara，2010；Graziano，2013；Glimcher，2013；Witt and Binder，2013），从而使效用或偏好第一次具有了哲学意义上的“本体论”地位。

当然，对人类大脑在认知过程和决策过程中的具体机制，我们知道的还非常有限，这难免会引起各种各样的怀疑和争论（Searle，1998；Rustichini，2005；Schmidt，2008；Levine，2011；Levallois，2012；Lakoff，2013）。更为深入的研究和更具启发性的结论，也许还要等待脑科学和神经科学在相关领域和相关问题上的更大突破，如行为与认知的关系（Mesulam，2000）、情感与理智的关系（Damasio，2005；Damasio and Carvalho，2013）、社会认知过程（Lieberman，2007）、大脑的整体功能（Biswal et al.，2010）、语言的神经基础（MacWhinney，2013）、人类意识的产生过程（Almada and Pereira，2013）等一系列关于人脑的基本神经机理（Sander，2013；Squire，2013）。

但是，针对新兴经济学关于人类亲社会行为与社会偏好的研究来说，脑成像技术目前在人类行为偏好研究上已经取得的成果不至于存在太大的争议。因为对于人类大脑各个功能区的定位，是目前脑科学和神经科学相对成熟的研究领域（Glimcher，2003，2008；Camerer et al.，2005；Bhatt and Camerer，2005；Damasio and Carvalho，2013）。对人类亲社会行为与社会偏好的研究来说，它所面临的两个最大挑战也许在于：第一，新兴经济学家怎样才能让传统

① 关于神经经济学的诞生与发展可参见我们发表在《经济研究》上的综述（叶航，汪丁丁，贾拥民，2007），以及浙江大学跨学科社会科学研究中心（ICSS）主编的“跨学科社会科学论丛”《神经经济学：实证与挑战》第二篇（第5、6、7章）（汪丁丁，叶航，罗卫东，2007）。

经济学家相信，所谓的人类亲社会行为，如一个慈善捐款者或利他惩罚者，不是因为某些自私的心理动机，如博取名誉或纯粹为了报复而采取的行动（Simpson et al., 2006；Wilson, 2010）。第二，如果真的存在着带有利他主义倾向的亲社会行为，那么这些行为的激励机制是什么（Bénabou and Tirole, 2005；Kamenica, 2012）？因为传统的自利行为可以依靠外在的物质激励。但这两个问题恰恰都与人类大脑的功能定位有关。神经科学家与神经经济学家相关的脑成像研究已经表明，人类在进行功利计算或道德判断时，所启动的是两个完全不同的脑区（Damasio, 1994；Greene et al., 2001；Allman et al., 2002；Fehr and Camerer, 2007；Roelke et al., 2013；Bamford, 2013；Brocas and Carrillo, 2013）。对于纯粹利他行为的激励机制问题，相关的脑成像研究也有了比较统一的共识：这类没有外在物质激励的行为，通常是在人脑自我奖赏系统参与下完成的。这一系统会在特定条件下促使脑髓体释放出更高水平的脑激素——多巴胺，从而使行为主体产生快乐感与满足感（De Quervain et al., 2004；Moll et al., 2006；Ethan et al., 2010；Roshan et al., 2011；Schaaf et al., 2012；Declerck et al., 2013；Sasaki et al., 2013）。大量有关人类亲社会行为与社会偏好脑成像的前沿研究，如同情心的神经基础（Sousa et al., 2010；Decety and Michalska, 2010；Masten et al., 2011；Haakon and Singer, 2012）、内疚感的神经基础（Morey et al., 2012；Spunt and Lieberman et al., 2013）、公平感的神经基础（Weiland et al., 2012；Shamay-Tsoory et al., 2012）、合作与信任的神经基础（Bartz et al., 2011；Rameson et al., 2012；Carolyn et al., 2013）等，都表明人类在亲社会行为与社会偏好中所表现出来的道德情感、道德认知与社会认知具有特定的神经元编码（Damm, 2010；Renate et al., 2012；Ciaramelli et al., 2012；Marazziti et al., 2013；Decety and Howard, 2013；Spunt and Lieberman, 2013）。

3. 计算机仿真

计算机仿真（computer simulation）是通过计算机技术对现实世界某一系统进行模拟，以便得到其动态变化特征的研究方法。计算机仿真通常用于复杂系统的研究，因为复杂系统是一个由多重因素和变量决定的，具有随机性、涨落性、涌现性和自组织性的系统（Nicolis and Prigogine, 1989；Beckage et al., 2013）。对于这类系统，往往不可能给出解析性的数学描述（Edmonds and Meyer, 2013；Arthur, 2013），如气候变化、潮汐环流、疾病传播、股价波动、社会动乱、生物演化等。但通过计算机仿真来模拟这些高度复杂的系统，就可以得到一般解析分析所不能得到的结果（Rosser, 2009；Macal and North, 2010；Holt et al., 2011；Axtell, 2013）。对此，计算经济学创立了一整套的理论、方法和技术，极大地拓展了传统经济学的研究手段和研究视野（Cioffi-Revilla，2010；Dadkhah，2011a，2011b；Richiardi，2012；Velupillai，2013；Mohanty，2013；Introne et al.，2013）。

运用一种被称为基于行为主体（agent-based）或多行为主体（multi-agent）的计算机仿真技术（Tesfatsion and Judd，2006；Epstein，2011；Baccan and Macedo，2012），计算经济学家可以模拟股票价格波动（Takeuchi et al.，2011；Caverzas. and Godin，2013）和汇率波动（Thinyane and Millin，2011；Vasilakis et al.，2012；Fletcher and Shawe-Taylor，2012），衍生品定价（Alexandridis and Zapranis，2013）和资产定价（Brianzoni et al.，2010；Franke，R. and Westerhoff，2011），拍卖市场（Mochón，2011；Andersson and Andersson，2012）、金融市场（Cincotti et al.，2008；Arratia and Cabaña，2013）、风险市场（Kormilitsina，2012；Badshah et al.，2013）、劳动力市场（Martin and Neugart，2009；Boeters，2010）、农产品市场（Graubner et al.，2011）和电力市场（Saâdaoui，2012）的随机运行机制，以及一个国家的宏观经济波动（Hespeler，2012；Pecora and Spelta，2013）和政府财政政策（Dawid and Neugart，2011；Dosi et al.，2013）、货币政策（Wingrove and Davis，2012；Gonzalez and Rodriguez，2013）对宏观经济的影响。

计算机仿真作为一种技术工具，对新兴经济学 BPC 假设关于人类社会偏好的洞见具有更为重要的意义。虽然行为经济学家和实验经济学家已经通过大量的行为实验观察到了人类所具有的各种形式非自利的亲社会行为，神经经济学家又通过脑成像观察到了这些行为背后的社会偏好及其神经基础，但如何解释这些行为和偏好的形成原因和演化机制，始终是新兴经济学面临的饱受争议的一个难题（Dawkins，1976；Gintis，2003；Leon，2011）。

在考古学和人类学无法为远古人类的行为提供有效证据的情况下，通过计算机仿真模拟人类行为的演化过程，也许是目前唯一可行又有效的研究方法。罗伯特·阿克塞罗德（Robert Axelrod）最早将计算机仿真用于研究人类合作行为的演化，发现了“针锋相对”（tit for tat）这一有利于合作形成的重要策略性行为（Axelrod，1997）。萨缪·鲍尔斯（Samuel Bowles）和赫伯特·金迪斯（Herbert Gintis）则运用计算机仿真模拟了距今 10 万～20 万年前更新世晚期人类狩猎—采集社会原始族群合作劳动的随机演化过程，证实了群体选择条件下的强互惠（strong reciprocity）行为可以促进合作秩序的形成（Bowles and Gintis，2004）。以马丁·诺瓦克（Martin Nowak）为首的研究团队创立了一种基于“频率依赖型莫兰过程”（frequency-dependent Moran process）的多行为主体（multi-agent）计算机仿真技术（Taylor et al.，2004；Nowak，2006；Ye et al.，2011），并运用这一技术破解了合作行为演化研究中著名的“二阶社会困境”（second-order social dilemma）难题（Hauert et al.，2007；Sigmundet al.，2010）。目前，运用计算机仿真技术研究各种社会困境中人类所具有的亲社会行为与社会偏好，已经成为演化经济学、演化博弈论、演化动力学和计算经济学等学科最重要的前沿研究领域之一。

五、整合与展望

如上所述，随着行为经济学、实验经济学、演化经济学、计算经济学和神经经济学的发展与成熟，新兴经济学在批判西方主流经济学的过程中，逐步形成了以“三大理论假设”“三大分析范式”和“三大技术工具”为代表的建构性共识。而正是这些共识，向我们展现了一个超越新古典传统的并能够对其进行替代的全新的经济学理论框架。

1. 新兴经济学的理论框架

在新兴经济学理论体系的建构中，三大理论假设、三大分析范式和三大技术工具是一个相互关联、相互补充、相互契合的有机结合体，而只有这种有机的结合才能构成一个完整的理论框架（如图1所示）。

这种有机结合首先体现在该理论框架三个层次内部，尤其是“三大理论假设”和“三大分析范式”内部各组成要素之间密切的逻辑关系上。

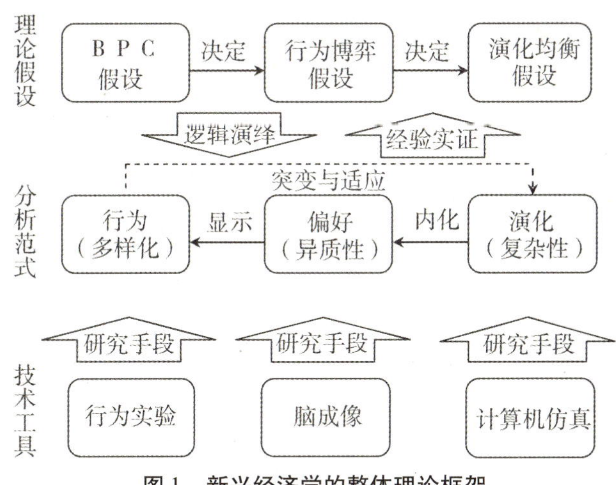

图1　新兴经济学的整体理论框架

在三大理论假设中，BPC 假设是最核心的，它既是整个理论体系的逻辑起点，也是整个假设体系的逻辑起点。从三大理论假设内在的演绎关系看，“行为博弈假设”和“演化均衡假设”都是 BPC 假设在博弈分析过程中的逻辑延伸与扩展。由于 BPC 假设人的行为具有多样化的特质，因此人与人之间的博弈关系就不可能像经典博弈论所假设的那样，只是同质的理性人之间最优策略的较量。从 BPC 假设出发的博弈分析，必然是建立在多样化行为主体的基础上，而这样的假设就是所谓的行为博弈假设。一旦博弈过程不再是同质的最优策略之间的博弈，经典博弈论所假设的“纳什均衡”将不复存在。因为“纳什均衡”存在的前提是博弈对手和你一样，是一个理性且自利的最大化者；如果博弈者面对的是一个行为多样化的对手，他就无法判断对手的策略，从而也就无法制定自己的最优策略。在此境况下，最佳的“策略”也许就是所谓的“学习”或“模仿”，即根据博弈结果来调整自己的行为。根据行为博弈和演化博弈的假设，人们倾向于学习或模仿那些具有更高博弈支付（payoff）的行为（Fawcettet et al.，2013）。事实上，这一过程与生物学意义上的遗传复制是等价的——学习或模仿支付更高的行为与适应度（fitness），更高的行为者具有更高的繁殖率（Knudsen and Miyamoto，2005），其结果都是增加了这一行为在群体中的频率分布（Taylor et al.，2004；Nowak，2006；Ye et al.，2011；Fawcett et al.，2013）。这种频率分布的随机动态变化就是“演化”，而由此达到的均衡状态就是“演化均衡”（Traulsenet et al.，2010）。因此“演化均衡假设”是“行为博弈假设”的逻辑展开，而“行为博弈假设”又是 BPC 假设的逻辑展开。在三大理论假设中，存在着一种内在的决定与被决定的逻辑关联（参见图 1 中描述三大理论假设之间决定与被决定关系的箭头方向）。

在三大研究范式中，我们首先观察的是人的行为，因为行为具有最直观的经验特征。从一个人的行为，我们可以推断他的偏好，甚至可以通过一定的技术手段（如脑成像仪）观察到他的偏好（偏好的神经基础）。最后，研究者可以根据一个人的行为倾向和偏好结构，提出某个演化论的解释，并通过一定的技术手段（如计算机仿真）来证明这种行为和偏好是人类在特定环境下长期演化的结果（Brennan and Andrew，2012）。如果从三大分析范式内在的逻辑决定关系看，上述顺序刚好相反：演化是一个最关键的范式，人类异质性的偏好是复杂系统演化即自然选择内部化的产物，而人类多样化的行为则是人类异质性偏好的外在显示。因此，演化决定了（即内化为）偏好，而偏好则决定了（即显示为）行为（参见图 1 中描述三大分析范式之间关系的实线与箭头方向）。当然，从演化过程的内在机制看，自然选择是通过行为（它是生物性状的一个重要表现）的突变与适应来发挥作用的（参见图1中描述行为与演化之间关系的虚线与箭头方向）。因此，三大分析范式本身是一个有着密切自然关联和逻辑关联的有机整体。

上述有机结合还表现在这一理论框架三个层次即三大理论假设、三大分析范式和三大技术工具之间密切的逻辑关系上。

首先，在整个理论框架中，三大理论假设是最核心的部分，起到了一种“顶层设计”的作用。通过BPC假设、行为博弈假设和演化均衡假设，新兴经济学才能推衍出不同于传统经济学的三大分析范式——行为、偏好与演化。因此，三大分析范式实际上是三大理论假设逻辑演绎的结果（参见图1中理论假设与分析范式之间左边的箭头）。其次，三大分析范式是对三大理论假设的经验实证。因为只有通过三大分析范式所展开的一系列具体研究，才能为三大理论假设提供经验证明（参见图1中理论假设与分析范式之间右边的箭头）。最后，三大技术工具在整个理论框架中起到了一种基础性的支撑作用，它分别为研究行为（相对应的是行为实验）、研究偏好（相对应的是脑成像）和研究演化（相对应的是计算机仿真）提供了科学手段（参见图1中技术工具与分析范式之间一一对应的关系）。

2. 新兴经济学与传统经济学的关系

新兴经济学虽然在理论假设、分析范式和技术工具等方面对传统经济学进行了极大的拓展，但它并没有排斥传统经济学的逻辑体系，而是把传统经济学作为一个“特例”或“子系统”包含在自己的理论框架内。科林·凯莫勒（Colin Camerer）谈到行为经济学与传统经济学的关系时说：“行为经济学的方法是对理性选择与均衡模型的扩展，但它并不提倡完全抛弃这些模型。”（Camerer and Loewenstein，2004）赫伯特·金迪斯（Herbert Gintis）则认为，BPC假设在情境依赖的条件下可以保留传统经济学理性假设的一致性公理，即偏好应该具有完备性、传递性和无关选择独立性，从而可以确保我们在研究中把行为主体当作偏好最大化者进行建模（Gintis，2009）。实际上，新兴经济学并不否认个人具有“自利性”。与传统经济学不同的是，新兴经济学家认为个人并非只有“自利性”，与“自利性”同时存在的，还有人的“社会性”（Gintis，2013）。因此，在承认一致性公理与个人自利性的前提下，新兴经济学与传统经济学存在着相互包容的交集，而传统经济学所不能涵盖的内容，则是新兴经济学对人类“社会性”的认识与洞见（参见图2）。在这个意义上，我们可以把传统经济学看作新兴经济学的一个“子集”或“特例”。

金迪斯（2009）指出，传统经济学的理性假设模型并未包含可以推导出个体间具有“共同信念”的任何原理。由于这个原因，群体行为分析与建模中所出现的社会秩序涌现无法从理性个体的互动之间自发地产生。因此，需要有一个更高层次的概念或机制来解释这些现象。而这一概念或机制，就是人的“社会性”。社会是一个高度复杂的自组织系统，社会规范就属于这一系统自我组织的集中体现。社会规范可以从简单的行为惯例（如词汇和交通规则）到复杂的基因—文化产物（如产权和交换制度），而且是可以被传授、学习和内化的（通过遗传继承遵循社会规范的倾向）。因此由演化而来的以人脑的特殊神经结构为基础的社会认知是存在的。社会认知与社会规范的互动则决定了人们之间共有的信念，这种信念的共享就构成了人的“社会性”。所有这一切，正是被传统经济学完全忽略、视而不见的东西。因此，金迪斯认为，“理性的边界并非各种形式的非理性，而是各种形式的社会性”。

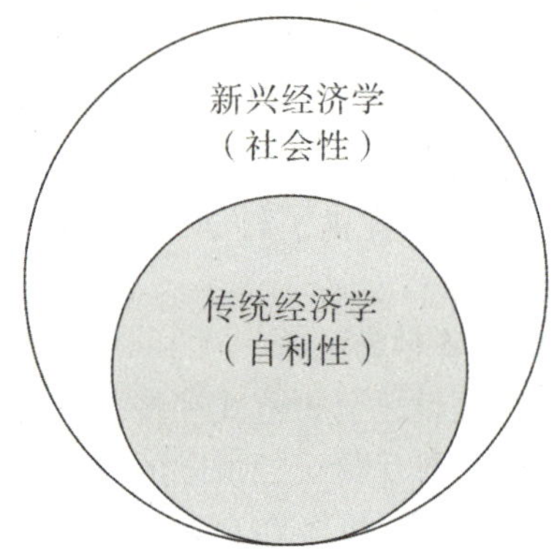

图 2　新兴经济学与传统经济学的包容关系

新兴经济学与传统经济学虽然存在着包容与被包容的关系，但在具体研究对象方面仍然存在着可以辨识的差别，从而体现出二者间的交叉关系。一般而言，传统经济学以人的自利性为研究对象，这种自利性主要体现人与物的关系；而新兴经济学则以人的社会性为研究对象，这种社会性则主要体现人与人的关系。但在传统经济学的研究范围内，也包含着人与人的关系。但其前提是人与人之间的关系必须是非零和博弈，且人们的权益能够通过完全契约加以规范。这样，通过传统经济学理性和自利的假设仍然能够进行有效的分析。从另一个角度看，在新兴经济学的研究范围内，也可以包含人与物的关系。如个人决策过程中普遍存在的损失厌恶、后悔厌恶、框架效应、禀赋效应、加权效应、锚定效应、符号效应和参照点效应等。这些由个人心理因素不同所造成的异质性决策，恰恰是被传统经济学所忽视的“异象”，是传统经济学的“盲点”。因此，即便在纯粹的人与物关系的领域内，如购买彩票或者存在不确定性的风险投资等，新兴经济学的分析仍然大有作为。新兴经济学与传统经济学在研究对象和研究范围上的这种关系，就是它们之间的交叉关系（参见图3）。

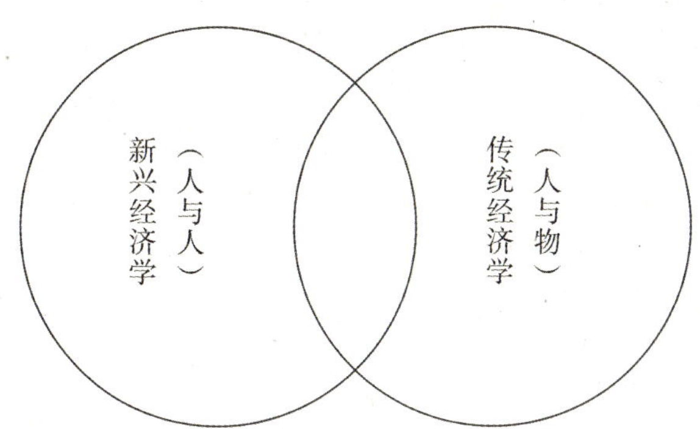

图3　新兴经济学与传统经济学的交叉关系

3. *新兴经济学与方法论个人主义的关系*

传统经济学理性假设的缺失，并不在于它是一种方法论意义上的“个人主义”，而在于它是一种哈耶克（Friedrich Hayek）意义上的“伪个人主义”。正如我们（叶航，汪丁丁，贾拥民，2007）曾经指出过的，对方法论个人主义而言，争论的要点不在于是否应该以个人作为社会分析的基点。在人类对所谓“集体主义”的认识付出了沉痛的代价，蒙受了像奥斯维辛集中营和古拉格群岛对人类尊严的褒渎以后，没有人会怀疑个人对社会所具有的终极价值和意义。但我们仍需追问：是否存在着“原子式”的个人？如果社会可以为人类提供更大的效率空间，那么个人乃至个人利益是否能够脱离社会环境成为一种完全孤立的“自由意志”？

奥地利学派的杰出代表哈耶克曾经深刻批判当代社会普遍存在的“伪个人主义”倾向。他指出，在各种误解方法论个人主义的观点中，“伪个人主义”是最愚蠢的，因为这种观点竟然把方法论意义上假设的“个人”，理解成本体论意义上先于社会存在的、孤立的个体，而人的整个性质和特征，事实上都取决于他们存在于社会之中这样一个基本的前提（哈耶克，1947）。因此，哈耶克所理解的个人，一如亚里士多德的理解，在性质上是一种“社会的动物”。芝加哥社会学派的创始人米德（George Mead）曾经提出并论证“社会自我”的概念。米德认为，不存在完全脱离社会的“自我”，所有“自我”事实上都是“社会自我”（social self）。因为，“自我所产生的过程是一个社会的过程，它意味着个体在群体内的相互作用”，意味着“社会过程或社会秩序是参与该过程或属于该秩序的个体有机体自我出现的逻辑前提和生物学前提”

（米德，1962）。

因此，被新兴经济学所重新诠释的方法论个人主义，既不同于传统的“原子式”的方法论个人主义，也不同于传统的方法论整体主义或方法论集体主义，而是一种哈耶克和米德意义上的、在个人心智中内化和融合了人的“社会性”的方法论个人主义。

六、结语

人类的思想史表明，任何科学的理论体系在其发展过程中都会被新的理论体系超越或替代，这种超越或替代体现了人类对客观世界认识的不断深化。经济学作为一门科学，也同样不会违背这一基本规律。以实验经济学、行为经济学、演化经济学、计算经济学和神经经济学为代表的新兴经济学在对新古典经济学以及建立在新古典基础上的西方主流经济学进行批判的基础上逐步走向替代性的理论建构，预示着经济学理论体系可能发生的深刻变革与重大创新。对这些变革与创新及时进行梳理、归纳和总结，有助于我们更好地把握经济学未来的发展趋势，使中国的经济学研究尽快融入这场正不断向纵深发展的经济学创新思潮中，从而推动中国经济学基础理论的研究。

2014 年 4 月 15 日初稿
于浙江大学跨学科社会科学研究中心（ICSS）学术起居室

参考文献

［1］贝克尔．人类行为的经济分析（中译本）．王业宇，陈琪译．上海：上海三联书店，上海人民出版社，1995.

［2］贝克尔．口味的经济学分析（中译本）．李杰，王晓刚译．北京：首都经贸大学出版社，2000.

［3］达尔文．物种起源（中译本）．舒德干等译．北京：北京大学出版社，2005.

［4］菲尔德．利他主义倾向——行为科学、进化理论与互惠的起源（中译本）．赵培，杨思磊，杨联明译．吉林：长春出版社，2005.

［5］戈森．人类交换规律与人类行为准则的发展（中译本）．陈秀山译．北京：商务印书馆，1997.

［6］哈耶克．个人主义与经济秩序（中译本）．邓正来译．上海：上海三联书店，2002.

［7］蒋自强，张旭昆．三次革命和三次综合——西方经济学演化模式研究．上海：上海人民出版社，1996.

［8］杰文斯．政治经济学理论（中译本）．郭大力译．北京：商务印书馆，1984.

[9] 金迪斯. 理性的边界：博弈论与各门行为科学的统一（中译本）. 董志强译. 上海：格致出版社，上海三联书店，上海人民出版社，2011.

[10] 凯恩斯. 就业、利息和货币通论（中译本）. 高鸿业译. 北京：商务印书馆，1999.

[11] 凯莫勒. 行为博弈——对策略互动的实验研究（中译本）. 贺京同等译. 北京：中国人民大学出版社，2003.

[12] 库恩. 科学革命的结构（中译本）. 金吾伦，胡新和译. 北京：北京大学出版社，2003.

[13] 里夫金. 第三次工业革命：新经济模式如何改变世界（中译本）. 张体伟，孙豫宁译. 北京：中信出版社，2012.

[14] 马歇尔. 经济学原理（中译本）. 陈良璧译. 北京：商务印书馆，1981.

[15] 门格尔. 国民经济学原理（中译本）. 刘絜敖译. 上海：上海人民出版社，1958.

[16] 米德. 心灵、自我与社会（中译本）. 赵月瑟译. 上海：上海译文出版社，1992.

[17] 穆勒. 政治经济学原理（中译本）. 胡企林，赵荣潜，桑炳炎等译. 北京：商务印书馆，1991.

[18] 奈斯比特. 大趋势：改变我们生活的十个新方向（中译本）. 梅艳译. 北京：中国社会科学出版社，1984.

[19] 诺瓦克. 进化动力学——探索生命的方程（中译本）. 李镇清，王世畅译. 北京：高等教育出版社，2010.

[20] 史密斯. 演化与博弈论（中译本）. 潘春阳译. 上海：复旦大学出版社，2008.

[21] 斯密. 国民财富的性质和原因的研究（中译本）. 郭大力，王亚南译. 北京：商务印书馆，1981.

[22] 托夫勒. 第三次浪潮（中译本）. 北京：生活·读书·新知三联书店，1982.

[23] 瓦尔拉斯. 纯粹经济学要义（中译本）. 蔡受百译. 北京：商务印书馆，1989.

[24] 汪丁丁，叶航，罗卫东. 神经元经济学：实证与挑战. 上海：世纪出版集团，上海人民出版社，2007.

[25] 威尔金森. 行为经济学（中译本）. 贺京同，那艺译. 北京：中国人民大学出版社，2012.

[26] Alexandridis, A. and Zapranis, A. (2013). "Wind Derivatives: Modeling and Pricing". *Computational Economics*, 41 (3): 299 - 326.

[27] Andersson, T. and Andersson, C. (2012). "Properties of the DGS-auction Algorithm". *Computational Economics*, 39 (2): 113 - 133.

[28] Arthur, W. (2013). "Complexity Economics: A Different Framework for Economic Thought". First published online.

[29] Axelrod, R. *The Complexity of Cooperation: Agent-Based Models of Competition and*

Collaboration. Princeton: Princeton University Press, 1997.

[30] Bardsley, N. *Experimental Economics: Rethinking the Rules*. Princeton: Princeton University Press, 2016.

[31] Beccaria, C. (1774). Marqués de Beccaria (1764): De los delitos y las penas. See: http: //en. wikisource. org/wiki/An_ Essay_ on_ Crimes_ and_ Punishments.

[32] Beckage, B., Kauffman, S., Gross, L. J., Zia, A. and Koliba, C. (2013). "More Complex Complexity: Exploring the Nature of Computational Irreducibility across Physical, Biological, and Human Social Systems", Irreducibility and Computational Equivalence. *Springer Berlin Heidelberg*, pp. 79 - 88.

[33] Becker, G. *The Economic Approach to Human Behavior*. Princeton: University of Chicago Press, 1976.

[34] Becker, G. *Accounting for Tastes*. Cambridge: Harvard University Press, 1996.

[35] Bénabou, R. and Tirole J. *Identity, Morals, and Taboos: Beliefs as Assets*. Oxford: Published by Oxford University Press, 2011.

[36] Bentham. *An Introduction to the Principles of Morals and Legislation*. London: Athlone Press, 1970.

[37] Bentham, J. *The Principles of Morals and Legislation*. Amherst, NY: Prometheus Books, 1988.

经济学的革命

沈华嵩

如果说2008年世界金融危机是约瑟夫·熊彼特所谓的“创造性破坏的永恒风暴”，那么经济学的革命已经不可避免，其标志将是新古典主义微观经济学的转型。

一、从微观到宏观

首先需要彻底变革的传统理念是经济学微观个体的可加性。“边际革命”确立的新古典微观经济学的基础结构是关于单个家庭和厂商行为的理论，那么，我们是否可以用简单加总的方法形成宏观经济分析的基础，而不会对我们研究的客体产生实质性的影响呢？这个加总困难一直困扰着主流经济学。

20世纪初，马歇尔试图把微观经济学和宏观经济学结合起来，不过他自己也不认为取得了成功。因为“理性经济人”假设的原则性限制，在这个微观基础上不可能建立恰当的宏观经济理论。凯恩斯非常清楚地看到了这个原则性的限制，因此，他选择了纯粹宏观经济体系。由此，经济学才明显地分裂为微观经济学和宏观经济学。但对于经济学的革命而言，“可以相当肯定地说，下　种经济学将不会享有在微观经济学与宏观经济学之间进行挑选的乐趣，它势必要完成马歇尔试图做而没有做成功的事业：将两者结合起来”[①]。

关于凯恩斯的理论路线，劳伦斯·克莱因在《凯恩斯的革命》一书中作了非常精彩的论述。他指出凯恩斯经济学的中心问题和整个体系的运行相关，是决定总产量水平的理论，而大多数经济学理论仅涉及单个家庭和厂商行为。“凯恩斯学派从未充分考虑过从以个人和单一商品为基础的基本理论中引申出一个以个人社会及商品群为根据的理论。”[②]

宏观经济的加总困难不仅仅来自于技术上或操作上的问题。如瓦尔拉斯一般均衡涉及体系内每一种商品的需求与供给关系，这需要处理上百万、上千万

① ［美］丹尼尔·贝尔，欧文·克利斯托尔编．经济理论的危机．陈彪如等译．上海：上海译文出版社，1985. 25.

② ［美］劳伦斯·克莱因著．凯恩斯的革命．薛蕃康译．北京：商务印书馆，1980. 60.

的未知数和方程式。或者说涉及效用函数或满足程度的客观准确衡量和比较的问题，而且它们本身就不可能相加。因此，必须求出消费品单一的需求关系然后加总，但这首先涉及货币和价格问题，从根本上说这完全是一个宏观经济问题。譬如凯恩斯的“有效需求波动”只能来自宏观经济系统的相互关联和相互作用，而不是微观客体简单加总的结果。也就是说资源配置、收入、产出和价格是同时在全部市场的宏观层次决定的。

正因为如此，我认为经济学必须放弃18—19世纪经典科学的还原论，市场不应被简化为商品或经济人之和，这个线性组合构成的理论基础不能同金融资本主义普遍的不稳定性和经济周期相容。同时，宏观经济系统和微观个体服从完全不同的定律，我们从微观经济行为不可能逻辑地导出宏观经济理论。正统经济学是研究市场的科学，它的核心问题是关于货币和价格的理论，它只能在宏观经济的层次被决定。研究单一消费者和厂商行为的学科属于心理学、行为科学和管理学范畴，它不是经济学的研究对象。

例如，在股票市场个人的交易行为对市场的影响是随机不可预测的，只表现为无数微观涨落。而市场行情规律的可识别性则完全是宏观的结果，或者是群体的集合行为。比方如果我们观察电视屏幕点阵上某一点的色彩和亮度的动态，它肯定是杂乱无章的，我们没有丝毫可能根据这种观测结果来判断屏幕的图像。但就整个屏幕图像来看则是清晰无误的，我们甚至可以根据情节去预言屏幕上的某一点可能出现的色彩和亮度。这种现象在气体、液体分子或者生物群体的系统中普遍存在，如贝纳德花纹、激光、“化学钟”、足球场上的人浪等。

特别在这些复杂大系统的临界状态下，非线性条件可能形成长程关联。也就是说，微观子系统之间可能出现宏观范围的相互作用和通信，微观事件在整个系统中得到反响。这一点对于当代经济学宏观理论是很有吸引力的。因为这个原因，我们能够对微观和宏观之间的复杂相互作用给出一个更加精确的表述，去探索个体之间行为的协和性以及宏观系统的自组织，从而更透彻地去阐明进化和秩序。但这不是通过更精细的去穷究微观个体的还原论达到的，而是通过宏观范围的关联和相互作用实现的。正因为如此，我们不是把单一经济人或商品，而是把交换作为经济学推理的起点，并建立关于市场微观结构的理论，也就是说相互作用的系统性观念一开始就必须进入经济学理论的核心。

最后，另一个重要的因素是我们认定金融—市场经济是非线性系统。在我们的理论体系中，描述货币扩张和通货膨胀、经济增长和周期、资产定价和股市价格动态这些重要的宏观经济运动的方程都应该是非线性的。但是，对非线性系统的相互作用简单求和不可能得出正确的结论，这是非线性系统的本质特征。广义地说只有线性系统才是可以叠加的。

不仅如此，由于在远离平衡态的非线性系统中，混乱无序的微观个体行为会表现出宏观尺度的相干性和协同性，或者表现为时间、空间或结构的有序状态。而这些动态模式的转化仅仅取决于宏观系统不多的几个参数，从而使复杂大系统得以简化和结构化，这就为描述宏观系统提供更广阔的可能性。详尽描述微观个体的困难不仅来自微观客体的大数量级，而且对这些个体的观测存在着“测不准原理”的原则性限制，如它可能来自经济人的非理性、本能或随机性，因为经济人对他在宏观系统的存在是有意识的，他“既是观众又是演员”。

但是，就宏观体系的统计规律而言，我们对体系概率分布的知识则是普适的。它同体系的微观组成无关，它可以是气体、液体分子系统，可以是蜂群、蚁群或者经济人的集合，对它的描述完全是宏观的，对单独的个体毫无意义，甚至可能出现一些完全意外的行为。如我们在前面曾经提到的股市“集体歇斯底里”的合成谬误，所有个体的最优选择恰恰导致事与愿违的宏观结局。因此，我们不可能也没有必要详尽地追究单个经济人的行为，描述这些宏观经济系统的非线性方程的动态是由少数几个状态参数决定的，譬如对宏观经济系统产生全局性决定作用的参数是由货币状态决定的。

归根结底，问题不是萨缪尔森说的那样，如果没有货币就不需要宏观经济学，而是因为有货币所以不需要微观经济学。新古典主义微观经济学在经济人行为最优化的基础上加总构成宏观经济的理论纲领是一条完全错误的路线。

由于交换使产品转化为商品，私人劳动转化为社会劳动，而商品和货币的对立决定了货币只能是纯粹的宏观经济现象。因此，经济学一开始就是宏观的，经济人纯粹个体的行为对经济学而言毫无意义，正如描述荒岛上的鲁宾孙不需要经济学一样。新古典主义建立的与宏观经济理论分立的微观经济学是理论上的累赘。

对一种我们可以想象得到的新经济学肯定“将不会享有在微观经济学和宏观经济学之间进行挑选的乐趣”，必须把二者有机地统一起来，新经济学不能再出现微观经济学和宏观经济学的割裂。我们需要的仅仅是关于市场结构的微观基础。

二、经济学：范式转换

市场结构的微观基础是经济人的交易活动，也是经济学推理的逻辑起点。然而交易者之间只能通过价格来相互通信和交流信息，正如哈耶克曾经强调的那样，价格制度的基本功能是简要地、高效地并且低费用地传递信息。弗里德曼则在《价格理论》一书中非常明确地指出，“企业和货币的引入并没有改变市场体系的基本原则，但由此产生的复杂性成为价格理论以及货币理论研究的重要课题”，正是价格理论构成新古典微观经济学的核心。需求和供给两方面因素共同决定商品的均衡价格，这也是瓦尔拉斯体系的全部内容。两条平滑曲线的唯一交点决定的均衡价格成了正统经济学范式的经典标志，也正是这个理论体系使经济学享有社会科学皇冠的至尊地位。

这两条从马歇尔的边际效用递减规律和生产要素的“有利边际”推论得到的需求—供给价格曲线，成为整个经济学推理的基础公设，并决定了自由市场经济的本质特征：即理性的经济人具有完全的信息和能力去实现效用和利润的最大化，并形成一个供给和需求达到均衡的市场。同时，在一次来自系统外的随机冲击后，市场总会重新回到均衡状态。

凯恩斯革命后，特别是世纪之交以来许多经济学家都对主流经济学的基础范式——新古典主义微观经济学提出怀疑和批判。我在《经济系统的自组织理论》一书和本书中也坚持不懈地致力于批判这个来自还原论和机械决定论，来自牛顿经典力学理论纲领的经济学范式。但是，对于经济学革命而言，具有根本重要性的是经济学范式的转换。托马斯·库恩在《科学革命的结构》一书中写道：

“从一种在危机中的规范过渡到一种新的规范，因此而能出现常规科学的一种新传统，远不是一个积累的过程，不是靠老规范的分析和推广而达到的。不如说它是这领域按新原理的一种重建，是一种改变这领域的某些最基本理论的推广，以及它的许多规范方法和应用上的重建。”①

库恩强调的正是这种常规科学的“范式转换”（paradigm shift），抛弃旧范式和接受新范式差不多是同时决定的。或者如波普尔说的那样，科学“是通过一种破坏、变革和改变整个事物的方法来成长壮大”。

新古典主义微观经济学基础范式违背经验事实的“理性经济人”假设，以及由此演绎出来的一系列限制性假设，直到新古典金融资本资产理性定价公式中未来预期收益分布的正态性质假定都不能令人满意，都是不稳健的。但是，这个缺陷对经济学理论的危机来说还不是致命的。关键是这个微观基础同金融资本主义普遍的不稳定性和经济周期完全不相容，因此这个概念体系不能透彻地解释那些正在频繁发生的事情，根据这些理论制定的经济政策也往往事与愿违、适得其反。由此看来，经济学的范式转换应该是当务之急，它无疑激发了西方经济学危机。

---

① ［美］T. S. 库恩. 科学革命的结构. 李宝恒等译. 上海：上海科学技术出版社，1980. 70.

20 世纪 70 年代以来，西方经济学就憧憬着经济学的“先知”，也就是说寻找一个新的凯恩斯，“他的突如其来的洞察力将会发展出一个理论来解释今天所发生的事情”。但是，像摩西那样的先知能引导经济学走出新古典主义的荒漠吗？另一方面，危机又具有足够的破坏性去推进传统经济学的“范式转换”。而在2008 年的全球金融风暴后，主流经济学理论的危机和革命的前景就变得更加清晰了，经济学必须经历一次根本性的变革和重建。

诚如迈伦·斯科尔斯所说，“要说某个理论过时了，你得有东西取代它，但到目前为止，我们没有新的范式来取代有效市场（理论）”。不过，首先我们是否已经准备取代它，我们是推动经济学范式转换，还是拒绝接受范式转换，仍需要我们作决定。

我们力图从一种全新视角去重建市场微观结构和货币理论的基础，一方面是希望给金融脆弱性和资本主义经济普遍的不稳定性一个本原性的解释；另一方面则是希望由此推进新古典主义微观经济学范式的转换。没有任何奢望，一切仅仅只是开始。

同时，新经济学范式的参照系仍然来自现代自然科学的那些革命性的进展和创造性思维，特别是非线性动力学的模型和方法论。因此，我们可以说是“站在巨人的肩上”。在写作《经济系统的自组织理论》一书时，我们还停留在市场经济系统与物理—化学体系自组织性能的类比阶段。我们发现，这个自组织过程产生的演化、宏观秩序和远离平衡的对称破缺可能对经济系统的复杂性，例如货币的传递机制和功能以及经济周期现象等产生一种典范的作用，这些非线性方程可能适于描述我们所关注的经济现象。

有意思的是，1989 年是一个奇迹之年，对货币经济史尤其如此。特别是 1989 年 4 月欧洲各国政府决定创造新的合成货币——欧元。同时，人们对美元、德国马克和日元信心百倍，日经股票指数在 1989 年 12 月 31 日达到峰值，收入 39 000 点！各国政府和央行对管理好纯法定货币踌躇满志。但是，我们在《经济系统自组织理论》一书中指出，货币形式对称破缺“正以一种复杂的方式和惊人的规模导致宏观经济过程的不稳定性”。因此，我们得出了完全相反的判断：易变性鼓励了冒险和投机，而疯狂的投机又反过来变本加厉地助长了不稳定性。货币与债务以多元形式急剧膨胀，现在没有一家中央银行确实知道或真正懂得货币供应量是由什么构成的。国际金融体系将频繁地发生危机。“缓慢增长与疯狂投机连锁的经济怪圈，已经带来像债务危机和‘黑色星期一’这样的金融灾变，这个‘潘多拉匣子’还会放出些什么呢？”如果真是这个不可逆过程最终引发了 2008 年的金融危机，那么远离平衡的非线性系统产生不稳定性，并导致分支和对称破缺的理论无疑将为我们分析复杂金融体系提供锐利的武器。

事过境迁，到2008年这个多事之秋后，我们发现在经济分析的许多方面我们已经超越了隐喻和简单类比阶段。非线性动力学模型和科学规范在许多细节上都可以和金融资本主义体系自洽，也就是说，这些动力学特征具有普适性。如在股市价格的逻辑斯蒂方程中，在适当选择变量和参数后，标准型动力学特征可以同资本市场体系的过程和机制相关联。即使模型要求施加的限制性约束，如价格的正值性和货币数量扩张的不可逆过程等都顺理成章，它不过是经验事实的陈述，并可用序参量来描述，时间度标也是适当的，无须任何特别的假设。

总之，我们似乎正处在天人同构的伟大统一中，支配人类社会的宏观规律和自然定律之间并不存在不可逾越的鸿沟，演化和秩序也不再乞求于那个抗拒热力学第二定律和测不准原理的"麦克斯韦小妖"。不过，一旦我们把非线性动力学科学规范作为参照系，新古典主义微观经济学范式就必须接受翻天覆地的变革。

三、经济学的新思维

一个多世纪以来新古典主义经济学一直统治着主流经济学和经济学院系，并将其传授给一代又一代的经济学家和商界领袖。它已经承担了过多的历史使命，同时也表明经济学的范式转换比自然科学学科要缓慢和困难得多。"边际革命"以来，物理学经历了至少三次重大的科学革命，而经济学只有一次流产的"凯恩斯革命"。

而且，从20世纪30年代以来，我们就已经知道这个理论基础以及它能使用的平滑线性的数学模型，甚至作为一种意识形态都与现代资本主义金融的不稳定性、经济周期格格不入。而在新古典金融经济学的资产定价理论中，所有和这个理论范式相冲突的经验事实都被归结为"市场异象"，排除在"有效市场"体系之外，以躲避"否证"的威胁。然而正是这个存在根本缺陷的理论基础在人类如此重要的历史时期，为我们回答一个又一个严重而深刻的经济问题并去制定经济政策，这的确是一件不可思议的事情。

但是，2008年震撼全球的金融危机则表明新古典主义经济学必须转型的历史命运，经济学的现状不能再延续下去了，否则对经济学甚至人类来说都是一场灾难。

如果经济学摒弃经典力学，而把非线性动力学作为建立理论的参照系，那么经济学的基础范式就需要革新和重建。我们可以把它归结为以下四个基本陈述：

1. 市场微观结构

市场机制是迄今为止人类社会可能利用的最有效地实现资源配置和充分社会目标的体制。市场机制通过人与人之间自由和自主的交易活动实现，交易人之间的信息必须借助价格（交换比例）来传递。市场交易人之间大数量级的自主交换行为交织的网络构成市场的微观结构是一个复杂大系统。重要的是交易人在一系列约束下自主地选择和试错，这些约束可能来自稀缺性，或其他文化的、心理的甚至是情感的价值判断。因此，这种自由的选择并不是决定论性的，而是随机的。这个简单物物交换构成的网络也正是瓦尔拉斯体系和他的静态联立方程组力图去描述的结构。不过，我们的方法却同新古典主义微观经济学根本对立。

在我们的市场微观结构理论中，完全没有必要定义“价值”概念，并不存在一个统一的和可以通约的度标，因为每一个交易者都在有经验地、内省地体验和使用这一概念。也尤须假定交易双方是“理性的”，他们之间的关系是合作、竞争或者博弈都无关紧要，对市场而言，重要的仅仅是成交还是失败的“二值逻辑”。

这个经济学科学范式分庭抗礼的结局也泾渭分明。瓦尔拉斯的“乡村经济”体系不可避免地遭遇“齐次性”问题并排斥货币的引入，而我们的市场微观结构则自组织地导出货币的起源，导出市场在远离平衡态约束下价格随时间演化的动态模式。

2. 货币理论的微观基础

物物交换作为简单商品交换形式不可避免地包含罗素—怀特海悖论（“理发师悖论”），也就是说物物交换扩大的价值形式（用商品系列来表征某一商品的“相对价值”）必然包含自相关陈述，即自我定义的逻辑悖论。克服扩大价值形式逻辑悖论的必然性导致货币的起源，导致货币和商品的对立。这一方面形成物物交换对称性在时间和空间上的破缺；另一方面形成金融脆弱性的货币本源和经济危机的简单可能性。简单商品价值形式不断排除悖论而演进到货币形式的过程是对货币发展史内部联系的逻辑研究，它不过是生产者之间的社会经济关系漫长发展史的一个抽象。货币和商品对立思想是马克思首先提出的。

3. 价格决定过程的统计描述

经济分析基本的核心问题是产出和价格是如何相互决定的。新古典主义微观经济学对这个问题的经典回答就是那个众所周知的供给价格曲线和需求价格曲线的唯一交点，它由瓦尔拉斯均衡体系来详尽地描述。但是，我们的市场微观结构的基本范式决定了我们的回答与新古典主义经济学完全不同。

既然价格形式是一个随机过程，我们对均衡价格的定义就不可能是唯一决定的价格，而只能作出概率的统计描述。首先考察存在不相关性的市场，即交易人之间不存在相互作用和影响，他们完全独立自主地随机选择成交还是不成交。因此，每一次交易只有两种可能，成功或者失败。那么对均衡价格的定义只能是成交和不成交的概率相等（都是1/2）时的价格。显然均衡价格成交次数的概率分布服从二项分布。对于大数量级的交易系统可以用正态分布近似地描述。

因此，在交易人完全独立的市场系统，市场是一个非稳定性的涨落系统。仅仅在均衡价格的条件下，价格概率分布具有正态性质。也就是说，仅仅在这个严格的条件下，“有效市场假说”成立。

但是，真实的市场不会是独立的，它必然存在交易人之间的相互作用，市场环境也必然会发生变化，有时甚至是重大的变化，这些市场约束条件短暂或持续的作用形成市场系统的非平衡状态。这时，市场将不再保持细致平衡，而会变得不稳定，对均衡价格的偏离会被系统放大，形成市场价格的跃迁。价格跃迁过程是马尔可夫过程，我们描述市场非平衡约束下价格非线性随机动态将有更多的自由，因为它考虑了价格分布的非正态性质。

4．非线性经济学革命

正如爱因斯坦所说，“真正的定律不可能是线性的”。对经济学革命而言，必须摒弃新古典主义经济学同危机和衰退格格不入的线性特征，如市场体系的线性相互作用、微观个体的可加性、货币的单向线性传递机制等。萨缪尔森在他的乘数—加速数周期模型中揭开了非线性领域的“盖子”，但是，他没有把革命进行到底。在新经济学中，描述市场—金融系统的方程必然是非线性的，如股市价格的逻辑斯蒂方程。同时，我用非线性动力学模型更简洁地表述乘数—加速数周期模型，并得到更加丰富和精确的解释。

由于非线性方程的多重解具有极强的描述功能，它必然把均衡价格、投机性泡沫、金融危机、经济周期等作为一个特例包含在统一的普适模型中。

在非线性方程中，货币将作为序参量发挥全局性的关键作用，并决定其他经济变量的运行模式。同时，由于经济变量对非线性方程参数和初始值敏感依赖，金融资本主义体系不可避免地具有普遍的不稳定性。

非线性动态经济系统会出现“决定性混沌”，它们在长时间里是不可预测的，在序参量的一定域值下，体系的巨涨落过程（暴涨—暴跌模式）中或者决定性混沌的出现时会表现出突发性和奇异性。我们知道金融危机一定会到来，但危机的出现又往往使我们感到意外，因为它常常是在大多数人认为它不该发生的时刻出现。

同时，混沌又向我们展现了一个形态和结构的崭新世界，在无序的混乱的状态中可以发现一些有序的优美形式。而这些形式的出现同体系的外部控制参量的变化密切相关，这无疑会增强我们的短期预测能力，特别在远离平衡系统的临界状态。因此，对于存在发达金融体系的市场来说，经济体危机是不可避免的，稳定的有规则的经典运动是一种特例。但是，危机的破坏性又意味着建设性因素的孕育和新结构的产生。

我希望在这个微观基础上能发展出统一而透彻的宏观经济理论，诸如关于货币非线性扩张过程和通货膨胀的理论、金融不稳定性理论、经济增长和周期理论。

这些关于经济学的新思考仅仅是一个起点，尚未解决的问题远比已经解决的多得多，而且许多问题的数学处理还非常粗糙，也远没有得到经验事实和数据的检验。

我们的目的是描述经济体演化动态过程的内在机制，而不是如何运作，在金融危机和经济周期的本原性研究中已经包含了改革的思路，这是见仁见智的事情。同时，问题也不是在自由放任和政府干预之间作非此即彼的选择，重要的是各国政府和货币当局首先必须管理好法定货币（不可兑换的纸币）。中央银行的货币存款负债是比成员银行的存款负债更好的货币，政府发行优于私人发行似乎是天经地义的，但不可能简单地回归到黄金本位。弗里德曼有一个巧妙的比喻，如果你告诉央行，通货膨胀的治理很简单，就是控制货币数量，这就像你对一个吸毒的人说你的问题很好办，就是戒毒。但我要强调的是货币扩张过程的非线性特征，货币创造的速率推动的价格变化动态是高度不稳定的，把通货膨胀作为税收形式的货币政策将导致灾难性的结果。

超越经济理性的人际合作

孙 涤*

在群体内部，利己者占优利他者；在竞争群体之间，利他群体战胜利己群体。唯此为大。

——D. 威尔逊 & E. O. 威尔逊[②]

《超越经济人——人类的亲社会行为与社会偏好》[③] 的出版令人振奋，它研讨的主题正如副标题所揭示的，“人类的亲社会行为与社会偏好”，对于现时现地的中国来说，重要而及时。这是一个宏大又复杂的课题，对经济研究传统范式的基础性前提假设发出质疑。这方面的研究工作在美国正如火如荼地展开，随着大脑神经科学的迅猛进展，重大突破呼之欲出。国内处于领先地位的是浙江大学的研究团队，由叶航教授和他的两个博士弟子陈叶烽和贾拥民负责，分别撰写来自计算机仿真、经济行为实验和大脑成像三个方面的实证和理论。他们的工作在系统解析现实中人际合作如何展开以及同理性决策的关系方面，展示出扎实的功力和前瞻的眼界。这个研究团队植根于浙江大学的经济学院和跨学科社会科学研究中心，已经耕耘了十多年。这次成果和浙江大学多年来在经济—社会学前沿方向上奋力推展的辛劳是分不开的。我们看到，叶航、汪丁丁、罗卫东、史晋川等一直以来的切磋、倡导、传播和撰述，为他们的探索打下了扎实的基础。

改革开放以来，经济学科的研究，包括在市场里人怎样选择和管理自身，已经上升为显学。人们被裹卷到市场化的大潮里，无时无刻不面临抉择，然而

* 孙涤：加州州立大学（长堤）商学院教授。

② “Selfishness beats altruism within groups. Altruistic groups beat selfish groups. Everything else is commentary.” From “Rethinking the Theoretical Foundation of Sociobiology”, co-authored by David Wilson & E. O. Wilson.

③ 叶航，陈叶烽，贾拥民. 超越经济人——人类的亲社会行为与社会偏好（来自行为实验、脑成像和计算机仿真的证据）. 北京：高等教育出版社，2013.

始终是在“试错”中摸索，获益不小但困扰也随之增大。经济学的探索能否为我们提供指引，这一点关系重大。

亚当·斯密继往开来，为人的利己追求正名，蔚为经济学研究的主流。可是，何为“利”、何为“己”，至今未有定论。界定“利”和“己”的辩驳和争论，也使经济学及其相关学科悬于“艺术”的空中，落不到“科学”的基地上来。而其所派生的观念，诸如“经济理性”“合理”“公平”“效益”“效果”“发展”“规范”等，几个世纪来一直热议纷纭，连顶级经济学者都莫衷一是。令人玩味无穷的，也许正是经济学科的这种“试错”性质，一如市场交易的试错本质。

何为“利”、何为“己”的界定貌似单纯明确，却是人类社会里所谓的“永恒问题”（ageless problems）。在“利”和“己”的范围和内涵不能明确界定的情况下，“利己追求”是否切实可行（实然），是否值得（应然），更别说是否“神圣”（超然，宁愿为之舍弃其余价值），都会成为大问题。回答这个质疑，自然不只是经济学人的分内问题，本质上就是人、人际合作、人类社会的根本问题。叶航教授及其团队的努力以及本书的撰写正是在响应这个大挑战的引导下的一种尝试。他和汪丁丁、罗卫东把人类为了利益能否合作，有没有可能不合作，如果必须合作的话又能扩展到什么范围，看做是“社会科学的根本问题”。欲了解他们解答这个问题的感受和思路，不妨参阅三人在南京理工大学的一次讲演（刊于《人类的趋社会性及其研究——一个超越经济学的经济分析》的导读及序言，2005）。

1981年底我负笈美国，选择攻读经济学，另外一个想法是读神经心理学。经历了各类革命，把自己的选择限定在这两个领域是自然而然的。当时的国情是惊人的不堪：谋求摆脱国家困乏和国民屈辱，选择学经济的理由很充分。而人顷刻之间就能变得天差地别——朝为挚友夕成寇仇，背弃和伪善的无赖行径在国内随处可见，对“人性究竟是怎么回事”的追问则成了我问津神经心理学的推动力：人脑到底是受什么驱使，同时又是怎样掌控人的行为？

同一时期的美国，经济和社会价值观的钟摆也在摇摆，因政府过度干预而引起的经济滞胀和逆转，使得经济和社会价值观朝市场和个人自由的方向回摆。任由市场和强者主导社会分配的主张畅行其道，把自利和效率、理性等同。而接受这样的价值观，对当年留美的大陆学人来说，是水到渠成的事。非审视和琢磨市场经济良久，人们很难从中摆脱出来，进而省悟到“凡事皆有度，过犹不及”。

美国社会的诸般矛盾和摩擦，集中反映在过去三十年来不断加重的贫富不均（顶端1%的美国人占有全社会收入的20%、全社会财富的40%），究其原因，“里根回摆”过度难辞其咎。也就是说，“理性追求”若任其所为，推至极端难免违背初衷走向其反面，导致“非理性”的局面的出现。此类教训在历史上俯拾即是。

假定的“理性的经济行为人”（homo economicus），其学理上的内涵如何，在现世的可行性如何，能否重塑、演化、铸就人的真实行为？让我们先借用经济学诺贝尔奖获得者H. 西蒙对经济理性的简短分析来说明（可参阅其中译本《基于实践的微观经济学》，上海人民出版社，2009）。

“（经济）理性”的概念是主流经济学的基石，几乎所有主流经济学派的模型都是以此为前提条件构筑起来的。它假定：

（1）人的经济活动是自利的追求（self-pursuance）；

（2）这种自利追求是始终如一的（consistency）；

（3）人有充足的能力来充分贯彻其自利追求（adequacy）。

亚当·斯密对上述第一点做了明确有力的“正名”。通过对历史和现实中人性及其行为的考察，斯密得出结论，人类在物质生产和利益追求上的合作乃建立在自利基础上的。他不但在事实上并且从道德和公义上论证了自利的行为不仅在实际经验中可以普遍观察到，能产生效果，并且有其正当性。斯密为自利行为“正名”，替人类的追求“去意识形态化”，在教会独霸意识形态的话语权，笼罩一切价值诠释的当时，是需要卓拔的勇气的，他享有崇高的历史地位是实至名归。

一百多年后，到了马歇尔的手里，“理性的假定”被进一步表述成“人的自利追求是一以贯之的”，这是一个跳跃式的发展。如果说人终其一生自利活动占了主导地位的假定还大致不离谱的话，那么人是否无时无刻不在积累钱财，而且积得越多越善？“理性假定”的第二层意思是否合理，至今仍是质疑不断。起码人们追求的“利”，未必尽能用钱财来度量。在逻辑上人们不难推导，追求一项任务的效率和任务本身是否值得追求并不一定是互相依存的，效率不必等于效果，更不等同于正当性和合理性。

至于理性假定的第三层意思，一个人是否有能力来充分贯彻其自利的追求？主流经济学理论的抗辩集中在当个人处于自由的状况时，即在传统羁绊和政府干预之前，天生就具备能够无止境扩增自己的利益的能力；而当他摆脱了传统和政府的束缚之后，又能够恢复这种“自由选择”的能力。这样的假定大大脱离了斯密对理性的朴素观点，甚至脱离了马歇尔的理性价值观（在《国富论》里斯密从未使用过“理性”一词）。强加在个人行为的第三层假定，无论对自身或对他人，都可说是一种“致命的自负”。几乎可以肯定的是，人类并不具备这种能力，许多领域和学科的研究都证明了这一点。[①]

一个问题随之而来，经济学及相关学科的庞大建筑何以能够构建在这么一个不靠谱的理性假定上并且长久盘桓而不坍陷呢？对这样富有挑衅意味的质问，一个颇具搪塞意味的回答是：经济学和许多涉及人类根本价值的领域，诸如探究生命的意义何在、来源于何、宇宙是否为人类生存才有价值之类的，同样是建筑在信念上的，既难以证实又不易证伪。一个鲜活的例证是 2008 年的金融海啸发生后经济学面临责难，之后却安然渡过难关，再次验证了这个本质属性。人们发现，经济学不只是缺乏能力来预测市场何时崩塌，它甚至不能很好地诠释发生过的事件。人们在试图找出历史教训，追溯 20 世纪 30 年代世界经济大萧条事件的起因、成因，以及其后怎样走出萧条、究竟什么措施起了作用时，各派的说辞仍旧南辕北辙，结论淆乱不堪。

其次的一个关键，如果经济学仍有希望用科学方法来处理和解析的话，迄今为止我们对大脑——人感知世界并做成选择的核心机关——的了解极为有限。这个至为重要的中心机关始终像是一个堡垒或黑箱，人们只是在外面绕圈，不能深入其门而得窥堂奥。所幸的是，这种局面在我们这一两代终于有望突破。过去三十年来，对人脑的研究取得的成果超过了以往历史的总和，尤其是过去五年间突破迭出，有了爆炸性的飞跃。我们说《超越经济人——人类的亲社会行为与社会偏好》的出版不仅重要而且很及时，这是依据之一。

深入发掘和剖析人脑的“战役”已在美国发起，奥巴马总统把“大脑研究创新”（brain initiative）计划看做是美国继“阿波罗登月”计划之后最重要的科研工程，在 2014 年 4 月初代表联邦政府来推动这个对“内太空”的探索努力，首先是支持解析人脑的工具的开发。人脑无疑是宇宙间最为复杂精妙的机制，对它发起的“总攻”必定是十分浩繁艰难的，需要全世界尤其是欧盟

---

① 近三十年以来人的认知科学和行为科学，以及脑神经科学和实验心理学取得的长足进展，逐渐揭示出人类理性的固有倾向及其局限对市场博弈的影响。

无论从人的内在的大脑活动还是外显的行为，都提供了充足的观察实据，表明人拥有“无限的”私欲、意志力和谋算能力（即 boundless selfishness，boundless will power，and boundless computability），来贯彻一己的追求的看法，只是严重的“迷思”而已。从演化发展的角度，我们甚至可以认为，人“天生”就不具备这类“无限的能力”，无论怎么放纵自己的“想象力”。

科学实验、神经影像学和分析工具的突破，为人脑功能及其后果的定量解析甚至最终在某种程度的反馈调节提供了可信的证据，并为将来进一步发展打下了坚实的基础。

和中国的协同，还得依靠众多小科研机构乃至研究个体的群策群力。事实上，中国在脑神经方面研究的投入已经相当可观。

本书的第二篇“来自脑成像的证据”，由贾拥民博士主笔，比较全面地介绍了对大脑观察的工具、方法，对国内的研究热忱和民众兴趣是一个推动，也将有力地促进更好地了解何为“利”、何为“己”，帮助解答怎样的“利己追求”才是合理的这个社会学科的“根本问题”。

在有工具能对大脑神经活动进行造影成像之前，人们虽然对大脑如何运作的机理时有天才的猜测，但毕竟只是研判，提不出实据加以验证。以至于人的行为及其动机的联系、偏好怎样形成的解释，包括理性人的假定，再怎么不合情理，也可以拒绝被证伪。其实，即使大脑最基本的一些功能，诸如视觉、痛感怎样形成，人为什么需要睡眠，记忆的存储和丧失及其同实际的关系，情绪如何进入意识等，都还未能得到准确解释。对这一切的了解，都有待脑神经活动的工具和技术的开发突破才能深入。而有了这类工具的配合，人们将更有效地运用行为实验方法，来切实了解人的（市场）行为到底受什么驱动。让我们期待，有了更精确的大脑活动的观察技术和显示工具，经济学及相关社会学科的研究就有可能逐渐扎根到科学分析的深厚土壤中。

由陈叶烽博士主笔的第一篇“来自行为实验的证据”，介绍并实践了许多行为和认知科学家（包括行为经济学者）所建立的方法和模型。这些证据主要来自一个核心行为实验——“最后通牒博弈”，以及由它派生出来的一系列相关实验。如书中所介绍的，“最后通牒博弈”被德国和瑞士的经济学家设计出来后的三十年来，被反复测试了千百万次，遍及世界各个角落的群体、部落、社区、文化，频率和覆盖面远远超过了任何其他的行为和心理测试，结果明显地推翻了人拥有“无限止自私”（boundless selfishness）的偏好及能力的假定。

“最后通牒博弈”实验的逻辑相当简单，不妨称其为“一锤子买卖”，两个完全不相干的人分配一笔钱，之后再不往来。如同两条直线只有一个交点，在这个交点上做的唯一一笔交易，在无须顾忌对方日后的惩罚和反制的情况下，双方又是怎样对待交易的“公平”和“合理”。从书中相当翔实的统计数据我们不难看出，各色人群无论其背景如何，选择显示其都无法做到“彻底的利己”。而当“最后通牒博弈”扩展到交易能够重复进行时，也就是当有机会表达对他们认为“不公”的交易的不满时，人们大都愿为惩戒“不公”付出成本。这样的实验结果，与“理性的经济行为人”的假定大相径庭，几乎是无可辩驳的了。

这样的实证结果符合常情常理，除非迷失在“理性的经济行为人”假定里不可自拔，人们应该不会大感意外。“最后通牒博弈”的交易双方，提议者和响应者的心智结构，是在演化的长期过程——自然和文化的双重选择中形成的，而非“白板一块”，始于生而终于死，由个人凭自由选择涂写而成的。两个人无法不把彼此视为“同类”。响应者会如是想，“老子宁可不要这点钱，也不能叫那个不公平的混蛋得逞”；而从提议者的角度，他会想象对方被自己过于偏私的分配方案惹恼（超过了20% ~80%的分配），投射成自己的反感和不安，从而形成负疚的成本。这种感同身受的同理心（empathy）阻遏了一个人无限制追逐个己利益的冲动。直白地讲，演化中形成的人的心智结构中，同理心先于理性。即使是在“一锤子买卖”这样人为限制的实验条件下，人脑仍然无法摒弃或回避交易不可能只是一次，必有前因后果的“报应”心理。[①]

至于人为什么不容易把握其自利选择的合理的“度”，行为心理测试提供了许多有意思的例证来剖析。普林斯顿大学的行为心理学家 D. 卡尼曼（破天荒地由一个“外行”获得了2002年经济学诺贝尔奖）和他的研究同行们设计出许多精妙机巧的实验，全面地揭示出了理性决策的限度。由于大脑感知世界和处理信息的固有结构与心智倾向，人们很难做到“始终一贯的自利追求”。而不能把握合理的“度”，从自利追求的初衷出发，导致自戕的荒诞结果是常有的事。读者不妨参阅《快思慢想》，卡尼曼为大众读者写的书。[②]

那么，人类文明为什么能够发展到如此辉煌的高度？在漫长的演化过程中我们的祖先一路走来，为什么离不开合作，以至于人类的社会性发展到高出任何其他的灵长类、哺乳类和脊椎动物？能够企及人类社会这样高度合作的，恐怕只有四种非脊椎昆虫物种，但和蚂蚁、白蚁、蜜蜂、马蜂不同，它们有蚁后、兵蚁、工蜂、雄蜂之类先天命定的分工，人类的每个成员都有能力生殖和繁衍自己的后代，其他的功能也都相仿，他们的社会合作有着本质上的不同。遍观生命界，我们无法对这个卓然耸立的事实视而不见。叶航教授主笔的第三篇“来自计算机仿真的证据”集中揭示了这个答案。

---

① 近乎人类所独有的同理心，有高度的发达。人类对所谓“物伤其类”的感同身受，其中的“类”也许起始于亲子、血亲、姻亲、宗亲之间，一路发展到村落、部落、同学、同乡、同姓、同胞，乃至天涯海角的人；甚至遍及宠物、家畜，可爱的熊猫和不甚可爱的虫兽。从宰一只羊要阿訇在一旁念经，到杀一头牛要设法令其无痛苦地猝死，你就不难明白人类的这层基础情感。

② *Thinking, Fast and Slow*, by Daniel Kahneman, 2011 的繁体字本，比简体字本《思考，快与慢》要更准确些。卡尼曼根据可观察到的行为，把主宰人的决策活动的大脑的感知和思维描述成系统 I 和系统 II，按照它们在信息处理速度这个特质，称前者为快系统，后者为慢系统。他告诫人们的要旨是，若要增加你的福祉，必须关注把握在两个系统之间协调切换合理的度，令它们相得益彰，否则会因为各种偏失（biases）而遭罪。笔者通过他的专栏，比如刊在《上海证券报》的“市场博弈的不对称”的系列文章，来解读卡尼曼等人的观念、方法及实验的市场意义。

叶教授在书中指明，要回答这样的大问题，我们不得不扩宽视野，必须把追寻根源的努力回溯到远古，不但要回溯到有文字记载但已湮灭了的那数千年，没有文字但已有简单语音沟通的那数十万年，还得回溯到人类还没能控制利用火的那数百万年。他综合了国外在人类考古学、演化生物学和演化遗传学、演化行为和演化心理学等诸多领域的前沿研究，在申论他的观点和价值取向时，叶教授运用演化博弈和演化动力学的模型构建了计算机程式，来模拟在漫长的演化过程（10万代约200万年）中，人类是如何形成合作，达到稳定持续的度的。

读者将收获颇丰地读到书中的计算机仿真结果，我在这里只想浅近地介绍人类的祖先——智人（homo sapiens）为什么不能不抱团竞争的几个演化史事实，作为旁证。

（1）Ardi是迄今为止发现的人类远祖年代最久远的（距今约420万年）一副骨架化石（1994年在埃塞俄比亚发现，经过十五年的发掘分析，2009年发表了结果），已能直立行走。她的颅腔已明显大于黑猩猩许多，并在此后三百万年又增大三倍；她的犬齿（主要用于撕裂猎物）已在退化中。表明人类的生存方式在远古已开始斗智而不角力。

（2）直立行走的结果，女性骨盆对产道有刚性限制，婴儿大脑（无论体积还是神经元联系）要出生数年后才逐渐壮大成熟。和其他幼兽大不一样，为了获得超强的大脑能力，人类儿童必须被抚育多年方能自立。

（3）大脑发达的动力主要来自人际的协调需要，大脑的体积、质量和新皮质构造的进化同群体的规模成正相关关系。

（4）约一百万年前的基因突变，智人的发声器官能发出较为复杂的语音，人际复杂的沟通协同，包括记录“合作账本”，变得可能；在此前后对火进行了有效的控制利用，对驱退野兽袭击、取暖，尤其是摄取熟食促进营养吸收和大脑成长，作用至大。

（5）保卫共同的“家园”——合作守护营火和抚育后代的需要，智人的合作不可或缺。

（6）联手狩猎和食物供应波动需要在群体内互通有无。然而群体不可能只在血亲之间形成：人类远祖早就认识到近亲繁殖导致缺陷基因的致命后果，并建立起血亲交媾的严格禁忌。

（7）智人的祖先一度萎缩到不满四千人，处于行将灭绝的境地。然而在8万~4万年前分批走出非洲大陆，几万年后就迅速占领了全球。不靠合作无法解释。

（8）智人走出非洲后扫荡了尼安得特人，使其在3万年左右消失殆尽。

尼安得特人散布在欧洲大陆，人数众多、体格粗壮、使用新石器工具，甚至脑的体积都超过了智人，但缺少文化——社会合作的象征，比如文身、信念崇拜、观念符号等。①

（9）基因突变若有利于提升“适存度”（fitness）便将迅速扩张，一个突出的例证是分解乳糖（lactose）的酶，这种酶在人体内过了婴儿哺乳期就停止生产。通过动物的驯化（9000—3000 年前），牛乳（还有山羊、骆驼奶）成了人类主要的营养来源之一，重新获得乳糖酶的基因突变在数千年间迅速流布到全人类。

……

叶教授指出，根据过去四十年来主流生物学的观点（以 R. 道金斯为代表），基因才是物种进化的单位，越自私地竞取资源以利于扩张自己的基因，越适于生存而得到自然的选择。即使有合作的可能，与别的个体分享资源和生存机遇，也只限于有共同基因的亲缘（kinship）之间。这种观点争辩道，愿意为其他个体忍让牺牲的，削弱了自身的生存机会，哪怕是一丁点儿，也终将湮灭，在存续的基因池里荡然无存。因此合作在“物竞天择”中，不是一个稳定的进化策略，即使偶尔会冒出来，也必将出局。

这样的论点不能不说是极为强悍的。经济学里延绵不绝的争论，伸张不遗余力的利己追求，把它拔高到“彻底理性”加以崇仰，其源头难道不是同这种价值观同气相求、遥相呼应的吗？不过，这种价值观却指明了一个严峻的事实：合作过度，以致无法有效制裁搭合作便车的行为，确实会导致合作走向其反面，把合作者（或合作的基因）撵出竞技场，徒然让背弃合作者高奏凯歌，成了一个无可否认的可悲结局。那么，人类社会怎样才能阻遏搭便车的行为，在合作和竞争上达到稳定呢？诠释之关键，当然是对群体通过合作达到竞争优势的单位的正确理解。

这就回到了“何为己”的根本问题上。近代主流生物学同时也是主流经济学的观点，认为合作的范围不可能伸展到个体或血亲之外，非其不可欲实乃不可行也。对此，本文开首引用的语录给出了一个直截了当的判断：“在群体内部，利己者占优利他者；在竞争群体之间，利他群体战胜利己群体。其余均

① 在中华文明的发展过程中，似乎也有“平行的”经历。黄帝怎样战胜蚩尤，神农、伏羲、三皇五帝究竟怎么克服和融合的？“山海经”等的口传历史背后一定有大量史实，等待我们去发掘华夏各族是怎样在竞争中合作的历史。笔者曾就此向张远山先生请教，他在这个重大课题上有着深刻的思考，并不断有著述来探索、回答。张先生提出，从中华文明的基本符号——太极图的“阴阳互抱”不难看到，华夏各族的祖先很早就认同群体合作的价值，并把合作的文化赞为“顺道”，把反合作的文化斥为“悖道”。

属次要。”这是由两个同名为威尔逊（不是亲属）的社会生物学家通过对人类演化史和文明发展史的长期研究分析得出的。他们相信，要是说合作者很难在演化中的基因池存续的话，那么在演化和文化的竞争中，自私者弥漫的人群会被自利者达到合作平衡的人群整个淘汰，就像人类的先祖智人当年进占欧陆时发生过的那样，将尼安得特人整体逐出了人类的基因池。①

上文我们已提到，人类在长期演化中形成的“同理心”——以他人的视角来看待自己并从自己的感受来推断别人的能力——构成了合作的情绪、意识和观念基础。建立其上的人际合作的互惠法则（principle of reciprocity），在各种文明各个族裔部落都有表述，在距今2500—3500年（世称“大轴心时代”时期）形成的。互惠法则在形式上或有差异，但都表达了对“己所不欲，勿施于人”的核心理念的遵循，即中国的老话里的“恕道”（恕字由如和心构成，意思与英文的reciprocity相当）。

互惠法则在实践上分高低几个层次，都是按他人（或假定他人）怎样对我，我就怎样待人的逻辑来互动。它的“基本法”是“以其人之道还治其人之身”的惩戒，如《圣经·旧约》所说的“以眼还眼，以牙还牙”。无论哪个群体哪种文化传统，都有必要诉诸这个“基本法”：搭合作便车的卑劣行为如果不及时受到揭发、制止、惩罚，会迅速污染这个群体，导致合作停摆！所以惩戒对施行者的成本即使高昂，人们也积极为之。这类带来成本的惩戒，貌似“利他”行为，本质是“利己”的，此时的“己”扩展为一个群体，而构成“利”的收入和支出，也需要在一个时段里才能结算清楚。这方面的逻辑，计算机仿真的证据同演化和文化的历史观察有一致的指向。

至少近万年以来，人类文明的演化动力主要来自文化过程，远超过了自然进化的选择力量。对于一个成熟的文明，为了它长远的群体利益而不仅出于怜悯和宽容，同时有必要给予“搭便车者”以改正的机会。基本法一旦奏效，就不再停留在“一报还一报”的层次，而应该重新实施更高的互惠法则，促使文明和合作能以扩大的规模开展下去。更高的互惠法则，俗称“黄金法

---

① 其中E. O. 威尔逊是哈佛大学讲座教授、研究昆虫（如蚂蚁）的超社会行为的世界顶尖学者、社会生物学的开创者，他的新著《世界的社会征服》比较系统地论述了人类社会合作的大问题，包含对“何为利、何为己”的回答，很值得一读。该书借用法国大师P. 高更的名画及其引语“D'où Venons Nous，Que Sommes Nous，Où Allons Nous”来说明，人类要掌握未来的命运，须了解现在的状况，而要了解我们的现状（human conditions），则必须挖掘人类演化而来的本质。这样的认知和《超越经济人——人类的亲社会行为与社会偏好》的研究有异曲同工之妙。

笔者有心把“The Social Conquest of Earth”（E. O. Wilson，2012）移译成中文，可惜版权已被国内另一个机构买走。希望他们能迅速出版其中文本，以飨读者。

则”，则有两个版本：“己所不欲，勿施于人”和“己之所欲，乐施于人”。①

《超越经济人——人类的亲社会行为与社会偏好》开创了一个新格局，推介新的观念和思路，实践新的工具和方法，挑战陈旧的理论和假定，梳理传统的价值和信念，对于现时现地的中国人，是非常有益的。虽说新的研究路径，包括对脑神经活动的探索，主要由美国人来开创。但美国是个世界文明的杰出例外，中国又何尝不是？过去三十年来的改革开放和市场化给中国人带来了巨大成功，也带来了前所未有的困扰，这些新鲜的经验理应由中国人自己加以总结。用我们固有的文化象征，太极图所揭示的“阴阳互抱”来考察问题，中国人是在“否极泰来”中继续进展呢，还是会很快滑落回到“泰极否来”，全看我们怎么合作，对合作抱有怎样的信念，以及合作的范围和质量如何了。

① 有兴趣的读者不妨参阅笔者的《青铜法则》（上海人民出版社，2012）对此展开的论述。该书指明了文明在演化中先贤们总结出治理人际互惠关系的一些基本法则，在各类文明各种部落都有相仿的表述、相同的崇奉和相近的实践。贯彻这些基本法则有力地扩展了人类文明和合作，而贯彻的效果如何则决定了不同群体和文明兴衰成败。它们可以表述为：

黑铁法则：他人怎样对待我，我亦这样对待他人；白银法则：我不愿意他人加诸我的事情，我也不加诸他人（“己所不欲，勿施于人”）；黄金法则：我乐意他人对待我的事情，我也乐意以此对待他人（相当于“己之所欲，乐施于人”）。

作为“基本法”的黑铁法则，互惠性最为直截了当（strong reciprocity），在人类文明里它是“公义”“制衡”“法制”，甚至是“民主”的根本动力和保障。白银法则是黄金法则的“消极的”版本。三个法则界定的互惠行为，在时间上有先后，在程度上有缓急，需要文化（道德、习俗、法规和体制）方面的安排和保证，故常被诠释为“利他行为”。现代经济的一些基础机制，比如货币的运用、契约的信守、利息的确定等也都以互惠法则为基础。

"互利经济学"的创新、偏颇与完善
——评陶永谊的《互利：经济的逻辑》[①]

张曙光*

一、引言

改革开放以来，中国的经济社会发生了巨大的变化，中国的经济学理论研究也取得不小的进步。随着计划经济向市场经济的转变，传统社会主义经济学也遭受了深刻的批判，现代经济学从边缘化、受批判、被取缔的地位回到了经济理论研究的中心，成为经济学理论的主流。尽管是以马克思主义理论为指导，传统社会主义经济学仍然是有中国特色社会主义的正统理论。

30多年来，中国现代经济学理论研究的发展沿着两条道路前进：一是追随美国现代经济学的数学化、技术化、模型化的潮流，在没有理论假设和现实依托的情况下，直接引用他人模型，或者稍做改动，代入现成的统计数据进行回归，得出相关理论和政策结论。这种做法对于掌握经济学的分析工具和分析方法有所助益，但对于推动经济学的理论创新意义不大。二是立足于经济学的历史发展和当代的经济实践，提出新的理论假说和分析框架，建立新的理论体系，以解释现实的经济运行。陶永谊的《互利：经济的逻辑》（机械工业出版社，2011；以下简称《互利》，凡引自该书，只注页码）就是其中一例。

我们之所以用"互利经济学"来概括陶永谊的理论贡献还有一个原因，即在中国学术界，文人相轻的陋习相当普遍和严重。特别是在现今的情况下，人们往往看重外国的经济理论和经济学家，喜欢借鉴和引用他们的研究成果，而对国内经济学同行的重视不够，不大愿意承认和引用他们的创造。为了改变这种情况，本文对"互利经济学"的创新、偏颇以及完善做一点初步的评论。

二、创新

"互利经济学"的创新之处在什么地方？又是如何创新的？要准确回答这

---

* 张曙光：天则经济研究所学术委员会主席，中国社会科学院教授。

① 经过会议讨论及与管毅平、曹正汉、莫志宏学者等交换意见，笔者做了一些修改，特此感谢。但文责自负。

样的问题，需要把《互利》的理论与传统现代经济学加以比较。

所谓“互利经济学”，概括起来，就是以互利经济人为基本假定，构造了一个二元结构的分析框架，提出了一些新的经济范畴和理论概念，演绎出一个新的经济理论体系，一方面对现代经济学的传统理论进行了广泛的批判，另一方面，对现实经济过程和经济现象作出了与传统理论不同的解释。从以下几个方面加以评述。

1. 基本行为假定

大家知道，现代经济学的基本假定是自利经济人，其方法论的基础是个人主义方法论。在这里独立的个人是经济分析的基本单元，个人的自利行为是经济的“第一推动力”，自利原则成为经济学的“第一原则”，一切经济决策都由追求最大化的经济人独立作出，并借以推导出人类的全部经济行为和整个市场活动，解释现实中发生的经济现象和经济过程。

《互利》批判和放弃了这样的基本假定，提出了一个全新的理论假定。为了与传统自利经济人假定相对应，我们将其称为“互利经济人假定”。在这里，经济行为人不是孤立的个人，而是处于社会联系和社会网络中的人，至少是两个相互交易和互动的人。因而，分析的基本单元是交易和互动，每个人的经济决策必须考虑外部环境或者他人的反应才能作出选择，人们的“行为是利己还是利他并不重要，重要的是必须符合互利的要求”（第 8 页），且只有在互利的基础上才能实现自己的利益。所以互利是商品经济的基础，人们通过分工来提高效率，又通过交换来分享这部分效率。作者据以推导出自己的经济学理论，以解释经济生活的现实。

应当指出，互利经济人不完全符合作者的本意，却是互利经济学完善的基础。而将互利与经济人合起来似乎不伦不类，但颇具新意。本文后面将会做进一步说明和探讨。

2. 分析框架

立足于互利经济人假定，“互利经济学”构造了一个二元结构的分析框架，以代替现代经济学一直采用的分析框架。

《互利》认为，现代经济学的分析框架是一元结构，考察的是“一个生产者、一种商品、一种商品的供给和需求以及一种商品的价格”（第 4 页），基本模型是直角平面中从左上方向右下方倾斜的需求曲线和从右上方向左下方倾斜的供给曲线。在这个模型中，是“单一的行为主体、单一的决策机制、单一的行为准则和单一的价值取向，只不过选取的单位，一个是个量，一个是总量[①]”（第2页），进而明确指出，只有一个生产者的经济是不可能完成商品交换的，如漂流到荒岛上的鲁宾孙只能自给自足，而不能完成商品生产。因而放弃一元结构的分析框架，使用二元结构的分析框架更合理。

应当指出，《互利》把传统现代经济学的分析框架概括为一元结构不太确切。虽然它是一个生产者，一种产品，但并不是单一的行为主体。因为有供给方和需求方、生产者和消费者。只不过每一主体并不是生产者和消费者的合一，即既是生产者和供给方，又是消费者和需求方。所以将其称为半个二元结构更为恰当。也正因为是二元而非一元结构，不是孤岛上的鲁宾孙，传统现代经济学才演绎了一系列市场和交易活动，甚至被称为“价格理论”和市场交易理论，一元结构是做不到这一点的。也正因为是半个不完整的而非一个完整的二元结构，传统经济学才出现了很多逻辑矛盾和无法自圆其说之处。明白了这一点，为了分析的方便，以下我们仍然采取一元结构的说法。

《互利》构造的分析框架是二元结构，“它至少要包括A、B两个生产者，其中A生产者生产a类商品，B生产者生产b类商品，两者将商品进行交换形成一个闭合的系统。我们称之为Aa－Bb二元交换单元。这个交换单元中的两个生产者、两种商品以及两种商品的交换比率都是商品经济不可或缺的要件，缺少了其中任何一个元素，商品交换都无法完成”（第4页）。其基本模型是一个包括两个生产者相互交换产品的艾奇沃思方盒图。

很明显，二元结构与一元结构的框架有着明显的不同。“在一元结构中，只有一个决策单位（应当是生产者——张曙光注）、一个测量标准（即个人利益的最大化），市场和价格以及其他生产者都是决策的外部因素。而在二元结构中，存在着两个平行的决策点，这两个决策点不仅权利平等，而且存在着策略的互动。市场是系统的内部结构，价格是系统内的博弈结果，另一生产者的行为是系统的内生变量。这就意味着不存在一元结构中假定其他条件不变的制胜策略”（第6页）。由此可见，Aa－Bb这种二元交换单元不仅构成商品经济最原始的形态，包含了商品经济的一切基本元素和基本准则，是商品经济最简单、最基本的模式，而且体现了人类社会互动的行为方式，符合博弈论所揭示的行为规则。

3．概念界定

《互利》不仅构造了新的基本行为假定和分析框架，而且围绕着互利这一

① 个量是微观经济学的对象，总量是宏观经济学的对象。台湾经济学界就把微观经济学叫做个体经济学，把宏观经济学叫做总体经济学。

核心概念，提出了一些新的理论范畴，同时重新界定了传统现代经济学中已有的一些重要概念。前者主要有：

——互利空间。是指合作所产生的综合收益，其大小等于可交换剩余，即个人消费以外的生产剩余。互利空间不是一个点，而是一个区域。

——互利底线。也称合作底线，是指合作产生的收益分配等于个人单独行动的收益，合作与不合作无差异[①]。

——重置成本。商品交换或者合作互利的重置成本就是个人单独行动的机会成本。

——公平底线。重置成本与中心线之间 1/2 的位置。

——需求餍足点。需求满意度曲线呈钟形分布，餍足点是指钟形曲线的最高点。

后者主要有（有些还值得商榷）：

——效用。传统经济学的效用是指人们在一次性消费时的主观感受，但人们的主观感受与消费品的实际效用之间经常存在矛盾。《互利》指出，“效用应该定义为一定时期内，特定消费品对人们的满足程度”（第 58 页）。

——需求。正统经济学将消费和需求等同，《互利》认为，“需求是人类欲望的表达方式”。“效用是在消费之中产生的，而需求是在消费之前就已经存在了”（第 60 页），“消费仅仅是需求满足的过程，不是需求本身”（第 66 页）。这里并没有区分需要和需求。

4. 主要理论

有了互利经济人的行为假定，立足二元结构的分析框架，借助于一系列新的和重新界定的理论概念，《互利》对传统经济学的 系列理论进行了重新阐释。

（1）关于需求理论。

边际效用递减规律是传统现代经济学需求理论和消费者行为理论的基石，其在生产领域的扩展是边际报酬递减和边际收益递减。然而《互利》认为，作为主观感受，效用的不可计量性使得边际效用递减失去支撑。而需求满意度的钟形曲线表明，在餍足点前后的边际效用有递增和递减两种不同的趋势。特别是人类的需求又有生存性需求、舒适性需求、享乐性需求、炫耀性需求、投资性需求和投机性需求等不同层次，传统理论仅仅用消费量的增长解释需求变化的规律，偏离了需求的本质和社会进步的本质。须知“任何一种具体的需求都是有限度的，但人类的总需求不会有限度”，“人类欲望的扩张特性会导

① 《互利》定义为小于个人单独行动的收益，似不大恰当。

致新的需求产生，而不是在原有需求上无限增长”（第60页）。

不仅需求与消费不同，而且投机性需求也与消费无关，且不对价格作出反应，只会对价格预期作出反应。然而，传统经济理论无视投机性需求，“无法解释现代商品价格的运行规律，也无法解释经济周期的巨大波动性”（第73页）。

（2）关于生产供给理论。

在微观经济学的生产函数中，只有劳动和资本两个变量，且可以按任意比例组合，其分析方法是假定其他要素不变，只考察某一要素变化对产出和成本的影响。

《互利》认为，技术是一种重要的生产要素。作为生产要素，其边际收益是逐步提高的，而其边际成本又是不断降低的，同时也制约着各种要素的组合比例。由于技术屏障，生产要素间存在着不可替代性，不可能像传统理论假定的那样跨部门平滑移动。“不同生产要素之间的特定比例，反映的是不同的技术水平和劳动生产率水平。”（第84页）

（3）关于均衡理论。

新古典经济学一方面假定供给和需求都是价格的函数，另一方面又认为均衡价格是供给和需求相互作用的结果，这是由于它只讨论一种商品的买卖，把由商业和货币造成的误解加以理论化，从而“混淆了价格的本质，并且颠倒了供给、需求与价格的因果关系”（第98页）。在二元结构的框架中，价格其实是商品交换比率的单项表达式，一个卖出的价格和一个买入的价格，构成了一个完整的交换比率，买入的价格和数量构成了交换的成本线，卖出的价格和数量构成了交换的收益线，两者之间的区域为交换剩余。单独一种产品的买卖，只完成了交易的一半，它不能说明交易的全部意义，只有把两种商品的价格比率放到一个完整的交换系统考察，才能理解商品经济的本质。据此，《互利》认为，“价格并不能决定供给和需求，恰恰相反，是供给和需求的比率决定了价格”（第103页），“决定一个时期需求量和供给量的不是价格，而是对价格的预期”（第109页），所以人人都在影响价格的涨跌，市场均衡和供求相等就取决于预期的准确度。

一般均衡理论是传统经济学皇冠上的明珠，它建立在完全预期的假定之上，忽视了不确定性和测不准效应。由于完全预期的不现实和不可能，一般均衡不可能实现；不确定性和测不准效应又是经济学无法摆脱的环境假定，经济学家的任务不是如何回避它，而是如何面对它。在这种情况下，经济决策要考虑未来的变化空间，要有多重备选方案的集合，要有一组风险评估系统，同时也要预留调整和纠错的空间。总之，经济活动是一个事先没有写好脚本的电视剧，每一个参与者“既是观众又是演员，同时还是导演”（第 130 页），一切戏剧性变化都可能发生。

（4）关于增长理论。

首先，现代经济学认为生产过剩是由于总需求不足，阻止衰退的办法是刺激总需求。而《互利》认为，“经济衰退不是有效需求不足，而是市场上过于旺盛的投机性需求引导生产要素的无序转移，使资源过多地集中于某个产业部门，并形成大量的无效投资和过剩产能，当投机性需求消失时，资源配置已经发生严重失衡，经济衰退是消化这些无效投资的无奈选择”（第 220 页）。

其次，关于增长模型。现有教科书的增长模型均以索洛模型为范本，但索洛模型只是一个数量增长模型，看不到随着消费升级和技术进步带来的产业部门的兴衰变动，以及资本和劳动在不同支柱产业之间的流动。技术创新只是一个被游离出来的增长因素，它的作用仅仅停留在对资本深化和劳动投入“余项”的计算。《互利》认为，“经济增长主要取决于技术的进步对各部门产出率的改变，以及资源能否投入这些效率提高的部门”（第 225 页）。

（5）关于周期和危机理论。

《互利》认为，无论是熊彼特的自然过程创新周期理论，还是凯恩斯的有效需求不足经济周期理论，抑或是萨缪尔森和希克斯提出了乘数—加速数模型，“都秉承一元本位的方法论传统，不是从需求冲击就是从供给冲击来解释经济的周期波动，好像经济的周期波动与商品经济的交换本质毫无关系。然而，以笔者的理解，经济周期性波动的奥秘，恰恰就隐藏在交换现象的背后”（第 244 页）。

《互利》构造了一个两部门的宏观经济交换结构：服务经济和实物经济，两部门的交换比例即为需求和生产的比例。然后把需求层级分为两类，一类是前述生存性、舒适性、享乐性、发展性和炫耀性需求，一类是指受预算条件约束的不同阶层的购买水平。进而分别考察了两类需求层次变化与经济周期的关系，说明了“大萧条仍然是主流产品相对剩余，只是由于胡佛政府的紧缩政策使调整时间和幅度加大了。此次次贷危机则属于主流产品的绝对交换剩余。当一个行业的需求度覆盖全社会时，它也就接近于自己的发展极限了”（第 250 页）。接着，《互利》认为，技术创新是服务经济与实物经济在各种需求层次上实现对接的方式，重大的革命性创新会引领出一个新时代，每一层级的技术创新会对应各自层级的经济繁荣期，并以汽车工业为例，说明创新和需求结构的相互作用及其如何影响经济的周期波动。进而提出了一个新的经济周期理论，笔者根据《互利》如下概括将其命名为“交换比率变动周期说”。

“从交换的角度讲，不管是需求层次还是技术层次的变动，它们最终反映的是经济体内产业部门交换比率的变动。出现经济危机，归根结底是由于服务产业的产能无法与其实物产业的产能相匹配，经济体出现大量交换剩余……和未交换剩余，当价格调整不仅不能减少这种产能错位反而使它加大时，经济的周期性波动就会出现，经济危机是对这种产能错位的自发调整。"（第256页）

立足于此，《互利》还对反周期政策的效果进行了评论，明确指出，在繁荣期，投机性需求一旦形成势头，仅靠加息和紧缩银根是无法遏制的，因为对投机性的暴利而言，加息所增加的那点成本根本无法构成投机的障碍。在衰退期，采取宽松的货币政策和积极的财政政策不加区分地刺激总需求，本质上是一种透支未来的做法，在不同国家的不同时期，效果完全不同。

应当指出，《互利》的周期理论和危机理论是一个重要的理论创新。但是，作者认为其仍有不足之处，"遗憾的是，没有一个现成的宏观经济总量概念可以拿来使用，笔者的观点，是用服务经济与实物经济来代表"（第244页）。其实，尽管受劳动价值论的限制而有缺陷，但马克思两大部类的分类和交换可以说是总量概念的雏形，与服务经济和实物经济的分类有近似之处；尽管马克思的社会再生产理论讨论的是没有技术进步的外延扩大再生产，但两大部门产品的价值补偿和实物替换以及实现问题，则与《互利》的交换比率周期说的思想是相通的，马克思关于比例失调和实现困难导致危机的理论，也可以看作是《互利》危机理论发展的基础。《互利》没有提到这一点，可能与作者对马克思的理论研究不够有关。

5. 小结

理论创新既不是与传统理论表述上的简单差别，更不是名词术语使用上的不同。真正的理论创新应当满足一定的检验标准。这些标准概括起来，可能有以下几点：

（1）基本假定具有更强的现实性；

（2）理论具有更强的解释能力和预言能力；

（3）理论有更大的一般性、包容性和开放性；

（4）经得起各方面不断的批判和证伪，能够不断地改进和完善。

用这四条来检验"互利经济学"，《互利》确实作出了一些理论创新。至少前两条在一定程度上是符合的。

关于第一点，二元结构的分析框架比一元结构的分析框架更具现实性，因为社会科学研究的终究不是孤立的自然人，而是互动的社会人，社会经济过程是一个社会博弈和人与人的互动过程。

关于第二点，不论是解释问题的范围，还是解释问题的深度，《互利》确有一些扩展。如对投机性需求及其在经济运行中作用的解释、对技术作为生产要素及其作用的解释、对经济周期波动和经济危机的解释等，都在一定程度上超过了传统现代经济学。

关于第二点，《互利》是一个开放型的架构，理应有更大的包容性，但从目前的情况来看，这方面存在着明显的不足。这是我们下面要着重讨论的问题。

关于第四点，涉及“互利经济学”的未来发展，本文就是一种批判和检验，同时也需要更多的批判和检验。

三、偏颇

前文讨论了“互利经济学”的理论创新，它虽然有一些突破，但也存在着明显的偏颇和不足，这是不可避免的。更何况它没有经过正式的批判和检验。实际上，任何一种理论只有经过严格的批判和不断的修改，才能完善起来。下面我们试图在这方面提出一些想法，以供作者和大家思考讨论。

1. 关于自利和互利

互利是“互利经济学”最主要和最基本的概念，自利不仅不是重要概念，而且在一定意义上是被批判的。在“前言”中，作者就以反问的口气把自利和贪婪画上了等号，“自利和最大化难道不是贪婪的学术式表达吗”？这就把自利和互利对立起来了。

在《互利》中，作者分析了以下三种自利行为，为了表达清楚，我们将原文全部引在下面。

第一，损人利己的自利行为：如偷盗、抢劫、制造假冒伪劣产品等，只能对商品经济造成破坏。

第二，出于自利的动机但最终损人不利己的行为：如上市公司不顾股东利益的巨额融资造成股价的大跌，结果融资的目标无法实现，股东的资产也大幅缩水。

第三，利己也利人的自利行为：市场经济中那些优秀的企业，在为消费者提供优质产品的同时，也为自己带来满意的收入。严格说来，唯一与商品经济契合的就是这种自利行为。

很明显，这里没有自利而不损人的行为。也就是说，自利或利己只能有这两种结果：不是损人，就是利人。不可能出现利己而不损人的结果。这就在很大程度上否定了自利行为的正当性。

其实，自利和互利、利己不损人和利己利人的行为都是正当的，都是市场经济中的人类行为，只有自利而损人的行为才是不正当的。须知，无自利，何来互利；反之，互利中亦有自利。比较而言，自利比互利更为根本。即使

《互利》也不得不承认，“人们关心他人的利益虽然也是一个普遍的事实，但这种关切一般会小于对自己利益的关切”（第272页）。利己利人的互利行为究竟是出于自利心或自爱心，还是出于同情心，恐怕不易分辨，但出于自利心或自爱心可能是主要的。为了自利而互利和通过互利而实现自利可能是一个过程的两个侧面，一个因果关系的两个链条。《互利》否定前者而看重后者，将内在逻辑的因果关系割裂开来，是不恰当的。按照亚当·斯密的观点，自利心和同情心都是人类的自然情绪和自然能力，但绝不能简单地把人们的自利心（或自爱心）和同情心看作是动物的本能。自利而不损人是人们最起码最基本的行为方式，构成互利的底线，利己利人是市场经济中最广泛最一般的行为方式，一般人和正常人都会将其很好地整合起来。《互利》主张利己利人而否定利己不损人，实际上否定了合作互利的底线。这在逻辑上是说不通的，因为冲破了底线，也就没有了合作互利的存在。

需要特别指出的是，无论是自利还是互利，都是个人而非集体的选择，仍然是方法论的个人主义。由于自利和互利并不是对立的，而是相互蕴含和相互促进的，自利不损人和自利利人都是正当而合理的，而自利和经济人在很多方面是同义和一致的，经济人的理性性质和特征只能是个人的，而不是集体的和社会的。因此，把互利和经济人放在一起，形成“互利经济人”概念，可能是一个更合理、更恰当、更有效的行为假定，它既保留了自利和经济人的根本性质，又凸显了互利这一实现自利的基本方式和主要机制，既达到了自利和利他的统一，也实现了目的和手段的统一，还能够解决争论已久的所谓的“两个斯密”问题。所以，互利经济人是一个创造。过去，笔者曾经指出，批评自利经济人假定的观点有一个不足之处，就是没有找到一个替代的行为假定，今天有了互利经济人，经济学家就有了比较和选择的对象与空间。

2. 关于理性和非理性

《互利》分析了非理性选择的行为特征，这一点是重要并且必要的。但它认为经济理性最难以实现，缺乏理性的日子更加精彩。似乎理性行为假定没有必要，至少是不重要。这个观点也是需要讨论的。

关于人的理性的问题，可以有多个讨论的角度：一是理性和感性，二是理性和非理性，三是理性和社会性。这三个方面的问题是相互联系的，也与《互利》的创新和偏颇密切相关。关于理性和感性的问题，一般属于哲学讨论，这里暂不涉及。关于理性和社会性的问题，与自利心和同情心密切相关，笔者在《校勘与解读，生财与修德——读罗卫东著〈情感、秩序、美德——亚当·斯密的伦理学世界〉》有过自认为是恰当的分析，值得作者参阅。这里集中讨论理性和非理性的问题。

由于《互利》看轻自利和理性，在批判新古典经济学的偏颇时走到了另一个极端，我们还得回溯理性的本源。理性一词来自希腊语的“逻各斯”，有规律、思想、语言等含义，柏拉图对其又有理念、理式之称。经过几千年的发展，一方面，理性是指人有思维能力，能够通过归纳判断、逻辑推理、假设求证等来认识事物、获取知识和指导行为；另一方面是指合理性，包括正当性和合宜性，正义、理想、价值、人道等，都可以看作是理性的别名。因而理性包括价值理性和工具理性两个方面，偏向其中任何一个方面都会出现问题。非理性不仅否定价值理性，而且否定工具理性，专注于情感因素，主张刺激反应，一切不需要思考和权衡，只要跟随情绪和感觉走即可。非理性也不讲正当性和合宜性，无所谓互利原则、适度原则和平衡原则。经济理性表现为交易当事人对自身利益得失的计算和权衡，至于这种计算和权衡是否恰当与精确则是另一回事，能否完全实现也是另一回事，但人们确实在进行计算和权衡，很多计算和权衡也是实现了的，也可能实现得不大完满。新古典经济理性的偏颇不在于指出人们对自身利益的计算和权衡，而在于过分强调这种计算和权衡的准确性与完全实现。这就违背了未来的不确定性和测不准定理。而《互利》的问题在于，从否定理性计算和权衡的准确性而走向否定理性计算和权衡的必要性，从而否定理性本身，这是不恰当的。这种计算和权衡不大准确，也不一定能够完全实现，但人们仍然要不断地进行计算和权衡。

《互利》推崇非理性行为，认为从众心理和服从权威、激情选择和事后后悔，以及跟随模式、部分夸大模式、当前权益模式、底线模式和不可复制模式都是非理性选择，恐怕有点绝对化。其实，从众心理、服从权威、跟随模式、当前权益模式等，似乎都是非理性的行为和选择，但都有理性的考虑在其中，都是现实条件下的理性选择。因此，理性和非理性并不是非此即彼、截然分开的东西，而可能是一个光谱式的分布。完全理性和绝对非理性是两个极端，还是不要走极端为好。

不仅如此，自从新古典经济学产生以来，对理性假定和理性行为的批判从未间断，最有名的是哈耶克的理性不及和西蒙的有限理性，还有现代行为经济学和实验经济学的各种实验检验。他们否定的是理性的完全性和彻底性，而不是理性和理性行为本身，对行为经济学和实验经济学的实验应当重视，可以参考借鉴，但不可迷信，不能作为立论的主要的甚至是唯一的依据，《互利》就存在着这样的偏颇。实际上，现代经济学也在一定程度上接受了有限理性的假定。

3．理性和最大化

《互利》对最大化原则的批评既有合理之处，也有失当的地方，同样需要对其加以辨析。

关于理性行为假设或最大化行为假设历来存在着争论，但在经济学研究的发展过程中，理论的进步确实也会逐渐形成大多数人的共识。经济理性是指各个行为主体在各自面临的主客观条件允许的范围内，对各种选择的结果能够作出不自相矛盾的衡量、判断和比较，并在此基础之上，通过各种可能的方式，追求各自特殊利益目标的最大化。可见，所谓最大化，是指在一定条件下的“最大限度”。所以，最大化是“条件极值”或“有界极值”，“理性”总是“有限理性”。据此来看，《互利》的如下观点是有道理的：收益最大化并不是人类的自发冲动，而是对在外部条件下的反应；收益最大化也不是人们唯一的价值取向，而是努力的正负效用、收入水平和闲暇舒适之间的平衡；努力程度是一个相对概念。既然如此，把最大化和少犯错误完全对立起来，说什么“决策过程追求的不是最大化的解决方案，而是少犯错误的解决方案，至少是比竞争对手少犯错误的解决方案”（第 161 页），有些绝对化。如果是条件允许情况下的最大化，二者确有一致之处。

《互利》说，“由于最大化原则是一个普遍性原则，即使是在自由竞争的市场经济中，由于交易当事人都是按同一种准则行事，因此他们的行为模式也应该是一样的。也就是说，面对同样的价格信号，他们会作出同样的反应”（第 166 页）。这种说法太简单了，事实上，各人的情况和条件不同，其反应也不一样，最大化的行为及其结果也不相同。

《互利》进一步指出，“人类增加财富的方式有两种：一种是通过分工提高技术和效率，向自然界索取；另一种是通过博弈向自己的同类索取……最大化原则对这两种方式都不适用。就第一种共赢的方式来说，它遵循的是适度原则、公平原则和互利原则；而对后一种情况来说，最大化原则会导致悖论，一方收益最大化要以另一方收益最小化为前提，它成为自我否定的假设”（第 169 页）。这是对人类理性行为和最大化行为的完全否定。须知，如果是一定条件下的最大化行为，那么，它既不否定互利空间，也不否定互利空间的争夺，最大化与适度和互利并不是绝对对立的。

4. 关于国际贸易和国际分工

如果说《互利》对自利、理性和最大化的批评有些片面，那么，关于国际贸易和国际分工的讨论就有些强词夺理。这一章也许是《互利》的一个败笔。如果能够按照《互利》的逻辑框架将现有理论加以改造，也许会有新的发现。

首先，《互利》批评李嘉图的比较利益说“偷换了一个概念，把国际贸易中的商品交换变成了劳动交换，好像 1 小时的劳动可以换回 1.5 小时劳动就是划算的”（第 302 页），这似乎有混淆概念的嫌疑。李嘉图讲的是两国间商品的交换，只是交换要按照等价交换的原则进行，而他的价值论是劳动价值论，所以要用劳动量来计算。要知道，这里有国际价值（价格）和国内价值（价格）的区别。国际价值是相等的，而国内价值由于资源禀赋和劳动生产率的差异，国内产品和进口产品是有差异的。李嘉图也许没有讲清楚这一点，而《互利》也混淆了这一点。

其次，《互利》写道，“李嘉图之所以会得出用少量劳动换取多量劳动符合比较利益的结论，是因为他对劳动价值论的理解。古典经济学的价值理论认为，商品价值是由劳动投入的多少来决定的，价格又是由价值来决定。这实际上是把逻辑顺序颠倒了”（第 302 页）。在李嘉图的抽象分析中，价值与价格是一致的，不会发生价值革命，不存在逻辑颠倒的问题。

再次，《互利》批评说，“比较利益学说的自相矛盾之处是，它规定两国的生产者会在国际贸易中根据劳动量的交换来转移生产要素，但在国内贸易中却不会这样做”（第 303 页）。比较利益说讨论的是国际贸易，舍弃了国内贸易。这种矛盾是作者自己想象出来的。

最后，“比较利益说建立的前提是国际分工引起的生产要素跨部门转移，不会引起劳动生产率的降低，或者说不会引起比较优势的变化。可是 A 国的农民去生产大炮会高过 B 国的工程师和技术工人吗？B 国的工程师和技术工人比 A 国的牧民挤牛奶更在行吗”？（第 305 页）这不是在强词夺理吗？在这里，《互利》批评传统现代经济学不讲国际分工带来的风险和成本（包括生产要素转移成本、国家安全成本、调节机制缺失成本、汇率成本等），也有点绝对化。要素转移成本之类的没有讨论，因为它假定要素的部门转移是平滑的，但讨论了汇率风险和成本。

由这一章的讨论可以看出，《互利》过分注重对传统现代经济学的批判，而没有很好地阐述和发展自己的理论。如果说传统经济学的分析框架是一种一元结构，那么，在国际贸易中必须是二元结构的分析框架，是两个国家、两种商品的交易。这正是《互利》的二元结构和分析框架可以大显身手的领域。国际贸易和国际分工会扩大互利空间，与国内分工和国内贸易的互利空间比较起来，是不是也有一种比较利益？国际贸易引起生产要素的国内转移可以优化资源配置和生产结构，提高生产效率，国际分工带来生产要素的国际转移也是如此，甚至会使互利空间进一步扩大，是不是也是一种比较利益。如果对此进行一番分析，也许会有新的发现，也会赋予比较利益以新的内容。所以，既不能图一时之快，只一味批判，还要做些艰苦的工作，不能包打天下，全部否定，还要继承、利用和发展。

5. 自由和自由的边界

《互利：经济的逻辑》姊妹篇即《互利：政治的智慧》（以下简称《智慧》），在《智慧》中，作者专门讨论了自由问题，认为“自由、平等这些概念，只是个体本位的单向诉求，它没有对交换方利益的考量，也没有对整体利益的适应，如果作为追求权利的依据，我们会在自相矛盾中陷入混乱”。据此，作者不仅对法律和自由、积极自由和消极自由的理论观点进行了批判，而且主张抛弃“每个人的自由以不损害他人的自由为前提”“用不妨碍他人的自由来界定自由的边界”之类自由主义的解决办法，认为这种办法是“将每个人自由的边界，界定为一个个互不相交的势力范围”。同时提出了“互利范围内的自由空间”的概念，认为“只有从互利的角度，才能解释个人自由与共同利益的关系，也才能找到个人自由的边界与共同行为规范的契合点”①。这里不乏真知灼见，但也有牵强附会之处。其实，二者对自由的讨论并不是完全对立的。

自由当然是个人的自由，以不损害他人的自由为边界，既可以看作二人的自由是不相交的，也可以看作二人的自由有一个交集。在后一种情况下，就出现了个人自由的底线，也形成了自由可以扩展的空间。所以，《互利》和《智慧》没有必要抛弃原来的说法，而是按照自己的逻辑和框架，将其加以改造，纳入自己的体系中来。这样，“互利经济学”的解释能力会更强，其包容性也会更广。

四、完善

从以上的讨论可以得到一个结论，一方面，“互利经济学”的确有创新之处，在一定意义上，构成了对传统现代经济学的颠覆性批判。另一方面，它也存在着明显的偏颇和不足，特别是一些批判也有明显失当之处。从前述关于创新的四条标准来判断，《互利》前两项虽有进步，但后两项要求还尚未达到，反过来也削弱了前两项，因而需要进一步改进和完善。

首先，如何继承和借鉴现代经济学中的合理成分？

19 世纪 70 年代，欧洲几乎同时出版了三本经济学著作，形成了三大学派，即杰文斯的《经济学的理论》和英国学派，门格尔的《国民经济学原理》和奥地利学派，瓦尔拉斯的《纯粹经济学要义》和洛桑学派，在经济学说史上称为“边际革命”。边际革命放弃了劳动价值论，创造了效用价值论，标志

---

① 陶永谊. 互利：政治的智慧. 北京：当代中国出版社，2013. 105 ~ 111.

着现代经济学（亦称新古典经济学）的诞生。后来，以马歇尔为代表的英国剑桥学派被称为狭义的新古典学派，广义的新古典学派系指以“边际分析和均衡分析”为基础的经济学。经过凯恩斯革命和“经济学第二次危机”，现代经济学在美国得到了进一步发展，形成了以萨缪尔森为代表的“新古典综合派”，出现了凯恩斯主义和货币主义的相互渗透，产生了合理预期学说和新自由主义经济学，因而一直成为经济学的主流。由此可见，经过一两百年的发展，现代经济学不仅学派纷繁，而且名家辈出，其理论也推陈出新，不断前进，成为人类经济思想认识的一个阶梯和片段。虽然存在着严重的缺陷，却也有很多合理的成分。因此，如何恰当地批判它的错误，继承和吸取它的合理成分，剔除糟粕，取其精华，进一步发展经济学的理论，仍是一个值得认真研究和思考的问题。

从总体上和框架上看，新古典经济学确实存在缺陷，“互利经济学”确有新颖之处，与自利假定和半个二元结构相比，互利假定和二元结构框架确是一种创新，据以演绎的经济学理论也有自己的解释能力。如果《互利》不是否定自利、理性和最大化行为，不是否定自由和自由的边界，而是将其纳入自己的分析框架，给予新的解释，变成自己理论的一个组成部分，“互利经济学”也许会更加丰满，解释能力会更强，同时也会具有更大的一般性和包容性，吸引更多的追随者和接受者。要知道，创新是站在前人肩上看得更多、看得更远，它首先要吸取前人的营养和乳汁，同时既要否定前人的错误，也要补充前人的不足。笔者认为，“互利经济学”不可能完全和彻底否定前人的经济思想，把几代经济学家的努力完全抛弃。

因此，在理论创新中，一个最容易出现的错误就是片面性和极端化，在批判现有理论的错误时，将其正确的部分也扔掉。《互利》确实有这方面的倾向。问题的关键在于，在批判原有理论的错误的时候，如何发现、利用和转化原有理论中的合理成分。

其次，如何看待《互利》创新的相对性？

由于人类的认识是不断前进的，因而世界上没有一成不变的绝对真理，任何一个真理性的认识都是相对的。所以，任何一个理论都不可能是完美无缺的，都有其不足和缺陷，“互利经济学”也是如此。因此，在阐述和揭示自己的理论时，应当小心谨慎，切勿过分夸大，走向极端。从前面的讨论来看，《互利》也存在这样的问题。那么，如何改进和完善呢？

（1）重读传统经济学和其他经济学说，看看自己的批判和否定有无片面之处，进而加以改正。看看从其他学说中得到的启迪和借鉴，有没有未加说明的地方，从而确切把握自己在其中的地位和作用。

（2）用自己的理论去解释实际，看有没有不能解释的问题。如移动互联网的出现和发展，实现了普惠金融，对传统金融业态和中央银行的存在性提出挑战，经济学理论如何面对这些新的现象和问题。

（3）需要对问题一个一个地进行专题研究，比如互利和自利的问题，价格和交换比率的问题，技术作为生产要素的问题等。只有在深入的专题研究的基础上进行概括，才有可能对问题作出准确的把握。不做这些工作，借用行为经济学的实验所做的批判都没有力量，不过是重复别人的东西而已。

最后，关于如何认识东西方思想文化的相异和相通之处？

笔者之所以提出这一问题，是因为《互利》和《智慧》对西方现代经济学、政治学和社会理论提出了全面的批判，大有完全抛弃之势。由于东西方历史发展道路的差异，其思想文化中确有很多不同之处，一般人往往只看到二者之间的差异，而看不到其中的相通之处：或者全盘西化，数典忘祖；或者故步自封，夜郎自大。搞什么中体西用之类的做法，以至于产生无穷的争论。其实，中西方思想文化确有相通之处，正确的态度和做法也许不是非此即彼和誓不两立，而是以包容的心态，相互借鉴和吸取，作出创造性的转化，变成自己的一个有机组成部分。这也许是理论发展的正确途径。

参考文献

[1] 亚当·斯密. 道德情操论. 北京：商务印书馆，1997.

[2] 哈耶克. 自由秩序原理. 邓正来译. 北京：生活·读书·新知三联书店，1998.

[3] 罗伯特·西蒙. 现代决策理论的基石. 杨砾，徐立译. 北京：北京经济学院出版社，1989.

[4] 张曙光. 校勘与解读，生财与修德——读罗卫东著《情感、秩序、美德——亚当·斯密的伦理学世界》. 张曙光. 张曙光文选·学术书评卷. 北京：中国经济出版社，2009.

[5] 陶永谊. 互利：政治的智慧. 北京：当代中国出版社，2013.

一般演化框架下“涌现”与合作秩序[①]

刘业进*[②]

放弃我们熟悉的“潜在交换在初始状态下拥有某些数量定义良好的可交换商品”的预设，考虑在非目的论演化适应框架下人们作出选择的计算：假如我们要在他人那里实现交换价值，那么我要生产些什么？为了回答这个问题，参与人不仅要从先定的商品集中作出选择，更重要的是创造出新的、具有潜在交换价值的商品。一旦“创造—发明—想象”的选择因素被引入，那么理想化的全知全能的设计者复制市场结果的企图就显得愚蠢了……生产出完全不是供自己消费的商品以购买他人的商品……这种通过生产满足他人要求的交换价值从而间接地为自己创造价值的方式，是市场秩序的基本行为要素，也是亚当·斯密学说的真谛所在。

——James M. Buchanan, 1991

经济理论因为以假定稀缺商品的既定供给量作为自己的起点，因此它似乎堵死了自己对竞争过程的特点作出正确评价的道路。

——哈耶克，2003［1968］，123

一、引言

在正统经济学议题中，微观层次上企业理论的“团队生产”、中观层次的产业、宏观经济学中关于经济增长的“递增规模报酬”现象涉及本文提及的“涌现”或涌现性（emergency，emergent property）。阿尔钦和德姆塞茨（A. A. Alchian & H. Demsetz，1972）在谈到经济组织的计量问题（the metering problem）时指出，在经济组织问题上有两个至关重要的要求——投入的生产

* 刘业进：首都经济贸易大学城市经济与公共管理学院。

① 本文获得北京市委组织部“北京市优秀人才培养资助”（2012）以及“北京市属高等学校高层次人才引进与培养三年行动计划——青年拔尖人才培育计划资助”（2014）。

② 刘业进，1974— ，首都经济贸易大学城市经济与公共管理学院副教授。研究方向：制度经济学、演化经济学。邮箱：hayeking@163.com。

率的计量和报酬的计量。他们批评，经济组织和计量生产率与报酬的经济方式问题在正统分析中没有得到重视。资本主义社会的标志是由一些非政府组织如企业、家庭和市场所有与配置资源，其中，正是经济组织的计量能力决定其生产率。市场上的产品买卖合约与企业中长期劳动合约到底存在什么根本区别？阿尔钦和德姆塞茨认为在于企业中的“团队生产”（team production）。阿尔钦和德姆塞茨用两个人联合抬重物上卡车为例来说明团队生产，即产出属于团队且产出不属于每个成员的分产出之和。形式化表示即团队生产 Z 至少包含两种投入 X_i；X_j，其中，“；”意味着团队生产函数也不能分解为两个分生产函数之和。这里究竟发生了什么？阿尔钦和德姆塞茨解释说，这里的奥妙在于 Z 获得的一些生产技术大于 X_i 和 X_j 分别生产 Z 时的情形，如果通过团队生产所获得产出大于 Z 的分生产之和加上组织团队生产的成本，团队生产就出现了。我们关注了阿尔钦和德姆塞茨的团队生产理论涉及涌现的方面，不过他们在这里涉及的并不多。他们指出，为什么通过合作行为能获得收益？这依赖于团队生产所从事的交换和生产比分别加总的生产“具有比较优势的专业化原理”，其中合作活动的来源中包含着一个团队的运作，在这里单个的合作性投入并不能产出同一的可以加总成衡量总产出的分产品，也就是团队产出不是参与合作资源的分产出之和。可见，他们反复描述而不是实质性地解释了团队生产中出现的涌现现象——因为他们文章的主旨在于对有效的联合生产中的边际生产率评价引发的计量和监督问题，由此得出一个新的解释企业的理论。我们已经用一个正统经济学中的例子来说明经济中的涌现现象。

目前，“涌现”不是正统经济学中的一个正式概念，“涌现”概念更多出现在演化生物学、网络社会科学和作为非正统经济学的演化经济学等文献中。涌现现象和涌现概念正在引起更多的重视。如果经济学的确存在范式转换的话，新范式中必将有涌现概念的一席之地；如果未来有可能形成一个统一的社会科学分析框架的话，涌现概念必将是其中重要的核心概念。涌现是一个过程黑箱，其结果或者说稳态就是呈现出来的相对下一层级的宏观有序，我们称之为秩序。对这种秩序的测度，又被称为“复杂性”。但是，涌现其呈现出来的秩序（涌现秩序）存在表达困境（汪丁丁，2013），它甚至一直困扰着晚期以来思考复杂现象的哈耶克。

什么是涌现？从演化生物学、复杂系统科学和演化经济学的表述中，我们可以略窥其端倪。最为成熟的涌现概念出现在生物学中。恩斯特·迈尔（Ernst. Mayr，1990，43）指出，涌现概念往往用于生命、意志和意识等复杂现象中，它是系统的一个特征，即整体的特征不可能（理论上也如此）由构成整体的部分来推断，即使对每一部分或其局部不完全组合的特性已完全研究清楚也是如此。这种整体中的新特征的显露称为涌现。迈尔指出，其实涌现概念同样可沿用于无机系统中（如水，晶体），而现代物理学也越来越接受涌现思想。认知科学和心智理论家汤普森（Evan Thompson，2007，352）认为没有充分理由独立于特定解释背景来寻找单一而简单的涌现概念，基于认知科学背景，涌现性（P）是指从复杂网络（N）组成部分间的非线性动态涌现过程（E）中呈现，P和E并非由N的组成部分的内在特征决定，其中涌现机制由三个核心命题构成——非线性动力学（原因结果不对称，不能简单归因）、全局到局部的影响（下向因果）、关系整体（近可分解性）。以桑塔菲研究所（SFI）为代表的复杂性科学研究无疑十分重视涌现性研究，其代表人物之一霍兰（John Holland，2006，231～237）全面描述了涌现现象和涌现性。涌现的本质是以小生大，由简入繁。涌现现象出现在生成系统中，生成系统中整体大于部分之和。典型的涌现现象是组成部分不断改变的稳定模式，稳定模式的功能是由其所处的环境来决定的。更高层次的生成过程可以由稳定性的强化而产生（如哺乳动物和头足动物眼睛的起源）。经济学家中哈耶克把性质上不同于纯粹物理现象的一类如生命现象、精神现象和社会现象称为复杂现象，在这些现象中，因为相互之间存在简单关系的要素之数量增加而引起自我维持的新模式的涌现，这意味着这个更大的结构作为一个整体具有某些普遍或抽象特征，（整体的普遍或抽象特征）独立于个别要素的具体数量而反复出现，因而这个整体成为理论解释的明确对象（哈耶克，2003，499～500）。哈耶克特别指出，统计学并不适合处理此类复杂现象，因为统计学的前提是其处理素材可以被同质化加总处理，并且不必处理元素间的互动和联系，也就是“通过消除复杂性来处理大量数据”。经济学家中，西蒙（Herbert Simon，1962）持有一种涌现的“弱解释”，即涌现意味着复杂系统中组分的相互关系在这些组分相互孤立时是不存在的。涌现的弱解释原则上坚持还原论，具体方法是在复杂性的每一连续层次上构建近似独立性理论和中介理论，以说明每一较高层级怎样用较低一层次上的组分及其关系来解释。西蒙提出，复杂系统都具有“近可分解”的层级结构，其中高频动态过程一般与子系统相关，而低频动态过程与较大系统相关。由此我们得以探究涌现“黑箱”。

二、“一般演化框架”的提出

就“最大化假设”对新古典主流展开的批评，受到弗里德曼、阿尔钦、斯蒂格勒等的强有力辩护。然而，来自另一个方向的批评——对中心议题的设定、认识论和方法论基础乃至基本分析范式的挑战，新古典主流至今缺乏有力回应。新古典框架的资源配置范式完全忽略了“合作剩余”和新产品（以及新的技术、组织、制度）创生议题。这一新方向的批评来自各种非主流学派、新古典内部、跨学科研究，它们正在形成一种新范式，我们称为“一般演化范式”。

对研究对象本身性质的界定直接影响到研究所采取的认识论和方法论，并进而影响到中心议题的设定。经济学的研究对象是经济系统，而经济系统是一类具有非线性特征的典型“复杂现象”，即伴随着多主体互动和涌现性现象的复杂系统。这种复杂现象发生在生命现象、精神现象、社会现象领域，而经济系统从属于社会现象。在进化的阶梯里，这里所谓复杂现象是针对物理、化学现象而言的，但是并不是说物理和化学现象简单，而是从物理、化学现象领域进入生命现象、精神现象、社会现象领域，后者基于前者，且复杂性的增加是显而易见的。不仅如此，复杂现象以及复杂现象中的子系统中的变量并不是给定的，且变量间的因果关系具典型的“多因多果”特征，而自然科学家在解释自然现象时则可以建构一些单因单果的链条（汪丁丁，2011，2）。例如经济学中能够写出费雪方程这样类似自然现象中因果变量间关系的方程为 $MV=PT$，该方程式仅在抽象的理论概念上说了一个经济体中的物价水平（P）在短期中由名义货币数量（M）决定，给定短期中货币流动速度（V）和产品交易量（T）都接近常数。该方程式中变量并没有唯一的操作性定义，例如一般物价水平 P 的测量取决于所选取的代表性商品篮子及其权重，而交易量 T 更是无从做准确的、可验证的测量，特别是考虑到当前互联网金融兴起以后。更根本的问题是，实际测量的数值与变量的定义并不一致，于是基于这种含义并不明确的变量之间建立决定论式的因果联系是不现实的。

任何模型都允许对研究对象进行抽象，但是，对复杂现象进行研究的模型，如果进行抽象时抹去了其根本特征，我们就不能达到模型的目的。例如，多样性是复杂现象的基本特征，如果模型以代表性产品、代表性企业、平均价格来研究产品、企业和价格机制就抹去了复杂现象的基本特征。哈耶克在论统计学并不适用于复杂现象研究时谈到，统计学是通过消除复杂性来处理大量数据的，它有意识地把所计算的每个要素，看成它们之间仿佛没有系统地相互联系在一起……他的工作假设是只要掌握了一个（元素构成的）集合中的不同元素出现的频率就足以解释这种现象，而元素间相互作联系的方式的信息是没有必要的（哈耶克，2003，503~504）。但是我们知道，经济系统是那种介于数目极大和数目只有简单几个之间的复杂系统，只有处理数目极大的系统如理想气体的压力和温度时，我们不需要关注分子之间作用方式的信息，那种对经济数据予以同质化和加总处理的方法恰如物理学中的理想气体模型研究方法——经济系统不是理想气体中数量分子构成的系统，这里出现了研究方法与研究对象匹配上的错置。

作为复杂现象的经济系统具有如下不能在模型设定中予以删除和简化的基本特征：①系统组成元素是“行动主体（agents）”，其特点是能够感知来自环境的信号并作出反应行为，且极具目的性。②主体数量巨大且具有多样性。③主体间联系具有非线性和非对称性（由非线性的存在导致系统具有非决定特征）。④行动主体具有学习和适应进化行为（范冬萍，2011，61~64）。对具有这些特征的复杂现象展开研究的认识论和方法论不同于物理化学现象。对此，“我们需要把激发了新古典研究纲领的经典物理学决定论思路扭转到非目的论、非决定论的演化思路上来，当把焦点集中到非均衡系统演化过程中的创造性和开放性上面来时，其主旨是‘未来不是给定的，而是一个被创造出来的、不断拓展的过程’”（James M. Buchanan，Victor J. Vanberg，1991）。一个一般的演化框架因其抽象性而对社会科学、生物科学和物理化学科学中的演化都是适合的，但具体应用则需要在具体的学科背景中区别，如其中的选择单位，复制机制和变异机制都各有其具体内容。在所有这些处理对象的性质差异极大的系统中，涌现性都“不是在终极的、比喻的意义上说的，而是在重要的实用意义上说的，即已知部分的性质和它们相互作用的规律，也很难把整体的性质推断出来”（Simon，1962）。

显然，演化范式在基本假设和基本方法论上挑战了正统框架。新范式“有别于那些寻找类型和层次的思路，这种思路把微观多样性和差异性看成是可以忽略的偏差，并通过分类和加总抹平它们……（新范式中）微观层次的变化和个体差异驱动着演化过程；它们是演化过程中‘创造性’的关键来源”（James M. Buchanan，Victor J. Vanberg，1991）。

同质化、平均化处理系统构成元素，还是一开始就将系统构成元素的差异和多样性视为分析起点，是均衡视角与演化视角的重大差异，前者的认识论和方法论对应目的论和决定论；后者对应非目的论和非决定论。以此关照新古典框架的一般均衡概念，达到一般均衡的完全竞争恰恰是一个同质化、平均化的产品和要素世界，而一般均衡状态恰恰是一个决定论的终极状态，在这种状态下，错误的资源配置全部消失。特别是，隐藏在一般均衡状态背后的是一种决定论视角，即给定经济数据中存在唯一的、客观存在的最优资源配置方案，不管搜寻这个方案需要花费多长时间，但这个客观的资源配置方案是存在的。因此事实上一般均衡是一种时间可逆的、没有真实选择和历史发生过程的状态。毫不奇怪，在新古典主流分析框架中没有企业家、没有新产品、没有时间，没有真正的选择和竞争，因为决定论视角从一开始就通过假设删除了它所处理对象的关键要素，就像一幅城市交通地图中竟然没有道路。

如果把演化本体的定义不局限于生物学意义上的基因、有机体个体和种群，而是扩展至技术、组织中的“惯例”、组织、产业和民族国家；变异的定义不局限于生物学基因变异，而扩展到文化基因变异。把选择不局限于基因频率根据其显型的适应度进行调整，而扩展为文化基因频率的调整。那么，我们就在一般范式的意义上定义了演化，即“一般演化范式”。

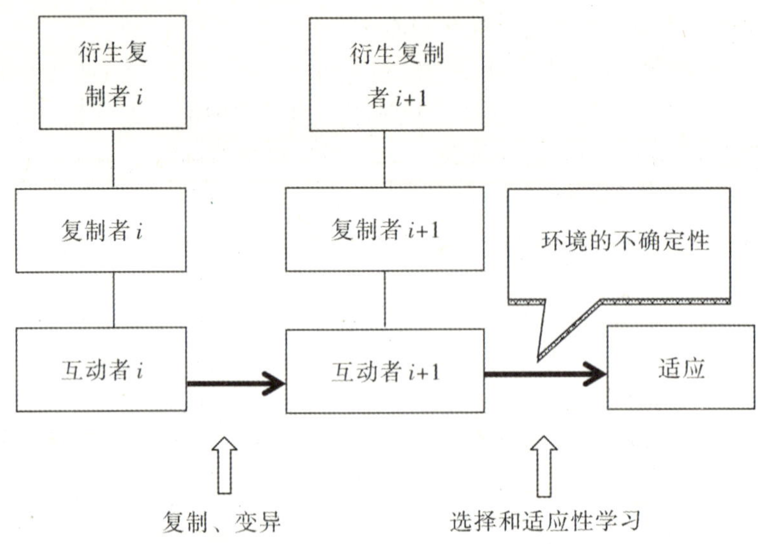

图 1　一个一般演化范式的分析框架

说明：图中相关概念在演化经济学中已有共识，但其中关于“衍生复制者”，由 G. M. Hodgson，T. Knudson（2013，111～112）给出，衍生复制者是物质结构，它含有能被包含特定环境信息的输入信号所激活的结构机制或程序。这些机制能够产生深一层的指令，这些指令从一个衍生复制者到它们的相关互动者以引导其发展。一个衍生复制者必须满足以下四个条件：因果内涵；相似性；信息传递；条件衍生机制。在达尔文演化框架中，选择环节单指消极意义上的“自然选择”，考虑文化演化介入以后的新情况，我们结合弗罗门的研究加入了“适应性学习”。

任何复杂系统都表现为层级结构，同时任何复杂系统都是演化的，二者其实是观察者对同一现象的两种不同视角的描述，前者是状态描述，后者是过程描述。

三、对涌现的状态描述：层级结构

复杂系统都呈现嵌套的层级结构（即复杂系统由次级诸子系统构成，而次级诸子系统又由更下一级诸子系统构成，如此还原一直到微观物理层次，截取层级片段依照研究对象而定），其原因是这种层级结构使系统在演化中具有时间上的优势。层级结构是复杂事物的“建筑师”使用的主要结构方式之一（Simon，1962）。

经济系统中层次结构表现为个体、企业惯例、企业、产业、企业间分工结构和整个经济系统。

复杂系统的层级结构是从系统进化过程中涌现出来的，通过对系统层级结构的刻画，我们可以从空间维度探知涌现性本身。

1. 西蒙的钟表匠模型

西蒙（2004）的钟表匠模型简要阐述了层级结构如何加快了复杂系统的进化，促使其有效复杂性程度的提高。钟表匠模型的核心思想是，简单元素进化成复杂形态所需要的时间关键取决于潜在的中间稳定形态的数目与分布。

西蒙的钟表模型表述如下：

假设1：由 K 个零件（元素）构成一只钟表，这只钟表可以视为 K 个元素在一个特定空间体积中的共存。

假设2：除非钟表被装配完成，否则在另一零件加入之前，已进去的零件以不变概率 P 解体。

假设3：K 个零件由多层次嵌套构成最终的钟表，每一个层次上的广度为 s。

那么，一个组件完成装配的时间 t，装配由 n 个原件组成的系统的时间为 T，其中 l 为正比例系数；m 为正比例系数。

模型解释（Herbert Simon，1962）：

（1）复杂系统均是层级结构而不是“全连接的”，层级结构是复杂事物的“建筑师”使用的主要结构方式之一。搭建层级结构的“砖块”是“稳定的中间形态”。

（2）稳定的中间形态（stable intermediate forms）的存在极大地加速了系统进化，提高系统的“有效复杂性”。系统迅速进化的潜在优势在于，由一组稳定的子系统构成复杂系统，每一子系统的运行与其他子系统内发生的详细过程几乎无关，而主要受净输入和其他子系统的产出影响［见（四）］。

（3）由稳定的中间形态构建的层级系统是“近可分解的”（near decomposability）。近可分解性定理即在近可分解系统中，单元子系统内部作用力强于单元子系统之间的作用力。单元子系统的短期行为与其他单元子系统的短期行为近似无关。系统中高频动态过程与子系统相关；低频动态过程与相对较大系统相关。任一单元子系统的行为仅以总体的方式取决于其他单元的行为。

（4）系统进化是一个试探性问题解决过程，试探性问题解决过程又表现为一个自然选择过程。在解决问题的过程中，那些反映了趋近目标之显著进展的局部结果，起着稳定组件的作用。人类在不确定性环境中的问题解决过程，都是“①反复试验法”与“②选择的不同程度”组合。选择的来源是，记录下的已经探索的各种路径的信息，以及稳定的中间形态存贮的信息。

2. 企业作为“稳定的中间形态”

与自然科学相对照，解释经济和社会现象的特殊性在于经济和社会现象的参与者是与解释者一样的人类个体。自然科学所处理的对象独立于解释者，解释者在现象之局外。社会科学研究所处理的对象最终不可能独立于观察者，一种诉诸内省的方法总是伴随着解释者的陈述。但是这并不是说，社会科学的解释完全不能诉诸某种外部观察法，例如“有限理性假设”就是有外部观察法特征的一种人类行为条件假设。解释企业有两种分析视角，根据引入外部观察程度的不同，一种是内省观察法，一种是外部观察法。外部观察法，按照我们的理解，是一种具有演化理论特征的解释进路。

新古典正统理论旨在寻找一个资源配置优化的终态条件，但是没有成功，也不打算建立自己的企业模型，因此企业在新古典理论中是一个转换器，一个抽象的生产函数，一个无须研究其内部的黑箱，其通常简化表述为 $q=F(k, l)$；在宏观经济学中用特定的函数形式拟合，如科布—道格拉斯函数。新制度经济学和演化经济学试图解释企业的存在、揭开企业黑箱。科斯提出，企业的性质在于企业中权威命令对市场的替代，因为这种协调机制相对市场交易有成本优势（Coase，1937）。德姆塞茨和阿尔钦则看到关于企业的部分科斯并没有解释的，即究竟是什么突出特征使得企业比市场有效率（或市场所不具有的功能）——这是正统边际分析所不能解释的“团队生产”——具有技术上的不可分性，以及投入的要素集合某一方处于中心位置。团队生产的参与者分享合作剩余会产生偷懒和监督问题，这一问题通过企业家执行监督以获得合作净剩余来解决，当控制者被赋予剩余索取权，就诞生了古典资本主义企业（Alchian and Demsetz，1972）。阿尔钦和德姆塞茨的洞见在于看到了企业采取的团队生产的涌现性，即技术上的不可分性。显然这是一种外部观察法的解释。

威廉姆森沿着科斯的道路发掘，进一步精致分析交易成本在解释企业中的作用。在我们看来，威廉姆森引入的两个假设极其重要，机会主义和契约中的有限理性假设（Williamson，1985，1991）。这两个假设在一定程度上具有外部观察法特征，而不是完全诉诸内省的观察法。正是由于有限理性，企业因此是一个不完全合约，“剩余”决策权有必要交给一个特定主体，企业由此诞生。人类行为的机会主义特征和资产专用性现象的结合产生纵向一体化的必要，也不是一个完全内省观察的解释，我们可以把人类的机会主义行为理解为理性因素介入演化进程后进行联合生产而产生的新困境，这样机会主义和资产专用性的联合解释也具有外部观察法特征。

一种直接诉诸自然选择解释理论由詹森（1983）和阿尔钦（1950）提出。阿尔钦诉诸差异化生存也就是自然选择来捍卫新古典的最大化假设，但是这篇重要文献不仅体现在方法论上，也对企业的解释提供了重要洞见。在一个竞争性条件下差异化生存淘汰那些没有实现（要素、技术、组织形式以及其他因素）优化的企业。这是典型的外部观察法。阿尔钦用演化分析取代边际分析，其中非人格化的市场竞争力量、被动接受、主动适应参与其中，但最终塑造经济系统成为现在这样的是市场竞争性力量。阿尔钦明确表示，对于最大化假设而言，个体动机和远见并不是必要的。市场竞争力量保证那些实现了正利润的企业将存活下来，而亏损者消失。这是一种“排除法”企业理论，即在环境不确定性和人类有限理性两大基本约束条件下，导致企业组织如此塑造的因素不可穷举，不排除企业的模仿、有意识适应性行为、主观上有意识实现利润最大化的行为，但最终，是市场竞争性力量用差异化生存法则遴选出生存下来的企业。这样，所有那些诉诸内省观察法得出的解释企业的因素，都是演化解释的候选子集。詹森（1983）则在演化解释的前进路上注入了更多经验内容，并试图把两个套套逻辑——“代理成本最小化”和“适者生存”统一起来，通过研究市场中生存下来的普遍形式的组织，识别组织的何种特征对其效率负责，以及据此对组织进行定性预测。

与本文提出的“企业作为稳定的中间形态”更接近的是温特的企业理论。温特（1991）批评固守方法论个人主义解释企业，他认为特定企业作为一种存在物，其生存时间远超出人类个体寿命。企业是社会中所运用的生产知识的最重要的存贮库之一，企业绝不仅仅是个体构成的经济机器。温特的“知识存贮库”的假说意味着，企业组织拥有的这个特性和功能无法还原到个体。企业本质上是“知道如何做的组织”。

复杂系统的“建构”都不是从零开始，而具有负责的层级嵌套特征，层级的“建筑材料”是作为所谓“稳定的中间形态”的砖块。经济系统具有层级结构特征，其中企业内部的专业部门、企业、行业、企业集群是建构不同层级结构的“砖块”。这些砖块作为系统层级结构的稳定中间形态存在。典型地，企业作为稳定中间形态是有关技术、组织、制度、生产过程的知识存贮地；企业“知道如何做”——如何解决特定问题，并把这种知识和经验存贮、复制下去。正是企业这种稳定中间形态的制度化，加速了经济系统的进化，系统的有效复杂性程度在最近数百年里得到极大提高。据此，规范建议是经济系统中企业的设立、破产、重组的障碍最小化。

根据近可分解性假说，作为稳定中间形态的企业间相互作用力量和频率小于企业间的相互作用。作为单元子系统的企业的诞生和消失，生产效率情况对经济系统近似无关。系统的近可分解性特征，确保了经济秩序的连续性和稳健性。

四、对涌现的过程描述：变异、复制和选择

1. 选择单位

演化进程中是什么在复制、变异和被选择，这是所谓“演化本体”或“选择单位”所研究的课题。在生物演化中，是存在于任何生物个体有机体中的基因在被复制、变异和被选择，这里有必要区分复制者和互动者。基因是复制者，而搭载基因的有机体是互动者。这一区分有助于把特定领域的演化扩展到一般演化框架。

2. 演化动态的数学描述

演化不是生物学的专利，演化的逻辑不独适用于生物演化，在一切复杂系统中都存在演化，生物演化是演化的一个特例。但演化理论的确首先在生物学中取得最系统的知识成就。文化演化研究的是把演化的一般逻辑应用于人类社会领域。鉴于最成熟的演化理论成就首先是在生物学中形成（虽然演化的思想早在达尔文之前就出现了，如巴比奇、马尔萨斯和斯宾塞），因此研究文化演化就不可避免地从生物演化借用相关概念和理论，但这并不意味着研究文化演化仅仅依靠简单的生物学类比。文化是社会化的人类行动的后果，又是社会化的人类行为的原因（Adam Gifford，2006），文化保存认知资源并使人际间交流成为可能。这一定义试图采取一种既非方法论个人主义立场又非方法论集体主义立场。由于人类社会作为一种能动主体互动的复杂适应系统，其演化与生物演化有许多重大差异，因此概念借用和类比需要非常谨慎，这里面常常存在陷阱。生物演化机制并将（一般）演化机制从生物学中“平移”到社会演化理论，这意味着某种具有广泛适用范围的一般演化逻辑。用以描述一般演化动态的是三个里程碑方程：准种方程、复制方程、变异—复制方程（Martin A. Nowak，2006）。

表 1　一般演化框架下两个领域的选择单位

	生物演化	文化演化	注释
选择单位	基因—基因库	策略/观念/文化样板（templates）—文化库/世界 3	演化经济学中常见类比是"惯例"、技术、规则等
选择单位	基因型	观念族、习俗、制度	
	染色体	自我意识	正式和非正式制度
演化机制	遗传	模仿	传播
	酶及其功能	无	
	基因适存度	行为策略适存度	
	变异	创新	
	性状	行为	
	表现型	行为模式	
	对不可预见的事情和不可预知的环境变化的响应以及不断适应的过程，遵守"变异—选择—复制"三条基本自然选择法则		
基因的表型层次	有机体	扩展秩序	
	环境	社会结构	
适应检验	繁衍	扩展	
演化动态	演化稳定策略（ESS）	社会演化稳定策略?	
选择作用层次	群体	个体	选择压力作用的对象。演化生物学家认为生物演化严格遵循选择压力只作用于个体，盖尔曼则提出这"不必是一个严格的规则"（盖尔曼，248）
复制方式	学习和模仿	基因遗传（限于亲代—子代间，排除获得性遗传）	
复制来源	父母、同辈人、祖先	父母	
	具有语言潜能的人脑	学习特定的人类语言	
	具有所有文化特性功能倾向的人脑	学习文化	
演化方向	演化无目的		

资料来源：刘业进．复杂现象与合作秩序的演化——评汪丁丁《行为经济学讲义——演化论的视角》．新政治经济学评论，2012（12）；埃克尔斯．脑的进化．上海：上海世纪出版集团，2007．265．

定义：X_i 为包含基因组 i 的生物体的频率（相对丰度），$\sum_{i=0}^{n} x_i = 1$，种群的基因结构为向量 $\vec{x}$ =（x_0，x_1，…，x_n）。基因组 i 的适应度 f_i，适应度景观由向量描述 $\vec{f}$ =（f_0，f_1，…，f_n），种群的平均适应度为

$$\phi = \sum_{i}^{n} = 6X_i f_i$$

假设，从基因组 i 突变到基因组 j 的概率是 q_{ij}，突变矩阵为随机矩阵 Q = [q_{ij}]，其行列数目相同，每个元素都表示概率，取值在 0～1 之间，每一行的和均为 1，即 $\sum_{j=0}^{n} q_{ij} = 1$，那么得到准种方程：

$$x_i = \sum_{j=1}^{n} x_i f_j Q_{ji} \quad f\ (\bar{x})\ x_i$$

假定适应度依赖于种群组成，它是频率的函数；假定无基因组突变，得到复制者方程：

$$x_i = x_i\ [f_i\ (\bar{x})\ f\ (\bar{x})]$$

假定生物体适应度依赖于种群组成，且存在基因复制中的突变现象，就得到包含准种方程和复制者方程的复制—突变方程［Martin A. Nowak（2006）用于描述语言的演化］：

$$x_i = \sum_{j=1}^{n} x_i f_i\ (x)\ Q_j - \phi\ (x)\ x_2$$

生物演化的核心机制就是我们熟悉遗传—变异—选择机制，分子生物学取得进展以后，我们对此机制有了更深入的理解。选择发生在表现型但最终作用在基因型层面，道金斯据此认为选择单位是基因而不是有机体个体。基因因为改变表现型在下一代表现型中的表达能力的差异而改变自己在基因型分布中的频率，称为“基因选择”。不是一个基因对应一个有机体性状，而是一组基因或基因网络对应着特定性状，这一点明确地反对那种极度简化的生物还原论。一个基因型是一个有机体的遗传构成要素的集合；一个表现型是一个有机体的全部可观察性状的集合。文化演化和生物演化共享基本演化逻辑，例如繁殖既可能是生物学意义上的，也可以是文化意义上的，文化演化和生物演化的不同在演化单位和演化速度上。文化演化和生物演化类比时还需要特别注意变异的概率，前者远大于后者。在文化演化领域，社会认知是个体利用文化传统中存贮的知识的桥梁。经济演化是社会演化的子类，社会演化是文化演化的子类。社会演化理论是哈耶克毕生努力的目标。我们从哈耶克的社会演化理论切入，有助于熟悉经济学的读者对社会演化理论和整个文化—生物演化的理解。在哈耶克的理论体系中，有限理性是社会演化理论的出发点。

准种方程描述了由 n 个选择单位构成的种群中每一个选择单位在选择压力

下差异化生存的动态过程。准种方程虽然最初作为描述生物演化的方程，但把选择单位作一种扩展理解，即也被视为文化演化中选择单位的频率，那么准种方程就具有研究一般演化的作用，方程以统一的方式刻画了时间序列上选择单位频率分布的变化。

3．一种刻画“选择”过程的表示：遗传算法

计算进化模仿生物进化过程，按照优胜劣汰的自然选择规律和方法解决优化问题。遗传算法是三大进化计算的方法之一，视为对生物进化过程的数学仿真，直观地刻画了进化三原理：复制、变异和选择。适应度是描述选择单位性能的指标，而遗传算法是一种反复迭代的搜索方法，进化过程在适应度函数指导下搜索过程。一个遗传算法的例子能较为直观地呈现演化的变异、复制和选择机制是如何运作的。

遗传算法的核心在“遗传操作”，四种典型的遗传操作如下（J. H. 霍兰，2000，60 ~ 78；薛惠锋，2007，65 ~ 67）：

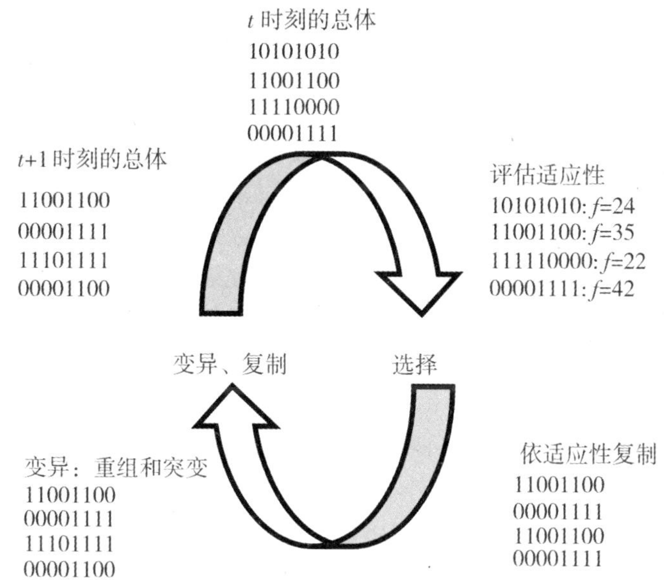

图 2　主体对环境的适应需要解决问题，每一个位串表示一个解决方案

根据问题对总体中每个潜在的解决方案进行测试，并给出适应性评估值，选择适应性评估值中最高的解决方案进行繁殖，然后它们要么按照原来的样子保留下来，要么通过重新组合所选择的解决方案中的某些部分或施加一些小的改变（突变）来进行修改，由此完成一代算法，然后基于新形成的总体不断迭代。转引自 J. H. 米勒，S. E. 佩奇．复杂适应系统：社会生活计算模型导论．上海：上海世纪出版集团，2012．212．

（1）复制操作：亲代的个体原样传递到子代。不过，每一代中每一个个体按照适应度大小决定复制到下一代的概率。

（2）选择操作：从染色体（字符串，文化基因）中选择某些染色体繁殖后代，染色体的适应度越高被选中的概率越大。选择的依据是被选择单位的适应度。这一操作与复制操作同时发生，但又与复制操作执行不同的功能。

（3）交换操作：产生于亲代不同的子代个体的方式之一，通过引入交换算子，每一代的各个个体之间（随机选择）按照一定的概率交换其部分基因，进行新的基因组合，由此可望获得比亲代更好的结构。

（4）变异操作：复制和交换只能基于现状优化，而变异则通过引入突变算子对每个字符串的每一位点按照一定概率（实际中较低的概率）进行变异操作，由此产生新基因。

4. 经济演化中的复制、变异和选择

经济演化发生在不同的层次上，更多地，经济演化研究集中关注的选择单位是企业，而企业是表型，隐藏在表型下的是塑造表型的基因——纳尔逊和温特（1982）定义为“惯例”（routine）。惯例是基因的经济对应物。选择压力表面上作用于物质形态的企业，但实际上最终作用在作为基因对应物的惯例上。在一般演化框架下，惯例是复制者，而承载惯例的主体企业是互动者。

（1）选择——“自然选择”和“适应性学习”。选择在演化机制中扮演的是清除的角色，选择过程表现为一个清除过程，因此任何选择分析的前提都是多样性假定，那种基于同质性假定和生产函数的唯一优化方案方法与选择是不相容的。选择的数学定义是，一个先前的实体集合被转变为一个后续的实体集合，后续的实体集合与先前的实体集合有很大的相似性，作为结果的后续实体的分布频率，与其所在环境背景中的适应能力存在正向因果关系（Price，1995）。另一个动态的数学描述是，只要不同类型的个体以不同速率进行复制，选择就会起作用（M. A. Nowak，1996，14）。在演化框架下讨论任何选择概念都必须涉及相邻的两个层级。例如关注处于市场竞争中企业的选择，需要考察企业层级和产业层级，因为选择所指涉的乃在产业层次观察被不同惯例所支配的企业的市场占有率，相应地，惯例在“惯例池”（一个行业中支配所有企业的惯例构成惯例池）中的频率分布。企业的惯例和适应性学习行为决定企业的盈利能力（市场测试的核心指标），盈利能力差别决定了惯例池中的惯例频率分布。

继承西蒙的有限理性和满意假设，J. J. 弗罗门（2003，164 ~ 166）补充一个个体层次的演化动力即“适应性学习”。弗罗门想通过引入适应性学习作为与选择机制并列的相似机制，它解释了个体动力学。在时间尺度上，选择机制要长/慢于适应性学习机制。值得指出的是，在产业层次上，选择机制的作用又有可以视为组织的适应性学习行为。适应性学习之所以被视为与选择机制相似，第一，都受到演化反馈机制的支配；第二，都伴随着除旧（纳新）；第三，都能独立地产生适应性改变。适应性学习不同于自然选择在于有限理性能力因素介入演化进程。理性因素介入演化进程以后引发了全新的“文化演化”——虽然文化演化仍然服从于一般演化的逻辑。这种全新的演化不同于生物演化体现在选择原理上，而在于（J. J. 弗罗门，2003，154～156）：第一，个体以满意的方式行事，因此适应性学习意味着个体内的改变。第二，适应性学习使得适应性主体把行为和满意/不满意结果一一对应“注册登记”，关键在于这种注册登记不需要理解行为和成功/不成功结果之间的内在因果机制（典型的如中国的传统中药）。没有理性能力因素，就不可能有注册行为。第三，适应性学习的清除标准可能因适应性主体的满意度设定而调整，这意味着清除不像生物中通过繁殖失败，而是可选择的。这也意味着复制成功的标准有主观性存在的空间。我们同时需要指出，弗罗门补充的适应性学习机制作为与选择起着类似作用的另一种选择机制，其实质是理性因素介入演化进程以后对演化原理的修饰。

一种选择压力作用在更高层次上群体选择由哈耶克（2000b；2003）提出，并由此发展出意义深远的“扩展秩序理论”（早期被哈耶克称为“自发秩序”）。制度演化其实是文化演化中选择单位（规则集）的差异化生存呈现出来的自然选择过程，选择压力作用规则上。当基于多样性的自由探索表现在组织和制度上时，选择压力驱动了制度演化。在制度演化中，复制者是规则/制度；互动者是民族国家。适应度表现为民族国家的能力和影响力。如前述，哈耶克说，是规则选择我们而不是相反。（导致普遍繁荣的制度是人之行为的产物而不是人有意识设计的产物，当然有理性能力的人们在群体竞争的压力下会去模仿，而模仿恰恰就是一种制度侵入和扩张的形式）以下是哈耶克反复在多处提到的以群体选择呈现的演化过程。“一些惯例一开始因为偶然原因被采纳，而后得到持续，是因为采纳的群体胜过了其他群体。”（哈耶克，2000b，4）关于所有物稳定占有的规则是逐渐发生的，通过缓慢的进程，通过一再经验到破坏这个规则而产生的不便，才获得效力……各种语言也是不经任何许诺而由人类协议所逐渐建立起来的……金银也是以这种方式成为交换的共同标准（休谟，1980，下卷，531）。“我们在一个文化演化的选择过程中取得了超出我们理解力的成就。理性，是同我们的各种制度一起，在一个试错过程中形成的。”（哈耶克，2003，309）

（2）复制。复制的经济对应物是扩散、模仿。复制涉及两个相关基本概念：复制者和互动者。在生物学上的对应物，复制者是基因，互动者是表型。复制者和环境共同塑造着表型的性状（生物学性状，文化性状）。一个复制者，在文化演化背景下，指的是一个文化基因。无论文化基因是否达成共识，文化基因作为复制机制中的复制者都是确定无疑的。经济学中作为复制者的惯例就是一类文化基因。一个复制，是指以下三个条件下复制者被复制的过程（Geoffrey M. Hodgson，2013，218）：

①因果关系。复制者参与生产过程，没有复制者就没有复制过程。

②相似度。复制品必须与被复制者（复制源）有相似度，当一个互动者被复制的时候包含着复制者的复制。

③信息传递。复制品必须包含相关信息使得复制品与复制源存在相似性。

演化中的复制者总是与适应性相联系来讨论。适应性包含两个映射关系：基因型→表现型→适应，更一般地，这两个映射表述为：复制者→互动者→适应性。当谈到适应，是指复制者或互动者的适应，即在复制者构成的复制者池中增加其自身频率的倾向；互动者的适应即互动者在其背后的复制者支配下增加该互动者的倾向。经济中企业层次的基因/复制者对等物是“惯例”。文化演化背景中，复制过程同时存在三种可能性：复制者被复制，互动者不变；互动者被复制，复制者不变；复制者和互动者同时被修改。

创新被经济学和管理学过分重视，而复制的意义则被大大忽略了。经济系统的维系和进化以高度保真的方式复制着大量的复制者。在社会结构层次上，一些复制者如基本的道德规则、产权规则和契约法则自有文明以来就没有改变过。企业层次的复制者也是任何创新活动的基础和背景。

（3）变异。当复制不是按完全相似的方式进行时，变异就参与其中了。前述准种方程中，变异的数学定义非常清晰，就是复制者 i 转变为 j，而选择则是刻画不同复制者在种群中的频率分布变化趋势。生物学上把变异定义为复制中的差错。变异在经济中的对应物是创新、新奇（novelty）。在经济学中，变异理论处理的是多样性生成机制，它为演化提供“燃料”。变异指复制者变异，因此多样性所指也是复制者的多样性。由于经济系统是多层次有结构的系统，复制者和互动者是相对设定的，即在制定的分析层次中，复制者和互动者截然两分；但是在另一个相邻分析层次，互动者成为相邻层次的复制者。因此复制者和互动者没有绝对意义。变异主体因此来分析层次的设定，当层次转换的时候，复制者和互动者所指对象发生改变，但是变异—选择的逻辑是通用的。

在生物遗传上基因的交换重组可以导致变异出现，来自外部环境中的辐射和化学物质也能导致变异出现。经济中的变异来自哪里？我们又一次面对理性介入演化以后的新情况。经济系统中的常见的创新和新奇至少有三个源头：消费者需求引致；企业研发；基础科学研究成果应用。所有这些源头的创新大部分（尽管不是全部），都有人类理性即有目的的行为因素介入。

经济中创新的对象至少涉及技术、惯例、组织、制度、发现新市场、发现新资源供给。① 这些创新对象在一般演化范式下没有区分演化层次，在一个层次下讨论这些创新对象，可能指的是复制者，也可能指的是互动者——在另一个相邻高层次上它又是复制者。

五、未来研究议程中的一些相关方面

演化思想不限于生物学，任何一种在时间序列上发生变化的问题都涉及演化，只要包含时间因素的研究领域都不免采用演化思想和方法。演化思想普遍适用于宇宙的进化、人类社会的进化、语言的进化、道德原则的进化以及经济演化等。进化思想已经在很多领域大大丰富了人类的思维。但是正如生物学家恩斯特·迈尔（2010，413）曾不无担忧地指出的，在没有首先熟悉经过精雕细刻的生物进化概念以及对他准备运用的概念未作最严格的分析之前，不应当在生物界以外领域中作出有关进化的概括性结论。

人类合作秩序，是有理性能力的人类个体借助语言及其衍生文化制品联合和互动涌现出来的一类秩序现象。首先是理性以及累积性人工制品介入演化，引发了一种新型的演化形态——文化演化。目前对文化演化的基本选择单位，系统层级的识别和刻画，复制者、衍生复制者和互动者的细致辨识、分析层级转换以及相应概念系统的定义等工作还远未完成。

我们对所谓文化基因的复制机制、变异机制和选择机制，以及对理性因素（从而所谓“人类有目的的行为”）介入演化进程以对演化原理的修改还远未达到清晰的把握。由于观察者置身其中和置身其外的差异，演化的研究者本身置身于社会结构和演化进程之中，内省观察和外部观察法兼而有之，这反而使得研究经济演化和更一般的文化演化多了一份困难。

参考文献

［1］Alchian，A. A. & Demsetz，H.（1972）. Production，Information Cost，and Eco-

① J. 熊彼特首先提出了著名的“执行新组合”的“经济发展”，这些创新出现在一个非“循环流转”的真实经济中：它们包括五种类型：采用一种新产品；采用一种新方法，新方法不一定建立在科学新发现的基础之上；开辟一个新市场，不管这个市场以前是否存在过；掠夺或控制原材料或半制成品的一种新的供给来源，不管这种新供给是否存在还是第一次创造出来；实现任何一种新的工业的组织，组建垄断或打破垄断。J. 熊彼特. 经济发展理论. 北京：商务印书馆，1990. 73，74.

nomic Organization, *American Economic Review*, 62：95-777.

[2] Herbert Simon（1962）. The Architecture of Complexity. *Proceedings of the American Philosophical Society*, 106：467-482.

[3] Coase, Ronald（1937）. The Nature of the Firm, *Economica n. s.*, 4：386-405.

[4] Williamson, O. E. *The Economic Institutions of Capitalism*. New York：The Free Press, 1985.

[5] Williamson, O. E. and Winter, S. G.（eds）. *The Nature of the Firm：Origins, Evolution and Development*. London：Oxford University Press, 1991.

[6] Alchian, A. A.（1950）. Uncertainty, Evolution and Economic Theory. *Journal of Political Economy*, 58：211-222.

[7] 弗里德里希·冯·哈耶克. 经济、科学与政治——哈耶克论文演讲集. 南京：江苏人民出版社，2003.

[8] 弗里德里希·冯·哈耶克. 致命的自负. 北京：中国社会科学出版社，2000.

[9] 弗里德里希·冯·哈耶克. 法律、立法与自由（第一卷）. 北京：中国大百科全书出版社，2000.

[10] 弗里德里希·冯·哈耶克. 法律、立法与自由（第二、三卷）. 北京：中国大百科全书出版社，2000.

[11] J. J. 弗罗门. 经济演化——探究新制度经济学的理论基础. 北京：经济科学出版社，2003.

[12] 恩斯特·迈尔. 生物学思想发展的历史. 成都：四川出版集团，四川教育出版社，2010.

论家庭主义[①]

盛　洪[②]

在将中国与西方世界作对比时，人们经常会走两个极端：一是认为中国与西方迥然不同，一是认为中国与西方没有区别。正确的答案显然在这两者之间，关键在于我们应指出，它们的相同之处在哪里，又在哪些方面有所不同。

从西方经济学在奠基时曾与中国文化传统发生过互动的历史（Maverick，1946；谈敏，1992）来看，它们共享着理性主义和自然秩序哲学的基础。所谓“理性主义”，就是人对成本和收益的计算能力。儒家虽然有很高的道德理想，但在说服人时，却经常要用“这对你有好处”作理由。而西方经济学本来就是一门用来进行成本—收益分析的学问。至于自然秩序哲学，我们可以从孔子的“天何言哉，四季行焉，百物生焉”和老子的“无为而无不为”中看到。而作为西方经济学的先驱——法国重农学派的法文“Physiocratie”，已含有“自然秩序哲学”的意思[③]。以此为哲学基础，中国文化传统和西方经济学都走向了经济自由主义，即主张经济自由和小政府。

那么，它们之间的区别是什么呢？

一、一个家庭模型

我的朋友徐滇庆教授告诉过我这样一个故事。他与他的家人刚到北美时，面临着一个窘境，即他们若要在北美立足，就必须拿到当地学校的文凭。但家庭财力无力支撑他们都去上学，于是他们开了一个家庭会议。会议决定，他和他的两个儿女去读书，他的太太打工赚钱供应他们。我立刻作出了一个判断：

---

①　感谢徐滇庆先生，他给我讲的他的家庭的故事启发了我写这篇文章的最初的灵感，并且同意我在本文中讲述这个故事。感谢汪丁丁、张祥龙、蒋庆和张岩等诸位先生，在阅读了本文的初稿后提出了建设性的修改建议。也感谢叶航和陈志武先生，对本文修改稿作出了很好的评论。

②　盛洪，山东大学经济研究中心教授，北京天则经济研究所所长。电子邮件地址：shenghong@unirule. org. cn。

③　谈敏：“重农主义一词的法语原文为Physiocratie，系由希腊文自然（φ ´ νσιs）和主宰（κρατ ´ εω）两字合成，意谓自然的统治，由此引申出人类社会须服从自然法则以谋求最高福利的含义。”（1992，103）

作出这个决定的规则，要么是独裁的，要么是民主的。所谓“独裁”，就是他作为家庭中的男性家长作出此决定；所谓“民主”，就是他与他的两个儿女是多数，作出此决定。徐教授回答说：“错了。这个决定是我太太做的。”这大大出乎我的预料。我错在哪了？

假定一个家庭有三个人。他们平均每人有100元的财富，总共有300元。然而要进行一项人力资本的投资，每人需要120元，如果坚持个人主义的立场，他们谁都不能进行这样的投资。但在这时，他们作出一个决定，让其中两个人进行这种人力资本投资，花去240元；另一个人暂时不作此种投资，他或她除了失去这个机会的损失外，还比原来少支配40元财富。一般地，可以认为是暂时减少了这40元财富带来的收入流量，比如在年利率为5%的情况下，每年少收入2元。

我们又假定，没有进行人力资本投资的人每年只能获得10元的报酬，而进行人力资本投资的人每年可以获得40元报酬。很显然，那个实行个人主义的家庭（下面称为乙家庭），因没有进行人力资本的投资，而在一年内共获得30单位资源的报酬；而从家庭整体角度进行人力资本投资的家庭（下面称为甲家庭）则获得90单位的报酬。将这些报酬在家庭中平均分配，作出“牺牲”的那个人也很快会得到回报，并有盈余。并且从整个家庭角度看，甲家庭的经济结果优于乙家庭。具体见表1。

表1　个人主义家庭与家庭主义家庭的资源分配和收入比较

家庭	成员	初始财富	财富分配	年收入	分配一	分配二	分配三	分配 N
甲	1	100	120	40	30	60	90	30 ×N
	2	100	120	40	30	60	90	30 ×N
	3	100	60	10	30	60	90	30 ×N
乙	1	100	100	10	10	20	30	10×N
	2	100	100	10	10	20	30	10×N
	3	100	100	10	10	20	30	10×N

说明：表中有两个家庭，分别为“甲”家庭和“乙”家庭；每个家庭有三个成员，分别为“1”“2”“3”。两个家庭中每个成员的初始财富都是100元。但甲家庭将一共300元财富分配给成员1和成员2每人120元，以供他们进行人力资本投资，留给成员3的为60元。而乙家庭将财富平均分配给每个成员100元。由于甲家庭有两个人进行了人力资本投资，他们每年的收入一共为90元，即40元+40元+10元。而乙家庭的收入一共为30元，即10元+10元+10元。按照在家庭内平均分配的原则，甲家庭在第一年的分配中（即表中“分配一”），每个成员获得30元；第二年（即“分配二”）累积获得60元；第N年获得30元×N。乙家庭在第一年的分配中，每个成员获得10元，第N年获得10元×N。为了简便，这里不考虑初始财富的利息收入。

很显然，甲家庭比乙家庭的选择更为优越，因为无论从整个家庭，还是从家庭中的个人来讲，前者的收入都高于后者。家庭是由家庭成员构成的，由市场评价的家庭资产主要表现为家庭成员的人力资本。家庭收入的提高主要归因于家庭成员人力资本生产力的提高，将其资本化，比拟“企业价值”的概念，可以认为“家庭价值”在提高①。

支持甲家庭选择模式的条件是：家庭成员，尤其是被支持进行人力资本投资的成员，不能退出家庭。这样才能保证那个作出“牺牲”的人得到回报。正是由于这种坚信不疑的预期，才能使他或她作出暂时牺牲的决定。

问题是，在乙家庭的成员之间，难道不会采取另外的方式进行财富的融通吗？比如其中有两个成员每人向第三个成员借20元，在完成人力资本投资后再还给他。关键在于，所谓“借”是要有相应的制度条件的，即要假设存在着法院和金融市场。如果没有法院，违约风险就会更大；如果没有金融市场，就很难在“借钱”的条件上达成一致。这都会使借钱的交易费用大幅上升，经常会导致借钱交易的失败。所以在人类早期既没有法院也没有金融市场的情况下，甲家庭的选择模式更显优越。一旦形成这样的家庭选择模式，就会对该社会的制度发展方向产生深远的影响。

即使在有了法院和金融市场之后，由于这两种制度安排仍有各种成本，如到法院的路程，打官司的直接费用和时间，法官裁决可能出现的偏差，银行的利息，证券市场的风险，保险业的逆向选择和道德风险等，都会使甲家庭的选择模式有运用的空间。更何况，家庭是一组特殊的合约，它不仅包含在资源上进行分配的权利和义务，还包括如性关系、抚养子女、赡养老人等多种约定，这些复合的权利和义务关系都会使其中之一种关系受到加强和保障，使家庭成员之间有比一般交易者更坚实和更可靠的关系，无须市场和法律上的制度安排以及随之而来的成本。这也是本文一开始徐教授家庭的故事发生的原因。

我们将甲家庭的选择模式称为“家庭主义”模式，甲家庭就是一个“家庭主义”家庭，与乙家庭作为一个“个人主义”家庭在概念上相对应。所谓“家庭主义”，就是在计算成本和收益时以家庭为单位计算，而不具体到家庭内成员个人。这不仅是外部人的看法，更是家庭内部成员的观念。在家庭内部，财富或收入分配以家庭利益最大化和个人实际需要为原则。上述例子告诉我们：在一定范围内，家庭主义优于个人主义。

---

① 假定平均每个人工作年限为40年，贴现率为5%。一个年收入为10元的家庭成员的人力资本价值为180.17元；一个年收入为40元的家庭成员的人力资本价值为720.68元。如果仅算人力资本，乙家庭的“家庭价值”为540.51元；甲家庭的“家庭价值”为1621.53元。

二、家庭利益最大化

一旦将家庭作为一个经济主体，就会与个人有很大不同。家庭以婚姻为基础，婚姻的目的不仅是为了性满足，还有生育后代。由于在父母与子女之间存在着基因传递，即所谓血缘关系，又由于在抚养过程中形成的父母对子女的感情，父母多把子女看成是自己生命的延续。一旦如此，一个人对效用的感觉，对成本和收益的判断就会随生命而延续下去。

也就是说，如果生命延续，效用就会增加；如果生命终止，即使有再多的财富，也不会有效用。通过生育生命可以世代相继，如果假定单位时间的效用相同，也会因生命的延长而使效用持续增长。所以，一旦以家庭为单位，不仅在空间上大于个人，而且在时间上也大大长于个人。一个人的生命是有限的，但一个家庭的生命在理论上是永恒的①。

如果认为传递基因就是生育的“目的”，那么按照基因遗传学的理论，一个人的子女身上有一半基因与自己相同，也可以等同于自己生命的一半在延续。对于父母双方而言，就相当于有一整个生命在延续。如果一对夫妇生育更多的孩子，也意味着有更多的生命在延续。然而，资源是有限的，一对夫妇要在更多地生孩子和给每个孩子更多资源之间找到均衡（加里·贝克尔，1987，116~127）。在父母的资源一定的情况下，对孩子投入的资源要有相当一部分是人力资本的投资，这将会提高子女获得资源的能力。

家庭主义的这种将后代纳入效用的观念很接近贝克尔提出的王朝效用函数（dynastic utility function）②，只是后者被贝克尔解释为父母对子女的利他主义行为，一个人对隔代后代的利他主义程度，是以每代父母与子女之间直接的利他主义影响间接传递而成（Backer and Barro，1986）；而前者则将子女的效用内化为父母自身的效用，而一个人对血脉延续的关注是一种超越世代的观念。

由于家庭成员之间互相有着婚姻或血缘关系，他们的成本和收益就不会完全互相独立。一个人的收益也可能是另一个家庭成员的收益，他的成本也可能是另一个家庭成员的成本。他们之间引起成本和收益的互动关系就会变得比较复杂。如由于妻子的收益就是丈夫的收益，所以丈夫为增加妻子收益而付出的成本就会被冲抵，甚至还可能出现净收益。又如，如果子女的成本就是父母的

---

① 钱穆先生说：“生命是一大总体，个体‘生’都会‘死’，‘生’如果是世世代代永远相传，就会获得永生。”转引自周洁，2004，第153页。

② 王朝效用函数的基本形式是：其中 U_0 是一个家长的效用，A_i 是他对第 i 代的每一个子孙的利他主义程度，N_i 为第 i 代子孙的人数，C_i 为第 i 代子孙的消费，v 则为消费的效用函数（Backer and Barro，1986）。

成本，子女减少自己的成本就等于增加父母的效用。更进一步，家庭成员间的关系不仅是两两成员间的关系，一个家庭成员的成本或收益可能会受到其他两个或多个成员之间互动的影响，如婆媳不和对作为儿子/丈夫的成员的福利会产生重要影响。由于家庭成员之间在成本和收益之间无法完全划清彼此，他们就不可能成为完全互相独立的人。也就是说，家庭中任何一个成员的行为甚至仅仅是存在都对其他成员具有“外部性”，所以根据“涉及谁的利益，就要征得谁的同意”的原则，家庭中任何一个人都有对其他家庭成员的行为的某种程度的决定权，也有某种程度“被别人决定”的义务；反过来说，家庭中的任何一个人都不能完全独立于家庭中的其他人①。

由于家庭有相对于个人主义假定的上述特性，即①家庭的“生命”可以无限延续，②家庭成员间的成本和收益不能完全互相独立；对于一个家庭来说，所谓利益最大化就不仅是家庭成员个人利益最大化的简单相加，也不仅是当下家庭作为一个整体的财富或收入的最大化，而是考虑到家庭成员在成本和收益上互动而形成的家庭整体效用最大化，和在保证后代生活质量和增加获取财富能力基础上的基因传递数量最多，传递得更为久远。如果有充分的信息和数据，我们不难给出一个最优解。

然而在所有变量中，有一个变量是非常特殊的，这就是家庭生命延续的时间长短。一个人的子女作为个体不仅是自己生命的延续，而且子女本身还可以将生命继续延续下去，子女的子女仍是一个人的生命的延续。如果代代延续以至无穷，这个人就相当于永生，其效用也就无限大。因此，只要生存的净效用是正的，即不是总是处于譬如被奴役的生不如死的境地。比起能否延续后代来说，其他选择都相对不那么重要。所以孟子说“不孝有三，无后为大”。如一个人可能在自己这一辈用损害别人的方式不正当地获得大量财富，从而可以生育更多后代，但又因此埋下家庭的祸根，以致在下一代遭到灭门之灾。所以在确定家庭利益最大化目标时，是在首先保证家庭世代延续基础上的财富最大化和基因传递数量最大化。

由于家庭成员间的成本和收益并不互相独立，所以与个人主义的个人之间相比，理性计算的依据就不相同。借用贝克尔的研究，两者之间的区别可以用下面的公式表达：

① 加里·贝克尔在其《家庭经济分析》一书中讨论了这种家庭成员之间成本和收益互相影响的问题，但其角度与本文略有不同。如他指出妻子效用的变动会影响丈夫效用的变动，即 > 0，其中为丈夫的效用变动，为妻子的效用变动（1987，196）。但他将这样的丈夫对妻子的支出称为“捐赠”，把这种行为归类为“利他主义”，似乎有点逻辑不一致。他在书中第八章“家庭中的利他主义行为”中的分析似乎都可以用利己主义来解释。

（1）个人主义个人之间的关系：＝0；

（2）家庭主义个人之间的关系：>0；>0。

其中，U_i和U_j分别是任意的个人i和个人j的效用，在家庭主义个人之间，个人i和个人j是一个家庭的成员。在这时，$U_j = f(G, R_i, R_o)$；其中G代表对物质产品的消费，R_i是与家庭成员i之间的关系，R_o是与其他家庭成员（们）之间的关系。同样，$U_i = f(G, R_j, R_o)$。“>0”和“>0”同时存在，说明在家庭中，增加效用的互动是双向的。不仅妻子的快乐会增加丈夫的效用，丈夫的快乐也会增加妻子的效用。

这组公式的意思是，在家庭主义个人之间，一个家庭成员的效用变动会影响另一个家庭成员的效用，这种变动可以是正的，也可以是负的；而个人主义个人之间则没有这种影响。再进一步观察，就会发现，家庭主义个人之间的效用互动主要是增加了正的效用，而负的效用主要是指假定的伤害或来自家庭之外的伤害，这反而更增强了家庭成员之间的互助。

家庭成员之间成本和收益的复杂互动很难为外人观察到，也很难由家庭成员自己说得清楚。家庭成员之间的双向的增加效用的互动会在两个成员之间无限次地往返。如丈夫为使妻子高兴贡献了自己的资源，而他自己也同样高兴，而丈夫高兴又会使妻子的效用增加。如此反复多次。这使得若干个个人一旦成为一个家庭的成员，就会获得远大于独立的个人本身的效用，这使得家庭的总效用远大于家庭成员游离于家庭时的个人效用之和①。于是家庭似乎比个人更适宜作一个经济主体。

家庭利益最大化也不仅是家庭当下财富或收入的最大化，维持家庭血脉延续是超越当下利害的更为重要的家庭目标。这使得家庭财富最大化的目标也时常与个人利益最大化的目标不相一致。因为前者可能会以后者的暂时牺牲为代价而达到。从另一个角度讲，家庭利益最大化也会扩张个人的利益。因为如果个人把后代延续看作自己的效用增加的话，家庭所带来的世代相继也就使个人利益获得了扩张。

三、强化的家庭制度

与人类社会的其他制度安排相比，家庭制度最明显地表现是自然产生的制

① 赵汀阳：“关于幸福、和谐或和平的唯一有效原理就是，给定一个共同体或人际制度，它必须满足：①这个共同体的完整性是任何一个成员各自幸福或利益的共同条件。②这个共同体的总体利益与任何一个成员各自的利益成正比，或者说集体利益和个人利益总是挂钩一致，因此任何一个成员都没有反对另一个成员的积极性。按照这一完美共同体标准，家庭性模式是最合格的。”（2005，69）

度。它是在人的性欲和生育后代的本能的基础上形成的。家庭制度因而与人的本性无太多冲突，所以是自然而然的而且是最有效率的制度。这导致它的几种特性。①家庭是人类社会中最古老的制度；②家庭又是对制度环境要求较少的制度安排，它不像一些现代制度安排那样，对制度结构中的其他制度安排有着较强的依赖性，如市场制度对产权制度的依赖性；③因为是自然形成的，家庭制度的运转成本很低。这些特性都使家庭制度在诸种制度安排中最具生命力。

然而，我们也不能说家庭制度完美无缺。纵观人类历史，除了中国汉族的家庭制度最为成熟和成功外，在其他一些社会中，由于游牧、战争、远洋贸易和宗教因素，家庭发展得并不那样完备。这就是说，流动性、人身意外和对来世的追求，会削弱家庭的稳定性，从而破坏家庭制度本身。例如 20 世纪 40 年代的一项调查显示，中国藏族的“不完整家庭”占家庭总数的 55.4%（李安宅，1998，131）。

不仅由于外部环境的问题，人性本身存在的一些特征也可能会导致“家庭失灵”。由于家庭成员之间不是有姻缘就是有血缘关系，我们一般假定他们自然相爱和彼此忠诚，但事实上不尽如此。夫妻各自可能会受到婚姻之外的异性吸引而出现婚外性关系，这不仅破坏了双方在性关系上的承诺，而且一旦出现婚外生子女，还会破坏家庭财产制度和继承制度。即使是在存在血缘关系的父母与子女之间，由于双方享有权利和履行义务的行动是不同时的，子女是享受权利在先，履行义务在后。在父母年老时，就有可能不尽赡养老人的义务。这些情况都会导致“家庭合约”的失效。

一般而言，“失灵”的家庭比一个健全的家庭效率要低，从而在众多的家庭竞争中衰落和消失。为了使家庭能够延续血脉和兴旺发达，就会出现对家庭组织的强化。首先是观念上的强化。实际上，任何一个出生到这个世界上的人，都会有一条从远祖到他本身的血脉链条，但如果他不知道，本文意义上的“家庭”就不存在。在观念上对家庭的强化，就是要将一特定家庭赋予一个区别于其他家庭的符号或名称，并将该家庭的世代传递记录下来。姓氏和家谱就起到了这样的作用。在此基础上，中国汉族地区，还发展出进一步强化的有形制度。这种制度形式主要包括两个互相关联的部分：①祭祀祖先；②家族祠堂。

祭祀祖先表现为一系列的仪式，在中国许多地区，一年之中有四次祭祀祖先的日子：阴历正月初一、阳历四月初五、阴历七月十五和十月初一（周洁，2004，86）。祭祖仪式强化了一个人作为列祖列宗的生命的延续的观念，同时也会认为自己负有将这一生命血脉延续下去的义务。这使得他更为尊重在世的长辈，也更倾向于稳定的婚姻。因为稳定的婚姻更能完成传宗接代的义务。

家族祠堂即若干有共同祖先的核心家庭在一起祭祀祖先的一组建筑，又是指这些核心家庭之间形成的家族组织。以祭祀祖先为中心，家族祠堂可以提供多种家族内的公共物品，如调解核心家庭间纠纷、扶助鳏寡孤独、教育家族子弟、资助进京赶考、修建公共设施和提供安全防卫等。这些“家族公共物品”显然使家族内部家庭受益并形成更为稳固的家庭。

针对子女与父母在履行“家庭合约”上的不对称性，以家庭为基础的社会也会产生“孝”文化，这一文化强调子女对父母的尊敬和服从，以及赡养和送终的义务。针对夫妻间可能出现的对“婚姻合约”的不忠诚，以父系家庭为基础的社会也产生“贞操”文化，强调妇女对丈夫的忠诚。这种对男女义务的不对称的要求，除了处于强势地位的男人对性伙伴的排他性占有的本能外，也许还出于这样的考虑，即女方如果不忠诚于婚姻，所产生的后果比男方要严重得多。因为这涉及家庭成员或继承人是否合法的问题。

以这种家庭主义的文化为基础，也会借助于政府强制力来巩固家庭。如在古代中国，法律规定，一个人对父母或他人犯下同样的过失，其惩罚的力度是不同的。

由于在制度结构的其他部分对家庭失灵进行了补救，一个自然生成的家庭就会变成一个强化的家庭，家庭失灵的现象就会减少，家庭中成员对家庭的稳定性和其他家庭成员的忠诚的信心就会增强，就更可能依赖于家庭进行资源配置，使之比以个人为单位且没有相关制度辅助时进行资源配置要更有效率。

四、家庭主义的道德教化和超越生死

由于家庭主义的观念会使一个人认为自己是家庭血脉中的一环，就会将对生命的理解从有限变为无限，这种变化会对人的行为产生重要影响。博弈论的研究指出，当博弈的次数是有限的时候，人们就会产生机会主义的动机，以不合作或损害别人为代价来获取利益，因为他可能在别人报复之前退出博弈。路易十五有所谓“我死后哪怕洪水滔天”之言。一旦博弈次数延长为无限，就无退出博弈之日，不合作行为或损人行为终将受到报复，因而为自己利益打算，就应该始终采取合作策略。个人主义的观念使人认为博弈是有限次的，而家庭主义的观念使人认为博弈是无限次的，因而会约束人们采取与他人和社会合作的态度。

这种家庭主义观念导致人对生命效用的无限增大，可以用来劝告人们接受道德规范。中国人有所谓的“积善之家，必有余庆；积不善之家，必有余殃”。意思是说，为了子孙后代，一个人也要积德行善。《孝经》中用“长守贵”“长守富”“保社稷”“守其宗庙”“守其祭祀”这样的家庭或家族利益来劝告人们，尤其是诸侯和卿大夫来接受道德规范。其中所谓“长”，是指跨越世代的时间。而所谓“道德”的底线，就是不损害别人利益。

在实践中，祭祖仪式会直接将对祖先的祭拜与道德教化结合起来。首先是，能够被祭祀的祖先实际上是经过道德标准的选择的。一个家族的祖先之所以会被祭祀，是因为他遵循道德规范，并作出正确的决定，比如改进技术和变革制度，才能使血脉延续并使家族发达起来，才会有今天的后代，也才有条件进行祭祀。作为后代，在祭祀时也有主动的选择。如张岩所总结出来的“天子建德”制度，天子选择“有功烈于民者”和“前哲令德之人”进入被祭祀的行列，“作为后世效法的榜样”。在祭祀仪式中，将对祖先的怀念和学习祖先的道德精神结合起来，所以有“祭者教之本”之说（2004，247～248）。在祭祖仪式中，除了年龄排序外，还根据每个人的行为是否符合道德而排序，以奖励有德之人，而惩罚道德败坏的人。即所谓“崇德”和“绌恶”。而是否能够得到祖先的保佑，还要看后人是否遵循了祖先的道德原则。即所谓“纯佑秉德”（250～257）。祭祖和教化的这种紧密关系，可以从汉字“教”是由“孝”和“文”组成中看出。

在另一方面，家族祠堂也直接根据道德规范订立“族规”或“家训”，利用宗族的公共活动和教育安排教化族内子弟。比较有名的如《朱子家训》《颜氏家训》等。族规和家训的目的是在保证家族的永久存续的前提下家族当下利益最大化，因而必然包含从无限时间的视野出发而形成的行为规范，这正符合基本道德规范。主要包括家族内组织安排、秩序和仪式、家族财产安排和处置、家族成员的生活方式、对外行为准则和对族内弱小的扶助等（费成康主编，1998，第三章）。

由于个体的生命总有终结，因而存在着对死亡的恐惧。在神教社会中，由于有灵魂之说，除了教化功能外，还可以使人在面对不可避免的死亡时安顿心灵。在家庭主义家庭中，由于得到保证的世代相继使生命延续，个人对生命的理解超越了个体，从而以另一种形式安顿心灵。由于使人具有超越生死的观念是宗教的重要功能，所以家庭主义的祭祖仪式也被称为家族的“宗教性”方面（周洁，2004，149～156）。更进一步，由于死被认为是到了神的世界，因而被认为是人与神的沟通。尤其是远古的祖先，更被认为是神（赵诚，2000①；张岩，1995，60～92）。不仅是因为到了神的世界，而且是因为他们

① 赵诚指出，根据对甲骨文的分析，商代的先公、先王甚至旧臣都有某种神威，所以既是先祖神又自然神。商代人甚至将先公和先王称为“帝”，帝在甲骨文中就是“上帝”的意思（2000，46～50）。

在技术创新和制度创新方面的功绩，使家族繁衍和发达起来。他们是在“技术神”和“制度神”意义上的神。这更使家族祭祖传统具有宗教功能。

五、家庭的边界与家庭间竞争

家庭的定义决定了，随着家庭规模的扩大[①]，家庭主义方法配置资源的条件就会变得越来越弱。这一条件就是，家庭成员能够确信，他暂时作出的牺牲将来能够得到补偿，并且还有额外回报。这在核心家庭中是没有问题的，但如果家庭边界逐渐扩大，如扩大到互为兄弟姐妹的两个核心家庭之间，虽然这两个家庭各有一人身上拥有着来自共同父母的基因，但他们与各自配偶生育的孩子之间就会比他们自己之间更为疏远，彼此的信任度会减弱，因而这两家亲戚之间虽然会在一定程度上互相帮忙，但不能期待他们的牺牲一定会有回报。他们的孩子的孩子之间又会更为疏远，更无法实行家庭主义原则。如此几代以后，就会走到家庭的最后边缘，彼此之间不再认为是一个家族的人了。用数学形式表达，就是：0；即一个人的效用变动越来越不影响另一个人的效用了。这就到了家庭的边界。严格地说，在这个边界上，家庭主义观念已经淡化得接近个人主义观念。

由于不同社会有着关于家庭价值的不同的文化，家庭内的功能及其强度不同，家庭的边界是不一样的。一般而言，由于没有中国汉族这种强化家庭的制度结构，大多数其他社会的家庭规模都比中国汉族的小。在中国汉族社会中，有一个传统形成的家庭边界，是由祭祖的义务来规定的，被称为“五服”[②]，即一个人向上追溯 4 代的祖先的所有子孙，他们有对共同祖先祭拜的义务，还可以被称为一个家族内的亲戚（见图 1）。在此之外，就没有对该祖先的祭拜义务，也不再是一家人了。这种自然形成的家庭边界大概基于两个原因：一是血缘的边界，在上溯 5 代祖先的所有子孙之间，血缘关系最远的两个人之间只有约 3. 125% 相同的基因，几乎接近于陌生人。一是人口数量已经大到使家庭的组织成本过高，以至于抵消了家庭规模经济带来的好处[③]；并且这种家庭规模经济的好处并不是平均分配给所有家族中的人的，越到家庭边缘，好处越

① 一般而言，学者用“家族”来指称扩大了的家庭。但“家庭”和“家族”的边界在哪，一直没有统一的定论。在本文中，我们忽略这个边界。

② 即在祭拜共同祖先时，依与该祖先亲属关系的远近，而穿着的五种不同样式的服装。

③ 如果一对夫妇生育 3 个子女，4 代以后就是 81 个；又如果有三代同时活在世上，就有约 135 个家族成员。本家族的女孩会出嫁，但本家族的男孩会娶妻，所以进进出出总量上不变。另据对澳大利亚图腾制部族的研究，平均每个部族约 600 人，而每个部族可能包括一个氏族到 12 个氏族，每个氏族是 100 多人。这大概是一种自然形成的家庭的组织边界。

少。对于处于家庭边缘上的人，他为加入这个家族所付出的成本，如祭祖，也许正好抵消了该家族给他带来的好处。

在家庭之外就不适用家庭内的规则。家庭之间的资源配置依赖于市场、宗教、政府和战争等。家庭的主要目的是子孙延续，这既需要资源的支持，也需要有一个与其他家庭间的良好关系。从争夺资源的意义上讲，一个家庭必然是其他家庭的竞争者；而如果说与其他家庭关系良好可以保证一家庭的世代延续和繁荣兴旺，创造或赢得这种良好关系也是一种家庭间的竞争手段。

				高祖父母				
			族曾祖姑	曾祖父母	族曾祖父母			
		族祖姑	从祖姑	祖父母	叔伯祖父母	族叔伯祖父母		
	族姑	堂姑	姑	父	伯叔父母	堂伯叔父母	族伯叔父母	
族姊妹	再从姊妹	堂姊妹	姊妹	己身	兄弟及妻	堂兄弟及妻	再从兄弟及妻	族兄弟及妻
	再从侄女	堂侄女	侄女	子及儿媳	侄及侄媳	堂侄及媳	再从侄及媳	
		堂侄孙女	侄孙女	孙及孙媳	侄孙及媳	堂侄孙及媳		
			侄曾孙女	曾孙及媳	侄曾孙及媳			
				玄孙及媳				

图 1　中国汉族家庭的边界

资料来源：方氏网络——方氏谱牒学（http：//www. 5fangs. net/gb/）。

市场、宗教、政府和战争同样也是个人之间竞争资源的形式，这已经被讨论过无数次了，我们侧重讨论家庭间竞争与个人间竞争的区别。表面上看，对市场来说，个人或家庭只是市场主体不同而已。在市场中，一个人或家庭可以在不损害他人或其他家庭的前提下，获得自己的利益。但这就使家庭比个人更为偏爱市场制度。因为个人可以因其生命终结而退出竞争资源的博弈，而家庭不能退出。因此家庭更不喜欢以损害他人的方式获得利益，因为这迟早会受到报复。第二个区别是，以家庭组织为基础，家庭很容易组成生产团队，这是由于在家庭内成员之间的互动更会导致效用增加，从而使他们之间更有合作倾向；而个人之间组成团队就困难得多，因为他们之间的互动结果充其量是中性的①，只有到近代以来其他制度安排出现以后，个人之间组成企业才变得容易一些。第三个区别是，由于家庭是无限延续的，所以贴现率为零；而个人生命是有限的，所以贴现率为正。这使得家庭与个人对资源或资产价值的判断大不相同，从而影响他们的市场行为。家庭更为注重更长远的投资，较高估价一个资源或资产的远期价值。从跨越代际的角度看，这种投资决策更有效率，更接近可持续发展的取向。

宗教也是一种自愿的资源配置方式。只是个人和家庭借助宗教获取利益的具体形式不 一样。个人只是通过竞争宗教组织中的职位获得利益，而家庭更有可能借助于宗教创造“宗教产品”。前面说过，由于世代遥远，祖先就会被提升为神；又由于虽然存在着家庭边界，边界之外（五服之外）的人仍拥有着共同的更早的祖先，这种共同的祖先仍是联结家庭间关系的一种方式；随着亲缘关系的疏远，共同祖先就更为遥远，祖先就会上升为祖先神或图腾，祖先神最后就有可能上升为超越的神。祭祖和祭神都是要有资源的贡献的，从祭品到捐献。神越是有影响，越是“灵验”，就越会获得更多的祭品或捐献。这些贡献的资源最后还是要由活在世上的人，即创造和拥有这种神的家庭享用。而所谓“神的灵验”，是和信奉该神的家族的兴旺程度相关，这取决于该家庭在神的名义下实行何种制度和技术。因此家庭间在宗教方面的竞争表现为改进家庭内部制度和技术的竞争。宗教竞争则表现为不同的神之间的竞争，最后或者是一种神赢得了社会中大多数人的信仰，或者是在众神中间出现排位，更优胜的神排在前面。这又决定了贡奉神的资源流向何处。例如在中国上古时期，就出现过“积”的概念，即部落间通过祭神进行交往。诸侯部落要向有更高的神和本部落被移放在天子之都的神贡奉，所以要向天子之都输送贡奉，被称为“积”（张岩，1999，238～254）。尽管天子也要向诸侯返还一部分资源，但总体来讲天子有净收入。

政府配置资源的方式，一是通过政府成员的收入，一是靠官员所享有的政治资源。以家庭为单位对政府配置的资源的竞争，在较早时期表现为对政府职位和政治权力的世袭。在大部分世袭制度瓦解以后，就转变为对政治人力资本和政府关系的投资。在中国，在周代以前主要以竞争世袭的政治资源为主，而

① 由于个人主义个人之间的关系是“一个人的效用不会影响另一个人的效用”（=0），所以一个人不会接受一个对自己带来净损失的团队合作方案，而家庭主义个人之间的关系是“一个人的效用增加对另一个人的效用有正的影响”（>0），所以一个人有可能接受对自己有些损害的团队合作方案，只要这对其他家庭成员有好处，反过来会增加自己的效用，从而抵偿该方案对自己的损害。显然，家庭主义个人所能选择的方案数量要多于个人主义个人所能选择的方案数量。

在秦汉以后则主要以投资适于政治的人力资源为主。我们在一开始就说过，家庭在人力资本投资方面更有优势。由于汉武帝以后儒学成为政府中的主流文化，当时中国的家庭就更多地投资于将家庭成员培养成儒士，因而出现了以儒家思想为主导的家庭，即所谓的“士族”。在唐宋实行科举制后，殷实的家族一般都有对家族子弟教育的安排，以及对参加科举考试的经费支持。竞争的具体形式，是在科举考试中的成绩排名和在其后所获得的政府职位和政治地位。

战争是以损害甚至屠杀别人为代价获取自己利益的配置资源的手段。对有武力优势并且有冒险倾向的人来说，这是一种成本较低地获取资源的手段。但对于大多数人来说，战争是一种不确定性很强、风险很大的手段。对于想要子孙万代的家庭来说，一旦在战争中失败，就可能满盘皆输，遭灭门之灾。即使在战争中暂时得胜，也难免在后世中不遭到失败者的报复，同样会中断家庭的血脉延续。因此家庭主义的人比个人主义的人更不愿意采用战争手段去获取财富。

总之，家庭在对资源的竞争中更愿意采取和平和自愿的形式，而避免采取暴力手段。这使得家庭间竞争有两个突出的特点，一是着重改进自己，一是在与其他家庭的交往中更注重遵循道德规范。所谓“改进自己”，就是前面讨论的在制度、技术和人力资本的投资上多下功夫，从而在与其他家庭的和平的竞争中，主要是在市场、宗教和政治的竞争中获得优势。所谓“在与其他家庭的交往中更注重遵循道德规范”，是指要在与其他家庭的交往中，显著地表现出尊重他人利益与情感，甚至作出一些利他主义的行为，以赢得其他家庭的好感以至于道德高尚的社会声誉。

这就出现了在个人之间较少看到的“道德竞争”。一般而言，对他人的尊重以及利他主义行为会获得别人的赞誉和回报，赞誉积累起来就会形成家族声誉，使得其他家庭与该家庭更能和睦相处，更愿结交或联合，更可能被委托掌管政治权力；而其他家庭也会在适当的时候，尤其是在该家庭受到挫折、遇到危难的时候，对该家庭作出回报。这种回报也许是当代的，也许是对后代的。相对于个人，家庭的规模会使家庭更多地享受声誉带来的好处。相对于个人主义的时间视野（即有限的生命长度），家庭主义的时间视野（即理论上无限）才会对赞誉和回报更为重视，因为可以更长时间地享受声誉带来的好处，也由于家庭的寿命无限，后代也可能获得前辈积德行善带来的回报。这使得一个家庭的生命延续更有可能不被偶然的打击和灾难所打断，而更有可能实现家庭的主要目的——子孙万代。

这种家庭间的道德竞争也可以用来竞争政治权力，尤其是在暴力手段较为原始的远古社会中，如石器时代。这时的石制武器不足以形成广泛的震慑力，从而成为较大政治实体的暴力基础，人们又开始从原始宗教中“去魅”，一个家庭的道德声望是获取政治权力的重要资源。所以中国有“上古竞于道德”之说（陈明，1999）。对政治权力的道德竞争使得不同的家族更愿意拥立有道德修养的人作为家族领袖兼政治领袖，如汤、武、周公。同时也激励了在家庭之外的道德体系的发展和竞争，如春秋战国时期的诸子百家。更为优越的道德体系最终会被进行道德竞争的家族所接受，如汉武帝对儒家主流地位的确立。

家庭间竞争的结果是：一些家庭会不断繁衍、扩展和兴旺，另一些则逐渐萎缩、衰落和消亡。这是因为，在竞争中成功的家庭采取了更有效率的制度和技术，他们能在市场、宗教和政府方面获得更多的资源，从而繁育出更多的人口；又因为与其他家庭的和睦相处而较少人为的灾祸，较少灭门之忧。在另一方面，在竞争中处于劣势的家庭为了避免继续走向失败，也可能向处于优势的家庭学习，接受他们的技术、制度和文化，从而变得接近优势家庭。甚至还有可能将自己的姓氏改为优势家庭的姓氏。例如中国今天的姓氏结构就反映了家庭间竞争的结果。大约28%的常用姓氏①和约1/3的人口②都与姬姓和姜姓有关，这两个姓是周族的父系和母系的姓氏。应该说，周族及其建立的周朝奠定了后来中国主流文化——儒家文化的基础，其最初的领导人周文王、周武王和周公又是众望所归和后世景仰的政治领袖与道德楷模，从而周民族是中国最为成功的家庭。

六、以家庭为基础的政治结构

如同个人之间的交易一样，家庭间市场也会失灵。且毫无疑问家庭间存在着的公共物品，需要有人提供。然而，在以家庭为基础的社会中，有着与个人主义社会中不同的政府形成过程，也有着迥然不同的政治结构。

在个人主义的社会中，一般有两种形成政府的可能途径：一是社会契约的途径，即大家通过投票选举出一个政府；一是通过战争，即一些有武装优势的人强迫居民向自己交出部分财富，为了自己的利益，他们提供保护产权等公共物品（Olson，1993）。然而在家庭主义的社会中，人与人之间不是互相独立的平等的人的关系，他们之间首先是家庭成员之间的亲属关系，按照家庭内的秩序形成一种权利的排序，以及依据自然身份而形成特定关系和权利义务（如父要慈，子要孝），而非简单的平等关系；在核心家庭之外，大家族之内，也一般遵照家庭内秩序建立秩序，如以长者的家庭作为家族领袖。

① 根据王晋升的《百家姓考略》中的资料估计。

② 根据杨复竣著的《中华万姓同根》（2004）中的数据估计。

在另一方面，较大的家族本身就构成一个氏族或部落，其就是一个小社会，人们习惯于以自然的家庭关系而形成的社会关系，就很难再去探寻和试验陌生的其他社会秩序。在这种家庭主义的社会中较难诞生所有的人一人一票的投票制度。

当最初的社会只是以家庭为中心发展起来时，家庭或家族是社会的主要部分，社会的公共物品首先是以家族的公共物品的形式提供的。而家庭的特点，家庭内的资源分配原则，家庭主义文化使家庭成员坚信他们的付出都会有回报，又使家族公共物品的提供没有类似于搭便车的问题。家族中的基础性的公共物品就是祭祖，其目的不仅是祭祀共同祖先，还是确定家族成员身份和地位的合法程序，因而他们不会不履行自己的贡奉义务；更何况家族内的分配原则本来就是要以家族利益最大化为目的。

由于家庭一代一代地不断生育，所以可以想象，在我们讨论的家庭主义社会中，社会是随着家庭的扩展而扩展的。实际上，社会人口就是家庭“生出来”的[①]。社会会随着时间的推移而扩大。只是最初血缘最为亲近的人，在5代以后也都变成了不同家庭的人了。但由于这个社会最初是按家庭主义原则构建的，它也会沿着这个路径，在血缘关系不断淡化的家庭之间形成社会秩序。由于血缘关系淡化是逐渐发生的，这个社会可以较从容地在边际上调整，以适应更大的社会。

即使社会中也有一些其他完全没有血缘关系的家族，只要这个提供公共物品的家族占整个社会的比重足够大，按照奥尔森的理论，家族的利益就覆盖了大部分社会利益，该家族就有动力为这个社会提供公共物品。这时，社会的政治领袖就是家庭或家族的领袖；而家庭的领袖不是选举产生的，而是自然产生

① 假定一对夫妇生3个孩子，孩子再结婚生孩子，假定配偶是从该家庭之外寻找，如果情况正常，没有战争和瘟疫等重大灾难，以及资源的限制，5代以后就是243人，10代以后就是59 049人，15代以后就是14 348 907人，20代以后就有3 486 784 401人。如果按20年一代算，5代为100年，10代为200年，15代为300年，20代为400年。这在人类历史上并不算长。

的，即在核心家庭中是家庭中的长者，在兄弟之间是长者或有突出能力之人[①]。

尽管政治领袖是一个人，但提供公共物品的不是一个人，而是一个家族[②]。经过较长时间的经验积累，这个最初提供公共物品的家族就可能专业化于政治，就像其他家族专业化于其他职业一样。以家族为单位，不仅自然地形成提供公共物品的政治集团，由家族成员担任各个方面的公共治理人员，而且因为家庭是一个“寿命无限”的组织，正好可以与超越个人寿命的社会相对应。这一方面可以保证政府组织的长期稳定性，另一方面也因家庭具有长远视野而比个人能够作出更符合社会长远利益的决定[③]。政治权力在世代之间传递的形式就是“世袭”，即将政治头衔在父子或兄弟之间相传。由于政治家族的子弟人数较多，选择政治领袖的规则也几经演变，如从间有父子相传和兄弟相传演变为只在父子间相传，但在“立长”还是“立贤”上仍然还是优劣难判，因而每次政治权力的交接都要经过家庭内部决策程序予以确定[④]。所以，在以“世袭”为形式的政治制度中，与其说是个人独掌权力，不如说是一个家庭在

---

① 长者作为家族领袖的原因，不仅是因为他经验丰富，而且还取决于他在家庭（族）血缘关系中的位置，使他比其他所有年轻者或晚辈都更与这个家庭（族）利害相关。例如一个祖父有 3 个子女，3 个子女又各有 3 个子女，从他自己的血脉延续的角度看，所有子女和孙子女的福利都与自己的福利密切相关，因为任何一支子女的血脉都可能将自己的基因传递下去，多一支子女血脉，就多一份传递血脉的可能性。反过来说，他自己的效用与整个家庭（族）的效用是完全重合的。同时，从理论上讲，他的所有子女和孙子女对他来说都是同等的，如所有子女都有他的一半基因，而所有孙子女都有 1/4 他的基因，他因此会公平对待所有家庭成员。但他的任何一个子女，更不用说孙子女，都会将自己的子女看得比兄弟姐妹的子女更重，自己小家的利益与大家的利益并不一致。因此在长者“自然”成为家庭领袖的背后，有着经济合理性。

可以想见，在家庭主义文化中成长的中国人关于“公”的概念，是从家族中产生出来的。汉字“公”字最早出现在商代，含义是男性先祖，后来“公”既有男性的意思，也有长辈的意思；之所以男性长辈作为家族领袖，是因为男性较女性有暴力优势，而防卫是家族最早的“公共物品”（张光直，1999，143）；先祖是家族成员共同的，对祖先的祭祀就是家族内“公共”的事情；从祭祖又会引申出其他“公共物品”；后来“公”字又有君王和贵族爵位的含义，也合乎逻辑地反映了从家族领袖到政治领袖的转变；而对政治领袖的基本要求，就是“公平”“公正”。

② 朱凤瀚：在商周社会中，“统治阶级成员虽是以个人身份参与政治，但其地位及在政治上发挥的作用大小，皆主要取决于其所在的家族”。（2004，2）何怀宏：“我们在春秋历史上所见到的重要人物，其后面却都有一个家族，个人与家族共衰荣，因而，对于春秋历史，我们印象最深刻的与其说是一个个的人，不如说是一个个的家族。”（1996，101）

③ 奥尔森曾指出，由于国王个人寿命有限，所以有动机在寿命结束前将死后的收益提前变现，从而破坏产权制度和市场秩序（Olson，1993）。

④ 在中国历史中，经常有家庭领袖废立政治领袖的事情。早在商代，就有伊尹放逐太甲的故事。据分析，伊尹很有可能是成汤的弟弟（赵诚，2000，96～97），在成汤死后成为家庭中的领袖。

执掌政权。根据上面的逻辑，后者要优于前者[①]。

由于政治权力不可避免地要以暴力为后盾，家庭间对最高政治权力的竞争经常采取战争形式，但在战争中胜出并不是获得最高政治权力的充要条件。一个家庭不仅要在道德竞争中证明自己的合法性，紧紧依靠文化与政治精英集团，建立一套有效且有利于社会繁荣的制度和政策，还要在各大家族间保持政治平衡。

以家庭为基础的政治框架，首先是将家庭内的秩序扩展到政治结构中去。家庭委派的政治领袖掌握最高政治权力，这意味着他代表家庭有着全部疆土中的收税权和提供公共物品（包括安全防卫、保护产权、维持秩序、公正司法等）的义务，同时以分封土地（以及在土地上的人口）的形式将收税权和提供公共物品的义务分配给家庭中的重要成员，一般是他的兄弟和儿子，形成诸侯国。诸侯国有充分的自治权，但对天子有保卫、进贡和听从调遣的义务。

在核心家庭和家族成员之外，掌握政治权力的家庭还通过各种形式建立家庭（家族）间联盟。最主要的形式是联姻和政治合作。天子可以在分封本家族成员之外，也分封一些异姓家族为诸侯。这些家庭包括姻亲、在军事和政治上做过贡献的人、以往朝代天子的遗族等[②]。例如在周代，有据可考的诸侯国有 204 个，其中周族的姬姓诸侯国有 53 个，姜姓、姒姓、妫姓和任姓等周王室的姻亲诸侯国共有 22 个，占诸侯国的主要部分（何怀宏，1996，10 ~ 11），其他诸侯国则是进行过政治合作或有政治余威的家族。在诸侯国内部，也可以按照这样的逻辑继续分封。只有诸侯王的长子才能继承爵位，其他儿子则只能当大夫；大夫也可以依此规则继续向下分封。整个社会的政治秩序是按照家庭内的秩序建立起来的。

以家庭为基础的政治结构还有一个优点，就是以小搏大。家庭自内而外血缘逐渐淡化，使得家族就像一个以核心家庭为中心不断扩大的利益集团。按照奥尔森的理论，核心家庭因为人数较扩展的家庭为少，从而类似于一种少数人的利益集团，又有最亲近的血缘关系，最有凝聚力采取集体行动；家庭越是向外扩张，人数越多，血缘关系越淡，凝聚力越小，集体行动越不可能。但由于

---

① 《罗马帝国衰亡史》的作者爱德华·吉本说过，世袭“这种无可争议的出身特权在得到时间和舆论的认可之后，可以说已成为人世间最简单明了、最不致挑起争端的一种特权了。这种得到普遍承认的权利可以消除许多无端制造纷争的希望，同时一种明确的安全感也使在位的君王免去了许多残暴行径。正是得力于这一观念的确立，欧洲的许多温和的君主政府才得以一代一代和平过渡”。（1997，上卷，134）如果他多一些中国历史的知识，他会以中国那些成功的王朝为例。

② 何怀宏：西周“被分封者主要是同室姬姓及其亲戚，也有功臣、故旧、先圣之后等”。（1996，4）。

他们或多或少与核心家庭有或浓或淡的血缘关系，他们就会受到核心家庭采取的集体行动的影响。当核心家庭之外第一层次家族成员看到已经有人承担了集体行动的初始成本，且该集体行动又对自己有利时，也就会加入集体行动中来；第二层次的家族成员也会按照同样的逻辑被带动起来，第三层次、第四层次 …… 的家族成员也会先后被带动采取集体行动；这就类似于多级的控股公司，处于最上层的核心家庭虽然人数不多，却能够在实现集体行动中起决定性作用。家族比控股公司优越的地方在于，在控股公司中，人与人之间是互相独立的；而在家族中，人与人之间是有血缘关系的。后者更容易采取一致的集体行动。

然而，从时间和空间两个维度上，家庭主义的政治结构都是有局限的。一方面，当天子和诸侯王经过长子继承制世代接替，他们的后代之间的血缘关系越来越淡，以致彼此之间形同路人，家庭主义的规则在他们之间完全不起作用了；当初分封制的基础已经完全瓦解。与这种血缘淡化相对抗的制度，是长期固定的联姻制度，这种制度能更长时间地保持不同政治家族之间的血缘关系，如周族的父系氏族姬姓与母系氏族姜姓之间的长期联姻，春秋战国时期的齐鲁联姻和秦晋之好，清朝的满蒙联姻等，但由于天子和诸侯王的多妻制，嫡子的夭折等原因，只能延缓却最终无法阻挡血缘淡化的趋势。这也许是中国传统中即使最优秀的王朝一般也传不过三十代的原因。

另一方面，随着疆域扩大和人口增多，家庭数量也会越来越多，实际的家庭秩序不可能无限扩展。因而，以家庭为核心的政治框架必须引入更有效的政治整合技术和政治运转制度。如传统中国从倚重家庭成员的分封制向天子一家独尊的君主集权制和郡县制转变。与之相匹配的，是从官员世袭制向在士族中选举官员，再向科举制转变。随着社会规模的扩大，掌握政治权力的家庭越来越面对一般的没有任何亲属关系的家庭间的关系，而不是特定的几大家庭的关系。当一个统治家庭实在不能公正地对待无血缘关系的大量其他家庭时，就会出现“革命”，更换掉这个家庭，代之以新的统治家庭。在文化方面，在中国历史中，相应地，主导政府的主流文化，也从先秦强调“礼”的儒学转变为宋明强调“天理”的新儒学。

七、家庭主义宪政框架

既然家庭是一个社会的最初始的最自然的基础性制度，它在社会的制度结构中就有某种优先性。尽管家庭内秩序不能覆盖整个社会，但家庭主义的原则却可能一般化，作为社会的宪政框架。这包括几个方面：①将家庭作为社会的优先基本单位；②将家庭内规则运用于社会的其他方面；③将家庭主义的基本原则提炼为社会的宪政原则；④参照家庭主义原则，建立社会人与人之间的一般原则。

将家庭作为社会的优先基本单位，就要将家庭价值放在社会的首要位置，甚至是放在不少看似非常重要的制度安排之前。如当一个人偷了别人的羊，孔子认为他的儿子不应该向官府检举[①]。因为如果把家庭作为一个成本和收益的计算单位和决策单位，家庭不可能也不应该自己检举自己，就像个人不会检举自己一样。一旦承认儿子可以检举父亲，就会颠覆家庭秩序，破坏社会的基础性制度，也就间接地损坏了政府治理社会的基础[②]。这样一种原则是将家庭秩序放在产权制度和政府制度之前的。虽然产权制度也很重要，但无法与家庭制度相比。家庭不仅是一种配置资源的方式，还是道德教化和宗教服务的组织，也是社会政治结构的基础。在家庭主义的社会中，政府就是以家庭内秩序和家庭间关系为基础进行统治的。这种家庭优先于政府和产权的制度安排间关系，是一种家庭主义的宪政结构。

家庭中最值得强调的原则就是孝，即强调子女对父母的尊敬和爱戴。孝的原则不仅从形而下的角度看是有效率的，而且具有形而上的含义[③]。这使孝成为超出地域的普遍原则。虽然家庭之外的人与人的关系和家庭内的不同，但都可以家庭内的基本关系为基础，以对亲人的感情为基础，比拟和推广到其他关系上。例如一般人可以将对父亲的孝引申到对家庭外的长者的尊敬上[④]，引申到对君王（上级）的忠诚上，引申到对朋友的信用上[⑤]；也可以将家庭内的治理之道引申为公共治理之道[⑥]。

这种行为规范的引申，又有着很坚实的功利主义基础，即它“成本低，收益高”。一方面，由于“孝”这种行为规范是从对亲人的爱中自然产生的，所以每一个人都不难理解，无须“普法”。让他们从中悟到更一般的做人之道（如对老师、上级、朋友等）也就不困难，所以“圣人之教不肃而成，其政不

① 《论语》：“叶公语孔子曰：‘吾党有直躬者：其父攘羊而子证之。’孔子曰：‘吾党之直者异于是：父为子隐，子为父隐，直在其中矣。’”

② 这当然是有限度的。因为如果一个家庭没有自我纠错能力，肆意侵犯其他家庭的利益，就会招致报复，对该家庭不利。

③ 张祥龙：“孝爱意识乃道德感之源。”（2007，266）道德诚如康德所说，是一种不计利害的“绝对命令”。而对父母的孝就是这种情境的最初始的状态，父母对自己的慈爱已成过去，已是沉没成本，对父母的投入不会引致父母未来的回报，因而孝敬父母只是“应该”。

④ 《孝经》：“故以孝事君则忠，以敬事长则顺。”

⑤ 《论语》：“子曰：‘弟子，入则孝，出则弟，谨而信，凡爱众，而亲仁。行有余力，则以学文。’子夏曰：‘贤贤易色；事父母，能竭其力；事君，能致其身；与朋友交，言而有信。’”

⑥ 《孝经》：“子曰：‘居家理，故治可移于官。’”

严而治"[①]。这就是所谓"成本低"。另一方面，因为父亲兄长和君王上级是应该被尊敬的，尊敬别人的父亲兄长和君王上级就会使他们的子弟臣子下级感到高兴，也会赢得后者对自己的好感。"敬一人，而千万人悦。所敬者寡，所悦者众。"[②] 这就是所谓"收益高"。由于成本低，收益高，这种行为规范就更能得到支撑和推广，成为一种普遍原则。

将孝这种家庭主义的核心原则上升为一个社会的宪政原则，就是要将其一般化，推广到社会中人与人的关系中，尤其是推广到政府最高领导人对全体民众的关系上，成为行为的基本准则，将使整个社会像一个大家庭一样，获得家庭主义所带来的价值增量。孔子说："爱亲者，不敢恶于人；敬亲者，不敢慢于人。爱敬尽于事亲，而德教加于百姓，刑（型）于四海。盖天子之孝也。"政府最高领导人如果孝敬自己的父母，就不敢怠慢天下人；而爱天下人的最好办法，就是教育他们也孝敬自己的父母，并将孝敬父母变为对其他所有人的礼貌和恭敬，形成社会一般的道德标准，使天下人互相尊敬，整个社会和睦相处，才是最高政治领导人的孝。

这其中当然包含着天下太平和社会繁荣能使天子家族千秋万代之意[③]。天子为了家族的永久延续，就要将"顺天意""受天命"作为最大的孝。《孝经》中说："孝莫大于严父。严父莫大于配天，则周公其人也。昔者周公郊祀后稷以配天，宗祀文王于明堂，以配上帝。是以四海之内，各以其职来祭。"直接把"配天"[④]，即其道德行为有利于天下，而值得承受天命，作为最大的孝，就是将政治合法性的获得与孝直接联系在一起了。由于"天视自我民视，天听自我民听"[⑤]"民之所欲，天必从之"[⑥]，所以政治合法性又在很大程度上来源于民众的满意。于是家庭主义宪政原则的基本逻辑就是，"孝"是社会的最高原则，所以政治最高领导人（天子）要遵循和带头实施这一原则，即要有"天子之孝"；而最大的"天子之孝"就是其统治要得"天命"。而"皇天无亲，唯德是辅"，获得天命的主要方法是要得"民意"，就是仁慈地对待民众，就是要道德地约束自己。

"孝"这种家庭主义的宪政原则还可以进一步提炼为更一般的概念。因为

---

① 《孝经·圣治章第九》。

② 《孝经·广要道章第十二》。

③ 孔子说得很清楚："昔者明王之以孝治天下也，不敢遗小国之臣，而况于公、侯、伯、子、男乎？故得万国之欢心，以事其先王。"讨得"万国欢心"，反过来就会拥戴天子家族。

④ 配天的意思是，在祭天时将先祖配祭。

⑤ 《孟子·万章篇》引《泰誓》。

⑥ 《左传》襄公三十一年引《泰誓》。

人们有设身处地和将心比心的能力，所以可以“老吾老以及人之老，幼吾幼以及人之幼”“人不独亲其亲，不独子其子”。从爱自己的家人出发，人有能力爱所有的人。这种爱就是“仁”。到这里，特定的“孝”演变为普遍的“爱”，而特定的“礼”（家庭秩序）就变成了普遍的“义”。更进一步，“孝”的家庭主义原则甚至可以成为宇宙规则。以天地为父母，人类万物为子女[①]。因而所有人类都是自己的同胞兄弟姐妹，天下万物也是自己的同类[②]。

由于这种一般化的道德原则是从家庭主义道德中提升出来的，它仍带有“一个人效用增加会带来另一个人的效用增加”（ >0）的含义，从而与个人主义的一般化道德原则，如自由、平等、博爱相比，更能促进陌生人之间的友善与合作；从而在事实上，家庭主义文化衍生了天下主义文化，而个人主义文化却孕育了民族主义文化[③]。这种“以天下为一家”和“四海之内皆兄弟”的天下主义文化可以成为覆盖全球的宪政原则[④]。

八、结论：家庭主义研究取向与个人主义研究取向

经济学的历史告诉我们，任何一个初始概念的创立（如交易费用），或者重新定义，一个基本假定的改变（如从规模报酬不变到规模报酬递增），都可能引起理论上的革命。家庭主义的概念也是如此。从定义来看家庭主义与个人主义的区别，只是人类计算和行动的主体单位不同，前者是以家庭为单位，后者是以个人为单位，却会产生两种不同的理论框架，对应于实际上两种不同的社会体系或制度结构。

前面的分析说明，当以家庭为一个经济主体时，与个人作为经济主体的最重要的区别是，家庭的寿命在理论上是无限的，追求世代延续也是家庭的最主要的目标。一旦如此，经济主体的时间视野就会发生变化，成本和收益也与个人的大不相同，从而依据理性计算而导致的决策和行动也会大相径庭。如果我们只认为个人主义的假设是理所当然的唯一的假设，我们就会对从家庭主义假设出发而作出的决定感到不可思议；反之亦然。

如果说个人之间的市场是哈耶克所谓“自生自发的秩序”，那么以家庭为基础的组织更是如此。人类的家庭组织结构是由人类的性欲和生育本能决定的，家庭组织的领导人也是“天然”产生的，即家庭中的长者。既无须选举，

---

① 张载在《西铭》中说：“乾称父，坤称母。”

② 《西铭》：“民吾同胞，物吾与也。”

③ 梁漱溟先生曾说，中国重家庭和天下，西方重个人和国家（1992，331～332）。

④ 赵汀阳：“既然家庭性被假定能够充分表现人性，那么，家庭性原则就是处理一切社会问题、国家问题乃至天下问题的普遍原则。”（2005，68）

也不由哪个外在的权威指定。经过几千年、数万年家庭间世世代代的竞争，这种家庭组织结构没有发生什么根本变化，说明家庭与其他“自生自发的”制度安排一样，是有效率的。只是家庭这种自生自发的秩序人们司空见惯，反而被忽略了。

家庭主义与个人主义第二个重要区别是，个人主义研究取向假定人与人之间是互相独立的、平等的、没有任何关系的，而家庭主义研究取向则假定人与人之间是有亲属关系的、以家庭内秩序而自然形成不同级别或层次。这两种假定是现实世界中的两种极端情形。从家庭主义这个极端出发，经过世代更替和规模扩张，即时间和空间的扩展，家庭中的亲属关系会越来越淡，最终走向毫无亲属关系的互相独立和平等的个人主义关系。从个人主义这个极端出发，越是面对现实和经常的人与人的关系，越是能感受到人与人之间特殊的亲属关系，而不是互相独立的平等关系。大量的人与人之间的关系介于个人主义关系和家庭主义关系之间（见图2）。

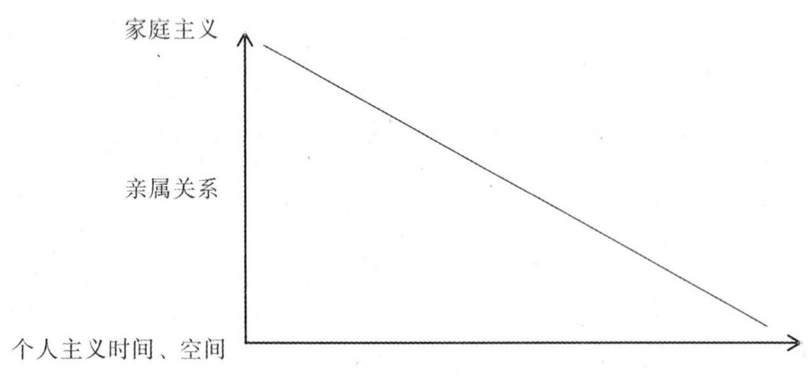

图2　家庭主义和个人主义之间连续变化的频谱

说明：图中纵轴为亲属关系的浓淡，亲属关系越浓，越接近家庭主义，亲属关系越淡，越接近个人主义。横轴为代表世代延续的时间和社会规模扩大的空间，时间越长、空间越大，亲属关系越淡。

很显然，中国社会大致是沿着家庭主义的路径发展起来的；而西方世界则是沿着个人主义的路径发展起来的①。由于家庭主义或个人主义作为极端情形

① 按照路易斯·亨利·摩尔根的说法，“人类的经验只产生两种政治方式”，“第一种也是最古老的一种，我们称为‘社会组织’，其基础为氏族、胞族和部落。第二种也是最近的一种，我们称为‘政治组织’，其基础为地域和财产”。（1997，61）他认为，西方世界自希腊时代起开始探索从第一种方式转变为第二种方式，并且最终实现了这一转变（219）。

只是社会发展的起点，中国和西方各自在自己的发展过程中不断地创造新的制度安排、吸收与自己起点相对立的另一极端的制度资源，从而克服以自己社会起点为基础的制度结构的缺陷。如中国在走向亲属关系淡化和巨大社会的过程中，不断地将自己的制度结构从分封制改为郡县制，从世卿制走向科举制；近代的中国革命包含了深刻的个人主义色彩，不仅是对西方挑战的回应，也是对自身家庭数量、人口数量大幅增长的反应。而在西方，只有在接受了基督教这个一神教后，才使个人主义的人群有了超越自己生命的视野，才解决了道德教化和安顿心灵的问题；教堂在某种程度上就是家族宗祠的替代。

由于路径依赖，以个人主义为起点的社会力图用个人主义的原则整合社会的各个方面，而以家庭主义为起点的社会也力图用家庭主义原则整合社会的各个方面。应该说，这两种取向都取得了一定的成功。但在现实中，人与人之间的关系既不是完全家庭主义的，也不是完全个人主义的。企图以家庭主义原则整合社会中的所有关系，就可能会压抑个性，最终招致对家族体系的反抗；而企图以个人主义原则整合社会中的所有关系，就会瓦解家庭，丧失亲情和不可替代的家庭教育与互助功能。反过来，如果在一个有关家庭主义文化传统的社会中引入个人主义的文化，如果没有个人主义社会中配套的制度，如在中国将个人从家族中解放出来，却没有一神教的宗教传统，就可能造就大量的“不信教的个人”，即没有超越时间视野的个人，就会导致道德败坏和心灵恐惧；而如果在个人主义的社会中引入家庭主义的祭祖仪式，既没有相应的家庭组织承载，也会与一神教相冲突，就如同当初在清代中国出现的“礼仪之争”。

由于家庭主义社会是在“现成的”家庭秩序基础上稍做修改而成的，它的“创建成本”低而见效快，所以在前现代的几乎所有时间里，中国这个家庭主义社会一直遥遥领先①。而个人主义的社会由于缺少现成家庭秩序的依凭，而在相当长历史时期中苦苦探索，最终凑齐了基督教、宪政民主和民族国家等制度安排，使之更能驾驭具有个人主义关系的社会。为西方在近代的崛起奠定了基础。而同时东方的那个家庭主义社会由于其成功而弊端凸显，即由于世代传递导致的血缘淡化和人口众多而突破家庭秩序的框架，使中国社会更具有个人主义的色彩，以家庭为基础的政治结构已无法调动足够的公共资源与以民主制度为基础的民族国家在武力上对抗；并且在民主制度的衬托下，家庭主

① 安格斯·麦迪森在《世界经济千年史》中指出，自公元元年一直到1870年，中国的经济总量一直名列世界第一。而1870年几乎是英国开始工业革命的一个世纪以后；这时中国已经经历了两次鸦片战争，北京遭受过英法联军的洗劫。而在鸦片战争爆发之前的1820年，中国的GDP占世界的比重高达33%（2003，261）。

义政治结构显得更缺少政治合法性。这时个人主义社会不仅可能挑战并战胜家庭主义社会，其个人主义制度结构作为家庭主义社会问题的解决方案之一也会成为中国制度演变的一个方向。然而在个人主义社会战胜家庭主义社会的背后，也包含了负面因素。更偏爱战争手段的个人主义社会不仅直接受益于东西方财富分配的改变，而且也因战争需求推动了科技探索而间接受益；如果家庭主义社会在借鉴个人主义制度结构时也变得好战，整个世界只会更糟。我们还需要注意，个人主义的正的贴现率也加速了当代人的经济增长速度，但同时也可能会使当代人提前用完属于子孙的资源。

总而言之，本文只是给出一个家庭主义的研究方向，这一研究方向将会极大地扩展我们的研究视野，为研究家庭主义社会提供一个理论框架，使我们能够进一步理解这种社会的基本逻辑和大量现象，并给出比较东西方社会的新的方法。我预期这种研究方向将会带来对包括中国历史在内的世界历史的重新解释，丰富人类社会探索改进制度结构的选择。

参考文献

[1] 加里·贝克尔. 家庭经济分析. 北京：华夏出版社，1987.

[2] 费成康. 中国的家法族规. 上海：上海社会科学出版社，1998.

[3] 爱德华·吉本. 罗马帝国衰亡史. 上海：商务印书馆，1997.

[4] 何怀宏. 世袭社会及其解体. 上海：上海三联书店，1996.

[5] 李卿. 秦汉魏晋南北朝时期家族、宗族关系研究. 上海：上海人民出版社，2005.

[6] 梁漱溟. 梁漱溟学术论著自选集. 北京：北京师范学院出版社，1992.

[7] 安格斯·麦迪森. 世界经济千年史. 北京：北京大学出版社，2003.

[8] 路易斯·亨利·摩尔根. 古代社会. 北京：商务印书馆，1997.

[9] 谈敏. 法国重农学派学说的中国渊源. 上海：上海人民出版社，1992.

[10] 杨复竣. 中华万姓同根. 郑州：中州古籍出版社，2004.

[11] 张光直. 商代文明. 北京：北京工艺美术出版社，1999.

[12] 张祥龙. 思想避难：全球化中的中国古代哲理. 北京：北京大学出版社，2007.

[13] 张岩. 图腾制与原始文明. 上海：上海文艺出版社，1995.

[14] 张岩.《山海经》与古代社会. 沈阳：文化艺术出版社，1999.

[15] 张岩. 从部落文明到礼乐制度. 上海：上海三联书店，2004.

[16] 赵诚. 甲骨文与商代文化. 沈阳：辽宁人民出版社，2000.

[17] 赵汀阳. 天下体系——世界制度哲学导论. 南京：江苏教育出版社，2005.

[18] 周洁. 中日祖先崇拜研究. 北京：世界知识出版社，2004.

[19] 朱凤瀚. 商周家族形态研究（增订本）. 天津：天津古籍出版社，2004.

仁、恕与交易秩序

姚中秋*

中国第一位自由商人为孔子最杰出的弟子之一——子贡，而仁、恕两个基本原理，正是孔子在与子贡的讨论中提出的。这一长期被忽视的事实表明儒家理念与企业家活动之间存在着深刻的联系。本文将借助奥地利学派企业家理论和斯密关于通情心、公正的旁观者理念，对儒家之仁、恕理念与交易秩序之间的关系，略作讨论。

子贡之企业家能力

交易秩序形成于企业家之互动。因此，理解交易秩序，当自企业家能力（entrepreneurship）始。文献关于孔子最为聪明而杰出的弟子——子贡的记载，即清楚揭示了企业家能力之内涵。端木赐，字子贡，也写作子赣，孔子弟子。《史记·货殖列传》记载：

子赣既学于仲尼，退而仕于卫，废著、鬻财于曹、鲁之间。七十子之徒，赐最为饶益。

【集解】：徐广曰："子赣传云'废居'，著犹居也，著读音如贮。"

【索隐】：著音贮。《汉书》亦作"贮"，贮犹居也。《说文》云："贮，积也。"①

孔子弟子中，子贡经商，且十分成功，因而也最为富裕。《史记·仲尼弟子列传》更为详尽地记载了子贡经商成功之道：

子贡好废、举，与时转货赀。

【集解】：废举，谓停贮也。与时，谓逐时也。夫物贱，则买而停贮，值贵，即逐时转易，货卖取资利也。

【索隐】：按：家语"货"作"化"。王肃云："废举，谓买贱卖贵也；转化，谓随时转货以殖其资也。"刘氏云："废，谓物贵而卖之，举，谓物贱而

---

* 姚中秋：北航人文与社会科学高等研究院教授，天则经济研究所理事长

① 《史记》三家注，卷一百二十九，《货殖列传》第六十九。

收买之，转货谓转贵收贱也。”①

综合各家注释，“废”者，高价出售；“举”者，“贮藏”也，低价购进。“时”者，时机，机会。“货”者，货物也，“赀”者，钱财也。“转货赀”者，在货物与货币之间、在货物之间转换。司马迁说，子贡总是能在最合适的时间点上，买进或者卖出。奥地利学派所谓“企业家能力”，无非如此。

然而，企业家如何做到这一点？《论语·先进篇》有言：

子曰：“赐不受命而货殖焉，亿则屡中。”

“命”者，赐命也。封建时代从事商业皆需要诸侯、大夫之赐命，相当于欧洲的特许状。到春秋末期，礼崩乐坏，子贡从事商业活动，不必再借助赐命，而是自由从业。可以说，子贡是中国历史上第一批自由商人。《史记·货殖列传》所列货殖人物，也即自由商人，子贡当为第一人②。

至关重要的是亿。“亿”者，亿度也，也即推测、猜测、探索。《论衡·知实篇》解释这句话含义如下：

孔子曰：“赐不受命而货殖焉，亿则屡中。”罪子贡善居积，意贵贱之期，数得其时，故货殖多，富比陶朱。然则圣人先知也，子贡亿数中之类也。圣人据象兆，原物类，意而得之；其见变名物，博学而识之。巧商而善意，广见而多记，由微见较，若揆之今睹千载，所谓智如渊海。

子贡精于猜度市场之变动，善于把握时机，且因时而动。这就是奥地利学派所说企业家之核心能力，米塞斯说：

“经济学，在说到企业家的时候，并不是想到一些人，而是想到一个确定的功能。这个功能不是某一组人或某阶层的人所具有的特质，而是每一个行为所固有的，每个行为人所承担的。把这个功能体现于一个假想的人物，这是我们在方法上的权宜之计。用在交换学的‘企业家’一词是指：专从每一行为的不确定性这方面来看的人。③”

人必须在实践过程中面对未来的不确定性进行决策，每个人都是这个意义上的企业家。而在实践过程中面向未来不确定决策之能力，就是企业家能力。企业家能力之核心就是孔子描述子贡之“亿”，在现实的企业家、商人身上，这种企业家能力即表现为对于市场相关数据的猜度能力，米塞斯说：

“企业家，像每个行为人一样，经常是一个投机者。他应付未来的一些不确定的情况。他的成功或失败，决定于他对这些不确定的事情预测正确与否。

① 《史记》三家注，卷六十七，《仲尼弟子列传》第七。

② 《货殖列传》文本列范蠡为第一人，但子贡之年岁当长于范蠡。

③ Ludwig von Mises. 人的行为（上）. 夏道平译. 广州：远流出版公司，1991. 346.

如果他不能领悟将来的事情，他就倒霉。企业家利润的唯一来源，是他对消费者将来的需求预料得比别人更正确些的这个能力。”①

企业家的活动是面向未来的，因此，企业家只能依据自己的想象猜度消费者未来之需求。企业家也正是依据自己所猜度之消费者需求组织生产、提供服务的。当然，此产品、服务到达消费者面前时，完全有可能被消费者拒绝，其猜度落空。这样，企业家所期待的交易就无从发生。因此，企业家之核心能力在于准确地猜度消费者将来的需求，满足他自己想象的他人之需要。猜度能力是企业家最为核心的能力，企业家在市场活动取得成功之程度，由其猜度之准确程度决定。

当然，企业家所猜度者，不仅是消费者之未来的需求，他首先必须猜度，谁是他的消费者。他组织生产，必会瞄准某些人。但这些人未必就是他最为恰切的消费者。如司马迁记载子贡所提到的，企业家还必须猜度买进、卖出之“时”，必须猜度买进何种货物，卖出何种货物等。

总之，企业家之核心能力是在不确定的时间过程中的猜度能力。企业家能力在其心，企业家能力是心的一种能力，企业家凭着自己的心猜度他人之心，并据此作出决策，从而驱动人与人之间在多个层面上的耦合。卓越的企业家首先具有猜度他人之心的卓越能力。要理解企业家能力，必然进入人心。

仁、sympathy 与交易之必然性

那么，企业家何以能以己之心猜度他人之心？依于仁。《论述·述而篇》：

子曰：“仁远乎哉？我欲仁，斯仁至矣。”

《朱子集注》：“仁者，心之德，非在外也。放而不求，故有以为远者；反而求之，则即此而在矣，夫岂远哉?”程子曰：“为仁由己，欲之则至，何远之有?”②

孔子说，仁是人内在固有的，且为人人所有。然而，何谓仁?《中庸》：

仁者，人也，亲亲为大。

郑玄注：“人也，读如相人偶之人。以人意相存问之言。”③

《仪礼·聘礼》：“公揖，入每门，每曲揖。”郑玄注：“每门辄揖者，以相人偶为敬也。”④《诗·桧风·匪风》：“谁能亨鱼？溉之釜鬵。”郑玄笺云：

① Ludwig Von Mises. 人的行为（上）. 夏道平译. 广州：远流出版公司，1991. 384.

② 《论语集注》《述而》第七。

③ 《礼记正义》卷五十二，《中庸》第三十一。

④ 《仪礼注疏》卷二十，《聘礼》第八。

“谁能者，言人偶能割亨者”。孔颖达疏曰：

人偶者，谓以人意尊偶之也。《论语》注：“人偶，同位人偶之辞”；《礼》注云：“人偶，相与为礼仪”，皆同也。亨鱼小伎，谁或不能？而云谁能者，人偶此能割亨者，尊贵之，若言人皆不能，故云谁能也。[①]

至此，“相人偶”的意思也就比较清楚了：“偶”者，对偶也。“人偶”就是视对方为与己相同之人，而予以尊重。“相”者，相互也。“相人偶”就是人们相互把对方视为与己相同之人。“人偶”是当单方面对人之态度，“相人偶”则是人们相互对待之态度。

因此，“仁”就是人们“以人意相存问”，也即人们以待人之道相互对待。我将对方视为一个与我完全相同的完整的人，他是个人而不是物，我不可把他视为实现自己目标的工具。他要追求他生命的完整性，他与我一样有尊严。我必须按照对待一个人的方式对待他。这就是仁最为基础的含义。仁为人内在固有之天性，内在于人心中。

后来孟子更为明确地提出一个基本伦理命题：

孟子曰：“人皆有不忍人之心。”

赵注：“言人人皆有不忍加恶于人之心也。”[②]

集注：“天地以生物为心，而所生之物，因各得夫天地生物之心以为心，所以人皆有不忍人之心也。[③]”

孟子举例论证不忍人之心的自然性：

“所以谓人皆有不忍人之心者，今人乍见孺子将入于井，皆有怵惕恻隐之心。非所以内交于孺子之父母也，非所以要誉于乡党朋友也，非恶其声而然也。”

赵注：“孺子，未有知之小子。所以言人皆有是心，凡人暂见小孺子将入井，贤愚皆有惊骇之情，情发于中，非为人也，非恶有不仁之声名，故怵惕也。”[④]

集注：“怵惕，惊动貌。隐，痛之深也。此即所谓不忍人之心也。内，结。要，求。声，名也。言乍见之时，便有此心，随见而发，非由此三者而然也。程子曰：‘满腔子是恻隐之心。’谢氏曰：‘人须是识其真心。方乍见孺子入井之时，其心怵惕，乃真心也。非思而得，非勉而中，天理之自然也。内

---

① 《毛诗正义》卷七，七之二。

② 《孟子注疏》卷三下，《公孙丑章句上》。

③ 《孟子集注》卷三，《公孙丑章句上》。

④ 《孟子注疏》卷三下，《公孙丑章句上》。

交、要誉、恶其声而然，即人欲之私矣。’”①

人之为人的最本能、最基础也最根本的情感是不忍人之情。所以，人猛然见到孺子匍匐即将入井之场景，其怵惕、恻隐之心即刻发动，而有援之以手的反应。值得注意的正是“乍见”之场景设定。孟子之用意正在把人还原到最本能、最原始之状态，人心之自然倾向于此刻此情中清晰呈现。由乍见而援手之事实，即可见不忍人之心乃人之为人的最为深层次的心，也就是人的本能性情感。从孟子所举之例可看出，不忍人之情的含义除赵岐注指出的“不忍加恶于人”之情外，也包括不忍见他人遭受痛苦、陷入绝境之情。前者是主动的，后者是被动的，由后者更见人之本心。

孔孟所论之仁、不忍人之心，与苏格兰道德哲学讨论的“通情心（sympathy）”有异曲同工之处。正是人的这一天性，让交易成为人际社会之必然。

亚当·斯密在《国富论》开篇提出经济学之基础命题：“劳动生产力上最大的增进，以及运用劳动时所表现的更大的熟练、技巧和判断力，似乎都是分工的结果。”② 在第二章斯密开始解释分工之缘由：

“引出上述许多利益的分工，原不是人类智慧的结果，尽管人类智慧预见到分工会产生普遍富裕并想利用它来实现普遍富裕。它是不以这广大效用为目标的一种人类倾向所缓慢而逐渐造成的结果，这种倾向就是互通有无，物物交换，互相交易。”③

分工形成于人所普遍具有的交易倾向。斯密接下来提出一个十分重大的问题：

“这种倾向，是不是一种不能进一步分析的本然的性能，或者更确切地说是不是理性和言语能力的必然结果，这不属于我们现在研究的范围。这种倾向，为人类所共有，亦为人类所特有，在其他各种动物中是找不到的。”④

交易倾向是人的本能，还是理性与言语能力之产物？此处，斯密没有回答这个问题，而指出，这种交易倾向是人普遍具有的，且为人所特有。《道德情感论》对上述问题则作出回答。其开篇云：

“不论我们设想人有多自私，但很显然，在他的天性中有一些原则，这让

① 《孟子集注》卷三，《公孙丑章句上》。

② ［英］亚当·斯密．国民财富的性质和原因的研究（上卷）．郭大力，王亚南译．北京：商务印书馆，1983．5．

③ ［英］亚当·斯密．国民财富的性质和原因的研究．郭大力，王亚南译．北京：商务印书馆，1983．12．

④ ［英］亚当·斯密．国民财富的性质和原因的研究．郭大力，王亚南译．北京：商务印书馆，1983．13．

他对他人的命运感兴趣，并视他们的幸福为他的，而尽管他从中所得到的，无非看到他的愉悦而已。当我们看到他人的不幸或者设身处地地想象这不幸而产生的那种情绪反应，怜悯或者同情，就属于这种天性。我们常常因他人之悲伤而悲伤，这是一个再明显不过的事实，无须举例证明。这样的情感，以及人性中的其他本源性激情，并不限于那些有德和富有人性者，尽管他们能最为敏感地感受到这种情感。最坏的恶棍，社会法律之最冷心肠的破坏者，也不会一丝没有。”

“……当我们看到对准另一个人的腿或臂的一击即将落下之际，我们会很自然地收缩、抽回我们自己的腿或臂；而当其真的落下，我们会在某种程度上感受到它，除了那受害者外，仿佛自己也受到伤害。”①

“通情心”是人的自然禀赋，是人皆具有的。斯密的关注点不是人性究竟是善的还是恶的，而指出了人之存在的一个基本事实：人心被赋予了关注、感受以及想象他人的自然倾向与能力。正是这种本能之心，让人与他人天然具有联系，道德、正义皆由此通情心而生发。就其性质和对于德行之功能，通情心均类似于孟子所说的不忍人之心。

就其性质和对于德行之功能，通情心类似于孔子所说的仁。因为通情心或者仁，交易就成为人文明地生存的唯一手段。首先，人的文明生存必依赖他人：

“别的动物，一达到壮年期，几乎全都能够独立，自然状态下，不需要其他动物的援助。但人类几乎随时随地都需要同胞的协助……”②

关于这一点，《吕氏春秋·恃君篇》有更为精彩之论述：

“凡人之性，爪牙不足以自守卫，肌肤不足以扞寒暑，筋骨不足以从利辟害，勇敢不足以却猛禁悍，然且犹裁万物，制禽兽，服狡虫，寒暑、燥湿弗能害，不唯先有其备，而以群聚邪。群之可聚也，相与利之也。”

鲁宾孙或许可以生存，但绝不可能文明地生活。合群的生活就是文明人基本的也是唯一的生存形态。然而，人依赖他人，可采取多种方式，《国富论》中这样论述：

“一个动物，如果想由一个人或其他动物取得某物，除博得授予者的欢心外，不能有别种说服手段。小犬要得食，就向母犬百般献媚；家狗要得食，就作出种种娇态，来唤起食桌上主人的注意。我们人类，对于同胞，有时也采取

① Adam Smith. *The Theory of Moral Sentiments*. London：Penguin classics，1982. pp. 9 – 10.

② ［英］亚当·斯密. 国民财富的性质和原因的研究（上卷）. 郭大力，王亚南译. 北京：商务印书馆，1983. 13.

这种手段。如果他没有别的适当方法，叫同胞满足他的意愿，他会以种种卑劣阿谀的行为，博取对方的厚意。不过这种办法，只能偶一为之，想应用到一切场合，却为时间所不许。一个人尽毕生之力，亦难博得几个人的好感，而他在文明社会中，随时有取得多数人的协作和援助的必要。”①

斯密在这里只是讨论了取媚他人，而没有讨论另外两种情形：抢劫和欺诈。理论上说，这也是依赖他人的方式。斯密没有提及这两种，也许与斯密关于通情心的论断有关。人皆有通情之心，即便在没有法律的自然状态下，公正的旁观者也会禁止人做这种事情。也正因为人有这种情感倾向，法律才得以产生：人们不愿看到他人抢劫、欺诈，哪怕是抢劫、欺诈他人，人们会自然地断定这是不正当的，并支持制定禁止那些不正当行为法律并强制执行之。

仁亦排除抢劫，而把交易确立为人际相互依赖的唯一方式。《汉书·刑法志》序言有这样一段论述：

“夫人宵天地之貌，怀五常之性，聪明精粹，有生之最灵者也。爪牙不足以供耆欲，趋走不足以避利害，无毛羽以御寒暑，必将役物以为养，用仁智而不恃力。此其所以为贵也。故不仁爱，则不能群；不能群，则不胜物；不胜物，则养不足。”

人与禽兽的区别就在于，人不依赖其自然的身体之力而依赖心灵，依赖天命于人之仁与智，尤其是仁。仁是最根本的，仁让人以人相对待。当一个人具有经济性需求，而与另一个人相对，他会把对方视为与自己相同的人。他会告诫自己，不去抢劫他，也不去欺诈他。当然，也不应当取媚他，唯一正确——不仅对自己正确也对对方正确的方式是与他平等地交易。由此，双方同时实现了自己的目标。

正是人自然地具有的内在之仁，让人“以人意相存问”，也即相互尊重。由此，就人的生存而言，交易是必然的，因为，只有交易，能让所有人均等地各自实现自己的目的。人际之交易无所不在，交易构成人与人合群之机制。群不是静态的，而是动态地生成的，并借助于人的行动而维持其存在。持续而广泛的交易就是合群之纽带。

纵横交错的交易关系将人们联结成群。没有交易，人就是离散的，就不存在群。正是这一点，将人与禽兽区别开来。禽兽也可能合群地存在，但这种合群更多是本能，禽兽遗传了合群之本能。人则以有意识的交易作为合群之纽带，从这个意义上说，比起禽兽，人的合群性生存更为艰难。人可以选择，因

① ［英］亚当·斯密．国民财富的性质和原因的研究（上卷）．郭大力，王亚南译．北京：商务印书馆，1983．13．

此，人必须自觉。唯有借助于“思”，人才能选择合群性生存。

由此，交易的必然性是脆弱的，需要借助于规则及教化，才能实现。人间规则如礼，恰是因应人际交易而生成的，《礼记·曲礼上篇》：“礼尚往来，往而不来，非礼也；来而不往，亦非礼也。”礼的根本作用就是保证交易之公平性，而公平之基础就是仁。规则生成于不断重复的交易活动中，唯有那些相对公平的交易模式能够被双方同时接受，并且被人模仿，其中的惯例即可扩展而成为一般性规则。

此处之交易是广泛的，包括经济领域中之交易。而同样是仁，尤其是其所引申的恕，让交易成为可能。

恕、公正的旁观者与交易机制

由仁而有恕。在孔子那里，恕有两个维度：第一个维度是积极的，《论语·雍也篇》记载孔子与子贡的对话：

“夫仁者，己欲立而立人，己欲达而达人。能近取譬，可谓仁之方也已。”

朱子注：“以己及人，仁者之心也。于此观之，可以见天理之周流而无闲矣。状仁之体，莫切于此。譬，喻也。方，术也。近取诸身，以己所欲譬之他人，知其所欲亦犹是也。然后推其所欲以及于人，则恕之事而仁之术也。”①

第二个维度是消极的，《论语·卫灵公篇》：

子贡问曰：“有一言而可以终身行之者乎？”

子曰：“其恕乎！己所不欲，勿施于人。”

《朱子集注》：“推己及物，其施不穷，故可以终身行之。尹氏曰：‘学贵于知要。子贡之问，可谓知要矣。孔子告以求仁之方也。推而极之，虽圣人之无我，不出乎此。终身行之，不亦宜乎？’”②

又《论语·里仁篇》：

子曰：“参乎！吾道一以贯之。”曾子曰：“唯。”子出。门人问曰：“何谓也？”曾子曰：“夫子之道，忠恕而已矣。”

《朱子集注》：“尽己之谓忠，推己之谓恕。而已矣者，竭尽而无余之辞也……或曰：‘中心为忠，如心为恕。’于义亦通。程子曰：‘以己及物，仁也；推己及物，恕也，违道不远是也。忠恕一以贯之：忠者天道，恕者人道；忠者无妄，恕者所以行乎忠也；忠者体，恕者用，大本达道也。此与违道不远

① 《论语集注》，《雍也》第六。

② 《论语集注》，《卫灵公》第十五。

异者，动以天尔。’”①

恕者，如心也。恕就是以心比心，如朱子注，恕就是“推己及人”。“推”是这样一种心理机制：我拟对他人有作为，不论是言语或行动，或者有所不为，我将想象，他人希望我对他如何作为或者不作为。而对他人的想象基于对我自己的内省，因为，我跟他人是相同的人。基于我对自己的内省，也即“近取诸譬”，我可以完全想象他人之所欲或者不欲。恕就是推。

孟子曾经更为明确地提到“推”，《孟子·梁惠王上篇》：

“老吾老，以及人之老；幼吾幼，以及人之幼。天下可运于掌。《诗》云：‘刑于寡妻，至于兄弟，以御于家邦。’言举斯心加诸彼而已。故推恩，足以保四海；不推恩，无以保妻子。古之人所以大过人者，无他焉，善推其所为而已矣。”

孟子此处讨论者为政治领域之“推”，经济领域之“推”与此相当。

值得注意的是，上述孔子关于恕的两个论断，皆出自与子贡的讨论。很有可能，子贡把自己的商业经验报告给孔子，师徒据此对人际合作秩序之基本原理进行探讨，孔子将其发展为普遍的伦理原则。可以合理地推测，其经验依据是商业性交易，故此原则可适用于理解商业性交易。

“推”就是交易运作之机制，交易过程之机理就是推己及人。我是一个人，其他人也是人，我可以确定，其他人与我的心理是相同的，至少是类似的。如果我认为某种物品对我、对人是有用的，那我可以合理地判断，它对其他人也是同样有用的。我确信，假如我生产出这种物品，并将其送到他们面前，其他人愿意得到这种物品。据此，我组织生产和供应这种物品。反过来，我认为有害的东西，其他人也会认为是有害的。我确信，假如我生产出这种物品，并将其送至其他人面前，其他人会拒绝。据此，我不去生产和供应这种物品。

定价也借助于“推”而展开。价值是主观的、个体的，我只能评估某个物品或服务对自己而言的价值，以此对物品定价。这是个体的主观定价。但是，因为他人与我是相同的人，因此，我可合理地推想，他人会接受我所确定之价格。我不会确定一个过于离谱的价格，我自己不会接受，也不能期待他人接受。

斯密构想基于其通情心，构想了“公正的旁观者”，人借此而可以人观己，其功能类似于孔孟之推己及人。

通情心不仅让我与他人感同身受，还让他人进入我的心灵中，成为我自我

---

① 《论语集注》,《里仁》第四。

评价的一面镜子，这面镜子之人格化形象，斯密称为“旁观者”，更多的时候称为“公正的旁观者（impartial spectator）”。它是我的想象，但在心灵中是真实存在的，并有效地发挥作用。一个人的心灵中其实由两个主体共同构成：作为当事人的我和我想象的公正旁观者。当事人与这个想象的公正的旁观者之间会形成互动：

为了产生这种一致的情感，天性会教导旁观者设想所涉当事人之境况，也会同样地教导当事人设想旁观者之境况。旁观者一直把自己置于当事人的位置，从而想象他所能感受的类似的情感；同样地，当事人也会一直把自己置于旁观者位置上，从而想象对自己命运的某种冷静。他意识到，旁观者会带着这种冷静看待自己的命运。旁观者一直在考量他们自己若是受难者将会产生的感受。同样地，当事人也一直被引导按照他如果只是自己境况之旁观者而被触动的那种方式进行想象。旁观者的通情心让他们在某种程度上以当事人的眼光看待那个境况，同样地，当事人的通情心也让他在某种程度上以他们的眼光，尤其是以他们在场、并在他们的观察下行动的那种眼光，看待那境况。经过这番想象，那被反思的激情，会比最初大大地弱化，同样地，它必然弱化那在旁观者出现之前、他在以旁观者感受那境况的方式反思，并以公正而无偏私的目光看待他的处境之前所形成的情绪之暴烈程度。[①]

这段读起来十分拗口的论述，阐明了当事人心灵之复杂机制，当事人与他所想象的旁观者之间进行多重的立场互换，从而能够反观自我。而这正是斯密的价值理论和价格理论之心理依据。关于这一点，罗卫东教授有所阐发：

“将斯密在这里的语言转换成经济学的语言，那么就是，如果市场机制是完全和公正的，在评价商品的实际价值时能够做到像一个公正的旁观者判断一种行为的德行时一样，那么市场价格必定与商品的自然价值相一致，社会给予商品的评价与该商品的价值是完全相等的，如果市场机制发生了扭曲，那么在商品的价值与市场价格之间就会发生偏离。但是从全局和长期来看，商品的价值和价格总是一致的。换言之，效用不应该成为价格的基础，但是在现实的经济运行中效用往往成为价格的决定因素，这就像机运决定的功效成为德行的决定因素一样。”[②]

通情心让理性的定价过程成为可能，公正的旁观者则可大幅度降低这一定价过程的成本。对于一种财货的价值，人们必有主观上的不同判断，但通情心

---

① Adam Smith. *The Theory of Moral Sentiments*. London：Penguin Classics，1982. p.22.

② 罗卫东. 情感、秩序、美德——亚当·斯密的伦理世界. 北京：中国人民大学出版社，2006. 352.

让这种判断不可能相距甚远。即便相距甚远，置身于定价过程中的当事人，也可以在自己心灵的公正的旁观者的引导下，听取对方的报价。公正的旁观者会推动双方共识的达成，由此而使交易得以完成。

孔孟与斯密之差别

若仔细分析即可发现，孔孟与斯密之间仍存在一些差异，而孔子理念中的企业家与米塞斯的企业家较为接近，也更恰当地阐明了企业家能力。

关于人如何交易，《国富论》有这样的解释：

但人类几乎随时随地都需要同胞的协助。要想仅仅依赖他人的恩惠，那是一定不行的。他如果能够刺激他们的利己心，使有利于他，并告诉他们，给他做事，是对他们自己有利的，他要达到目的就容易多了。不论是谁，如果他要与旁人作买卖，他首先就要这样提议：请给我以我所要的东西吧，同时，你也可以获得你所要的东西。这句话是交易的通义。

我们所需要的相互帮忙，大部分是依照这个方法取得的。我们每天所需的食料和饮料，不是出自屠户、酿酒家或烙面师的恩惠，而是出于他们自利的打算。我们不说唤起他们利他心的话，而说唤起他们利己心的话。我们不说自己有需要，而说对他们有利。

斯密引入了“利己心”，《道德情感论》开篇第一句也是，“不论我们设想人有多自私”[①]。利己心似乎就是交易活动中通情心所想象的实体内容。斯密似乎相信，我之所以进行交易，是为了获得我所需要的东西。因此，我也想象，他人之所以与我交易，乃是因为他想获得他所需要的东西。而且，请注意斯密的次序：每个人的目的，都是为了获得自己所需要的东西。当然，他通过满足其他人的需要来满足自己的需要。

孔子则主张，“己欲立而立人，己欲达而达人”。这句话在交易活动中的具体含义，借助奥地利学派对企业家活动之揭示，可有更为深切的理解。

在斯密那里，作为交易一方的我这样提议：请给我以我所要的东西吧，同时，你也可以获得你所要的东西。交易之驱动性力量是“我要”，我希望拥有某个东西。反观前文所引米塞斯关于企业家的论述即可发现，在米塞斯这里，我猜测你需要某个东西，我把这个东西生产出来，并呈现在你面前，你果然喜欢，并支付我所需要的东西。交易的驱动性力量是“我知道你要”。

应当说，斯密和米塞斯设想的交易活动都是在两个人之间进行的，但斯密的交易活动之重心更多地偏向于我，米塞斯的交易活动则更多偏向于你。也恰

① Adam Smith. *The Theory of Moral Sentiments*. London：Penguin Classics，1982. p. 9。

恰因为这一点，米塞斯的企业家具有更多的创造性。在斯密那里，财货已经在那儿了，我已经把它生产出来，至于是依据什么生产的，斯密没有讨论。在米塞斯那里，交易活动是因你而起的，而你不是我，你是什么，你需要什么，你喜欢什么，我只能猜测。因此，我必须最为充分地运用我的想象力、创造力，以让我的财货能为你所接受。这样，那个财货本身，就已经融入了我对你的想象。从某种意义上说，那个财货就是公正的旁观者之物质化，但它出自我的想象。

可以说，米塞斯的交易理论深化了斯密的交易理论，由此，米塞斯抛弃了斯密提及的利己心。对于交易活动之启动和展开而言，斯密念念不忘的“利己心”，实为一个多余的预设。哈耶克已很明确地指出过这一点，尽管这一点经常被人忽视：斯密从来没有发明“经济人”这样的概念[①]，利己心也不应当被理解为“只关注一个人自身的即时性需要”[②]，正确的说法应当是“允许人们去追求他们认为可欲的人和目的”[③]。其实可以更为彻底：对于交易活动而言，最为重要的问题是，知道他人的想法，面向他人安排自己的资源。自身的需要当然是存在的，但是，它只在“迂回”到他人的过程中，才是有意义的[④]。如果不能正确地猜度他人，那就没有交易，自身的需要就毫无意义。

奥地利学派所说的企业家的活动之性质，就是孔子所说的“己欲立而立人，己欲达而达人”。交易活动的驱动性力量是立人、达人，我依照我之所欲立者而立你，我依照我之所欲达者而达你。我会尽最大的努力理解你，体会你，你深度地进入我的心灵中，我根据我的心灵中所构想的你的偏好安排我的活动。我必须“迂回”于你之中。

这当然是心灵的功能。从根本上说，交易活动是心灵的活动、精神的活动。由此，你与我之间就有深度的交融。一个人要在交易上取得成功，或者更宽泛地说，一个人要更好地生活，就需要在立人、达人上下功夫。为此，也就必须体会仁，也即把他当作与自己完全相同而具有独立尊严的人对待，且立之、达之。

---

① ［英］F. A. 冯·哈耶克. 个人主义与经济秩序. 邓正来译. 北京：生活·读书·新知三联书店，2003. 16.

② ［英］F. A. 冯·哈耶克. 个人主义与经济秩序. 邓正来译. 北京：生活·读书·新知三联书店，2003. 19.

③ ［英］F. A. 冯·哈耶克. 个人主义与经济秩序. 邓正来译. 北京：生活·读书·新知三联书店，2003. 21. 哈耶克也清楚指出：“真个人主义首先是一种社会理论。”“那种认为个人主义乃是一种以孤立的或自足的个人的存在为预设的（或者是以这样一项假设为基础的）观点”，是“最为愚蠢的误解”。（第11页）

④ “迂回”是奥地利学派生产理论中非常重要的一个概念。

而要做到这一点，就需要《大学》所说之格物、致知，尤其是诚意、正心的工夫。《论语·里仁篇》：“子曰：‘唯仁者能好人，能恶人。’”最伟大的企业家就是这样的仁者，只有他对人心有深刻的把握，才能够好人、恶人，从而能够把人最渴望的产品和服务送到人的面前。企业家能力就是恕的能力。

代谢增长论：市场份额竞争，学习不确定性和技术小波

陈　平*

一、引言

存在两种相互矛盾的技术发展观。新古典增长理论将技术进步视为完全预期下的平滑轨迹，可以用柯布—道格拉斯（Cobb-Douglas）函数为基础的线性对数模型来描述（Solow，1957；Romer，1986；Aghion and Howitt，1998；Dasgupta，2010；Kurz，2012）。经济学家则注意到工业经济的波样运动和革命性的变化（Schumpeter，1939；Toffler，1980；Ayres，1989；Rostow，1990）。本文在市场份额竞争中引入非线性人口动态学来发展第二种研究的视角。

均衡观点描述了关于收敛（资本积累的外生增长理论）和发散（知识积累的内生增长理论）经济增长的单向因果关系。与此不同的是，生物演化和工业革命揭示出清晰和动态的新陈代谢方式和双向演化的复杂形态。换言之，不同地区和不同阶段会分别显示发散或收敛的演化趋势，不存在制度趋同的优化（或普适价值）规律。

历史上，是经济学家马尔萨斯关于资源约束和人口增长的理论激发了达尔文的生物进化论（Malthus，1798；Darwin，1859）。逻辑斯蒂模型（logistic model）和食珥—捕食者模型（prey-predator model）都被用于建立经济周期模型（Goodwin，1967；Samuelson，1971；Day，1982）。我们将考虑一个新要素——面对学习不确定性的文化战略，它将有助于理解世界发展史上不同文明的分工模式（Chen，1987）.

我们将在本文提出关于经济增长的两个基本问题。

第一，知识的本质是什么？内生增长理论通过干中学效应提供了一个知识积累的静态图景（Arrow，1962）。这一理论意味着富者（技术革命的先行者）和贫者（技术革命的跟进者）之间存在不断增长的贫富分化趋势。这一图景与世界历史上不同国家和文明的兴衰经历并不相符。

第二，如何理解全球变暖和生态危机的根源？新古典 *AK* 模型的柯布—道

* 陈平：复旦大学新政治经济学研究中心

格拉斯生产函数隐含无限资源的条件[①]。这一分析框架不能讨论当代重大的生态危机和全球变暖问题。

众所周知，工业经济由一系列新技术驱动，如煤、石油、电力和核能的技术开发出新的资源。技术进步的波动可以用资源约束条件下的人口动态学描述，包括著名的S形逻辑斯蒂曲线以及Lotka-Volterra物种竞争模型（Pianka，1983；Nicolis and Prigogine，1977）[②]。熊彼特长波和创造性毁灭可以通过逻辑斯蒂小波的新陈代谢运动来描述。文化在面临学习不确定性时扮演了战略性角色（play a strategic role）。西方分工模式以劳动节约的资源密集型技术为特征；而中国模式主要由资源节约的劳动密集型技术驱动。

理论的思维范式变革是和数学表象的改变分不开的。经典物理的数学表象是圆周运动和周期波，成为机械运动的基础。新古典经济学的数学表象是布朗运动和白噪声，用来描写市场自发运动的均衡和无序。周期波的震荡无穷长，白噪声的冲击无穷短，都无法描述生命的有限周期和有限生命。为此，我们引入新的小波表象。小波可以看做是长波的一个片断，但是一系列的小波就构成生命的新陈代谢。每段小波相似而不相同，代表生命和社会发展的每个阶段都有相似之处，也有不同之处。逻辑斯蒂小波是生态系统产生的小波，可以作为新的演化经济学理论的数学基础。经济发展的动力是技术进步，我们用一系列技术小波的发展来描写微观、宏观、金融、制度的变革，比新古典经济学用大量噪声或随机游走来描写市场机制，更接近工业化经济的历史经验。

本文由以下几部分构成。第二部分，讨论世界历史上挑战经济增长理论的基本事实，如资源差异和非平衡增长。第三部分，发展资源约束条件下增长和技术竞争的逻辑斯蒂模型（Chen，1987）。模型非线性解的含义，包括S形曲线和逻辑斯蒂小波，都在演化动态学的视角下讨论。第四部分，面临新的和不确定的资源与市场时，引入学习策略中的文化因素。分工受市场范围、资源种类（number of resources）和环境波动限制。多样性和稳定性之间存在鱼和熊掌不可兼得的“消长（trade-off）”关系（Chen，2008，2010）。第五部分，用我们的方法讨论中国与西方文明分岔的历史之谜以及经济学方法论研究中有争议的基本问题。第六部分为结论，比较经济增长的均衡和演化视角。

---

① 新古典经济学的内生增长模型假设生产函数 $Y = AK$，A 为知识，K 为资本。AK 模型最简单的描述是Cobb-Douglas函数，其对数形式化为最简单的线性模型。线性增长模型是典型的无限增长模型。

② 生态学中逻辑斯蒂模型又称自我抑制性模型或增长阻滞模型。Lotka-Volterra模型把单物种的逻辑斯蒂模型推广到两个或多个物种竞争的情形。逻辑斯蒂模型是最简单的非线性有限增长模型，只包含自变量的二次方。

二、非平稳经济增长和新古典增长理论的局限

索洛的外生增长模型基于规模报酬不变假设，预言经济增长的收敛趋势（Solow，1957）。罗默的内生增长模型，基于知识积累的规模报酬递增假设，宣称经济增长有发散趋势。世界经济观察到的历史表明，实际情况要比新古典增长理论的两个极端模型复杂得多（见表1，表2）

表1　历史统计数据（1913—2001）

真实国内生产总值（GDP）的年平均增长率

	西欧	东欧	亚洲	美国	日本	苏联	中国
1913—1950	1.19	0.86	0.82	2.84	2.21	2.15	-0.02
1950—1973	4.79	4.86	5.17	3.93	9.29	4.84	5.02
1973—2001	2.21	1.01	5.41	2.94	2.71	-0.42	6.72

资料来源：Maddison（2007）。这里的亚洲数据不包括日本。

表2　全球不同时期的非平稳增长（1913—2001）

真实国内生产总值每十年的平均增长率

时段	1970s	1980s	1990s	2000s	时段	1970s	1980s	1990s	2000s
中国	6.2	9.3	10.4	10.5	拉美	6.1	1.5	3.2	3.1
日本	3.8	4.6	1.2	0.7	东欧	4.4	2.3	-2.0	4.3
美国	3.2	3.2	3.4	1.6	西欧	3.1	2.3	2.1	1.1
德国	2.9	2.3	1.9	0.9	澳大利亚和新西兰	2.8	2.9	3.6	3.0
东亚	4.4	5.5	3.3	4.0	世界（平均）	3.8	3.1	2.8	2.5

资料来源：联合国统计局。

我们可以看到1913—1950年间美国拥有全球最高经济增长率，1950—1973年增长最快的是日本，1973—2001年增长最快的是中国。在每个地区或跨国比较中我们也观察不到稳定的收敛或发散趋势。相反，在大国兴衰的过程中我们看到的是增长趋势在不同时期的变化。

众所周知，西方世界的兴起源于殖民主义的资源扩张驱动（Pomeranz，2000）。就人均可耕地面积而言，东亚，包括中国和日本，其人均可耕地数量

明显低于西方（见表3）。

表3 1993年资源与人口的跨国比较（Maddison，1998）

区域	可耕地（%）	人口（百万）	人均可耕地（公顷）
中国	10	1 178	0. 08
欧洲	28	507	0. 26
美国	19	239	0. 73
苏联	10	203	0. 79
日本	12	125	0. 04
印度	52	899	0. 19
巴西	6	159	0. 31
澳大利亚	6	18	2. 62
加拿大	5	28	1. 58

这里的可耕地为总面积中所占的百分比。

亚洲的小型粮食农场与西方的谷物和畜牧业综合农业企业存在显著的区别。显而易见，个人主义文化根植于资源密集的劳动节约型技术，而集体主义文化的形成则与资源不足、人口密集的环境有关。在第5部分，我们将进一步研究文化和资源在现代化赶超博弈中的作用。我们对资源和人口规律的考察源于国家间的比较研究。只要存在相关的数据，我们考虑资源人口关系的研究方法也可以推广到产业间的比较研究。

三、有限增长的逻辑斯蒂模型和物种竞争模型

新古典经济学的柯布—道格拉斯生产函数可以转换成对数线性函数，这意味着新古典经济学的增长理论是没有资源限制和市场规模约束的无限增长。要研究有生态资源约束的增长必需发展非线性动态学。

1. 经济动态学的有限和无限增长

亚当·斯密在《国富论》第三章的标题是“分工受市场规模（market extent）的限制”（Smith，1776）。施蒂格勒称之为“斯密定理”（Stigler，1951）。马尔萨斯（Malthus，1798）进一步指出人口增长受自然资源的限制。

斯密的市场规模限制和马尔萨斯的资源约束可以统一描述为非线性生态模型的“承载能力（carrying capacity）”N^*。将生态模型引入经济学增长，我们

需要改变相关变量的名称。在后面的讨论中，我们将把生态理论的原始名称用括号注明，放在相应的经济学变量之后，读者可以清楚地理解每个变量的生态学含义，以及相应的经济学含义。

从需求方看，n 是买家者的数量（人口数），N^* 是市场规模范围（人口规模边界），它是收入分配的函数。这里的市场规模与人口规模及可支配收入相关。

从供给方看，n 是产出，N^* 是资源约束，它是既有技术和成本结构的函数。如历史上粮食生产的上限，可以通过灌溉技术和肥料的应用增加，也可以通过引入谷物或土豆等新作物增加。

最简单的有限增长模型是演化生态学中二次型的逻辑斯蒂模型（Pianka，1983）。

$$\frac{dn}{dt}=f(n)=kn(N^*-n) \tag{1}$$

这里，n 是产出量（人口数），N^* 是资源约束（人口规模），k 是产出（人口）的增长率。

和新古典经济学静态不变的规模经济特性不同，逻辑斯蒂模型的动态规模经济特性是随时间变化的：在成长期报酬递增，在饱和期报酬递减，只有中间的转折点报酬不变。

动态递增报酬：（2a）；

动态递减报酬：（2b）。

这里的动态规模经济在经济学上是增长量关于变量自身的边际值，$dn/dt=\Delta n$，f'，在数学上 Δn 即关于 n 的导数。

逻辑斯蒂模型是最简单的非线性动态学形式。当 $f(n)$ 不是二次函数时，转折点可能会偏离中点。

相比较而言，新古典经济增长理论的 AK 模型，没有资源约束的条件，只有固定的规模报酬。如新古典模型的稳定性条件只对报酬递减或报酬不变的模型成立。内生增长理论的知识积累模型则要求报酬递增。因此新古典企业理论不理解规模报酬的变化（Daly and Farley，2010），也就无法理解技术或文明的兴衰。

逻辑斯蒂模型在生态学上也称为胡斯特（Hurst）方程（Pianka，1983）。

它的离散时间形式可以产生最简单的决定论混沌（deterministic chaos）①。它的连续时间的微分方程的解构呈 S 形曲线。图 1 为无限的指数增长和有限的逻辑斯蒂增长。

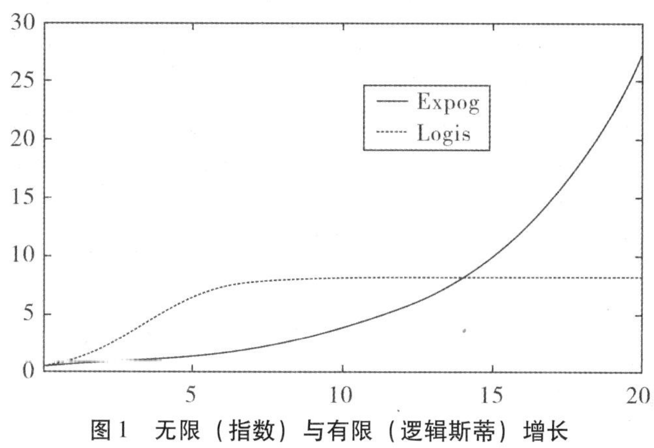

图 1 无限（指数）与有限（逻辑斯蒂）增长

当我们把逻辑斯蒂模型引入经济理论中时，我们的分析单位就不是国家，而是技术或产业，因为每种技术或产业的规模是有限的。如果资源限制是可耕地，我们的分析单位也可以是地区或国家。在经验研究中，这意味着依赖于有效数据的市场范围或资源开发能力。

逻辑斯蒂增长的规律，可以清楚地从产业部门的数据考察中获得，一个典型例子是汽车产业在美国 GDP 中的比率，见图 2（Chen，2010）。

我们可以看到美国汽车产业在 1900 到 1920 年间起飞，在 1930 年之前达到饱和阶段。S 形增长曲线可以在部门分析中考察企业和产业的增长发现。

① 决定论混沌是非线性决定论方程的一种不稳定的数学解。如果初始条件有微小误差，轨道预言的偏差将随时间急剧放大。这就打破了牛顿时代对决定论数学可预测的信念。换言之，非线性可以产生不可预言的不确定性。离散时间的 1 维差分方程产生的决定论混沌，我们称为“白混沌（white chaos）”。白色的含义是它的频谱是水平线，不同频率的强度相同，看上去很像白噪声（white noise）。连续时间的非线性微分方程产生的混沌看来像有一定带宽的有色波动，可称为色混沌。色混沌可以描写生物钟。生命体的内生振荡频率和外生的机械钟不同，不是单一频率，而是有一定的带宽。美国经济波动的周期在 2～10 年之间。

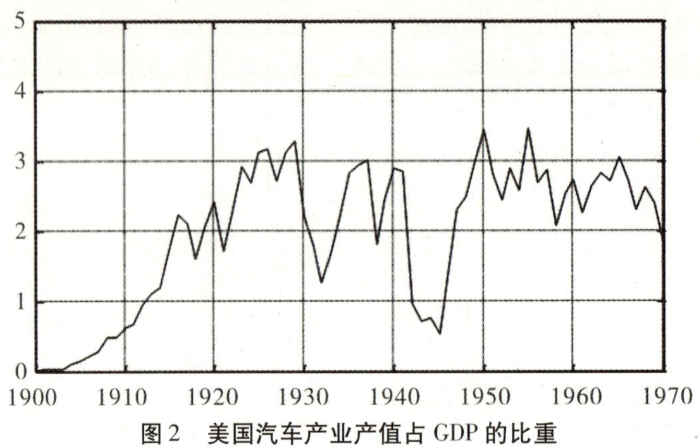

图 2　美国汽车产业产值占 GDP 的比重

2. 开放经济的市场份额竞争模型

现在我们从一种技术拓展至多种技术的市场份额竞争。最简单的资源竞争模型是双物种竞争模型，理论生物学中的 Lotka-Volterra 方程（Pianka，1983）。

$$\frac{dn_1}{dt}=k_1n_1\ (N_1-n_1-\beta n_2)\ -R_1n_1 \tag{3a}$$

$$\frac{dn_2}{dt}=k_2n_2\ (N_2-n_2-\beta n_1)\ -R_2n_2 \tag{3b}$$

和以前一样，我们把生态学的变量用括号表示，放在经济学变量之后。这里，n_1 和 n_2 是技术或产品（物种）1 和技术（物种）2 的产出（人口）。N_1 和 N_2 是他们的资源限制或市场规模限制（承载力）；k_1 和 k_2 是他们的学习（人口增长）率；R_1 和 R_2 是他们的退出（死亡）率；β 是市场份额竞争的竞争（重叠）系数（$0\leqslant\beta\leqslant1$）。

这个公式可以通过引入“有效资源约束”（承载力）来简化：

$$C_i=N_i-\frac{R_i}{K_i} \tag{3c}$$

这里，我们要强调新古典经济学与演化经济学关于技术发展的不同视角。一般均衡模型只考虑封闭经济的特征，如产品生命无限、种类固定的静态模型（Arrow and Debreu，1954）；新古典的动态模型把技术进步描写成随机创新，否认技术革命的突变和波状运动，当然也就否定技术革命引发经济危机的可能性（Aghion and Howitt，1992）。相比之下，人口动态学主要考虑以新技术引入新资源和新市场的开放经济。因此，非线性人口动态学更能反映具有间断性技术革命的工业经济。

我们的人口动态学描述了面对新资源时的学习竞争。这里的人口，指的是某种特定技术的使用者数量。新技术的进入和退出速度，我们用学习过程中的进入和退出率来描写。为从数学上简化，我们将学习率设定为二次形式，而退出率设定为线性形式。这意味着在技术竞争中，学习机制比退出机制更为重要。

退出率的含义可以在方程（3c）中看到。考虑一个农业发展的例子。如果粮食是人口唯一可以获得的食物，那么粮食的退出率 $R_1=0$，且 $C_1=N_1$。然而，如果是新食物，假设是土豆被引入，一部分人口会从粮食转入土豆。因此退出率 $R_1>0$，且 $C_1<N_1$。存在新技术竞争时，有效资源约束会比没有竞争时的原始资源约束要少。换言之，单一技术会导致资源的“竭泽而渔”。发展多种技术可以降低单一资源的利用率，有利于生态系统的休养生息。

竞争系数 β 衡量用同一资源的重叠比例来度量不同技术的竞争程度。$\beta=0$ 时两物种之间在市场上或资源上都无竞争。两类技术都独立地完全扩张，直到其资源限制。现实的情形要复杂得多，如农业和渔业在资源上没有竞争，但是在食物市场上会有竞争，因为多吃水产品就少吃了农产品。

在新古典经济学中，相对价格是资源配置的核心。在一个工业化经济中，市场份额是塑造产业结构的核心。我们可以用市场营销和产业分析中的市场份额数据，来估计竞争系数。

技术代谢理论意味着新技术的产生和旧技术的衰落。技术竞争可能产生两种结果：①在（4a）条件下，旧技术被新技术取代；②在（4b）条件下旧技术与新技术并存。

如果没有第二种技术 n_2 的竞争，当 $n_1=c_1$ 时，即达到有效承载率极限时，增长率为零。由此有效承载率显示的是，物种数量的极限水平，即 n_1 和 n_2 的最大限度。但是，如果存在第二种物种的竞争，那么，资源的有效增长率将如以上公式所示，如果最大限度考虑第二种物种的竞争，即第一种物种的数量接近为零，忽略 n_1 对自己增长率的影响时，增长率的正负号将取决于 $C_1-\beta n_2$，而 n_2 的极限数量为 C_2。

$$\beta\left(N_2-\frac{R_2}{k_2}\right)=\beta C_2>C_1=\left(N_1-\frac{R_1}{k_1}\right) \tag{4a}$$

$$\beta<\frac{C_2}{C_1}<\frac{1}{\beta}\quad \text{Here } 0<\beta<1 \tag{4b}$$

因此，如果新技术的资源约束高出旧技术足够多，新技术将终结旧技术。

两种技术共存时，新旧技术都不能完全开发它们的潜在资源，因为它们的均衡产出小于它们的资源约束（5a，5b，5c）。创造性毁灭的成本是未实现的（过剩）产能。

$$n_1^* = \frac{C_1 - \beta C_2}{1 - \beta^2} < C_1 \quad (5a)$$

$$n_2^* = \frac{C_2 - \beta C_1}{1 - \beta^2} < C_1 \quad (5b)$$

(5c)

如果没有技术 2，技术 n_1 将达到它的完全容量 C_1。技术 n_2 加入市场份额竞争后，技术 n_1 存在两种可能的后果。①技术 1 被技术 2 终结，因此，$n_1 = 0$，$n_2 = C_2$。“创造性毁灭”的成本是旧产能 C_1 的全部损失。这就是在早期发展阶段手工纺织业被机器纺织业毁灭的情况。②旧技术和新技术并存，结果两种技术都存在过剩产能，即（$C_1 - n_1*$）>0 且（$C_2 - n_2*$）>0。

这里种群竞争模型描写了市场份额竞争。如果我们有电脑产业主要企业的市场份额数据，我们就可以将模型应用于刻画营销竞争。如果我们有相关数据，我们也可以研究国家之间的军备竞赛。

奈特（1921）区分了可预见风险与不可预见的不确定性之间的差别。在新古典计量经济学中风险通过方差衡量。这里，我们拥有两种不确定性：新技术的出现时间和新技术的初始条件。因此，不可预见不确定性的存在，使优化或理性预期不可能存在。路径依赖是技术发展的基本特征（David，1985；Arthur，1994）。

凯恩斯经济学对总量有效需求不足的原因，没有给出结构理论。微观基础理论将宏观波动归因于微观家庭的劳动时间，这明显与大多数原理不符，因为大量微观家庭的随机行为会互相抵消，不可能加总为大规模的宏观失业（Lucas，1981；Chen，2002）。我们的理论构造宏观经济周期的中观基础（meso-foundation）：即工业化的技术代谢过程存在过剩产能。过剩产能观测到的成本包括大规模失业，这也就是物理学中典型的废热，或者叫经济熵（Georgescu-Roegen，1971）。

3. 技术生命周期、逻辑斯蒂小波和代谢增长

产品生命周期的概念被广泛应用于经济学和管理学的文献中（Vernon，1966；Modigliani，1976）。我们把生命周期的概念用于分析技术的生命周期。传统上生命周期现象可以描述为多阶段模型。线性动态模型，如协振子无限长的生命周期波动或脉冲式的白噪音模型，都无法描写生命周期，因为生命周期是典型的非线性现象。具有有限生命的逻辑斯蒂小波是描写技术生命周期最简单的非线性表象。熊彼特的长波和创造性毁灭可以用技术竞争模型的一系列逻辑斯蒂小波来描述。

方程 3 的数值解用图 3 表示。

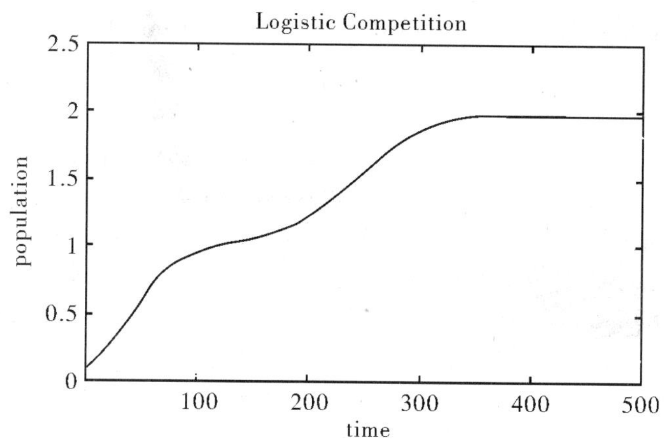

图3 代谢增长用方程（3）的技术竞争描写

当新技术（绿线）出现后老技术（蓝线）下降。总产量是红色的包络线，是两种技术产出的加总。这里的参数是$\beta = 0.4$，$C_1/C_2 = 2$。单位在计算模拟中是任意选定的。

小波表象可以用于分析任何产品、企业、技术和国家的生命周期现象（Eliasson，2005）。经济计量学多用离散时间的线性动态学模型来描写生命周期（Browning and Crossley，2001）。我们的小波模型是连续时间的非线性动态学模型。产品生命周期的逻辑斯蒂小波的时间尺度介于（宏观常用的）几个月到（康德拉季耶夫长波的）几十年之间。

4. 逻辑斯蒂小波四阶段资本和制度的共生演化（co-evolution）

代谢增长模型为资本运动和制度伴随技术波起落的协同演化提供了理论框架。我们可以将逻辑斯蒂波分为四个阶段：Ⅰ. 幼稚期，Ⅱ. 成长期，Ⅲ. 成熟期，Ⅳ. 衰退期（decline）。

新古典理论将资本视为平稳增长的存量，不能解释经济周期和危机复发的内在原因。

小波模型提供了一个资本运动和政策变化的内生机制。

在第一阶段幼稚期，新技术要存活必须跨越某个临界值（survival threshold）。新技术的规模在达到临界值之前难以存活，所以需要知识产权和对外贸易对于幼稚产业的保护。由于此阶段极大的不确定性，私人投资者往往不愿冒险投资新技术。这使新技术的研发主要由公共部门和非营利的大学发起。如互联网和GPS系统就是首先由大学和国家实验室为军事目的而开发的，后来才转向商业用途。

在第二阶段成长期，新技术显示其市场潜力，私人资本涌入，市场份额迅速扩张，新发行的股票价格飞涨。在这一阶段，市场竞争是市场扩张的驱动力。然而，要维护建设性的竞争环境，安全和环保标准，以及金融管制都是必要的。因为羊群行为（herd behavior）可能引发市场扩张期的动荡，2000年的互联网泡沫就是一例。

在第三阶段饱和期，企业利润下降，产业集中度提高。垄断竞争可能阻碍新发明的出现。推行反垄断（anti-trust）法有助于防止市场集中和市场操控。我们发现美国20世纪80年代推行自由化政策后，在2000年前后形成了产业集中趋势，包括电子通信、计算机、软件、航空、银行和零售业都出现寡头垄断。2008年的金融危机根源于金融寡头挤出实体经济的“美国病”（Johnson，2009；Chen，2010）。

真正的挑战发生在第四阶段衰退期。一些夕阳产业挣扎求存或破产终结，过去的投资变成巨大损失。股票价格下跌，融资成本上升，是继续投资救命还是壮士断腕（cut-loss strategy）？这样艰难的抉择是老产业面临生死去留的大问题。关闭夕阳产业带来的大规模失业仍然需要政府援助。从夕阳产业到朝阳产业的就业转型也需要协调私人和公共部门之间的合作。英国煤炭产业就是典型的案例，煤炭业是英国18世纪工业革命的动力，但在20世纪80年代英国煤矿全面亏损不得不关闭许多矿井。政府鼓励幼稚期新技术的推广，重新培训过时技术的失业工人，类似的产业政策和教育政策，对经济复苏当然是有益的。传统的货币政策和凯恩斯主义的财政政策不足以应对这一阶段的结构性调整。这一阶段很可能会发生社会冲突和战争。

同样的道理，制度安排必须适用技术生命周期不同阶段的要求。单靠市场力量不能确保经济的健康发展，因为技术新陈代谢的过程会产生大量的社会不稳定，并强烈冲击生物的多样性。用交易成本理论来反对监管会误导经济政策，因为工业化过程中生态系统是否可持续发展，不能仅仅通过最小化熵（废热耗散或交易成本的大小）来判断。举例来说，金融自由化表面似乎降低交易成本，但是放松对金融投机的监管带来的金融危机，损失超过万亿美元，对实体经济的损害远超过金融市场的交易成本。可见，问题不在于什么大政府还是小政府。真正的挑战在于处理混合经济的复杂性和稳定性时，政府是有效还是无能？市场规制的选择机制是制度演化的核心问题。

四、学习策略中的风险偏好与文化多样性

表3显示出资源—人口比例在亚洲和西方国家之间差异很大。我们可以把西方文明的特征描写为节约劳力、消耗资源的文化；而中国甚至亚洲文明的特征则是节约资源、消耗劳力的文化。从技术上说，中国有能力在哥伦布之前发现美洲大陆（Menzies，2002）。李约瑟提问：“为什么科学和资本主义起源于

西方而不是中国。”（Needham，1954）这个问题的答案可以从研究历史上环境与文化之间的相互作用中得到启示（Chen，1990）。

经济学关于利他主义的性质有过激烈的争论（Simon，1993）。我们认为用经验观察的方法很难从动机上区分利他主义与利己主义行为。但是，我们可以很容易地观察不同文化的风险偏好，如面对未知市场与不确定机遇时的风险规避（risk aversion）与风险追求行为（risk taking），是可以观察的。

在新古典经济学中，经济风险用静态的概率分布来描写，如赌博输赢的概率；新古典经济学的优化思维不考虑战略决策的问题，因为新古典经济学不研究新技术和新市场带来的不确定性。我们的动态竞争模型引入开放经济中的风险偏好：在面对未知市场或未知的新技术的不确定性风险时，如何做战略决策。奈特（Knight，1921）和凯恩斯（Keynes，1936）都强调不确定性的作用，它与静态统计学意义上的风险不同。熊彼特提出的企业家精神的概念，是面对不确定性演化，而不是静态风险时才至关重要。

1. 模仿学习（learning by imitating）和试错学习（learning by trying）：风险规避和风险追求的文化

文化因素在决策和企业战略中起着至关重要的作用。东西方文化“个人主义”的程度存在重大差异。表现在面对新市场和新技术时，风险规避和风

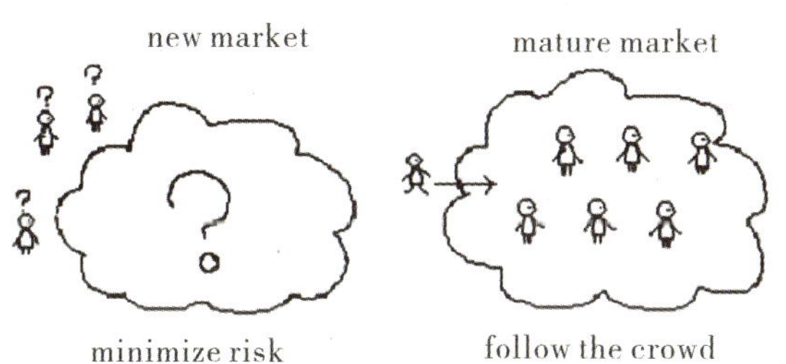

(a) risk-aversion behavior

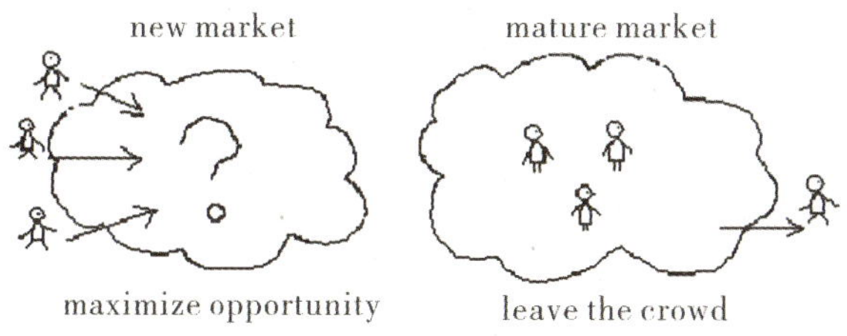

(b) risk-taking behavior

图4 市场份额和技术进步竞争中的风险规避和风险承担行为

(a) 风险规避行为：最小化风险，从众跟风。(b) 风险追求行为：最大化机会，离群独立。

险追求的策略是决然不同的。新古典经济学所谓的“干中学”（learning by doing）策略并不适用于开放经济，因为它描写的知识积累过程仅限于现有的技术（Arrow，1962）。面对一个新的市场，知识来源于尝试性学习，从演化的视角来看，这是一个试错（trial and error）的过程（Chen，1987）。当然还存在另一种替代的策略，就是模仿性学习或从众跟风（following the crowd）。面对新市场或新技术时的风险规避与风险和风险追求偏好可以用图 4 做直观的表现。

图 4 中，不同的风险偏好植根于不同的文化背景。面对一个未知的市场，或未经证实的技术时，冒险的投资者喜欢带头创业，以最大化他们的机遇。而风险规避的投资者宁愿观望和跟风，以最小化他们的风险。关键的问题是：哪种企业文化或市场策略能够在极速变动的市场中胜出或存活下来？要回答这个问题，我们需要将文化因素纳入方程（6）的竞争动态学之中。

在工业经济中，资源竞争本质上是采用新技术的学习竞争。为了理解文化多样性与资源差异性之间的联系，我们需要在技术（物种）竞争中引入文化因素。原始的逻辑斯蒂模型假定固定的退出率来描述风险中性行为。我们用行为参数 α 来引入非线性的退出率，它是新技术的采用者占人口比率的函数（Chen，1987）：

$$R\left(r,\ a,\ \frac{n}{N}\right)=r\left(1-a\frac{n}{N}\right)\qquad \text{Where}\ \ -1<a<1 \tag{6}$$

这里，n 是新技术使用者的数量。

我们可以把退出率常数 r 用来衡量采用新技术时的学习难度，它意味着学起来越难，退出越快。我们将行为变量作为退出率的要素是为了简化数学描写，因为原始的退出率是线性的，修改后的退出率写为二次项形式，目的在于保持我们的非线性动态模型依然有解。如果数学模型太复杂，我们就只能做数字模拟，难以给出简单清晰的场景。

因子 α 是风险偏好的度量。$\alpha>0$ 时，表示风险规避或集体主义的行为。$\alpha<0$ 时表示风险追求或个人主义的行为。在开辟新市场或新技术的初始阶段，很少有人敢于尝试新的市场，这使所有人的退出率相同。然而，当越来越多的人接受新技术时，经营策略变得越来越多样化。风险规避投资者的退出率下降，因为他们感到人多势众、不确定性的风险在减少。但风险追求型企业家人多时更可能退出，因为他们觉得人越多机会则越少。如果我们把风险因子 α 的值从 -1 变到 1，我们就能够描写不同的行为：包括从极端风险规避的保守主义到极端风险追求的冒险主义。

我们要说明的是，保守主义在东西方的含义不同。为了避免误解文化的概念，我们研究学习策略时，将风险规避行为定义为集体主义文化，而风险追求行为则定义为个人主义文化。我们的这个灵感源于人类学视角。许多观察家把美国富于创新的现象归功于美国的个人主义文化，而把日本快速的技术复制能力归结于它的集体主义文化（Kikuchi，1981）。

2. 节约资源和消耗资源的文化

资源利用率的均衡解是：

$$\frac{n^*}{N}=\frac{(1-\frac{r}{Nk})}{(1-\frac{ra}{Nk})} \tag{7a}$$

$$n^*_{a<0}<n^*_{a=0}<n^*_{a>0} \tag{7b}$$

公式（7b）显示，集体主义族群的资源利用率（$n*\alpha>0$）高于个人主义族群的资源利用率（$n*\alpha<0$）。换言之，个人主义族群比集体主义族群需要更大的生存空间，才能维持一个相同的均衡人口规模 $n*$。我们可以说：个人主义是资源消耗型文化，而集体主义则是资源节约型文化（Chen，1990）。这种文化差异在西方个人主义与东方集体主义之间的对比非常明显。文化差异来源于经济结构与生态约束的差异。资源扩张是理解资本主义起源和工业革命源头的关键（Pomeranz，2000）。

社会学家沃勒斯坦曾观察到一个历史谜团，似乎历史没有理性（1974）。中世纪中国的人口接近是西欧的两倍，但中国的耕地面积则较西欧低得多。如果依据新古典经济学的理性选择理论推测，中世纪的中国应该在空间规模上对外扩张，而欧洲的则应当增加人口。但我们观察到的历史和理性的预测相反。沃勒斯坦用嘲弄的口气说：

“欧洲人在浪费空间。即使是 15 世纪初人口数量如此低的水平上，欧洲人似乎觉得他们的空间不够大……但是如果说欧洲是空间不够大，那么，中国人感到的就是他们的人口不够多。”

我们发现文化战略与农业结构之间的联系，可以解开沃勒斯坦的历史之谜。中国的主食是稻米等谷物，粮食生产是资源节约但劳力密集型的产业。肉奶食品在欧洲文化中占重要地位，而生产肉乳的牧农业则是土地密集但劳力节约型的产业。为应对不断增加的人口，中国通过增加劳动投入来增加粮食产量；而欧洲人则通过寻找新的土地来提高其生活水平。这就是为什么中国的哲学强调人与自然的和谐，而西方哲学却惯于征服自然。这是我们对李约瑟问题作出的文化解释。出于同样的原因，我们可以理解为什么亚洲国家的储蓄率远高于西方。防患于未然而不是享受当下的观念，深植于中国的文化与历史的土壤之中。

在这方面，苏联的文化接近西方个人主义，因为它具有强烈的扩张主义动机。

研究文明史时我们会发现，农民比游牧民和水手更具集体主义特征。日本文化是高度的集体主义，甚至其城市居民也是如此。然而，日本的外交政策则更接近大英帝国，原因在于它是一个具有海事传统的岛国。造船和航海新技术使得他们能在现有耕地之外，开辟外贸和殖民主义的新资源。所以，日本的民众文化有鲜明的集体主义色彩，但是日本的国家行为极具冒险主义特征，这是日本的环境和历史造成的民族特点。

3. 市场规模、资源多样性以及规模和范围经济

我们可以很容易地将模型从两种技术（物种）推广到多种技术（物种）。在一个生态系统中，我们有 L 种技术（物种），其资源限制（承载能力）分别是 N_1，$N_2 \cdots\cdots N_L$。规模和范围经济可以集成为相互耦合竞争的逻辑斯蒂方程，成为一个非线性的复杂系统。规模经济（市场范围或资源限制）同 N_i 相关，而范围经济可用技术（物种）的数量 L 描述。分工程度可用物种多样性描写，也就是竞争性技术的共存度。

让我们从只有两种物种的最简单情况开始，用方程（8）分析两种技术和文化的竞争（Chen，1987）。

$$\frac{dn_1}{dt} = k_1 n_1 (N_1 - n_1 - \beta n_2) - r_1 n_1 \left(1 - \frac{a_1 n_1}{N_1}\right) \tag{8a}$$

$$\frac{dn_2}{dt} = k_2 n_2 (N_2 - n_2 - \beta n_1) - r_2 n_2 \left(1 - \frac{a_2 n_2}{N_2}\right) \tag{8b}$$

这里，n_1 和 n_2 分别是技术（物种）1 和 2 使用者的数量。为简单起见，我们只讨论完全竞争下 $\beta = 1$ 的最简单情况。

我们可以用类似解方程（2）的方法，来解方程（8）。其技术 1 完全替代技术 2 的条件由式子（9a）给出，而两种技术共存的条件如（9b）式所示：

$$C_2 > \frac{\left(1 - \frac{a_2 r_2}{k_2 N_2}\right)}{\beta} C_1 \tag{9a}$$

$$\frac{\beta}{\left(1 - \frac{a_1 r_1}{k_1 N_1}\right)} < \frac{N_2 - \frac{r_2}{k_2}}{N_1 - \frac{r_1}{k_1}} < \frac{1}{\beta}\left(1 - \frac{a_2 r_2}{k_2 N_2}\right) \tag{9b}$$

4. 环境涨落（environmental fluctuations）的影响

接下来的任务是研究环境涨落对系统稳定性的影响。研究随机扰动下非线

性动态系统的稳定性问题，可以解郎之万（Langevin）方程与福克—普朗克（Fokker-Planck）方程（May，1974；Chen，1987，2010）。在这里我们只考虑一个简单的例子，即随机扰动只加于某技术 N 的资源约束。实现的均衡规模 X_m 随着环境涨落的幅度变化，我们用方差（σ_2）的大小来刻画环境涨落的幅度。

当

$$\sigma < \sigma_r = \sqrt{\frac{2N}{k}\left(1 - \frac{r}{kN}\right)}$$

$\sigma < \sigma_c = \sqrt{\frac{2N}{k}\left(1 - \frac{r}{kN}\right)}$，我们有：

$$X_m = N\frac{\left(1 - \frac{r}{kN} - \frac{k\sigma^2}{2N}\right)}{\left(1 - \frac{ra}{kN}\right)} \tag{10a}$$

当 $S > S_c = \sqrt{\frac{2N}{k}\left(1 - \frac{r}{kN}\right)}$

我们有：（$X_m = 0$）　　(10b)

由公式（10a）可以看出，假如存在人口规模生存的临界值，则集体主义在外部冲击下的生存机会更好，因为它比个人主义的人口规模更大。

公式（10a）还告诉我们，环境涨落会降低平衡态的资源限制。公式（10b）显示的是：当波动幅度超过临界值时，该技术（物种）将会灭亡。这就是为什么历史上的古老文明会因自然灾害或战争而消失。经济发展需要社会稳定。

如果考虑许多技术（物种）都面临环境涨落时，我们会意识到生物多样性的重要性。区域专业化生产等价于提高风险的集中度。农业的规模生产加剧了化肥和农药的应用。换言之，发展范围经济才有助于维护生物的多样性。这是我们的物种竞争理论和新古典经济学的优化理论的重大差别。新古典经济学片面强调规模经济的经济效益，演化经济学强调规模经济和范围经济之间的辩证关系。因为短期的经济效益不等于生物多样性的生态可持续性。片面追求货币财富最终会毁灭地球的生态财富。

5. 稳定性与多样性之间的消长（trade-off）关系和一般斯密定理

考虑多种技术共存的情况，增加技术的种类数会降低系统的稳定性（May，1974）。在多样性和稳定性之间存在着鱼和熊掌不可兼得的消长（trade-off）关系。斯密没有意识到科学和技术的重要性在引入新的资源和新的市场，因为他所处的时代工业革命还刚起步。我们（Chen，2005，2010）提出一个更一般的斯密定理，表述为：

“分工受市场范围（资源约束）、生物多样性（资源种类数目）和环境涨落（社会稳定性）的限制。”

我们可以比较新古典经济学与演化经济学的不同演化观。新古典增长模型用线性随机动态学方法建模，得到的是单向演化：要么收敛（例如外生增长论的模型），要么发散（例如内生增长论的模型）。我们非线性演化动态学的分工模型展示的是双向演化（或叫共生演化）过程，例如环境涨落小，技术创新发现的新资源不断增加时，分工系统会从简单向复杂演化，这是过去工业化革命三百年间观察到的发展趋势；假如环境涨落大，战争与灾害频繁，技术进步停滞，则分工的趋势会从复杂变为简单，中世纪罗马帝国瓦解后的欧洲就是如此。即使在当今时代，工业社会、传统社会与原始部落依然可能并存，原因在人口、环境和技术之间的相互作用。换言之，新古典经济学描写的是封闭优化过程中的单向演化，才会对现代化有“普世价值”的信仰。演化经济学观察到的是开放竞争下系统多样演化的过程，社会的经济发展不能超越生态环境的约束。这是当代资本主义危机最严重的教训。

6. 个人主义与集体主义的竞争格局和熊彼特创造性毁灭的动态图景

西方经济学有一种流行观念，认为个人主义比集体主义优越，因为个人主义在技术竞争上更具创新性。问题是，完全竞争条件下存在如下三种而非一种可能性：

（1）两个族群都是个人主义。依据方程（9b），两种个人主义的族群可以共存。个人主义族群之间的竞争会提高系统的多样性。古希腊和文艺复兴时期的意大利的城邦就是典型的例子。

（2）两个族群都是集体主义。基于议程（9b），两个集体主义族群不能共存。唯一的结果是一个取代另一个。这就是中国历史上农民战争和朝代更迭（dynastic cycles）的故事。因此完全的集体主义社会难以发展分工。

（3）个人主义和集体主义竞争。这是竞争不确定性博弈的一般情况。这是集体主义族群与个人主义族群的混合经济。一个有趣的特征是，混合系统较之两个个人主义组成的自由化系统更具稳定性。这一结论可以推广至两个以上族群的情况。比较盎格鲁—撒克逊的两党制与欧洲大陆的多党制，就会发现保守与自由的两党制格局比多党制稳定。我们的文化竞争模型比新古典模型更具丰富的文化多样性。

当个人主义族群与集体主义族群竞争时，会发生什么结果？两者可能共存，也可能一个族群取代另一个族群，竞争结果取决于其资源限制、学习能力和文化因素。对于这种情况我们要多讨论一下。

如果两个族群具有相同的资源（$N_1 = N_2$），那么，集体主义族群会取代个人主义族群。如果我们比较式（8a）和（3a），即使 $C_2 \leqslant C_2$，当 $\beta \approx 1$，且 $0 < \alpha 2 \approx 1$ 时，集体主义的后来者也可能击败个人主义的领先者。日本和中国分别于1970年和2010年追上西方国家的历史可以证实我们的分析。因为集体主义文化可以在赶超博弈（"catching-up" game）中集中资源来击败竞争对手。产业政策的成败取决于政府动员战略资源用于新兴技术的能力，这是赶超博弈中模仿性学习的典型做法。

相比之下，个人主义的生存战略在于探索更大的资源或学习得更快。如果我们将企业家精神视为风险追求的文化，我们得到与熊彼特（1939）类似的结论：那就是社会主义（集体主义）与资本主义（个人主义）之间的竞争，资本主义的生存在于创造性毁灭的机制。一旦创新无法发现新的更大的资源，个人主义族群将在现有市场上输给集体主义。我们观察到的经济中心兴衰变迁的图景，和内生增长理论决然不同。内生增长理论梦想先行者会永远统治后来者，这种持续的贫富分化在历史上并不存在。如果我们有相关的数据，我们的学习策略模型同样可以用来研究军备竞赛和公司战略。

五、方法论和哲学问题

在方法论和哲学上有几个问题需要讨论。凯恩斯（1936）曾经指出：

"古典理论家如同一个非欧几何世界中的欧氏几何学者，他们从经验上观察到看来平行的直线经常相交，就指责这些直线没有走对，他们以为这是治疗这些偶然事件的唯一方案。但实际上，更好的方案是放弃欧氏几何的平行线公理，转而采用非欧几何。除此之外再无其他纠正的方案。对于经济学来说也必须进行类似的变革。"换言之，凯恩斯主张经济学的范式变革，才能解决理论脱离实际的矛盾。

我们提出的人口动态学就是可以取代新古典经济学优化方法的理论框架。这一范式转变将引发一系列问题的革命性变革。我们分别来讨论。

1. 实体经济和货币经济

新古典增长理论是一个以资本和人口为经济增长驱动力的货币系统。我们的人口动态学是资源和人口在经济增长中发挥关键作用的实体系统。理论问题在于实体与虚拟（货币）经济之间的关系。

我们和真实经济周期（RBC—real business cycle）学派的分歧在于技术变革的本质。真实经济周期学派把技术进步描写为没有资源限制的随机游走（Kydland and Prescott，1982），而我们把技术进步描写为资源约束下的逻辑斯蒂小波。

历史上，古典经济学的核心概念从土地、人口和资本的研究开始。但新古典经济学的发展，使经济理论的虚拟化变本加厉。2008 年金融危机的重要教训是，发达国家虚拟经济过度扩张是极为危险的（Johnson，2009；Chen，2010）。依据国际清算银行（Bank of International Settlement）的数据，2012 年 10 月衍生市场规模达 632.6 万亿美元，接近全球生产总值的 9 倍或美国 GDP 的 40 倍。经济理论的虚拟化与美国经济的虚拟化之间，存在着危险的关联。

2. 均衡和非均衡的经济机制

最优化方法只能用于封闭经济的均衡系统。这是内生增长理论一般均衡模型的根本问题，因为封闭系统不可能描写知识积累。在新古典经济学中，价格是形成市场均衡的核心机制。问题是一般均衡模型中代表者企业的利润必须为零。这意味着在封闭经济的一般均衡条件下资本不能增长。显然，内生增长的微观基础理论无法解释资本积累和技术进步而不自相矛盾（Chen，2002）。

我们的代谢增长论没有把价格因素引入人口动态学。理由是市场份额竞争是非均衡的系统，不存在唯一的（线性）价格。我们在第三部分第四点中指出，利润机会主要存在于增长期的第二阶段。然而，利润指标的选择是短期利润与长期市场份额之间的战略权衡。在未来市场份额和竞争者战略未知的条件下，我们无法计算利润的最优值。这就是为什么远见（vision）和战略在技术竞争中远比成本—利润的考虑重要，因为技术变革的不确定性和机遇是密切相关的。只有没头脑的傻瓜才会相信短期利润最大化是求胜之道。资本损失主要发生在衰退期的第四阶段。2008 年金融危机的损失估计高达 13 万亿美元。新古典理论资本增长的平稳图景，用线性均衡的视角抽象掉技术进步的不确定性。我们的理论对于企业行为的理解，比新古典模型现实得多。换言之，现实经济没有任何案例可以证明新古典经济学宣称的“边际成本定价”。相反，大量战略定价和营销实践的案例支持我们分析市场份额竞争的理论框架（Shaw，2012）。

另一个均衡陷阱的例子是美联储主席本·伯南克倡导的所谓“再平衡”战略。中国以非均衡战略应对 2008 年金融危机远比发达国家有效。非均衡发展的方法是大规模投资基础设施，例如投资高速铁路、新能源和新材料等新技术。美国国会拒绝任何结构改革，一心一意依赖美联储印钞来给病入膏肓的经济输血而非造血。欧盟和日本用紧缩财政政策和货币政策处理债务危机，效果同样有限。

新古典经济学和凯恩斯主义经济学都很少关注经济结构。储蓄投资理论向下倾斜的 IS 曲线在开放经济的非均衡条件下是不成立的。在全球化时代，如果你降低利率，将有三种而非一种可能：第一种可能只对有增长前景的健康经济体成立，即降低利率将增加投资和生产。第二种可能是经济前景不确定的动荡经济体，投资者宁可持有现金或还债，但不敢投资。第三种可能是继续衰退的经济体，低利率会导致资本外逃，流向有更高回报前景的外国经济。现实经济哪有新古典经济学的简单线性决定论的关系。我们（Chen，1996，2005，2008）早就从宏观和金融的指数运动中发现色混沌（color chaos）的广泛证据，证明经济体的运动是高度复杂的非线性运动。新古典宏观经济学的 IS-LM 体系所描写的线性因果关系，纯属具有经济复杂性的非均衡世界中，用欧氏几何构造的均衡幻象，在非欧几何的世界中并不存在（Chen，2010）。

3. 线性和非线性的思维方式

线性思维是新古典增长模型的普遍特征。罗伯特·索洛不仅清楚这一症状，还知道新古典增长理论的病因（Solow，1994）。如规模报酬递增导致爆炸式增长的经济（explosive economy），而规模报酬递减将产生收敛趋势。问题是历史数据没有出现如此简单的线性发展趋势。Aghion 和 Howitt 的“创造性毁灭”模型（1992），假设每项创新都毁灭先前的技术；实际上，很多创新是对早先技术的补充。干中学模型干脆忽略研发（R&D）的重要。新古典经济学模型的共同缺陷在于简单化的线性思维。如果我们引入非线性的思维方式，即使采用最简单的逻辑斯蒂模型，所有新古典增长模型的麻烦都会迎刃而解。例如，熊彼特的“创造性毁灭”并不意味着新旧技术无法并存。如果竞争参数较小，技术竞争将会出现互补的作用。

所有技术或产业都有其生命周期，更准确的数学表象是小波（wavelet），典型的例子是海上的每个浪头都是有生有灭的小波。如我们考察发达国家的纺织业，它们无疑是处于成熟期。如果你继续在发达国家投资纺织业，资本报酬当然是递减的；但是如果你投资亚洲的纺织业，就可能获得递增的资本报酬。在 20 世纪 70 年代和 80 年代，随着低技术从先进国家向落后国家的转移，资本回报率呈现下降的收敛趋势。然而，1990 年电脑和互联网产业在西方的兴起改变了国际资本的流向，对外直接投资转回发达国家，以追逐新技术在增长期出现的资本回报递增的机遇。我们在 1990 年观察到富国与穷国间重新呈现两极化的发散趋势。为什么中国在 1990 年和 2000 年能在制造业上迅速追上了“亚洲四小虎”国家？基本原因在中国的经济规模和市场规模远远大于“亚洲四小龙”和其他东亚国家。

新古典增长理论关于经济增长的政策令人困惑。外生增长理论强调人口增长和资本积累的作用，内生增长理论更强调知识资本。他们都不能明白，这些因素其实都是双刃剑。超过适度的增长范围，人口、资本或知识的增长不一定能促进经济的健康成长。下面我举两个亲身实践的例子。

去年夏天我访问埃及时发现中东目前的社会动乱根源在于阿拉伯国家人口的快速增长，而同时粮食供给不足，造成知识青年的高失业率。埃及人口增长率是中国的四倍，但 GDP 增长率仅为中国的四分之一。早从罗马帝国开始，埃及就是向欧洲出口的粮食生产基地，而现在埃及却成为美国的粮食进口大国。按照新古典经济学的增长理论，埃及的高人口增长率和高教育普及率加上自由贸易政策，应该导致经济的繁荣。但是实际上埃及的市场经济并没有克服其经济的结构性问题。原因是埃及并未像中国那样投资计划生育和农田灌溉工程，尼罗河水的利用率很低。无论埃及是军事政权还是民选政府，他们都无法在短期内解决人口和资源的矛盾问题。新古典经济学忽视人口与资源的约束关系，在实践上导致社会动乱的严重后果。不解决粮食问题，搞什么民主或军事专制，都不能解决民生问题。宗教矛盾只是表面现象。

美国经济则面临另一个问题。新古典内生增长理论广为宣传的知识积累和教育水平并未促进美国产业的国际竞争力。依据中央情报局（CIA）的数据，美国、英国和西班牙的平均教育年限是 17 年，德国是 16 年，中国和埃及是 12 年。依据内生增长理论，你会期望美国的制造业比德国与中国更有竞争力。然而，苹果公司前任总裁史蒂文·乔布斯在 2012 年当面直率地告诉奥巴马，美国制造业无法与中国竞争，苹果公司设计的产品不得不外包到中国生产，原因是美国教育不再大规模培养制造业短缺的中级工程师（Barboza et al.，2012）。中国也曾面临技术工人和技术人员短缺的问题。中国政府的解决办法是引进德国技术教育体系，不完全照抄美国的高等教育体制，才有中国制造业的崛起。

换言之，经济学中，知识结构比知识总量更重要。在增长理论中引入非线性的互动机制来取代新古典的单向作用机制，我们才能提出更好的经济政策，来实现经济增长和民生改善。

4. 理论模型与计算机模拟

理论模型和计算机模拟是两种常用的理论研究方法，但是两者在方法论上有很大差别。理论建模的目标在于从大量观察中抽象出一般的特征，其代价在于牺牲掉若干次要的细节。然而，计算机模拟的目标与理论建模相反，计算机模拟特定对象的细节越多越好，所付出的代价难以推广至其他对象。换言之，理论追求结论的普遍性、一般性，而计算机模拟追求具体性和特殊性。

就方法论而言，我们的市场份额竞争模型构造的是一般性的理论框架，而系统工程学和计量经济学则是两种不同的计算机模拟方法（Forrester，1961；Meadows et al.，2004）。计算机模拟的竞争用经验数据的拟合程度来检验。科学理论的竞争用可控制的实验来检验。经济学中，可控实验的规模和范围受到经费的限制。所以，历史上经济学派不同思路的检验主要靠历史事件或历史趋势来定优劣。举例来说，大萧条动摇了“看不见的手”自行稳定市场的信念，凯恩斯经济学得以崛起并取代古典经济学成为英美的主流经济学。卢卡斯的微观基础和理性预期理论流行于1970年的滞胀时期，但2008年的金融危机给其重大打击。

外生增长理论于1950年赢得大量关注，那是“二战”后美国的黄金时代。内生增长理论在互联网兴起时诞生，引发所谓新知识经济的热潮。美国干预伊拉克的战争失败和2008年金融危机，使大家注意到全球化时代依然有许多国家处于贫困陷阱，人们开始质疑经济增长的收敛论和发达经济体的可持续性。我们的代谢增长论是把经济学和世界史的新思维，用数理模型来加以表述。从世界观而言，我们对当代问题的观点更接近人类学家和历史学家的观察：气候和环境的变化塑造了不同文明的历史。这也是达尔文和马克思的历史观。

六、结论

技术进步和资源开放是工业经济成长的动力。如何理解技术、资源和人口之间的动态互动，是经济学和历史学研究的根本问题。新古典经济学的内生和外生增长理论都将抽象的资本视为经济增长的动力，忽略了资源的决定性作用。在这点上，新古典增长理论和斯密、马尔萨斯等古典经济学家相比，在数学形式上似乎引入优化论的进步，但在经济思想上是一大倒退。因此，新古典经济学的增长理论很难理解发展机制、环境危机和反复出现的经济周期。

2008年的金融危机中，没有结构改革的货币政策与财政政策对发达国家的危机处理效果不大。中国和新兴经济体的崛起主要来自技术进步和结构调整（Chen，2010）。经济周期波动和世界格局变化的主要原因是技术小波的影响。市场心理和货币运动对实体经济的影响是次要因素。这是2008年大衰退给我们的主要教训，和20世纪30年代大萧条的教训有很大不同。凯恩斯、哈耶克和弗里德曼经济理论的共同局限在于，他们都忽视了技术革命浪潮的冲击，这会改变全球竞争的格局，以及经济强权的兴衰。

我们从人口动态学出发的研究回归到亚当·斯密和托马斯·马尔萨斯的核心思想，即劳动分工受市场规模和资源承载力的限制。这也是现代化和当代生态危机的基本教训。非线性人口动态学可以替代经济动态学的理论框架。我们的几个工作突破了新古典增长理论的局限。

第一，工业化可以描述为新资源和新市场的系列发现。物质财富同时取决于规模经济（资源承载力）和范围经济（资源种类数目）。因此，人类社会的物质财富与生物多样性同样密切相关。不加节制的自由资本主义最大的后果，是破坏地球几亿年积累起来的生态资源，最终可能危及人类的生存。

第二，熊彼特长达几十年的长波（也叫康德拉季耶夫周期）和“创造性毁灭”的创新过程都可以由人口动态学中技术小波的起落来描写（Schumpeter，1934，1939，1950）。我们从宏观与金融指数的增长波动中观测到，非线性增长趋势和不规则增长波动的叠加可以解释为逻辑斯蒂小波的包络线（Prigogine，Allen，and Herman，1977），这使我们能在产业兴衰的技术小波和宏观总量的经济波动之间建立起联系。换言之，我们找到了宏观波动的中观产业基础。

第三，我们发现结构性失业源于技术竞争造成的产能过剩。我们的经济周期理论和理性预期学派的微观基础模型完全不同。卢卡斯把失业看成是工人在工作与闲暇之间的自愿选择，把凯恩斯经济学的非均衡失业说成是新古典宏观经济学的一般均衡现象，政府政策对改善失业没有效果（Lucas，1981）。由于微观涨落的加总效果我们的分析否定了微观基础论，（Chen，1996a，1996b，2002）。我们发现结构性失业的另一个来源是生物多样性的减少，而生物多样性是实现充分就业和可持续发展的必要条件。

第四，我们更好地理解知识的本质和经济增长的非线性规律。新古典经济学的外生增长理论把技术进步视为一系列的随机扰动。新古典经济学的内生增长理论宣称知识增长是简单的积累过程。我们揭示出知识发展新陈代谢的本质。是科学革命造成现代的技术。科学思维的范式变革和间断性的技术发展表明（Kuhn，1962），科学和技术发展的方式像小波的兴衰。小波运动的特点和新古典模型的随机游走（random walk）完全不同。随机噪声没有频率和周期的特点，而小波可以描述任何生命体和经济体的生老病死的变化，即常说的生命周期。而随机噪声是没有生命的背景涨落。从非线性的视角出发，我们能够看到技术生命周期中不同阶段动态的收益变化，并理解组织和制度的共生演化（co-evolution）。

第五，我们把文化因素引入学习竞争。风险追求的个人主义和风险规避的集体主义是市场份额竞争下不同的竞争策略。历史上不同的分工模式的形成和资源约束与文化差异都有关系。世界文化的多样性来源于生存环境的多样性。这是新古典经济学宣扬的普适价值论和演化经济学倡导的多元价值论不同的原因。新古典经济学的实质是把英美文化的特殊经验夸大为人类社会的普遍经验。但是新古典经济学的世界观违背达尔文生物演化论的基本观念。

第六，我们发展了一般斯密定理。亚当—斯密所处的时代，工业革命刚刚开始，斯密只注意到分工受市场规模的限制。当代的历史经验让我们认识到分工受市场规模、资源种类和环境波动的三重限制。新古典经济学单纯强调稳定性的作用。我们发现系统稳定性和系统复杂性之间的存在鱼和熊掌不可兼得的此消彼长（trade-off）的关系。经济演化是双向演化的动态过程，其发展方向是非均衡的多样，而不是均衡下的趋同。

第七，我们提出的复杂演化动态学，为建立经济学的统一理论奠定基础。新古典经济学的各个分支是互相矛盾的，因为新古典经济学家企图用线性理论来描写非线性现象，结果是静态的微观经济学没有产品的创新和生命周期、加总而没有结构的宏观经济学无法应对结构性的经济危机、基于布朗运动的金融经济学排除了金融危机的可能性、只讲交易不讲组织的制度经济学难以理解混合经济的不同组织产生和演化的规律。我们注意到没有微观经济学无法理解利润率的变化，封闭的宏观经济学无法理解国际竞争对一国经济政策的制约，基于无套利机会的金融理论实际上为金融投机挤出实体经济打开大门，新制度经济学也难以理解市场经济内生的不稳定性和政府在混合经济中的作用。我们指出新古典经济学的优化框架不适应于工业经济，因为汉密尔顿函数的优化理论只对封闭系统成立。而工业化和现代化的本质是开放系统中开发资源的竞争过程，创新的不确定性无法用已有技术下的优化策略来处理。新古典经济学流行的基本概念，例如完全信息、理性预期、噪声驱动周期、零交易费用、无限寿命、IS 曲线、长期均衡和无限增长等，都违反物理学基本定理，在现实不存在的乌托邦（Chen，2005，2007，2008，2010）。因为人是具有生命周期和相互影响的社会动物，理性人的概念和人的社会性不能兼容。我们建立非线性振子模型来描写宏观经济中观察到的色混沌和复杂周期（Chen，1987，1996）。我们用生灭过程来处理宏观与金融的随机涨落（Chen，2002）。我们用逻辑斯蒂竞争模型来描写代谢增长（Chen，1987）。我们发展的人口动态学模型可以处理开放经济的经济耗散系统。小波表象和非线性振子模型是我们构建经济学统一理论的基石，用统一的演化经济学视角讨论微观、中观、宏观和制度经济学的复杂演化动态学行为。新兴的复杂科学对研究非线性动态学和非均衡机制提供了新的工具（Nicolis and Prigogine，1977；Prigogine，1980，1984）。这些工具对经济发展和社会演化的理解，是重大的突破。

以哈耶克为代表的演化经济学家们一度认为，经济演化太复杂了，所以很难用数学语言把演化论思想模型化（Mirowski，1989）。这一观念在复杂科学时代不复存在。新古典经济学理论缺乏历史观念，因为他们的模型是线性和均衡的。真实的历史发展可以用非线性和非均衡的动态学描述。研究的关键是建立理论与观察之间的联系。

致谢

感谢 Peter Allen、Wolfgang Weidlich、Edmond Phelps、Joseph Stiglitz、James Galbraith、Ulrich Witt、Wolfram Elsner、Andreas Pyka、Laura Tyson、林毅夫、史正富、李维森、唐毅南、李华俊和 Vivian Chen 提供的富有启发的讨论。笔者也感谢两位匿名审稿人的有益评论。

参考文献

[1] Aghion P., Howitt P. (1992). A model of growth through creative destruction. *Econometrica*, 60 (2): 323 – 351.

[2] Aghion P., Howitt P. *Endogenous growth theory*. Cambridge: MIT Press, 1998.

[3] Arthur W. B. *Increasing returns and path dependence in the economy*. MI: Ann Arbor: University of Michigan Press, 1994.

[4] Arrow K. J. (1962). The economic implications of learning by doing. *Review of Economic Studies*, 39: 155.

[5] Arrow K. J, Debreu G. (1954). Existence of an equilibrium for a competitive economy. *Econometrica*, 22 (3): 265 – 290.

[6] Ayres R. U. *Technological transformations and long waves*, *International Institute for Applied Systems Analysis*. Austria: Laxenburg, 1989.

[7] Barboza D., Lattman P., Rampell C. (2012) How the U. S. lost out on iphone work. *New York Times*, Jan. 21, Jan. 24.

[8] Browning M. (2001). Crossley TF The life-cycle model of consumption and saving. *Journal of Economic Perspectives*, 15 (3): 3 – 22.

[9] Chen P. (1987). Origin of the division of labor and a stochastic mechanism of differentiation. *European Journal of Operational Research*, 30: 246 – 250.

[10] Chen P. (1990). Needham's question and China's evolution-cases of non-equilibrium social transition, in Scott G ed., *Time*, *rhythms and chaos in the new dialogue with nature*, chapter11. Iowa: Ames: Iowa State University Press, 1990. pp. 98 – 177.

[11] Chen P. (1996). A random walk or color chaos on the stock market? -time-frequency analysis of S&P indexes. *Studies in Nonlinear Dynamics & Econometrics*, 1 (2): 87 – 103.

[12] Chen P. (2002). Microfoundations of macroeconomic fluctuations and the laws of probability theory: the principle of large numbers vs. rational expectations arbitrage. *Journal of Economic Behavior & Organization*, 49: 327 – 344.

[13] Chen P. Evolutionary economic dynamics: persistent business cycles, disruptive technology, and the trade-off between stability and complexity, in Dopfer K ed., *The evolutionary foundations of economics*. Cambridge: Cambridge University Press, 2005, chapter 15, pp. 472 – 505.

[14] Chen P. (2007). Complexity of transaction costs and evolution of corporate governance. *Kyoto Economic Review*, 76 (2): 139 – 153.

[15] Chen P. (2008). Equilibrium illusion, economic complexity, and evolutionary foundation of economic analysis. *Evolutionary and Institutional Economics Review*, 5 (1): 81 - 127.

[16] Chen P. *Economic complexity and equilibrium illusion: essays on market instability and macro vitality*. London: Routledge, 2010.

[17] Darwin C. *On the origin of species, by means of natural selection, or the preservation of favoured races in the struggle for life* (1st ed.). London: John Murray, 1859.

[18] Dasgupta D. *Modern growth theory*. Oxford: Oxford University Press, 2010.

[19] Daly H, Farley J. *Ecological economics: principles and applications*. Washington, D. C: Island Press, 2010.

[20] David PA. (1985). Clio and the economics of qwerty. *American Economic Review (Papers and Proceedings)*, 75: 332 - 37.